U0904017

南京保卫战史料与研究

丛书主编　张建军

南京保卫战历史文献
（1937—1949）

张慧卿　编

南京出版传媒集团　南京出版社

图书在版编目（CIP）数据

南京保卫战历史文献：1937—1949 / 张慧卿编. --
南京：南京出版社，2019.12
（南京保卫战史料与研究）
ISBN 978-7-5533-2696-2

Ⅰ. ①南… Ⅱ. ①张… Ⅲ. ①南京保卫战（1937）—文献—汇编 Ⅳ. ①K265.210.6

中国版本图书馆CIP数据核字（2019）第256113号

丛 书 名 南京保卫战史料与研究
丛书主编 张建军
书　　名 南京保卫战历史文献（1937—1949）
编　　者 张慧卿
出版发行： 南京出版传媒集团
南 京 出 版 社

社址：南京市太平门街53号　　邮编：210016
网址：http://www.njcbs.cn　　电子信箱：njcbs1988@163.com
联系电话：025-83283893、83283864（营销）　025-83112257（编务）

出 版 人 项晓宁
出 品 人 卢海鸣
责任编辑 孙海彦
装帧设计 王　俊
责任印制 杨福彬

排　　版 南京新华丰制版有限公司
印　　刷 南京工大印务有限公司
开　　本 787毫米×1092毫米　1/16
印　　张 27.75
字　　数 490千
版　　次 2019年12月第1版
印　　次 2019年12月第1次印刷
书　　号 ISBN 978-7-5533-2696-2
定　　价 120.00元

南京出版社
图书专营店

“南京保卫战史料与研究”编辑委员会

总 序

张宪文

南京，是历史悠久的文明古都，也是一座坚强不屈的英雄城市。

1937 年，抗日战争全面爆发后，中国军民筑起抗日民族统一战线，誓死抵抗日本军国主义的侵略，发出了抗日救国的最强音。作为当时中国首都的南京，成为日军急于侵占的目标。淞沪会战爆发后的第三天，也就是 1937 年 8 月 15 日，日军飞机首次空袭南京。对南京的空袭，持续了近 4 个月之久。淞沪会战后，日军随即从上海向南京进攻，一路烧杀劫掠，江南大地惨遭蹂躏。12 月上旬，中国将士拉开了保卫南京的序幕。

80 多年前的南京保卫战，是中国人民抗日战争史上的一场重要战役。1937 年 12 月 1 日，日本大本营发布“大陆命第 8 号”，命令“华中方面军司令官须与海军协同，攻占敌国首都南京”。日本华中方面军司令官松井石根随即下达了攻击南京的命令。日本海军第十一战队突破江阴沉船防线，向南京江面进攻。日军飞机协助陆军进攻，轰炸中国守军防御阵地。

面对日军进攻，中国守军奉命防御，在“地面保卫战”打响之前，就已开始了“空中保卫战”。在激烈的空战中，乐以琴、高志航、刘粹刚、戴广进等中国空军飞行员驾机迎战。南京市民积极挖建防空壕。苏联援华志愿航空队抵达南京，协助中国空军与日机作战，涅日丹诺夫、阿列克赛耶夫等苏联飞行员在南京英勇牺牲。

1937 年 11 月 20 日，国民政府宣布移驻重庆，并任命唐生智为南京卫戍司令长官，颁布南京卫戍军战斗序列，调集约15万兵力，指挥13个建制师又15个建制团及江宁要塞、首都警察等武装力量，利用外围与复廓阵地御敌，实行“短期固守”。中国守军与日军在南京周边的淳化镇、牛首山、杨坊山等地激战，失利后转入内廓阵地与城垣。12月9日，日军向中国守军空投《劝降书》，中国守军不予理会。10日，日军向南京城发起总攻，中国守军与日军在光华门、紫金山、雨花台、中华门、赛公桥等地展开血战。11日，鉴于防守不能持久，蒋介石下令“如情势不能久持时，可相机撤退”。12日下午5时，唐生智召集高级将领会议，决定撤退。中国守军一部渡江北撤，一部向皖浙边区转进，已渡至江北的中国军队沿津浦路向徐州方向撤退。在三天的激烈战斗中，萧山令、朱赤、高致嵩、易安华、罗策群、姚中英、司徒非、李兰池、刘国用、蓝运东、万全策等将领壮烈殉国。13日，南京沦陷，南京保卫战至此结束，日军随即实施了震惊中外的大屠杀。16日，国民政府发表《为退出南京告全国国民书》，指出：“中国持久抗战，其最后决胜之中心，不但不在南京，抑且不在各大都市，而实寄于全国之乡村与广大强固之民心。”表示“敌之武力终有穷时，最后胜利必属于我”。

悲壮的南京保卫战，表现了中国军人为保卫南京而与日本侵略军血战到底的不屈精神，展现了“天下兴亡、匹夫有责的爱国情怀，视死如归、宁死不屈的民族气节，不畏强暴、血战到底的英雄气概”。与抗战时期的其他战役相比，南京保卫战因其对首都的保卫，及其与南京大屠杀之间的关联性，是抗战史上不可忽略的一战。开展南京保卫战系统研究，具有重要的学术价值和意义。

经过学术界30多年的努力，一批南京保卫战相关史料和专著问世。在研究中，学界发现了新的史料，提出了新的研究理念和视角。同时，我们也看到，有关南京保卫战的研究和史实传播仍然较为薄弱，仍有不少人对南京保卫战缺乏基本的了解，甚至极个别所谓的“精日分子”在南京保卫战遗迹前做出亵渎抗战英烈的举动，造成了极为恶劣的社会影响。为进一步推动南京保卫战研究，缅怀为国捐躯的抗日将士，更全面客观地将南京保卫战历史研究好、传播好，在新时代弘扬爱国主义主旋律，弘扬伟大的抗战精神，南京大屠杀史与国际和平研究院联合中国第二历史档案馆、江苏省社会科学院历史研究所、侵华日军南京大屠杀遇难同胞纪念馆以及南京地区有关高校的专家学者，秉持“让历史说话，用史实发言”“总体研究要深、专题研究要细”的原则，从档案文献、文史资料、日方资料、报刊史料、老兵口述、遗址考证等方面着手，系统开展南京保卫战研究。通过中方、日方、第三方的档案、照片、影片、报刊、日记、书信、实物、口述史料等，探究南京保卫战的历史背景、时空范围、作战经过、伤亡情况、失败原因、人物评价、市民抗争等一系列问题，阐述南京保卫战的历史地位和重要意义，发掘新史料，提出新观点，推出“南京保卫战史料与研究”丛书。

本丛书分为若干系列，汇集各方史料，主要内容包括以下七个方面：

一、南京保卫战档案整理与研究。挖掘与梳理中国第二历史档案馆等单位典藏的有关南京保卫战的档案文献，涉及南京保卫战的组织、筹备、指挥、战斗等资料。中国第二历史档案馆的专家学者查阅了 30 余个全宗、逾 11 万条案卷目录、10 万多页电子档案，以影印的方式，将档案原貌呈现给读者。

二、南京保卫战的日方资料整理与研究。日方资料包括以下 5 个方面：一是日军官兵的战地日记；二是日军官兵的战地书信；三是日军官兵回忆；四是日本军方文件，包括作战命令和战斗报告等；五是日军部队史。

三、文史资料与民国出版物中有关南京保卫战的史料整理与研究。检索《全国各级政协文史资料篇目索引（1960—1990 年）》、《民国时期总书目（1911—1949）》等，查找与南京保卫战有关的内容，特别是民国时期出版的《警察向导》（第一卷第一期至第七期）“首都警察抗战特辑”，收录了参与保卫南京的警察的回忆资料。这是之前未曾发现的新史料，具有重要的史料价值。

四、南京保卫战老兵口述史料整理与研究。曾参与南京保卫战的抗战老兵，是见证南京保卫战历史的“活史料”。专家学者在湖南、山东等地采访曾参与南京保卫战及外围作战的抗战老兵，并委托中国台湾地区的热心人士寻访参加过南京保卫战的老兵，充实南京保卫战的口述史料。

五、南京保卫战报刊史料整理与研究。战时中外报刊均对南京保卫战作了大量的新闻报道。专家们重点查阅了 1937 年 8 月至 12 月的《中央日报》《大公报》《申报》等中国主流报刊的相关报道，并将查找范围扩展至南京沦陷前有关南京防空建设的报道，以及南京沦陷后有关纪念南京保卫战阵亡将士的报道。对于外方报道，重点查找了战时日本报刊有关日军进攻南京的报道，以及美国《纽约时报》等西方报刊的相关报道，并将这些新闻报道影印或翻译出版。

六、南京保卫战遗迹考证研究。南京保卫战留下了大量的战斗遗迹，分布于紫金山、汤山等地，是反映南京保卫战战况、开展爱国主义教育的重要资源。专家学者将文字史料与实物史料相结合，发掘遗迹背后的故事，让当年的战斗遗迹诉说历史，讲述惨烈的战斗故事。

七、撰写《南京保卫战全史》。学者们在新史料的基础上，以新的视角和理念撰写《南京保卫战全史》，力求具有学术深度和时代价值，将南京保卫战研究提高到一个新的高度。

我们希望这套丛书的出版，能为海内外历史研究者和历史爱好者提供所需的历史资料，为繁荣史学研究、促进史实传播发挥重要作用。由于史料来源广泛，个别档案资料或有瑕疵，为保持史料原貌，我们原文收录，并以注释作了相关说明，供读者参考和辨析。

本丛书既是一项较大的学术工程，也是一项史实传播的文化工程。史料的搜集、整理、编译等工作，得到了中国第二历史档案馆、南京师范大学、江苏省社会科学院、侵华日军南京大屠杀遇难同胞纪念馆等机构及专家学者，以及南京出版社领导和编辑的大力支持，他们克服各种困难，付出了大量辛劳，我深表感谢！

习近平总书记指出：“历史是最好的教科书，学习中国近现代史，就要了解近代中国所经历的屈辱历史，深刻汲取落后就要挨打、就要受欺负的教训，增强励精图治、奋发图强的历史使命感和责任感。”我们希望这套丛书的出版，将有助于在全社会弘扬以爱国主义为核心的民族精神和伟大的抗战精神，用我们的研究成果告慰牺牲奉献的抗战先烈和英雄将士，传递南京保卫战历史记忆，激发人们的家国情怀，更加珍惜和平之可贵，为实现民族复兴的伟大梦想凝聚精神和力量！

是为序。

（作者为南京大屠杀史与国际和平研究院院长

南京大学荣誉资深教授）

本册说明

南京保卫战是日本发动全面侵华战争后中国东战场的重要战役。从全面抗战爆发到南京保卫战失利，这场战役始终牵动着全国人民的心，并引起了广泛的国际关注。

关于南京保卫战的时空、中日双方参战兵力、战斗经过、中方失利原因等问题，专家学者已多有论述。但是，从严谨的学术角度而言，南京保卫战还有许多问题值得进一步深入研究。历史研究离不开史料。要加强和深化南京保卫战的研究，就必须从史料的搜集、整理与解读入手。

南京保卫战前后，一些公开出版的书刊即就战前的准备、战役的预测、战后的反思与总结等，发表了一系列相关文章。本书为“南京保卫战历史文献（1937—1949）”之册，搜集了95篇从1937年到1949年间公开出版的图书与期刊中有关南京保卫战的历史文献。全书分为综述、外围战斗、城垣保卫战、撤离南京四个部分，文献作者包括南京保卫战亲历者（上至高级将领，下至普通士兵）、战地记者、军事理论家，以及关注中国抗战的国际观察家等。全书文献丰富、视角全面而立体，不仅涉及南京保卫战前首都防卫计划及防御工事的构筑，战争形势分析及战役准备等方面的内容，而且包括了大量亲历者参战时的战斗场面、战斗心理的记述，较为真实地反映了中国军队为保卫南京，顽强抵抗来犯的日军，在艰难的条件下死守阵地，直至许多人壮烈牺牲的壮举。本书收录的文献还反映了南京保卫战失利后参战官兵撤离南京时的情形，及其对战役失利原因的反思与总结、战后国际形势的分析等。

为保持历史文献的原貌，本书在汇编过程中，仅将文献中极个别与本书主题无关的内容稍作删减，文献的表述一般不作改动，文献中的数字和时间、人名、地名等一般保持原貌。文献中同一人物对某一问题的不同记述（如叶肇撤离南京的细节），编者均按原文收录，未加改动。

为便于阅读，本书编辑时将原文献的繁体字、异体字等，均改为规范汉字；部分不符合规范、影响阅读的标点符号酌情修改。文中涉及当时的一些语言习惯用法，如“的”“地”“底”“那”“哪”“他”“她”“它”“做”“作”“唯”“惟”“决”“绝”“须”“需”“藉”“甚么”“芦沟桥”“镇日”“民伕”“城廓”等，均保持原貌；对明显的错别字、通假字，保留原字的同时，在[ ]内予以订正；文献中的缺字、漏字和编辑补充的内容用〈〉表示；文献中无法辨识的字，用□表示。

历史文献的搜集、整理和编辑是一项繁杂而细致的工作，在本书的编辑过程中，编者虽竭尽全力，但疏漏之处在所难免，敬请方家校正。

本书收录的历史文献，虽经过了约80年，但个别文献仍受著作权法的保护，编者虽多方努力，但仍有个别文献的原作者无法取得联系。请本书所收录文献的原作者及时与编者联系，以便支付相应稿酬。

张慧卿

目 录

一 综述

二　外围战斗

三　城垣保卫战

四　撤离南京

一　综述

三年来之抗战经过（节录）

何应钦

第一篇　战争之起因

倭寇向以大陆政策为其传统之侵略国策，“九一八”事变强占我东北四省后，仍继续向南进迫，欲完全占领我华北以为其实施大陆政策之根据地。民国二十五年，敌以外交方式提出共同防共与华北特殊化等无理要求迫我承认，当经我政府严词拒绝，彼以计不得售，复见我国防建设逐次实施，全国政权渐趋统一，乃进一步施展武力侵略手段，以遂其占领华北进而统治我全国之迷梦，此中倭战争之远因也。民国二十六年六月，敌按照预定计划，先将平津驻屯军河边旅团，集中两联队以上之兵力于平郊丰台一带，七月七日夜，故意在芦沟桥附近施行演习，借口搜查失踪之一士兵，袭击我宛平城，我驻军宋哲元部冯治安师之吉星文团，以守土有责，奋起抵抗，是为芦沟桥事变，此中倭战争之近因也。

第二篇　第一期抗战经过概要

第一章　第一期第一阶段

第一节　北战场

……

第二节　东战场

一　上海会战——阵地战

……

南京放弃

十一月廿六日锡澄线失守后，我军即以主力向浙赣皖边境撤退，一部向南京撤退，参加守城。十二月初，敌以其第六、第九、第十二师团及第五师团之第九旅团分向南京进迫。十二月四日，敌以主力沿京湖路，一部沿京杭路，各出现于秣陵关及句容附近，是晚两地均失守。十二月五日，敌以主力进攻淳化镇，一部攻击汤山，激战至八日，汤山失守，龙潭淳化镇亦相继失陷，十二日雨花台不守，遂下令放弃南京，十三日敌占南京，我守城部队除突围而出者外，余均作壮烈之牺牲。敌占南京后，纵兵放火掠劫屠杀奸淫，将我无辜民众及失去抵抗之徒手士兵，用绳索捆绑每百人或数百人连结一团，用机枪扫射，或用汽油焚烧，其军官率领士兵，到处放火，并借搜索为名，挨户侵入民家及各机关内，将所有贵重物品及中国艺术品捆载而去，至于被强奸之妇女，更难计其数，并于强奸之后，用刀割去妇女乳头，任其裸卧地上，婉转呼号，而兽兵则相顾以为荣，在一日之内，竟有将一个女人轮奸至三十七次者，被奸妇女之年龄有仅为十二岁者。南京敌军五万余人，其宪兵只有十七人，且根本不执行宪兵职务，可知其有意作恶，故极短时间内，我民众及妇孺被蹂躏及惨杀而死者，统计在十万人以上。据外人目击当时情形者，称为现代史上破天荒的残暴记录，其野蛮兽行，比未开化之人种，盖有过之无不及。

……

《军事杂志》第126期，1940年。

南京卫戍战史话（节录）

谭道平

自 序

南京卫戍战争，为我中华民族神圣抗战史中之著名战役，牺牲重大，战斗惨烈，旷古之所无有，中外之所震惊，而于战略政略，威就尤巨，顾事实真相，经过始末，以时日久远，亦渐趋湮没。道平身历其境，躬逢其会，自战争开始，以至我军退却，历次举开重要会议，多列席旁听，或担任记录，将士浴血奋斗，情景如昨，故每于炮声喧天、万急百忙之际，辄抽寻时机，追笔记之。年来奔波靡定，无暇编写，去岁八月，日敌乞降，道平庆幸山河光复，夙愿已偿，因复为之编写一过，更益以平津、淞沪诸战役，日伐乞降之记载，用以见首都战争之所自，与历史讽刺剧之所以闭幕也。今者，欣逢还都大庆，爰付刊行，谨以飨我首都及全国人士之感念牺牲于此历史名城下之万千死难者！道平惴惴于当日见闻之不周，记载之未详，惟此乃战争史料，固可随时修正补充而获谅于读者，因颜之曰《南京卫戍战史话》。尚祈海内名达，赐予高见指正，此则又非道平一人感谢已也，是为序。

长沙谭道平　三十五年三月三日军次徐州

第一章　走上第二次世界大战的行程

一、时代的回忆

中华民国三十四年九月九日上午九时，震烁古今，举世瞩目之中国战区日本军的投降仪式，在重光的首都——南京市的中央陆军军官学校大礼堂，以二十分钟的时间，顺利地完成了。这是一个美丽的象征，中央陆军军官学校，他是中国革命武力国防军人茁生的策源地，今日，他使黩武者的代表们来到他的座下，承认起自己的错误，同时，中国陆军总司令何应钦将军，以中国战区最高统帅，蒋委员长的第一号命令，当面交给驻华日军最高指挥官冈村宁次大将，冈村宁次郎是虔敬地接受了。

签字后七小时，何应钦、顾祝同、陈绍宽、萧毅肃、贺衷寒、冷欣、王俊巽、廖耀湘等陆海军将领八十余人，分率新六军战士，恭谒国父陵寝，沿途民众，成群地向他们夹道欢呼，绿叶扶疏，松风习习，一个因了创伤而满身还是缀补着的首都，在这轻松而又愉快的时间里，映现出一种血迹模糊的笑容。旧时人家，劫后大半不复存在，陵寝安置着的祭殿里，国父遗像，巍然端坐，在满堆着的花圈丛中，崇高圣洁的遗容，依然是光泽耀人。他们行了最敬礼，献上花圈，把胜利的成果，奉诉那空前伟大的永生的国父，他们在辉煌的烛光下瞻仰灵柩。这是怎样的一个严肃的意境啊，人类的文字，不能描述那万缕思念辐辏着的一种情感，这是愉快的，又是热辣辣的。

欢乐是恐怖的回潮，我们在一个大风浪过去之后，看到的安慰，是莫可言说的愉快，然而，满目疮痍，近在手边的血迹，掩盖不了过去暗夜里袭来的人类末日到临时底可怕的惊悸。战争的触觉，仿佛仍然是到处在碰撞人家，到处使我们起着一个悲壮而肃穆的时代回忆。在今天首都重光之日，我们亲切地追述她那失陷的经过，这断然地将刺激起全中国人民的情感，震荡起全人类难以宁静的心理，因为，那是一个无可比拟的伟大的过程，我们的首都是被击碎了，而战争却更猛烈地蔓延到全中国以至于全世界的伟大过程。

松井石根的傲慢，和冈村宁次郎的恭顺，留存在古朴伟大的石头城里，是历史上的一个难堪的不和谐。事实已启示我们：我们要“先天下之忧而忧，后天下之乐而乐”，时代的讽刺，将为痛楚的历史上的一个悲哀的吊唁，所以，我们不能忘却中国独有的先哲的经验，那是卓越的安全保证的最宝贵的历史教训。

二、帝国的葬埋者

首都的六十五万人口，已在积极地准备了，世纪的罡风袭来的时候，必须自己站稳得住，所以芦沟桥的炮声，在首都看起来，是一个严重的信号，一个可怕的预告，战争是无可避免的到来了，揭示不幸时代的一幕，已在北方开始，因此叙述首都作战经过的回忆录时，使我们不得不想起比他更古老，比他更多历史意义的东方名城——北平，那里，九十万人口，首先咀嚼起战争的况味了。

骄横的黩武者日本帝国主义，已决定选择北平附近地区，作为决胜中日两国的武力、智慧、思想与抱负的旷古底战场，我们知道即使是善唱的夜莺，也不能单靠神话来充饥，然而，他们却镇日夜在梦思沉沉的酣睡中追寻他们的幻想，于是在距离北平三十里的宛平县芦沟桥，举起了滔天的烽火。

芦沟桥事件的暴［爆］发，并不是偶然的，那是日本帝国主义者一连串的侵略行为之延续与具体性的表现。溯自革命军兴以来，日帝国主义者的奸诈和诡谲，已使爱好和平的中国人，感到生存的威胁，他们处心积虑地阻碍中国的统一，从幕背后一直到表面化。民国十六年发生的五三惨案，那是支持军阀张宗昌的实际行动；同年六月在黄［皇］姑屯炸毙了张作霖，那是给奉系军阀怀想避免中国内战的一个警告；为了张学良的易帜，参加国民革命军，开发葫芦岛，便发动了民国二十年的“九一八”事变，狂妄和荒诞，更决定了他们的所谓刷新“大陆政策”，先之称热河曰东蒙，从中国的疆域内划分了开来，继又举之与满洲并称，而终则于民国二十二年三月囊括以去，在“满洲国”的玩意下，侵入了中国的大陆。至是，故都的北平与北方经济中心的重要都市天津，便成了他们企图掠夺的对象，分割中国，蚕食中国，灭亡中国，凡日本军阀所梦想得到的幻景，已一一列入他们必然要达到目的的实施步骤。

因此，日本军阀在河北省立刻接连不断地制造纠纷与骚扰，在民国二十四年的一年中，竟发生了三次惊人的事件：第一件是五月里，因了天津租界内一个为日方所宠幸的新闻汉奸被人暗杀，天津的日本驻屯军，便向平津我军当局交涉，撤换河北省主席于学忠，暨平津两市长及公安局局长，并且逼我将河北省省政府迁移到保定，于是我们在冀察方面的统治力量，更形削弱，一切设施，几乎都要受日本的胁制；第二件便是九月内发生的香河事件，这是一个阴谋，是继续创建满洲国的旧把戏的新玩法，开始，他们发动所谓华北五省的自治运动，企图来制造一个“华北国”，斫轮老手土肥原贤二，指挥着他们的间谍浪人，雇使中国的渣滓——流氓、地痞、土豪、劣绅，公开向宋哲元请愿自治运动，流氓们竟攻入了香河城内，驱走了县长和公安局长，居然组织所谓自治政府，最后的一次事件是更其严重了，在十一月内，他们竟嗾使河北省滦榆区行政专员汉奸殷汝耕于离北平约四十里之通县，宣布脱离中央，成立伪“冀东防共自治委员会”。这一个年头，平津在敌奸的摇撼下战栗地过着不安的日子。

平津的中国人是觉醒的，虽则在无可如何的忍耐下过活，但是爱国救国的高潮，却由于外来力量的压迫而愈越高涨，同时，全世界人士的视线，也都投向这一个地方。狡诈的日本军阀，便决定采取隔离政策，企图完成平津外层的包围，使平津成为孤岛，然后一攫而取得之，于是在民国二十五年春，嗾使汉奸李守信夺占察东六县，并努力煽动内蒙锡盟盟长德王，企图导演傀儡的“大元帝国”，并命令汉奸部队李守信王英等与之会合进攻绥远。这一下北平的西北交通线是割断了，同时，他们又发动了丰台事件，丰台是北宁路出北平永定门西南行的一个车站，那天我驻军二十九军正在纪念“九一八”事变，他们便借口马匹失踪，要到我们军营中来搜索，公然的侮辱，恼怒了二十九军的将士，几乎使战争提早发生，可是结果，我们为了顾全大局忍辱地退出了丰台，改让日本驻屯军来接防。这一事实的演变，使北平成为一个可怜的半岛：东北有伪满洲国，西北有察东六县之汉奸李守信王英部队，以及绥远境内之德王伪军，正东有“冀东自治政府”，南下丰台，现又为日军占领，在当时的形势下，这历史悠久的中国故都——北平，惟一能与后方连［联］络的，只有平汉路西南一隅的走廊了，二十六年七月，日本军阀的发动芦沟桥事变，便是这一个阴谋的实施，他们如果占领了芦沟桥，北平事实上，便是四面陷敌。你想放在口子里的东西，还能算是我们的吗？同时，他们占领了北平，天津可以镇压下来，天津失守，华北可以传檄而定，这样下去，中国不亡何待，所以，他们是再三的考量，认为突占平津，会引起更大的中国人的愤恨，而给与世界以难堪。侵占芦沟桥，这是一个较小的地方，想来不大为人注意，至少比平津是要减少一些棘手，又何况，反正平津是垂手可得，而丰台的胜利，可以有把握的再来表现一下，——这是一个冒率的行为，偌大的世界，却是被一根半寸长的火柴燃烧起来了。

诚然，中国几年来都在屈辱中生活，可是，日本军阀只看到了一面，中国隐忍迁就的一面，而忽略了接应着“九一八”的“一·二八”淞沪之役，与阻挡日军侵入关内的喜峰口战争，虽然这许多战役结果还是失败，但是在中间所激发的中国战斗意志与不可挡的士气和民心，那可怜的日本军阀是始终被蒙蔽着，他们被眼前所得的胜利掩盖了两目而没有看见。傅作义百灵庙的胜仗，使他们打了一个寒颤；蒋委员长西安蒙难脱险，使他们惊骇得手足无措，然而，短视的日本，决不会悟澈［彻］中国是不可欺，不能欺，而也不当欺的，他们却喘喘于今日不攻打中国，没有再攻打中国的日子了，今日不摧毁中国，没有再灭亡中国的机会了。本来，中国的统一与富强，是全人类之福，若干年前有一位政论家说："世界和平所以不能实现，由于缺少一个强盛的中国"，可是，日本军阀却认为这是了不起的危险，帝国生命已受到了威胁，所以，他们不仅不痛改前非，反变本加厉，要想早日来解决中国，他们是根本的没有认识中国。

自"九一八"事变起，以迄二十六年中日战争止，前后六年间，中国共丧失于日本之手的，凡三百三十万平方里的土地，五千万以上的人口，这一个巨大的数字，约等于鸦片战争以来对外所失土地人口的总和。血的教训，启示全国人民历史的悲剧是快将揭幕了，峻厉悲慨，四万五千万同胞领受了时代的警告，一致地在蒋总裁的领导下，勇敢地迅速地呈献出他们各个的有限生命，以奔赴千载一时的严肃而艰难的旅程。

然而，日本的军阀们决不会看出伟大的中华民族的决心，他们依然是梦想着再来一个"九一八""一·二八"，他们企图灭亡中国，但是结果却埋葬了自己的帝国。

三、故都狂飙

故都的狂飙掀起的时候，蒋委员长正在庐山举开训练。这是怎样重要的一种训练，举国英俊名流，都聚集在那里，中国的命运将决定在这个名山上，因此，关于军事方面，在首都南京，却全由军政部长何应钦将军主持。

在南京执行国防工事计划的警卫执行部，由唐生智将军担任主任，我在执行部第一组任科长，七月八日清晨从大悲庵住宅走到军事委员会，像铅一样在心坎里载着的重量负担，我已是被压抑住好几个月了。七点钟我走进军委会的办公厅，副主任刘光郑重地用力向我说话："宋哲元部队，在芦沟桥已和日本军队发生冲突了，军委会也已派人到保定去调查，一面电请委员长指示办法。"我瞠目凝视着他，我不能说出我当时的情绪，挑着重担的人，经过了一段较长的行程，一时把揹担放下，会使他筋肉上的知觉麻木，这便是我在那个时候的情景，我骤然之间笑了起来，可是理知［智］使我竭力抑住着情感的勃发，几月来胸中的阴霾是一扫光了，同时，搜索似的我用锐利的眼光注视着从东北长城一直到广东的海滩，看日本的第一颗枪弹从那一个角落里放射出来，而我应当负起怎样的责任。

我的任务是负有一部份［分］国防工事的计划与实施的督促，这一部工作还是属于第一期，所以战争暴［爆］发时，一切的工程均未完成，我不觉惊讶战神降临的日子是太早了。至于北平的紧涨［张］状态，我是有一部份［分］知道的，自从日本提出了广田三原则的对华外交，遭我们拒绝以后，他们便发动所谓华北五省的明朗化运动，那是企图捧拥宋哲元的冀察政务委员会，成为他们的傀儡组织，以拆散中央与华北的地方政治关系，而乘机进行他们宰割的方法。果然，当时中央军是撤退了，但是宋哲元的二十九军仍然没有放弃其守土御侮的职责，于是日本乃不得不出以直接的军事行动，先于二十五年四月五日间，向平津一带大举增兵，同年九月十八日迫我驻军退出丰台（见前），至十月间，丰台的日军，又藉演习为名强占廊坊与芦沟桥一带土地，积极的进行军事设施，以作整个包围平津的准备。民国二十六年四月，日本更诱致冀察政务委员会主席宋哲元，让予沧石（沧县至石家庄）铁路及津石（天津至石家庄）铁路的修筑权，企图藉此切断北平与中国中部南部的关系，以便开发山西煤矿，要是沧石津石两路修筑成功，那么日本可以直接由井径运煤到日本，不必经由中国政府所管辖的铁道，而北中国就此被隔离，成为他们的囊中物了。日本用尽他们的捧拥、威胁、利诱的手段，迫使宋哲元就范，可是，宋哲元既不脱离中央，又不敢拒绝日本的要求，在无可奈何之中，就托故回返原籍去扫墓，日本人一再来催追北平市长转请宋哲元表示态度，北平市长总是采取"等候命令，不能负责"的言词来回避，来搪塞，日人以交涉不得要领，预定计划无法实现，因而积极准备采取另一手段，以达到控制北中国的目的。二十六年七月初，丰田日驻军嘉田部队的一个中队，开到芦沟桥来演习，他们忽然灵感所至，以为去年"九一八"藉口马失踪，占据了丰台，老戏法是值得再来表演一下，所以在演习时，又扬言一个少尉失踪了，要求我方允许日军开入宛平城内自由搜索，接着要求我方撤退宛平与永定河沿岸的驻军，这是一个警告，即是日军要进驻永定河沿岸，使中国军队不得加以抵抗的明显的表示，我第二十九军第三十七师吉星文团长严厉地把他拒绝了，七月七日那天晚上，日军联队长牟田口廉边［也］即下令炮轰宛平，人类大流血的惨剧便在芦沟桥边所发出的号弹中开演了。当时宛平城驻军当局即坚决表示："和平固所愿，但日军要求我军撤出芦沟桥，则有死守而已，芦沟桥可为吾人之坟墓！"

在大炮炸弹之下，我们还没有放弃对于和平的最后努力，冀察政务委员会委员长宋哲元，立即派员与日军进行谈判和平，企图就地解决，宋哲元回到北平坐镇，把北平的封锁障碍撤除，表示对日本军的绝无敌对意思，同时，在首都，七月十二日我外交部向日驻华大使提议，双方即时停止军事行动，可是日本却竟然未予置答，同月十九日，我外交部复以正式书面重提原议，双方停止军事行动，将军队撤回原驻地方，定期谈判和平，但是第二次世界大战的创始者，他们的顽强，却终于失去了最后挽回的一个机会，他们在表面上，宣说这是地方事件，表示可与宋哲元商谈，以回避与中央发生交涉，这样，使中国幻想和平的人士，可以得到一些虚空的希望。然而事实上，他们却在地方谈判的掩护下，天津的驻屯军整个地在调动着，关外的军队分路向华北大举开入，迅疾地对整个北平作北、东、南三面的弧形包围，同时复出动大批海军围绕塘沽，等到他们的布置完竣，立刻向宋哲元和他的军队，撕下了和平谈判的面幕，七月二十五日敌酋香月司令的部队开始在天津寻衅，七月二十七日北平被包围。同时他们更提出了最后通牒，向宋哲元要求实行下列三点：

一、驻芦沟桥一带的中国军三十七师应于二十七日正午以前，退往长辛店。

二、驻北平及西苑一带的中国军，应于二十八日正午以前，退至永定河以西。

三、待自上述各地中国军队撤退后，限三十七师全部立退保定。

宋哲元遵照中央的命令、委员长的指示，严词拒绝对方的无理要求，并且于七月二十六日命令他的部队二十九军抗战，二十七日通县丰台也发生了激战，宋哲元通电表示坚决尽力自卫，这是历史上一个伟大的时间，全中国的人民，全世界的人士，都在喘息中注视着北平的一隅，谛听着委员长的言论与意旨，其实，早先在民国二十四年五月，委员长出席五全大会外交报告时已昭示我们，他说："和平未到绝望时期，决不放弃和平，牺牲未到最后关头，决不轻言牺牲"，芦沟桥的事变发生，是否告诉我们绝望时期已经到了，最后关头已经降临，这是一个需要严肃答案的郑重问题。二十六年七月十七日，委员长在庐山第二次谈话会上讲演时，便向世界人士作了一个明确的表示："我们是弱国，如果临到最后关头，便只有拼全民族的生命，以求国家生存，那时节再不容许我们中途妥协，须知中途妥协的条件，便是整个投降，整个灭亡的条件，全国国民最要认清所谓最后关头一到，我们只有牺牲到底，抗战到底，惟有牺牲的决心，才能博出最后的胜利，若是彷徨不定，妄想苟安，便是陷民族于万劫不复之地"，芦沟桥事件的能否解决，即是达到最后关头的境界。

因此，当局在南京主持大计划的军政部部长何应钦将军与参谋总长程潜将军，军事委员会警卫执行部主任唐生智将军，军事委员会委员长侍从室主任林蔚将军，以及各部重要幕僚等，每晚在何公馆举行会报一次，那时，我和军政部参事徐培根，参谋本部第一厅厅长龚浩，何部长办公室部附罗泽闿诸人，担任会议纪［记］

录及稿件整理工作。远东惊天动地的事件，在我们的笔录下，保留了每一刹那的变化痕迹，我们天天面临着时代的巨人在创造新的历史，几千年的古国文化及其未来命运，将在委员长的指示下，经由何部长和所有高级将领会商中来决定，在每一次会报中，经常呈现出事态的严重，中国将万劫不复，抑或康乐无疆，这是千钧一发啊，错误将造成万古的遗恨，我们岂可轻易造次。当时，决定调动大军，源源开向陇海路与津浦路，同时更派定林蔚将军到保定去负责，指挥部队挺进保定，每一次会报，总要到达午夜一二点钟，这是一个肃穆的行程，是在漫漫的长夜中延展着。后来芦沟桥事件的如何解决，终于经由委员长提出了四点立场：

一、任何解决不得侵害中国主权与领土之完整；

二、冀察行政组织，不容任何不合法的改变；

三、中央政府所派地方官吏，如冀察政务委会委员长宋哲元等不能任人要求撤还；

四、第二十九军现在地区不能受任何约束。

我们和日本所提出来解决芦沟桥事件的限度，已大白于世界了，双方距离的辽远，使战争从恫吓与战栗中迅速地成为事实，在这个时候，日军入关部队已达五师人之众，人数约在十五万以上，以致二十九军各师旅团，处处陷于包围监视之中，然而第一线将士那种“同仇敌忾”的意旨与“宁为玉碎，毋为瓦全”的精神，完成了军人所应尽的道德任务，呕心沥血的歌声，开始以“凄厉壮烈”的音调，划破了天空。七月二十七日，北平被日军包围了，可是，我们也发动过了好几次的攻势，先后收回廊坊、丰台、芦沟桥三处，通州方面，我军一度攻入，把冀东伪组织击成粉碎，天津市内，李文田指挥器械不全的警察，曾数次冲入日本的租界。北平的保卫战，是愈演愈激烈，七月二十八日，宋哲元率部夺围离平，那时二十九军副军长佟麟阁第一三二师师长赵登禹都在扼守南苑团河，佟副军长亲赴前线督师，腿部中了敌人的机枪，可是仍旧裹创勇往直前，飞来一颗炮弹，击中了头部，遂致阵亡，赵师长在团河战役中，三次冲锋，身受重创，可是依然不肯暂离火线，终于继续地中弹殒命。两位将军的壮烈牺牲，题下了平津战役中激剧的记录，七月二十九日北平沦陷，三十一日，我军也退出了天津，时代所给予北中国的一个可怕的暂时的虐待，也就从那一天开始了。

天津失陷后，日军即分三路进兵，一路沿平津线南下，进窥河南，一路沿平绥线进攻南口，一路以天津为据点，循津浦路南下窜扰山东。日本在平绥线的发动，是从八月初旬开始，我方担任防御的是十三军汤恩伯将军，汤部的浴血抗斗，阻碍了日军的长驱，所以日军迂回进攻居庸、怀来、张北及张家口等地，八月二十七日张家口失陷，于是全部阵线混乱，同时保定陷落，因此平津的迅速收复工作，也告了绝望，而战火就蔓延及整个北战场。

在平津战争的扩展中，滋长了我们的抗战决心，激动了全国人士高度而纯洁的爱国义愤，而将士和民众的成仁取义的精神，更永远昭告世人，当代的中国男女是英雄地走上了正义和魔力的斗争阶段，平津是失守了，平津人民固然首先遭受了磨难，可是燃红的炽铁，却正在开始被冶炼，第一下却被打在故都的北平和北方经济中心的大都市天津而已。

故都的狂飙，挟着寒意吹拂到江南，从首都看来，这是京沪战争的序幕与前一阶段，事实上平津是首先遭受灾殃，而上海和首都，也将继续地步入他们的后尘，一样地要尽起神圣的责任。

四、海上潮涌

中国潜伏着巨大的活力，在七十万大军走上淞沪战场的伟大历史进军中是得到了证验，虽然，他们握着的依然是落后的窳陋的武器，可是他们用血肉来支持中华民族的正气，支持全人类的正义，却正像基地支持屋顶一样，他们是英勇的，他们将永远地被人们歌咏着敬爱着。

芦沟桥事变发生后，上海就陷入极度不安的状态中，可是“一·二八”战后，上海停战协定规定着上海不能驻扎中国军队，我们为了协助警察及保安团队维持秩序起见，将独立第六旅钟松部队改为地方保安队，担任虹桥飞机场的守备，这时日本的海军陆战队和浪人，到处在寻觅机会，制造事件。八月七日，驻沪日本海军中尉大山勇夫与一等水兵齐藤要藏乘汽车驶到中国虹桥飞机场，当时飞机场当局已奉到委员长手谕，不准任何人进出，而大山勇夫却强欲进入，当为我们守卫机场的保安队所阻，那位大山勇夫中尉却竟无理谕地公然反抗，用他的手枪，骄傲地放出了第一颗挑衅的子弹，他决不知道在那一天却闯下了大祸，他鲁莽地代表了日本帝国主义者，首先向中国向世界宣布亚洲大陆上的战争已是全面的爆发了。

日本首相近卫、陆相杉山、海相米内，气焰万丈地立刻命令一百多艘战舰，三百多架飞机，二百余辆战车，二十万日本大军，有组织地把大规模的人类屠杀事件，在东方第一大都市的上海，由阴谋变成事实，日本军阀眼睛凝视着天空，傲慢地以为在几小时最多几天之内可以解决上海的事件——真的，我们不能了解他们究竟是那一种哺乳动物，也许是世界上永久患着心身上的变态病症者。

上海，遭受日本军阀和浪人的蹂躏的已是第三次了，明季海盗的猖狂，在历史的记忆里行将淡漠的时候，中华民国二十一年“一・二八”事件，立刻又毒害了整个的上海市。并不是懦怯，更不是丧失了自己自尊性，我们的委曲求全，为的是要挽救人类的劫运，同年五月五日的上海停战协定，规定中国军队不能进驻淞沪，中国兵不能住在中国地界，心头上的仇恨，怎么不天天在加紧每一个市民，每一个国民的担负呢，北方的大战开始了，日本军阀们没有悟到中国人民的决心，已是不可侮的了，他们却依然在虹彩的幻梦里，妄想来宰割我们，烹饪我们。当时，在上海市区内，没有驻一个中国兵，全都是警察和一部份［分］保安队，日本军阀气焰汹汹地一面派遣巨舰，列阵吴淞口外，一面纷调部队来沪，同时向中国提出撤退淞沪地方武力之要求，即警察保安队，也将被驱逐出淞沪地区，这种无理要求，是荒谬到不能忍受，不可避免的灾难，总当痛苦地来忍受，因此，亿万人的忿怒终于猛烈的以还击姿态，来抵抗，来加罪及于这起自乌云里的暴雷。淞沪警卫司令杨虎，参谋长朱侠以极严重的词句向何应钦部长和军事委员会报告，这实在是晴空里的霹雳，北方的事件，既未解决，上海事件却又发生了，何部长得到委员长指示后，立刻下令上海市严密戒备，以防意外，一面并令驻无锡江阴的第八十七师八十八师，开往上海，八月十二日我八十七师，八十八师，独立第二十旅和上海保安总团，一同展开于真茹江湾市中心区的线上，和日军当面对峙，各国驻华使节不欲使东亚繁荣的商埠，由着战神毁成瓦砾场所，还竭力进行和平运动，代理上海市市长俞鸿钧向日本提出同样的要求，限日军退出上海，这使上海市长得到很大的荣誉。在第二天，八月十三日晨三时，突然由日方发出了第一颗炮弹，他们向我闸北横滨桥以东及青云桥一带守军开衅，隆然一声，冲破了阴郁的天空，可是我守军并未还击，到了九时五十分，日陆战队百余人，企图越过淞沪铁路冲往宝山路，我军始予抵抗，淞沪战争，于是通过了导火线管，一发而不能收拾了。下午四时，战区扩至八字桥、江湾路、天通庵路等处，五时以后，日军用烧夷弹，焚毁我闸北民房，十四日，我军对虹口、杨树浦的敌人进行攻击，我们为了要扫荡留沪日军，所以以八十七师担任左翼，八十八师担任右翼，采取积极的攻势行动，这时的指挥官是张治中将军。

我们的空军也在同日出动，上尉梁鸿云奉令轰炸敌军，他驾坐了一架俯冲轰炸机，翱翔在上海天空，那是虹口，那是闸北，那是杨树浦，那是黄浦江，他正在寻觅在他脚下的仇恨，敌酋所坐的一艘旗舰，雍容地停留在黄色的歇［黄］浦江中，燃烧的怒火鼓使他一口气俯冲下去，轰然一响，那艘旗舰冒起一阵黑色的浓烟，它是中了弹，渐渐的要倾斜下去，于是敌舰一面开足马力遁逃，一面竭力以重压使舰的本身平稳起来，同时，即在那刹那间，舰号上从未间断过的高射炮火，击中了梁上尉追踪轰炸的俯冲机，一颗子弹穿过机声命中了他的背部，于是这位刚尽下他的神圣职务的空军英雄，就无遗憾地在机中殒命了，这是一个悲壮的雄武插曲，正感动着中外人士，不，这也是有价值的一个历史的感动啊。接着，另一个悲壮的纪录，在八月十七日清晨发生了，阎海文这位空军斗士，他驾驶了霍克机，在轰炸淞沪敌军的飞程中，机尾中了敌人的高射炮弹，不得已，他就以保险伞降落，不幸却误坠入了敌军阵地，数十个敌人包围过来，大呼投降，他手握着枪，凝视着敌人行近，连发三枪，击毙了三个敌兵，后来敌军□警愈聚愈众，步枪齐发，而他却不稍畏避，从容迎战，结果，把留下的最后一颗子弹，终结了自己的生命，敌人在敬仰之余，还替他举行葬礼，题写他的碑上以“支那空军勇士之墓”八个字。不错的，在英雄与殉道者的眼光看来，死和休息，这两次的睡眠，正可以作为永久的友邻，他们只知道义与不义，他们沉浸在国家的信心与领袖的感召中，从未反顾，他们以仰望星光的愉悦从容就义，他们将是活在全国人的心坎中，永远不朽。淞沪战争初起时的空军的英勇行为是轰动世界的。

最初攻击的重点，指向虹口，后来改向大公纱厂，我们在极迅速的时间内，立刻包围了上海的敌陆战队。在那个时候，上海市内担任指挥的是朱总司令绍良，右翼为张总司令发奎，陈诚将军和熊式辉将军也赶到上海，他们与张总司令共同商定，将三十六师八十九师也加入作战，并且，改变重点，指向汇山码头。日本租界是日军用兵的根据地，势在必守，在我方则也势所必攻，所以双方的战斗，一开始即是异常的激烈，委员长亲任上海战区司令长官，顾祝同将军担任副长官，二十四日顾将军亲到南翔来指挥，二十日，我三十六师的一旅，已进攻到汇山码头，有残敌近四百人，越过外白渡桥向南窜去，为英军缴械，这是中日战争以来第一件惊奋全世界人士的战役，也是我军全然采取主动的进攻的阶段。

先是敌人在战争开始，即知道这次战争的猛烈，所以在八月二十二日晚，敌援军主力第十二师团，由狮子林、石洞口、川沙口、浏河口登陆，一部份［分］更于张华滨附近强行登陆，企图威胁我攻沪军的侧面。当时，因为我沿江配备兵力单薄，不能阻止敌军的登陆行动，后来改以八十七师之一部及教导总队之一团，上海保安总团之一部，转向张华滨登陆的敌人攻击，同时，以在吴福线上之十一师及杨行宝山方面的九十八师，转向狮子林、川沙口方面的敌人攻击，更以在昆山吴县附近集结的六十七师用汽车输送，急向罗店月浦挺进，并急调正向常熟福山前进的十四师，向太仓罗店方面前进，以求会歼登陆的敌军。奔腾的战争的激潮，快速度的在改变各种态势，然而，终究因为我各部队限于交通运输的不便利，赶到战场时，敌方主力，已登陆成功，加之月浦罗店一带接近海岸，所以敌军得以数十艘炮舰及优势空军，向我军集中攻击，而发挥了强大威力。这时巨大的军队行列，在沸腾的烟焰中跃动着，排炮的轰声，像是地球要被重新整顿过似的发着无可比拟的撼动的巨响，地是裂了开来，成群的士兵被埋葬在土里，两三丈长的树木，压在土里，腾留出他的树梢，颤抖地在地面上摇晃，巨石和成块的泥土，像雨点般在空中飞舞，这是怎么的一回事啊。日本上海派遣军司令官松井石根的命令和计划，全然是毁灭世界的魔鬼底最残忍的阴谋的行为表现，但是我军仍然是冒险犯难，积极猛攻，月浦和罗店的争夺演成了上海战中最激烈的一幕，我军可以说是踏着死亡的足迹前进。可是，因了伤亡的过大，交通的迟钝，使我军前仆而不能后继，同时在日军方面却增援不绝，所以我们仅能打破敌军威胁我侧背的狡计，而不能将他们压迫到江中，加予歼灭，日军看到罗店附近为我攻击断阻，不能进展，于是转向吴淞附近及虬江码头，强行登陆，刚巧我第六十一师第六师和第一军开到，立刻对登陆的敌军施行猛攻，第六师遭受敌人炮火炸弹的轰击，几乎大部［分］被牺牲了，他们成群的成为烈士，崇高的生命交给了国家，而自己是走上了永生的境界，从张华滨迎接战开始到吴淞附近虬江码头的激战，是淞沪战争中敌军登陆及我军猛烈阻止敌人进攻的阶段。

日军在月浦罗店，都不能进展，吴淞口又与我军形成胶着状态，因此，他们就利用陆海空军的协助，更以一师团众在宝山强行登陆，同时，吴淞、张华滨、虬江码头方面的敌军，也继续增加。九月初，敌人即围攻宝山县城，宝山是那样一个弹丸小城，如何经得起敌人海陆空的连［联］合进攻，然而旺盛的作战士气，却提高了我们的战斗效能，我九十八师姚子青营长，孤军困守，他绝不以客观条件的不利而气馁，他率一营之众，凭城鏖斗，敌寇屡战屡退，屡次增援进攻，死伤枕藉，相持二天后，姚营弹尽粮绝，因此，整个的一营官兵弟兄全部殉国，好汉们的血，大量地浸淫这大地的黄金的血管，而给予未死者涂上庄严的希望，宝山城失守了，姚子青全营弟兄的与城偕亡，却给了我们这次神圣抗战的一个伟大激励！

宝山失陷后，沿长江的敌人从吴淞到狮子林、月浦已呵成一气，九月十日上海派遣军司令松井石根下总攻击令，他们的主力就沿宝刘公路——宝山至刘行——向杨行突进。扼守那里的各师，都辖属于第九集团军，九月十一日，杨行失守，我军攻势已完全失败。九月十六日，我第九集团军被迫撤退至北站、江湾，固守庙行、杨家宅之线，月浦方面的我军九十八师一部，因为伤亡过大，而且是过于突出，所以不得已撤退到陆福桥线上，于是我第一师与第十八师开入增援。本来在罗店南端的十八军，仍旧继续向罗店北端的敌人攻击，现在却因了刘行的岌岌可危，所以把这个计划放弃了，暂时改为退守罗店西南及罗嘉公路的施相公庙一带，后来第一师七十八师相继进援，同时我们以各部队牺牲过大，战略上不得不加以修改，因此我军自开战以来所采取之全部攻势，到这时却告无形停止，至于局部的攻击，那当然仍旧是继续不已。

为了确守刘行的据点，我方曾调动第六十六军第四军第十五师第十七师等部队加入攻击，战斗的酣烈，是上海战争中所仅见的，至九月二十四日，宝刘公路的中央阵地需要调整，所以扼守那里的军队，经由宝家弄、顾家镇、刘行东侧国际电台附近，太平桥、万桥、沿荻径以至罗店南侧，与右翼杨家宅附近之第九集团军联系。当时上海敌军，计有第一、第三、第十一、第十二等师团与第八师团、第十六师团之一部及海军陆战队等，共约十余万众，并有野山炮四百门，战车二百余辆，飞机一百余架，大小兵舰七十余艘，可是他们要获得显著的较大的进展，也感觉得困难，因此，就专门找寻我们的弱点以图逞进。至九月卅日，在顾家镇刘行的陆桥附近，我第五十七师与第十五师之接合部份［分］，突被日军侵入，为了弥救这一个罅缺，五十七师十五师派出敢死队，以白刃和日军搏斗，死亡在这个时候，被看作为极平凡的事，大家存在着一个思想，敌人从我这里过来，那便是我的耻辱，在这样的感受之下所造就的巨大力量，敌人终于被击退了。然而，在刘行与长滨站间，万桥附近，我第十五师七十七师的接合线，也被日军突入，英勇的兄弟们，以肉身阻挡他们的驱进，伤亡数字，委实太使人吃惊了，而敌人的援军，却又源源而来，在这平原地区雷也似的响着一片呼杀的声音。战争的酣烈，震惊着全上海的中外人士。当时全线指挥的是陈诚将军，他出入于枪林弹雨之中，艰苦督战，他看到没有生力军加入，专让那些日夜不息的疲劳士兵来支持这一个残局，实际上是等于把他们委诸虎狼之口，而无补于战争的实效，所以他就去请示顾祝同将军，一面报告部队不能再打的情形，一面请求调派大军，否则应该转移阵线，调整部队，继续抵抗。顾祝同将军这时是由重庆行营主任调兼第三战区副司令长官，进驻苏州，负有指挥淞沪六十余万大军的全责，他们在周详的研究之后，于十月一日晚，以第十五师之一团留置刘行，第五十七师之二营留置顾家镇，掩护我军之转移，于是我主力军就撤至由杨家宅、唐桥站、沿蕴藻滨、南岳，经陈家行、广福、罗店西南侧施相公庙、曹王庙亘双草墩之线，这是撤退刘行而开始我们采取守势的阶段。

扼守上海，可以说是一个非凡的奋斗过程，我们把军民的力量和爱国心，已导入于亘古未有的战争的磨难的生活方式里，饥寒、疾病、杀戮、黑暗、恐怖，凡是那些不祥的字眼，都可以运用到当时的保卫大上海战争中，可是却从未见到另一个被呼作为“懦怯”的字样，中华民族在这一役战争中是正从事着一个锻炼运动，仿佛跳高的选手，在他开始时，不免要跌交［跤］，或者损伤他的皮肉。那是大上海的一个荣誉时间，全世界人士都在尊敬那些背荷历史底伟大任务的正义维护者，刘行撤退后，我守军依然猛烈抵抗，终于挫败日本的向广福进攻，他们以目的未达，到十月初旬，又转移主力，沿沪太公路南下，向蕴藻浜进犯，企图占领大场，以威胁我第九集团军的侧背，而达到占领上海的目的。当时，大场方面，守军仅有第八师、第六十一师和五十七师，战斗的激烈，我们可以从事实中看到，一团一团的弟兄们，在战火中被消灭，第八师全师几乎完全伤亡，到十月六日晚，左翼第八师所守黑大黄宅附近的阵地，尸首是纵横遍野，敌人便乘隙来突进，于是我方以撤至昆山附近，正在整理的第一军及新到达的税警总团，与第十九师、二十六师、二十师等部队，陆续开往增援，可是仍然不能挫阻敌人的攻势。当时第一军新补充的士兵，有一部还是徒手的，没有冬季衣服，即其他各师，也有这样的情形，以如此装配窳劣的士兵，去迎接锐不可当的现代化的日本军队，那纯粹是依赖旺盛的精神力量。国家和民族的号召，已经溶［熔］铸他们成为精金。当蕴藻浜战争正烈的时候，恰巧我广西军队第五军、一七一师、一七三师、一七四师及一七六师等都调到，因此，中央派白崇禧将军亲赴安定与顾长官商讨军事计划，他们就决定于十月十九日晚，在谈家头、陈家行、广福之线，发动攻击，二十日晚上开始总攻，这是决定上海命运的一次总反攻，几百万的居民在仰望着我们的英勇将士，切盼永久得到他们的保障，三日夜的激战，虽然得到初步的成功，但终于因了缺少空军协助和炮兵支援，归于失败，在这次进攻中我们又缴纳了无数战士们的血与那狰狞的战神。战车、飞机、密集的炮火，他们无休止地吞噬了我们成千成万的生命，原阵地是无法维持了，因此，我们更将在杭州的第十八师，第三十三师调到大场方面，同时，更调第三师、第五十六师也加入作战，并将左翼第十一师、第十四师和打残了正在太仓整理的第五师调来，在巨大的炮火消耗下，又维持了几天，敌人援军的增加，以及现代武器的运用，致使我军陷入更危险的境地了。二十四日，我们逐次退守大场走马塘线上，二十五日，大场被围，日军就于大场东西两侧突进，我三十三师溃败，二十六日情况更形不利，因此我们不得不趁早调整阵容，当以第八十八师一团固守北站，我军主力由丰田纱厂苏州河南岸经江镇桥撤守至南翔线上，大场就在那一天失守了。这实在是一个严重的挫折，我们无法挽救当前的局势了，可是，两个月又十四天的苦斗，已博得世界人士的喝彩，自从大场失守，退守苏州河南岸后，我们全般态势，可以说是由攻势变为守势，由守势而变为退却了，阵地的转移，是表现着上海战争已到了尾幕。当时，我第八十八师、第八十七师、第一军、第三十六师、第一〇二师等部队都被敌跟踪猛攻，他们都遭受重大的打击，并且，在我军苏州河立足未稳定的时候，敌人的快速部队也已赶到，十月二十九日，日军进占闸北，我军第八十八师杨瑞符营担任掩护退却，由团副谢晋元率领，坚守住苏州河北岸之四行仓库，敌人几次围攻，始终不能攻下，直到上海完全失守，他们始行退入租界，这是上海战役中，名震中外的八百壮士孤军死守四行仓库。在苏州河附近我军经过了一度激剧的战争，顽强的敌军继续侵犯，我方当即迅速调左翼的第六十七师，及新到的第十五师、第四十六师和教导总队等支援反攻，战争异常激烈，阵地却始终屹然未有更□。在陆军大学十一期和我同班的一位朋友唐惠洽当时在保安总队吉章简部任参谋长，也被炸殉国，他是一位足智多谋，寡言沉毅，富于幕僚修养的少壮军校，当我接到他殉国消息后，我为他悲悼，我为他鼓舞，他在沪战未暴［爆］发以前，即从事上海警备的计划，而今多月来又亲见敌军陆续的毁灭，他是带着胜利的希望而长眠了。

十一月四日晚上十一时，我军正与渡过苏州河之日军相持苦战的时候，上海派遣军司令官松井石根大将派遣第八军柳川兵团之冈本、长谷川、神田各部队，趁着潮汐，在杭州湾全公亭、金山卫方面偷渡登陆。先是驻守杭州湾北岸担任海防的是第二十八军之六十二师六十三师，后来因了上海战争紧急，六二师奉调到浦东去参加作战，敌人却乘我们部队调动的当儿偷渡登陆，我们为击破敌人的这一军事行动起见，由六十三师进击乍浦当面偷渡的敌人，六十二师这时已开到松江附近，即重新回返，于闵行抗御敌人。当时，曾有一架敌机低飞扫射，给他们击落了下来，并且我们更决定以六十二师守松江，以六十一师守闵行，警戒黄浦江口左岸，又令六十七师迅速经松江向金山县挺进，第七十九师在嘉兴下车后，即准备开往守御平湖新埭之线，同时又以守备浦东的五四五旅也开到江浙边境。在这些师旅中，大多是伤亡过半了，军队名称虽多，兵力实在是异常单薄，苏州河南岸阵地刘家宅，吴家库附近于十一月十七日，为敌人突破，我方感着腹背受敌的威胁，同时，又缺少精锐的生力军可资运用，所以是完全无法撑持了。十一月八日夜，我军开始向嘉兴苏州一带撤退，十一月十二日，这一个东方大都市拥有四百九十五平方公里的大上海，就被那些欲壑难填、鄙弃正义、仇视人类的日本军阀所占领了，三百万市民，在驱逐、缉拿、捆打、虐待、侮辱、谩骂、抢夺、杀戮的日子里，过着暗黑的生活，这是难以隐藏与包裹的国家的伤痛！

终上海战役中，我方出动部队的番号和担任指挥的高级将领大致如下所列（其间人事变动颇多，容有出入之处。）

军的番号有如下所列（其中如有脱漏容再版时补入）

第一军 第四军 第五军 第十八军 第二八军 第六六军 第六七军 第六九军等

上述各军所包括之师有如下所列（其中也附有不属于上列各军者）

第一师 第三师 第六师 第八师 第九师 第十一师 第十三师 第十四师 第十五师 第十六师 第十七师 第十八师 第十九师 第二〇师 第二三师 第二六师 第三三师 第三六师 第四四师 第四五师 第四六师 第五一师 第五三师 第五六师 第五七师 第五八师 第五九师 第六一师 第六二师 第六三师 第六七师 第六九师 第七七师 第七八师 第七九师 第八七师 第八八师 第八九师 第九〇师 第九八师 第一〇一师 第一〇三师 第一二八师 第一五四师 第一五九师 第一六〇师 第一七一师 第一七四师 第一七六师等

（第九集团军）

上海保安总团　教导总队　税警总团

第五四五旅

其他炮工兵部队航空队

在上海战役中高级指挥将领为

司令长官　　蒋委员长兼

副司令长官　顾祝同

参谋长　　　韩德勤

前线总司令　陈　诚

总司令　　　朱绍良　张发奎　张治中　白崇禧　刘建绪

芦沟桥事件，是中国对日战争的前哨战，淞沪战争是首都保卫战的序曲，也是中国全面战争的开始，同时，也为太平洋战争的前奏，所以我们说战争已是走上了第二次世界大战的行程，并且，我们叙述首都抗战回忆，也不得不从淞沪战争与平津战争来叙起。这样，我们才可以看到首都抗战的全貌，也可以了解首都抗战的意义。

第二章　史无前页的首都卫戍战

一、伟大的决心

古代特洛安城被毁灭的历史遗恨，爱琴文化被埋葬的千古隐痛，是严重地给予我们史无前页的首都卫戍战，以肃穆凄厉的教训，一个蛮横的民族，他撕毁“文明”，正像孩子们撕破一册书本，决不会考量他记载着的是怎么珍贵的笔录。纪元前三世纪，迦太基名将汉尼拔，以三万军士，横行于西班牙和意大利的北部，罗马帝国在十五年苦战中却产生了英雄西庇阿，由于他的智慧和果断的决策，在第二次布匿大战中终于降服了迦太基人。

上海战争结束后，日军遂翘首西向，仰望着我首都这一个灿烂的名城前进，樱花会在短时间内突然盛开，也会在短时间内突然谢落，得意的日本军士们果然赢得了一时的炫耀，但是留给历史却以一个伟大的讽刺。

中国有不少的西庇阿，他们拯救我们的国家，功勋和志愿，也不减当年的西庇阿，这是的确的事实，任何崇高的赞扬，却不足以颂誉中国的卓越的将领与无数无名的士兵和民众。汉尼拔使罗马痛苦了十五年，日本军阀却仅在中国骄横了八个年头。他们在我首都的杀戮、焚烧等暴行，诚然是极尽了人间的惨痛，但是八年后我们却立刻清算了他们的虐待，特洛安城和爱琴人的悲剧，终于给我们英勇的战士们阻挡住了，使这一厄运不至延长。

高明的决策，是我们行动的根据，首都的战役，是历史上一件不平凡的大事，当民国二十七年七七事变初起时，日首相近卫曾在答新闻记者的问话中声称：“日本要迫使支那屈膝，早则是来春，最迟不会超过一九三八年的秋季”。照他的预算，三个月内可以击溃中国军队的主力，以后只须跟踪尾追，那整个中国便会随之瓦解，他们的判断错误，使他们的决策成了万千谬误的总汇结。上海战役终止了，而我首都的卫戍战便继续地展开了。所谓城下之盟，这只是狂妄日本军阀的单方面的一种想望。

反观我们，由于内战的频乘，国力的不足，国防工事的未曾完成，所以主持国家方针的负责人员，都喘喘地不敢把国家的命运孤注一掷，芦沟桥事件暴［爆］发时，委员长集合全国英俊，在庐山举办训练，南京由何部长应钦代为处理军事方面的一切措施。何部长得到了北方战争的警报后，立刻向委员长请示，当时，钱大钧将军在牯岭电告何部长说：“委员长的方针是已经决定了！”七月十九日，委员长对于芦案认为是最后关头，坚持最低限度立场的严重表示，将永远成为历史上的珍贵文献，兹摘录决策的最精惕的字句如下：

……万一真到了无可避免的最后关头，我们当然只有牺牲，只有抗战，但我们的态度，只是应战而不是求战，应战是应付最后关头必不得已的办法，我们全国国民必能信任政府，已在整个的准备中。因为我国是弱国，又因为拥护和平是我国的国策，所以不可求战，我们固然是一个弱国，但不能不保持我们民族的生命，不能不负起祖宗先民所遗留给我们历史上的责任，所以到了必不得已时，我们不能不应战，至于战端即开之后，则因为我们是弱国，再没有妥协的机会，如果放弃尺寸土地与主权，便是中华民族的千古罪人，那时候便只有拼民族的生命，求我国最后的胜利。

芦沟桥事件能否不扩大为中日战争，全系日本政府的态度，和平希望绝续之关系，全系日本军队之行动，在和平根本绝望之前一秒钟，我们还是希望由和平的外交方法，求得芦事的解决。

我们希望和平而不求苟安，准备应战而决不求战，我们知道全国应战以后之局势，就只有牺牲到底，无丝毫侥幸求免之理，如果战端一开，就是地无分南北，年无分老幼，无论何人，皆有守土抗战之责任，皆应抱定牺牲一切之决心，所以政府必特别谨慎以临此大事，全国国民，亦必须严肃沉着，准备自卫。

这一篇文告，一面申说我们的决心，一面向日本提出了一个忠实的警告。

八月六日，全国的军政大员，都赶到首都，共赴国难，同月十一日，立法院起草总动员法，同时，紧接上海战幕的揭开，便于十四日，国民政府发表声明：实行自卫。伟大的民族决心，振［震］撼着中外古今，疯狂的日本帝国主义者，便在我们的决心下，开始要受到他所应得的惩罚，我们所进行的，正是要校正世界上某一方面所发生的过失行为的一种伟大举动，在我们政府所发表的自卫抗战声明书中，扬溢着我们磅礴的民族正气：

中国为日本无止境的侵略所逼迫，兹已不得不实行自卫，抵抗暴力。

近年以来，中国政府及人民一致所努力者，在完成现代国家之建设，以期获得自由平等之地位，以是之故，对内致力于经济文化之复兴，对外则尊重和平与正义，凡国联盟约，九国公约——中国曾参加签订者，莫不忠实履行其义务，盖认为“独立”与“共存”，二者实相持而成也，乃自九一八以来，日本侵夺我东四省，淞沪之役，中国东南重要商埠，沦于兵燹，继以热河失守，继以长城各口之役，屠杀焚烧之祸，扩而及于河北，又继之以冀东伪组织之设立，察北匪军之养成，中国领土主权，横被侵削。其他如纵使各项飞机在中国领土之内不法飞行，协助大规模走私，使中国财政与各国商业，同受巨大损失，以及种种毒辣之手段，如公然贩卖吗啡海洛英，私贩枪械接济盗匪，使中国社会与人种，陷入非人道之惨境，此外无理之要求与片面之自由行动，不可胜数，受一于此，已足危害国家之独立与民族之生存，吾人敢信此为任何国家任何人民所不能忍受，以迄于今，吾国敢言中国之所以出此，期于尽可能之努力，以期日本最后之觉悟而已，及至芦沟桥事件爆发，遂使中国几微之希望归于断绝。

芦沟桥事件之起因，由于日本大举扩张天津驻屯军，且屡于辛丑条约未经允许之地点施行演习，日本此种行动，已足随时随地引起事变而有余，而本年七月七日深夜，日本军队竟于邻近北平之芦沟桥，施行不法之演习，继之以突然攻击宛平县城，我守土有责之驻军，迫而为正当防卫，我无辜之人民，于不幸之中，生命财产毁于日本炮火之下，凡此事实，已为天下所共见。

芦沟桥事件发生以后，日本之行动有深足注意者，即其口头常用就地解决，及不欲扩大事态之语调，而其实际，则大批军队及飞机坦克车，以及种种新战争利器，由其本国及朝鲜与我东北，源源输送至河北境内。其实行武力侵略，向我各地节节进攻之事实，绝不能为其所用之语调，所可掩蔽于万一。

中国政府于芦沟桥事件发生以后，犹以诚意与日本协商，冀图事件之和平解决，七月十三日，我外交部曾向日本大使馆提议双方即时停止军事行动，而日本未予置答，七月十九日，我外交部长复正式以书面重提原议，双方约定一确定日期，同时停止军事动作，同时将军队撤回原驻地点，并曾声明：中国政府为和平解决此次不幸事件起见，准备接受国际公法或条约所公认之任何处理国际纠纷之和平方法，如双方直接交涉、斡旋、调解、公断等等，然而以上种种表示，均未得日本之置答。

于此之际，中国地方当局为维持和平计，业已接受日本方面所提议之解决办法，中央政府亦以最大之容忍，对于此项解决办法，未予反对，乃日本军队于无可借口之中，突然在芦沟桥廊坊等处，再行攻击中国军队，并于本年七月二十六日致哀的美敦书，要求中国军队撤出北平，此则予双方约定解决办法以外，横生枝节，且为吾人所万万不能接受者，日本军队更不待答复，于期限未至之前，以猛力扑进中国文化中心之北平，与中外商业要枢之天津。南苑附近，我驻军为日本轰炸机及坦克车所围攻，死亡极烈，天津方面，人民生命横遭屠戮，公共建筑文化机关以及商店住宅，悉付一炬。自此以后，进兵不已，侵入冀省南部，并进攻南口，使战祸延于察省，凡此种种，其横生事端，扩大战域，均于就地解决及不扩大事件之语调之下，掩护其进行。

当此华北战祸蔓延猖獗之际，中国政府以上海为东方重要都会，中外商业及其他各种利益，法当顾及，屡命上海市当局及保安队加意维持，以避免任何不祥事件之发生，乃八月九日傍晚，日本官兵竟图侵入我虹桥军用机场，不服警戒法令之制止，乃致发生事故，死中国保安队守卫机场之卫兵一名，日本官兵二名。上海市当局于事件发生之后，立即提议以外交途径公平解决，而日本则竟派大批战舰陆军以及其他武装队伍来沪，并提出种种要求，以图解除或减少中国自卫力量，日本空军并在上海、杭州、宁波以及其他苏浙沿海口岸，任意飞行威胁，其为军事发动，已无疑义，迨至昨（十三）日以来，日军竟向我上海市中心区猛烈进攻，此等行动，与芦沟桥事件发生以后向河北运输大批军队，均为日本实施其传统的侵略政策整个之计划，实显而易见者也。

日本今犹欲以淞沪停战协定为借口，将使中国于危急存亡之际，尚不能采用正当防卫之手段，须知此等停战协定，其精神目的，即欲于某地点内双方各自抑制，以期避免冲突，不妨碍和平解决之进行，若一方自由进兵，而同时复拘束他方，使之坐而听受侵略，此为任何法理任何人情所不能曲解者。

中国今日郑重声明，中国之领土主权，已横受日本之侵略，国联盟约、九国公约、非战公约，已为日本所破坏无余，此项条约，其最大目的，在维持正义与和平，中国以责任所在，自应尽其能力，以维护其领土主权及维护上述各种条约之尊严，中国决不放弃领土之任何部份［分］，遇有侵略，惟有实行天职之自卫权以应之，日本苟非对于中国怀有野心，实行领土之侵略，则当对于两国交谋合理之解决，同时制止其在华一切武力侵略之行动，如是则中国仍当本其和平素志，以挽救东亚与世界之危局，要之，吾人此次非仅为中国，实为世界而奋斗，非仅为中国领土与主权，实为公法与正义奋斗。吾人深信，凡我友邦既与吾人以同情，又必能在其郑重签字之国际条约下各尽其所负之义务也。

我们的决心，我们抗战的目的，已是阐述无遗了，“吾人此次非仅为中国，实为世界而奋斗，非仅为领土与主权，实为公法与正义而奋斗。”这是多么率直坦白而负责任的语句，伟大的决心，是已向全世界郑重地表白了。

上海失陷后，日本军阀迈步要跨向我首都，速战速决的战略，企图在迫我订盟城下而获得实现，可是我们的决心，是金钢[刚]不坏的无可移动，十一月二十日，国民政府迁移重庆，这也是遵照决心而发动的有力的实际行为，这是通知日军，我们已准备着在南京城郊拼一个你死我活的预告，这是向日军，同时也是向全世界宣布我们持久抗战的决心。聪明的日本帮凶希特勒，他却看出了我们的坚强意志，所以曾劝告日本赶快与中国订立所谓“荣誉的和平条约”，以结束此一战事，这即是首都失陷前后外面所流传的恶意的中伤，说我们政府有向日本进行和平谈判的谣言滋生的原因，智慧的中国人们，应该明了希特勒固然能够鉴及于此，可是他也太小觑了我们，伟大的决心，岂有给任何的阴谋所可欺骗、所可更动、所可诱致！所以后来德大使陶德曼的奔走，仍然是一种徒劳而已。兹将国民政府移驻重庆的宣言抄录如下：

自芦沟桥发生以来，平津沦陷，战事蔓延，国民政府鉴于暴日无止境之侵略，爰决定自卫，全国民众敌忾同仇，全体将士忠勇奋发，被侵略各省，均有极急剧之奋斗，极壮烈之牺牲，而淞沪一隅，抗战亘于三月，各地将士，闻义赴难，朝命夕至，其在前线，以血肉之躯，筑成壕堑，有死无退，暴日倾其海陆空军之力，连环攻击，阵地虽化煨烬，军心仍如金石，陷阵之勇，死事之烈，实足昭示民族独立之精神，而奠定中华复兴之基础。迩者暴日更肆贪黩，逼我首都，察其用意，无非欲挟其暴力，要我为城下之盟，殊不知我国自决定抗战自卫之日，即已深知此为最后关头，为国家生命计，为民族人格计，为国际信义与世界和平计，皆已无屈服之余地，凡有血气，无不具宁为玉碎，不为瓦全之决心，国民政府兹为适应战况，统筹全局长期抗战起见，本日移驻重庆，此后将以最广大之规模，从事更持久之战斗，以中华人民之众，土地之广，人人本必死之决心，以其热血与土地，凝结为一，任何暴力不能使之分离，外得国际之同情，内有民众之团结，继续抗战，必能达到维护国家民族生存独立之目的。特此宣告，惟共勉之！

国家的决策，委员长的坚决意志，举国一致多年来从未动摇过的抗战到底的伟大决心，经过了岁月的锻炼，就成就了今日长期制胜的基点。那是何等灿烂的卓越，“伟大的决心”，它镇定了人民浮燥［躁］的心灵，重使世界对于中国发生再度的认识，他使中国文化重复推起了繁荣的高潮而发着光明！

二、准备着迎战

战争在上海和北中国正激烈展开的时候，我是始终留驻首都，在军事委员会警卫执行部工作，每天是在整理战事会报的意见要领，经常地要工作到午夜十一点至十二点。十一月五日敌人在金山湾登陆成功，南京首脑部立刻感受到事态的严重，所以多派中级干部到各处去详察国防工程构筑，我在六日奉命派到苏州，坐了一部福特小车，于午前十时到了苏州车站，正当敌机轰炸十分钟之后，火光和白色的烟焰，正冉冉上升，人民在忙乱中奔走，最难堪的是不完整的尸首和血泊中呼号的伤创者。我不忍细看，就急忙赶到城中，去晋见顾副长官，报告此来的使命，并请示前方的军队配置情形，顾副长官为战争所劳瘁的消瘦的脸上，启示我们，他是那样地生活在战线下，我深深地感到惭愧和敬仰。顾副长官的言词和指示，是庄严但又充溢着希望，慈祥而又带着不惮麻烦的殷勤，他讲到每一次战争至激烈的时候，竟使我要肃穆地站立起来。他说这几天，平均每天要消耗生力军一个整师以上，杭州湾登陆后，上海我军已是腹背受敌，战争似已不可久守，希望在苏常间和太湖南北两岸，再来奋抗一下，乍平嘉线及苏常线的国防工事，我们必要善为运用，顾副长官的有力的字句，正是见血地针对着当时的实际情形与需要。会谈后，我随着副长官部的高级幕僚，去视察国防工事，一种潜在的力量紧压住我，在我视察的进行中，仿佛见到几千万对的眼睛在凝视着我，他们的安全，似乎在我这次视察里，要给他们以保障，这不是马奇诺防线，也不是齐格菲防线，但我的要求却也提高了，我觉得这一带的工事不够坚强，除掉简单的轻重机枪掩体以外，战壕尚未完成，副防御工事则尚未构筑，我仔细地把工事的优点缺点必需改进各点，详为记录，并且一边视察，一边即草拟苏州国防构筑工事的视察报告。八日那天，日机来苏州整天的轰炸，当晚，秩序就呈现着非常的混乱，普遍地蔓延开来一种恐怖的空气，战争显然地要开始把苏州投到黑暗的深渊里。我是遵照着原定的计划，完成了我的任务，因于八日晚遄回南京，途中随时听到轧轧的飞机声，我感到极大的不安，我怎么把苏州丢弃了，几十万人民将面临着怎样的一个可怕命运？同时，我更感到不宁的，为什么我不能留在那里负起维护国家疆土的责任，然而，我终于回到了南京。

九日晚上，我去晋见执行部主任唐生智将军，把整理的视察报告呈出并把经过情形，详细地作了一个报告，当时执行部的高级幕僚都在座，因此我立刻参加了这次的会报，首先，大家宁静地听取苏州和上海的作战经过报告，间歇了二三分钟的沉默之后，唐将军肃然地说道：

……战争形势已起了变化，我们业经决定，放弃上海，往后，战争是将降临到我们的门口，南京是我们的首都，我们不能够轻易地把他奉送给敌人，保卫的责任，现在是毫无迟疑的，要我们来担负，诸君，追随我工作已经有好几时了，我们平时时常说抗战抗战，难道只是叫人家牺牲的吗？诸君！难道肯让敌人从我们手里随随便便地把我们的首都拿去吗？从前我们所说的话语，要今天的行动来兑现，我向大家说明，我不能辞卸这一个责任——保卫首都！……

宏亮的音调，把朴素的字眼，一个个有力地像一阵寒风直刺入每一个人的灵肉，空气的严肃，森森地使人感到冷颤，唐将军的语调又复和缓了下来，同时又加入了诙谐的一种姿态。

“我们不要害怕，每一个人都开一个年庚下来，让阮先生来推算一下吧”，他指定那一位略知命理的阮君这样笑着，阮君立刻起来说：“大家年庚都好，南京永远是我们的！”

会报是轻松地结束了，唐将军就和科长李仲辛在厅屋里下棋，那样的从容恬澹[淡]，森严的气氛是一扫光了，在散会之后才知道唐将军当时已向委员长报告过，愿意接受守卫首都的重任，可是我们也得了解，唐将军并非不知道南京是不可守，只是南京，是我国首都，我们不可随便放弃，他得到了委员长的允可后，所以用着断然的坚决态度，来坚定我们的心理，使我们树立起守城的信心。过了三四天，委员长携同顾祝同（这时适来南京）、唐生智、钱大钧、胡宗南、桂永清各位将领，到天堡城视察工事，面授守城机宜，当时，邵存诚君是任三战区副长官部参谋处的副处长，我是以执行部科长资格，得随同顾副长官与唐主任一同登天堡城。当时，委员长在视察之后，指着起伏的山峦，感喟似的说：

“首都锦带江山，可以说是天然的要塞，要是守卫有方，一定可以支撑一二个月。”

我在那时，也深以委员长的智睿神明，岂不知道南京之不可守，然而大风之歌，是在鼓动守城将士的士气，南京的守城战，是中外人士观瞻所在，富有政略的意义，在战略上看来，也可以吸引追击的敌人向南京前进，使从上海撤退下来五六十个师，至少也可以减轻一些压迫，得到转进喘息的时间。

十一月十一日起，执行部开始计划作守城的准备，十六日，唐将军奉到委员长命令派兼首都卫戍司令长官，就将警卫执行部改组为卫戍长官部，因为警卫执行部当时仅担任国防工事的监督，并未作守城的准备，在首都各机关纷纷后移的一个短促时间内，人力物力均感巨缺，即与各机关接洽，也极度困难而不得要领，所以筹划工作，实在是万分不易，然而我们又不能不力为筹办，因此，在万分苛刻的条件下，我们还得努力来克服他。

当时，首都防御军，仅有第八十八师、第三十六师、教导总队，而这些部队，又都是在上海激战后新撤到南京补充整理未完的，因之，我们决定以固守首都附廓据点及城垣为目的。策定防御的部署如下：

（一）以第八十八师任右地区雨花台及城南之守备；

（二）以教导总队任中央地区紫金山及城垣东部之守备；

（三）以第三十六师任左地区红山幕府山及城北之守备；

（四）以宪兵部队任清凉山附近之守备；

（五）以旅长指挥教导总队之一团及乌龙山要塞部警戒长江封锁线，并且命令各部队征集民伕于各地区内赶筑工事。

讲到保卫首都的战争，不是在南京的城门口，而是在乍平嘉吴福与锡澄各线阵地，最少也应在溧水句容与镇江之线。

中日战争的行程，是走过了好几个驿站，北国的风暴，上海的怒潮，以及沿京沪线，太湖内侧地区的风浪。现在，我们的首都，也一天一天地接近战线而要领受炮火的洗礼了。

三、在血海中奋斗

首都保卫战的开始，即是我军退出上海战区的那一个日子。

日军在杭州湾登陆成功，即与淞沪方面之攻击军策动西进，攻我乍（浦）平（湖）嘉（兴）吴（苏州）福（山）线阵地，那是我们的第二道防线，从江苏长江口的福山，一直到杭州湾的海口乍浦，于是江浙间东太湖的沼泽地带，便成为作战的主要地区。在上海我军退出的时候，十一月七日清晨，日军已密布于松江西淀山湖及嘉善，枫泾之间，而更别出游击军，由青浦、朱家角迂回侵入嘉善境内，当时，一粒微尘，可以蒙乱人家的心眼，又何况日军第五纵队的到处活跃，前线退下来的难民，又带来了使人惊心的消息，十一日我军放弃嘉善，日军主力就沿松江、青浦，窜越淀山湖，猛扑我苏嘉路南段吴江之平望，殿江及嘉兴之王江泾，更以一队化装难民，重舟越杏墩湖而先袭取我吴江之震泽镇。震泽在平望西三十余华里，他竟会先于平望失守，这确是太使人恐慌了，十四日平望失守，十五日王江泾陷落，至是，嘉兴呈现动摇状态，同时，十一月十一日晚，我左翼军开始撤退的时候，安亭附近已发现敌军，后来我第九师赶到，猛烈击退日军，然后得以转进嘉定。

另一方面，日军又沿苏嘉路北上，袭取吴江，胁迫苏州，十一月十九日，嘉兴失守，日军即继续西进，迂回企图攻击我吴福线侧背，同时，更在长江口浒浦登陆之日军，猛攻福山，至是，吴福线也难坚守，我军就撤守锡（无锡）澄（江阴）线。可是，我军右翼已放弃苏（州）嘉（兴）线，而沿京沪线日军，又相继向我猛攻，至十一月二十六日我军不得已又将锡澄线放弃，十一月二十七日，日舰协同地面军配合进攻江阴要塞，激战五日，终究因援绝于十二月一日被攻陷，这样，太湖东侧的攻守战就告了终结。

继续震泽平望失守，日军于攻陷嘉兴的同时，攻占了吴兴之南浔镇，复向西猛进，于是十一月二十四日攻陷吴兴城，二十五日攻入长兴，一面沿京杭国道北上，一面又迂回曲折地进犯泗安，攻入安徽广德，争夺芜湖。当时在沪杭路方面为我军刘建绪部，在安吉孝丰方面为廖磊部，在江南铁路方面为川军各部，有的因伤亡过巨，战斗力已经减少，川军饶国华师曾于十一月二十七日，于广德泗安间，败毁日军装甲车十二辆，而于十二日，日军大举攻击之下，饶师长亦以身殉。及至芜湖失守，日军就复东进指向我首都南京，至是，太湖南侧岸与浙苏皖山地的战争也宣告终止。

这时，日军一面沿京沪线向西北追击，一面沿京杭国道北犯，右侧更沿长江向西进攻，左侧攻入芜湖后，隔离了我们后方的援军使不能东来，这样就形成了东南西三方面大钳形的团攻，而我庄严灿烂之南京外围防守战也就此揭幕了。

首都防御军第七十二军之八十八师，第七十八军之三十六师，教导总队，宪兵部队，部署固守附郭据点及城垣一带（见前）以后，自淞沪担任掩护撤退的第七十四军、第六十六军、第八十三军也先后奉令退回南京担任首都防御战，而这三军又都是久经战役，补充整理尚未完全的残缺部队，老兵既少，新兵大率尚未受过训练，要他们如何能担任要塞式的守备任务呢？然而战争局势已到了无兵可调的时候，也不得不迁就事实，当时决定东南阵地为第一道防御阵地，把配备的情形重行划分如下：

（一）第七十二军派出右侧支队，至江宁镇附近任右冀［翼］掩护；

（二）第六十四军任牛首山至淳化镇附近之守备，并向秣陵关湖熟镇派出前进部队；

（三）第六十六军任淳化镇附近至凤牛山之守备，并向句容附近派出有力之前进部队；

（四）第八十三军任凤牛山附近经拜经台至龙潭之守备，向下蜀派出前进部队；

后来第二军团徐源泉所部开到，因此改令他们去接守龙潭一带阵地，而以第八十三军调至丹阳镇江作战。这时，日军以第九师团全部为主力，配合三个师团，并以强大之炮兵及机械化部队，一部由武进向丹阳西进，一部由京杭国道向首都北进，我第六十六军之前线部队在句容首先与来自武进丹阳之敌接战！

十二月四日，句容以东四十华里处附近发现便衣日军，当与我派在前方游击队接触，五日拂晓，我第六十六军派在句容占领前进阵地的两团，与日军接触，日军即向后撤退，下午重复在土桥镇、牧马场发现日军，看来似有向我两翼包围的企图。我六十六军严密加以监视，土桥镇日军又复转向新塘市迂回，企图截断我句容部队归路，当经六十六军派兵一团进攻，并由东昌街之一五四师向句容前进助战，但是新塘市日军后续部队源源开来，我前进部队为敌包抄，苦战后方始突围，因此损失很大。同时，另一股向牧马场前进的日军，突有一部由九华山北麓侵入孟塘，我方派部堵剿，但是他们却一面抵抗，一面仍利用凹地继续西进，午后二时，先头部队已在高家庄大胡山附近发现，南京至汤山的大道及我第六十六军后方连［联］络线有被切断的忧虑，当由我三十六师抽兵一团配属战车防御炮等前往扑灭，同时决定我第四十一师从北面出动，六十六军从南面出击，向孟塘大胡山间凹地围攻，准备在晚上布置完毕，等待拂晓，举行肃清工作。另一方面，固守镇江的第七十一军及第一五六师也调动主力，向南京转进，冲击孟塘敌之侧背，以减轻首都之威胁，然而在七日那天，终于因为通信困难，以及敌人的骚扰，各部未能同时进展，没有达成这个任务，而日军却又在大胡山增援，八日拂晓，向我进攻部队猛烈反攻，更以主力北进，向栖霞山方面包围，我第四十一师及第三十六师之一团，双方反复攻击，终究由于日机轰炸以及他们拥有优势炮兵的火力，以致我军到处呈现苦战的状况，进攻部队伤亡甚多，这是句容西北至南京间的战斗状况。

东线的战斗状况，我左翼第八十三军之第一五四师奉令调赴东昌街，策应尚在丹阳镇江间之第一五六师作战，第十四军第四十一师部队开赴龙潭接防，十二月五日第四十一师一团到达龙潭，二团开到栖霞山龙王山之线，迅向保国山拜经台之线推进，其余一团开驻乌龙山担任要塞守备。七日清晨，第四十八师到达南京，当即开往杨坊山乌龙山之线，占领阵地，赶筑工事，这天东昌街之一五四师攻击前进，抵达白兔镇、行乡镇附近，突接汤山紧急消息，就半途中止，同时，龙潭拜经台保国山之线也发现日军，我第四十一师与之混战八日，句容西北线大胡山高家庄之日军，后援开到，即以主力窜向栖霞山方面，包围我第四十一师及三十六师之一团反复冲击，敌机及炮兵密集轰炸，我军苦战拼斗，终未能将日军驱走。

沿京杭国道北犯的日军步炮联合纵队与机械化部队于十二月四日窜入溧阳南渡间，一部份［分］窜经天王寺与武进丹阳间西窜的日军会合于句容以东四十华里处（见前），一部份［分］窜经天王寺西北之上葛村，于五日窜向湖熟镇，与我第五十一师前进部队接触，同时，索墅镇、禄口镇，也有日军骑探出没，六日由天王寺上葛村前进敌约一联队向湖熟镇我前进阵地猛攻，我五十一师守军一度积极抵抗后，始将湖熟镇放弃，同时，由土桥镇窜入索墅镇之日军，复向我淳化镇阵地，施行威力搜索，大批日机，整日在淳化镇阵地更番轰炸，我守军冒死抗战，并派队驱走索墅镇日骑，斩获甚多，七日淳化镇与东昌街间我汤水镇前面第一线阵地，也为日骑突入，我军被迫于入暮后撤退至第二线，固守汤山及汤水镇，窜入淳化镇之敌，以步炮飞机，协同向我阵地猛攻，毁地数十丈，机枪掩体，都被击毁，我军死亡很多，后来五十一师预备队前往增援，才得维持原状。至八日，日军进攻淳化镇愈烈，并分向东樵村西庄附近包围，企图截断我归路，五十一师部队，奋勇抵抗，死亡累累，其中五营官兵，全部壮烈牺牲，后援不及赶上，淳化镇就于下午四时失守，同日，日军以主力及炮，机械化部队进攻汤山我第二道防线，与我守军混战至八时许，汤水镇为日军攻入，汤山镇以及两侧高地，终究在我军手中，后来我军第一五六师开到，阵地始渐稳固。

十二月六日京杭国道有敌步炮纵队由溧水向南京前进，先头部队向我秣陵关部队进攻，另有骑兵迂回向江宁镇方向前进，七日秣陵关前面日军，分两路向我土桥杨山之线进攻，并有向我右侧大山迂回模样。

到十二月八日为止，日军已进攻到我们首都的附郊了，东北面到达栖霞山，东面到达大胡山，南面到达汤水镇、淳化镇，西南面到达秣陵关和江宁镇。

首都南京到这时已成了一个围城。

四、危城孤守

我们正搭坐在事变的列车里，我们也将跳身在时代的奔波中。

战争一天天地迫近首都了，满城风雨，我们拣起随便那里的一颗石子，也感觉得全是硝磺气味，每天黎明，警报钟即以最不调和的尖锐的声音，警告市民：“日机已飞近来了。”机声轧轧轧和炸弹声轰隆隆，间以“冬冬冬”的高射炮声，是镇日地合奏起市民的悲戚的挽歌，要把全市的生命拖向到另一个世界。

从十一月下旬起，大部份［分］比较有一些钱的人，都纷纷地迁离南京，一部份［分］趋向安徽再向内地移动，一部份［分］过江到浦口，沿津浦线北逃，到十二月初，城里已是感到异常的冷静，的确的，世界已经寂灭，好像坟墓。长官部的幕僚，都深深地感到使命的严重，抱有着一死报国的决心，夜深人静，每每在办公之余（这时办公大部份［分］时间是在晚上），听到娓娓的闲谈，他们相互申诉每一个人的身家历史，在生存的空间里，他们是在一起，到另一个世界去，他们也许又是在一起，他们说：假使你或我幸而还能够生存，你可不要忘了我，把我死的消息去告诉我的家人和我的友人，反之，我也和你负起同一的责任，大家都是写好了遗嘱等待他在将来发生效力，到这时，他们早就把一切思虑抛弃，要献身于崇敬的首都，他们明知首都是不可守的，可是没有一个人流出软弱的泪，大家都预期着与城共存亡，这时饷银早已无法寄出了，同时也无法消耗，金钱虽然是万能，但在这个时候，想不到也失去了使用的价值。入暮之后，大家伺候日机最后一次离开了首都上空，于是便从办公室里出来，也有一些抽着闲空，走向街头，那里，数天之前，还是车水马龙，居民和机关，纷纷地在移动，而现在虽是有些店铺，仍然开着，可是很少有顾客，广阔的马路，是显得异常荒凉，死样的沉寂，使人感觉得一种不可知的灾祸，行将突然降临，未能离开的人们，踯躅街头，三三两两地私相诉说他们内心的恐怖，事实上，在这风雨前夕，谁能正确地预言明日的命运呢？我们怜悯他们，同情他们，抚慰他们，给他们以希望，同时竟忘了自己也是寄身在这个围城里。

十二月四日，南京郊外的炮声是更其密集了，七日晚上，我们奉到命令到唐生智将军的公馆里去开会，那是怎样的一个会啊，那是雄浑而又悲壮的历史镜头，在那里，委员长召集少将以上的守城将领训话，我是担任纪［记］录，奉命也出席参加，委员长偕同蒋夫人和侍从室主任钱大钧将军一起来的。

会是开始了，委员长以严肃诚恳又镇定的态度向全体守城将领宣示：

……南京，是已经过了十几年的艰苦经营，那是一个伟大的革命缔造：总理的陵墓在这里！数十万生命与他们的希望在这里！全国的至诚瞻仰在这里！全世界翘首切盼付与最大的注意力，也是在这里！我们不能轻易地放弃！轻易放弃！今日，首都已变成一个围城，我不愿意离开这里，我仍欲坐镇在这里，坚决地要和诸君共同负起守卫的责任。我自从献身革命以来，我早就把个人的生死置之度外，我愿和这个历史名城共存亡，但是，现在各方面的战争形势，都在继续发展，我不能偏于一隅，所以，责任逼着我离开，这在我内心是感到异常的沉痛，今天，我把保卫首都的责任交给唐生智将军，唐将军是身经百战，智勇兼备的将领，他必定能秉承我的意旨负起责任，诸君服从唐将军，正像服从我一样。

守卫首都的历史使命，现在已交给唐将军和诸君了，我们应了解这是千载一时的机会，大家能够达成任务，当然是我们报国的最大愿望，我在外面，也自当调动部队，来策应首都的，万一有什么不幸，那也是成了保卫国家的民族英雄，人谁不死？我们要看死的价值和意义，在这样伟大的时代中，作一件不平凡的工作，那是何等光荣的事实，我今天谨以此一好机会交给你们了——诸君，我敬爱的诸君！

唐将军是接着发言了：

本人受国家厚恩，受委员长的殊遇、培植，感激到无以为报。加之，首都的工事，又为我一手设计督造，本人自当敬遵委座命令，与诸君共负守城的责任！即使万一有什么，那也是神圣使命的完成，我们能够做一个无愧天人，无愧党国的军人，那正是自己创造光荣历史，创造伟大的民族历史！诸君，今日正是我们戮［勠］力用命的日子！只要我们能以一死报国家，一死报委员长，什么愿望，我们也都达成了。

在场各将领心坎里所要说的话，唐将军都已透澈［彻］地代表大家向委员长申诉，这是对于一个伟大召唤的至诚允诺。

今天晚上，我们感到有一些特殊，我们不能说出那时的一种感情。我还记得在散会之后，大家都好像心事重重地回返到寝室里，没有往常的喧扰，没有往常那样喜笑闲谈，夹杂着一些京调、小曲、救国歌词等等声浪，今晚，在沉静中，仿佛每一个人的脉膊［搏］都像海潮一样汹涌地狂跳，这是潜在着的一种骚动，感情的不能压抑的振荡，也好像在彷徨道路中获得了一条行经——这，也许即是被人称为“感召”的那一种力量在起着作用……

南京城垣附近的矮小破屋和森林等，这将成为可以使敌人利用之作为屏障，同时，也妨碍我们的视线，所以就首先把他们焚烧殆尽，而在南京外围敌人也到处在纵火，晚上红光满天，一百多道的火焰，正像把南京全城放在一只巨大的火灶上，数十万市民正被熬煎着，感受到生命易于逝却的威胁。

天一明亮，日机立刻飞来猛烈轰炸，我们的办公地点，是在防空壕的附近，在百子亭的唐公馆办公厅内，筑有许多的防空洞，工作紧张时，大家都不高兴进入，防空洞四周，有高射炮四五门，白天，整日由着炸弹和高射炮叫嚣，彼此谈话，有时也往往不能听见。有一次，炸毁了办公室里有五六尺地方，大家也仅纳罕一下，并没有离开，事实上也来不及走了，唐将军深怕我们部队和职员要逃命过江，所以下令把南京通浦口的船只，一起交三十六师看管，长官部也没有留下一条船只，唐将军同时下令，擅自过江者以军法从事，但是，在幕僚们中间，也从未有人想到过这一回事。

十二月八日晚上十一时左右，忽然屋顶上霹雳一声，窗门就倒了下来，玻璃震得粉碎，桌上物品在空中乱飞，我们一起有二十多人在那里办公，一齐都惊讶地站起来，大家都以为这座屋子不倒为奇怪，走出来看，顺便在地上拾起块破片，原来这是敌人榴散弹爆炸的威力，也许这是气压震荡所致，幕僚们看了一回之后，相视大笑，谁也不生长着一些恐惧心理。忽然间起了一种瑟瑟的声音，也许是飞机飞近，机叶子震撼的声音，突然间又是一颗弹投在玄武湖，那是一颗重磅炸禅，震荡的度数，比榴散弹更厉害，以我猜测，大概敌人已知道我们在这里办公，在暗夜中乱找目标，乱投炸弹所致。接着，日机又接连地飞来我们附近侦察，我当即报告唐长官，我们办公地点给日机发觉了，而唐长官却从容地说："我不能为日本的几颗炸弹炮弹，搬走这所屋子，这里，如嫌办公狭窄，你们可以迁移到铁道部地下室去办公，我呢，不能离开这里，刘罗两位副长官和我留在此地好了。"这时，日军的炮火和枪声已经停止，天也快近亮了，第二天，我们就遵照他的命令迁入铁道部地下室办公。

这时，顾副长官祝同，收容好上海撤下来的一部份［分］部队，开到扬州，他的参谋处副处长郘存诚还和我保持着连［联］系，不时有电话来问我们南京的情形，同时也时常把扬州和江北的消息告诉我。

战争是一天一天地激剧起来，在八日那天，我们已完毕了一个新的守城部署：

右侧支队，固守板桥镇大山之线；

第七十四军之五十一师、五十八师固守牛首山一带据点河定桥之线；

第八十师固守雨花台；

第七十一军之八十七师固守河定桥至孩子里（江南铁路北）之线，右与八十八师及五十一师，左与教导总队连［联］系；

教导总队固守紫金山；

第二军团固守杨坊山及乌龙山之线及乌龙山要塞；

第三十六师固守江山幕府山一带；

第六十六军至大水关附近集结整理待命；

第八十三军之一五六师及三十六师之一团在青龙山龙王山线掩护撤退，在镇江之第一〇三师、第一一二师向南京急进。

十二月九日，首都附廓的战事是开始了，那天淳化镇的日军乘我第五十一师撤退，接防的八十七师两团阵地尚未稳定之际，即跟踪冲至高桥门，而七瓮桥及中和桥的两座桥梁，我们都不及破坏，所以日军步兵二千坦克车十余辆，就得于拂晓进至光华门外，占领了大校场通光营房。这时光华门附近仅有教导总队少数官兵，他们看到情势紧急，就将城门紧闭，并将沙袋垒起堆积至半城那么高，以堵截敌人的猛冲，而日军就将野山炮推进高桥门附近，向城门轰射，城门是天倾地翻似的掀了下来，泥沙像河水一样向外倾流，当时即有日军百余人向砂［沙］泥的隙孔里扒入，但立即为我全数歼灭。城门是随堵随破，随破随堵，我五十一师下令反攻，仍然不能击退敌人，那天，城中是极度的紧张，参谋处廖处长向我说："我亲携电话机到光华门去看看，每十分钟和你通电话一次，要是摇不通了，那么大势也就完了，你们即可作其他的准备。"他说毕了这句话，头也不回的离开了我们，不久，他的电话来了，他说进城的日军，已全部歼灭，原来日军的坦克车列队大校场上，时常来冲击我们，步枪的射击，当当地在车身上响了一下，即就完了，仿佛小孩子拾起一块小石子，去掷击牛背，日军不断地轰射城门，一团一团的火花，在炸裂那个门的罅缺，我们当在城内调去四支小钢炮，瞄准着坦克车放射，上午，给我们炮毁了一辆，因之，他们便将十数辆坦克车，退回过桥去了，这样，方才设法堵住了那扇城门，后来八十七师的后继部队赶到，直属特务队也来增援，彼此配合后举行一个猛烈的反攻，方始将大校场的日军击退，到晚上，我们重复把城门堵好，可是在城门洞的高处，总有一个不能堵满的缺孔。这是光华门一线上的激战情形。

同日，牛首山方面的第五十八师，与敌军激战了一个整天，后因第八十八师派出的右侧一个支队，过早的撤退了，因此日军就乘机向西北追进，一部份［分］竟攻占了大胜关，并且有沿江北犯模样，这时，我五十八师阵地形成孤立，晚上，我军不得已奉令撤退，与五十一师联合担任双涧镇至宋家凹的守备，那是在八十八师右翼延伸线的作战情形。

十二月十日，日军大集，沿雨花台、通济门、光华门、紫金山第三峰一线，同时猛攻，首都南京，她的坚固的古老的建筑，正在忍受着现代化的武器的挨打，虽然，她是在苦痛中，但是却也足以自豪的了：当时日军组成了一支小的敢死队，队长是一个四十余岁的瘦小的家伙，他野兽般疯狂地率领了他的十几个部下猛冲过来，即在光华门附近，为我教导总队的工兵排坚强地阻挡住了，于是在耀眼的阳光下就展开了白刃的肉搏，我们英勇的弟兄们受伤了，倒了下去，而他们，这十数个可怜的无名侵略小卒，也就一个个完毕了他们的生命，那个队长倒在地下，颤动着他的那一条腿，他此刻却是坠入于“苦痛引起了他的悔恨，悔恨加深了他的苦痛的朦胧不明的时期”里。同时，他们的后续部队也是退却了，他们的同伴已无法来解救他了，因此，我们的工兵排在检查自己的伤兵时候发现了他，服装证明他不是一个寻常的弟兄，为了减少他的可怜的抵抗，就一刀割下了他的首级，他们便派了一个弟兄把那颗人类中间兽性特别发达的脑袋，送到铁道部地下室，他们看到他的耳畔和颔下，尚留有数根半寸长的须髯，在微风中颤动，是那样狰狞的面目，不知多少中国的男女，被葬送在这一个凶暴的刽子手里，我们的公务兵跑过来，挥了一拳过去，同时叫着说：“打倒日本帝国主义”，大家连忙来阻止他，而在这时，日机却还在我们的头上盘旋。

战争愈演愈激烈下去，光华门又复被日军突破二次，冲入城内的百余人，悉数被我们歼灭，我们更以一五六师增援通济门，并抢堵光华门，光华门的日军是被击退了，可是还有少数的敌军已潜入城门的洞圈里面，我们的火力不能扫射到他们，而天又要黑将下来，于是我一五六师挑选出敢死队数十名，由城墙上缒悬下去，将潜伏在城门洞圈里的少数敌军，用手溜［榴］弹汽油把他们全部焚毙，并猛袭通光营房，将那里的日军全部驱逐，而他们在追击中间，也没有一个生还。这数十位英雄的高贵牺牲，使光华门和通济门方面，转危为安，在光华门，我军是由副长官刘兴将军亲自指挥，这一次的激战，使敌人也为之叹服，不过，同时在这一天，雨花台的八十八师右翼，由于敌军冲击的猛烈，致失去阵地前要点三数处，稍形动摇，第二军团的四十一师在南京东面以攻击孟塘方面的日军，遭受挫折，开始撤退收容，至是，首都的防卫战是达到了更艰苦更险恶的阶段。

日军鉴于进攻光华门通济门的失败，十一日就以精锐部队猛攻中华门，中华门外驻有守军八十八师，日机三五成群地来更番轰炸，使八十八师无法可以站稳。他们被迫只得退入城内，但是日军却紧接着追踪冲来，以致我军部队混乱，云梯城门，撤闭不及，竟为敌军抢入约三百余人，副长官罗卓英将军亲至第一线指挥，躬冒弹火，在中华门一带和敌人展开了壮烈的巷战，把攻入的敌军全部击毙，始得喘息机会。那天，东线敌人猛攻紫金山，另以一支部队迂回偷袭大胜关至江心洲之地区，向我七十四军右侧背射击，企图围攻我后方，使我通浦口之江面受到威胁，下午二时，我八十八师雨花台左翼阵地为敌全部炸毁，敌军就乘隙突破我阵地，同时，我第二军团因银孔山失守与城内连［联］络隔断，战至午后，情况即告不明。那天晚上，八十八师为缩短阵线计只得在城外固守主要阵地，城垣防务，由一五六师七十四军分别担任，本来还打算策动一次反攻，但经考虑后，认以为各部队疲劳已极，丧失了攻击力量，而一一二师一〇三师新自镇江撤回，更感到疲劳不堪。

在那样紧迫的时间里，我是奋发了我所有的能力，对于这次的战争，我是欢欣地来迎受的，坚守南京，这一荣誉的任务，我始终很勇敢地追随诸将领，愿意流我的血和汗来负起我的责任。自四日以来八天中，我没有好好睡一次觉，安稳地吃过一顿饭，我正像天天坐在飞机中，在极迅速的转动中过活，那也是的确的，伟大历史意义的南京保卫战，在我忠勇将领的郑重紧急的策动下，我还肯顾惜我自己？死和生，在当时孤城中的每一个人，上自唐长官，下至每一个兵每一个老百姓，都觉得他们是密切的邻居，从生的境界到死的领域，正像走出甲的门更到邻家乙的门那样容易、迅速，而且是平淡。飞机整天在轰炸，整个南京城内，是变成了一间极大的化学室，硫磺，炭［碳］酸，火药气味，霸占了整个空间，云雾把南京城披上了一件苍白色的堆沙，是的，是那么地感到一种历史的凛栗，大家希望着部队来救援，但看不到我一机一炮，我是天天在经手办理部队移上前线去调动作战的工作，在字面上明明是一个师或者是一个军开上去，可是，天晓得哪，那是怎样的一个师呢？一个军呢？论实际，那里算得上一个师，一个军啊，兵员只不过一个营的模样，同时，没有大炮，步枪也不整齐，机枪有一部份［分］已是子也轧了，早就丧失了作战的用处。疲兵再战，到今日想来，我也觉得那时是太可笑了，我们在将领们的命令下计划并调动他们走上前线，事实上等于驱逐羊群去迎受狮虎的咀嚼，战争消耗他们，正像一束的干薪，投入炽红的火炉里。

十一日那天，李仲辛跑来轻轻地向我说："现在是快到成仁的时候了！你看，外援未到，反攻无力，长江已断。"

我也知道事态的严重，然而内心的忿恨，使我自然地严肃地切齿地说出："反正是一个牺牲，但总得拼他一个半个敌人！"

这时，委员长在庐山，虽则有线电早就断了，而无线电到十一日为止，还保持着联络，每一天有一二个电报来指示我们。

继续着恐怖的黑夜，来的是一个杀气森森的白天，十二月十二日在南京却呈现出更惨烈的一幅人群搏斗的画图，拂晓起，敌人的飞机大炮，即密集地向我们进攻，城墙受着炮火，正像不断地打鼓，可以惊醒住在美国的酣睡的先生们。机枪是鞭炮似的在无论那一个方面都有发生，步枪是成了可怜的落伍的家伙，低轻到使人引不起兴趣，不注意也听不清楚的微弱的声音，重磅的炮弹，轰击中华门，坚固的城墙外壳，被震裂的万千的烂石块，飞在空中，掷向所有的住屋，屋子立刻倾坍下去，石壳里面的沙泥飞奔下来，正似喘［湍］急的流砂［沙］，千余年来城墙的秘密被发现了，城里的士兵们可以看到城外的敌人，是好像仅有矮矮的一个门限，被隔离以低低的城墙底残余基础。三十余架敌机盘旋天空，炸弹和宣传品同时下来，他们劝告守城将领们投降，极力夸耀并渲染他们炸弹下的德［得］意，至正午十二时，八十八师雨花台的主要阵地全被敌军占领，紫金山的第二峰也失陷，第二军团被压迫到乌龙山至吉祥庵的背水阵地，我们就调动一五四师去增援阻击中华门进入之敌，同时，雨花门及中山门城垣有好多地方，也给敌人炮毁，敌军乘隙钻进，这时，有什么障碍物可以作为屏障呢？我可以最诚恳也最坦白的话，向大家宣告，那时，万千无秩序的士兵，自发自动的迎冲过去，把他们的身体当作城墙，因此，得以阻遏一下敌人的长驱，守城的忠勇将士，都因为不想离开，还在拼命挺住，所以，这次南京的军事撤退，要不是因了他们的捐躯，我相信是万万来不及的。所以，这一大群视死如归的英雄们，他们却救了那一大批决心的雄武的将领，而这中间一大部份［分］在今日已成了击退敌人的主要将领。

危城已成了破城了，我三十六师奉调进城，准备巷战，到午后三时，八十八师八十七师一部分溃退部队，经由中山路北走，要想出挹江门，可是走到铁道部附近，却为三十六师及长官部特务队所阻，不听指挥，秩序因此更为紊乱了。

我在十一日夜二时，因为过度疲劳，正想休息一下，可是刚睡了一个多钟头，廖参谋处长却急急地来喊我：“我们赶快到唐公馆里去罢！”

“什么事呢？”我问。

“不要问，到那里你自会知道的！”

钟是冷冷地击了四下，我轻轻地听到马路上三轮机车行进的声音，我就随着到唐公馆，那时，天尚未明，副长官罗卓英刘兴参谋长周烂［斓］都在那里，唐长官看到我和廖处长进来，他肃穆地说：“现在城已击破，无法守卫了，委员长已有命令，叫我们撤退，你们赶快去准备撤退命令罢！”

当然，我是战兢地接受他的命令，我随廖处长下来去起草撤退令了，同时，随罗副长官来的林处长维周也在一块研究命令的要旨。过去，我到苏州，我晋谒顾副长官时，我自己感到惭愧，因为一个中国军人，不能在前线捍卫国家；后来南京保卫战开始，我正欣幸我有机会可以出一些力量，以对得起国家培育我的一片至意。虽然，我的力量是那么浅薄，我也曾经要求到中华门、光华门、中山门去参加战斗，我时常想象军人们战死者的光荣，但是唐长官却认以为贤明幕僚是决策帷幄，可使战机改变，虽失败也可维持战争的延长持久的最有力量的要素，他的贡献是和打仗一样，因此，我始终留在部队担任幕僚工作。飞机大炮，轰毁了我的住屋一部份［分］，却愈越使我兴奋，前线的败讯，使我蹙额，使我惭愧，使我引咎，而战事转机了，我又欣喜不已，事实上，的确的，那时我已是没有了小我的见解，我已被熔成为战争，我看作我是争取国家独立自由的手段中的一部份［分］力量，虽则是细小，但却是极愿意毫无保留地献出我的所有。战争的胜败，即是我性情的变化起伏的因素，长时期的不休息，种下了我后来几乎不能医治的失眠病，但我总觉得我的生命是已交给南京城，我没有什么别的想望，因此，今天唐长官命令我起草撤退命令，我实在是感有羞愤，但我又没有失去我的理知［智］，我相信自己是很了解当时的局势的，我有充足的材料，证明南京是无可守，不能守，而也失去了守的价值，决定中国命运的战争是在长久抗持，而不在一城一镇之得失，保留我们的战斗力量，保护我们的作战将领，实在是转败为胜的枢钮［纽］。我呢，一再的投笔搁置，感情和理知［智］起着战争，然而，结果却也终于在羞愤、哀惋、仇恨、报复等等若干种的复杂心理交织下和廖处长起草了这一个撤退命令：

首都卫戍司令长官作战命令特字第一号

命令十二月十二日下午三时于首都铁道部卫戍司令部

一、敌情如贵官所知。

二、首都卫戍部队决于本日（ ）晚，冲破当面之敌，向浙皖边区转进，我第七战区各部队，刻据守安吉柏垫（宁国东北）孙家铺（宣城东南）杨柳鋪（宣城西南）之线，牵制当面之敌，并准备接应我首都各部队之转进，又芜湖有我七十六师，其南石硊镇有我第六师占领阵地，正与敌抗战中。

三、本日晚各部队行动开始时间，经过区域，及集结地区如另纸附表规定。

四、要塞炮及运动困难之各种火炮并弹药即澈［彻］底自行炸毁不使为敌利用。

五、通讯兵团除配属各部队者应随所配部队行动外，其余固定而笨重之通信器材及城内外既设一切通信网应协同地方通信机关彻底破坏之。

六、各部队突围后运动，务避开公路，并须酌派部队破坏重要公路桥梁，阻止敌人之运动为要。

七、各部队官兵应携带四日份炒米及食盐。

八、予刻在卫戍司令部，尔后到浦镇。

上令

计附表第一第二两纸

司令长官唐生智

附表一　南京卫戍军突围计划

<table>
<tr><td>队号</td><td>第七十四军</td><td>第七十一军
第七十二军</td><td>第六十六军</td><td>教导总队
第一〇三师
第一一二师</td><td>第八十三军</td><td>附记</td></tr>
<tr><td>突围时
地境区分</td><td colspan="2">铁心桥—谷里村—陆郎桥</td><td colspan="2">飞机场东侧—高桥门—淳化镇溧水（按教导总队一〇三师一一二师六十六军之次序）</td><td>紫金北麓—麒麟门—土桥镇—天王寺各相连之线，线上属右</td><td rowspan="5">一、第二军团应极力固守乌龙山要塞封锁，万不得已时，渡江向六合集结待命。
二、第三十六师掩护各机关及直属部队渡江后开始渡江，向乌衣附近待命</td></tr>
<tr><td>开始时期</td><td colspan="2">十二日午后十一时</td><td>十二日午后十一时</td><td>十二日午后十一时</td><td>十三日六时</td></tr>
<tr><td>行军地境</td><td colspan="5">第七十四军　第七〈十〉一军　第七十二军　第六十六军　教导总队　第一〇三师　第一一二师　第八十三军
淳化镇—溧水县—郎溪县—十字铺—宁国—绩溪—歙县相连之线，线上主要道路属右</td></tr>
<tr><td>集结地</td><td colspan="5">一、七十四军祁门附近　二、七十一军七十二军黟［黟］县附近　三、六十六军休宁附近</td></tr>
<tr><td>连［联］络法</td><td colspan="5"></td></tr>
</table>

附表二 各部队转进时连［联］络信号规定表

区分	信号				
	信号弹	号音	哨音	口令	附记
问	红	起床号音	一长一短		
答	绿	吃饭号音	一长二短		
备考				照原规定	

当日下午四时，在极度危急中，唐生智将军召集罗卓英、刘兴、周斓，余［佘］念慈及师长以上各将领到唐公馆去开会，这是南京卫戍战中最后的一次会议，唐生智将军担任主席，他首先宣布说：

……南京现已十分危急，少数敌人业已冲入城内，在各位看来，以为尚有把握再行守卫否？

大家都彼此面面相觑，空气冷寂到使人寒颤，终这个会议中，大家都默不作声，不能言说的静寂刺激着每个人的感情，仿佛居丧一样的大家沉淀在悲哀的深渊里。

后来，终于唐将军又继续发言了：

……战争不是在今日结束，而是在明日继续；战争不是在南京卫戍战中终止，而是在南京以外的地区无限地延展，诸君应记住今日的耻辱，为今日的仇恨报复！各部队应指出统率的长官，如其因为部队脱离掌握，无法指挥时，可以同我一起过江。

语句是那样低沉，在静寂中却仿佛缭绕于屋顶，而深深地拨起了每一个人的心弦，夜幕是垂了下来，一切消失在暗黑的怀抱里。

除突围计划所规定之各部队以外，其他各渡江部队，当时决定有如下表所列：

区分	次序					
	第一次	第二次	第三次	第四五次	第六次	附记
部队	一、司令长官司令部 二、特务队	一、各种炮兵 二、战车部队 三、武器弹械 四、防空司令部 五、炮兵指挥部	一、宪兵司令部 二、宪兵各团 三、警备司令部 四、通信部队 五、工兵部队 六、本部机枪连	第三十六师 补充第十一团	一、义勇军 二、金陵师管区 三、补充兵训练处 四、铁道司令部 五、运输司令部 六、以上五次不能载运之人员	一、各次序单位应听渡江指挥官之指挥，按时登船，不得自行拥挤 二、各部笨重行李一律不许渡江 三、第三十六师掩护各部渡江后再行渡江，该部撤退时，南京所有建设尽量毁灭之 四、各部队渡江时，务宜静肃
集结码头	津浦码头及三北码〈头〉	同左	同左	同左	同左	
渡江开始时刻	十二日下午六时	十二日下午八时	十二日下午十时	十二日下午十二时至十三日上午四时	十三日上午四时至六时	
渡江指挥官	余［佘］念慈	邵百昌	萧山令	宋希濂	何志浩	
备考		不能撤运之炮兵及装备等一律毁灭之				

天是黑森森地愈越暗黑下来，紫金山满山都在焚烧，雨花台、中华门、通济门一带，全是火光，这是历史上的一个血的昭告：多少的生命与财产，多少人的希望与命运，多少年代的艰苦经营，在纵火者的狞笑中付之一炬，时代被推落后十几个世纪，依然是野蛮人在荒野上驰驱。

五、江上烽火

南京城里，变了一个极度骚动的地方，仿佛已经筑好了一个坟墓等待在外面，而大家正在挣扎着，拒绝那一位接引的顾客的到临——死在等候，城南的人群，涌向城北，城北的人群，又挤到城南，城的四周围，到处发现着枪声，兵荒马乱，世纪是走入了最暗黑的阶段。

十二月十二日夜，城东南隅，已发生激烈巷战，我和李仲辛还在唐公馆迅速地搜集文件，我们并不是不知道危险的近在眼前，但是公文的重要性是超过了自己生命的爱护。我们已熬煎过了一天一夜，什么东西也没有入口，肚里是感到异常饥饿，煮饭呢，瞬息万变的局面，如何再能等待一二小时，刚巧这时，卫士煮就一小锅的粉汤，放置在那里，也没有人在理会它，我就和李仲辛迅速地各吃了一碗，消息是一分钟一分钟地加紧，我们急忙赶出，看见卫士们正将汽油向这所屋子灌浇，原来唐将军上车时，以五百元和二十瓶汽油交给卫士，要他们把这所屋子焚毁。我们离开唐公馆，就走向铁道部办公室，那里除了几个散兵在无聊地来去走动以外，什么人也没有，我们走进地下室，看见一元的钞票，散满在地上，一个死尸倒卧在那里，这真使人太惊讶了，到这时候，还有人为了金钱杀害和他同住在一艘破船里的伙伴，我和李仲辛把遗留的文件焚化了，然后急急地离开铁道部。

我们想从挹江门出城，可是走到挹江门，看见两边却满布着铁丝网，中间仅留有一条小径，三十六师的弟兄们，举着步枪，作着瞄准的姿态，禁阻任何人的进出，八十七师、八十八师和其他部队退下来的官兵正向他们吵闹着，中间还夹杂一片老百姓的哭叫的声音，四处断断续续的零乱的枪声。紫金山上火光照天，后面难民们扶老携小还在络绎地过来，我们也只得在工事前面停留住，我忽然想到三十六师的这一团是奉令开来城中准备巷战的，因此，我就走向前去，对那守卫的士兵说：

“团长在什么地方？我有重要命令交给他！”

“你是谁？”他惊问着我。

“卫戍长官部科长，我有符号在这里。”

他检查了我们之后，准许我和李仲辛通过铁丝网，当我们通过时，一下子便有十多个人，也趁此机会紧随我们穿过了这封锁线，赶市集一样又轰然地起了一阵喧哗的人声，我们到了挹江门口，会见了三十六师的一位连长，他盘问我们的来历以后便问今后应当怎样措施，我便把他们应担当的任务告诉了他。

我们已安然地出了挹江门，看见沿江码头上，秩序是异常粉［纷］乱，枪声这边停了，那边又响了起来，人是成千成万，渡船却只有二三只，谁不想早一刻能够渡过那一条白练也似的长江，这长江，在此时已成了生和死的分界线，在种种的混乱恐怖之下，大家都感到生命的脆弱，争夺渡江，彼此互骂互闹，痛哭流涕，一只船刚靠近了岸，便有一群人，跳跃上去，冒率的坠入了江里，也没有人来理会他，几百只手紧拖住渡船的船缘［沿］，不给他开驶，他们认以为也只有上了船，迅疾地离开江南才可以得到安全，船里的人们怒骂着还站在岸上不让他们开驶的人群，船里有几个弟兄，把枪向天空鸣射，但是有什么效用呢？在生和死的边缘上，除了上船，什么都是死的邀请，水手经过了好多的说话，竭力把船撑动，可怜，有好多人，还紧攀着船沿，随着渡船驶到江里，也有跌在水里随着江水流向东方，在这个俄顷里，人与人之间什么也没有了，战争的过失，黩武者的罪恶，让万代子孙永远咀［诅］咒吧。当渡船驶到了江心时，对岸浦口，又在开枪了，他们禁止南船靠近江岸，因此，渡船只是在江心里团团旋转，一切都在和“生存”开玩笑，原来浦口那边的禁阻渡船靠岸，是有缘故的，因为过去唐将军曾指示第一军军长胡宗南将军，不准南京的人员擅自过江，这次撤退，虽则也已有无线电通知胡将军，可是当时胡将军驻在滁州，命令收到恐迟，还不及传到北岸的守兵，所以有此误会。

当时，敌人也有一部份［分］在江浦县境内渡江，所以隔江枪声很密，我和李仲辛也不知道这些消息，在枪声中向煤炭港匐伏前进，终于到达了海军码头，那里有江宁要塞司令特务连驻守，那里是停留着一只船，我们就一跃登船，船里已住满着三四百人，都是长官部的官兵，可是却不见唐长官罗副长官佘参谋长，两岸的枪声，使大家都怀着恐惧，许多人主张立即开船，我尽力阻止他们，一定要等唐长官来后再开，等待了一小时以上，果然唐长官是到来了，他也没有副官和卫士跟从，只由南京警备司令部的一个副官陪送到此，已而罗副长官和刘副长官也来到了，佘参谋长、廖参谋处长却还没有来，唐长官命令又等待一个小时，后来恐怕误了渡船的六次计划（见前表），所以只得开驶了。现在再来一谈这艘船的来历吧：原先在卫戍战发动时期中，唐长官为防止守城官兵私自渡江起见，把所有的船只交三十六师看管，不准留有一船，违令即以军法论处，十二月七日，江阴江防司令部装运一部人员和军用品开到江宁要塞外面的乌龙山，停留在封锁线外，后来周参谋长坚主把这艘船暂时取来，所以由我通知江宁要塞司令部百昌，把小筏引港进入，停泊煤炭港，此次卫戍长官部人员得以逃命，是全仗了这一艘船。

十点钟到达浦口，沿铁道北行，想到滁州，可是行不多路，在花旗营地方，发现枪声向我们射来，愈前进枪声更烈，据报江浦敌正要向我们进行包围，因此，就改向扬州行进，我们知道顾副长官在那里，可是却找不到一辆车子，而唐长官又因为身体没有复元，行路是感到困难，陈副官想了许多方法，只觅得一辆板车，车上还有牛屎，唐长官见了说："这辆车如何可以坐呢？"因此，仍旧由卫士们扶着前进，陈副官也叫车子随着同行，走不了几里路，唐长官委实走不动了，又问陈副官有车没有，陈报告说没有，只有那一辆板车，唐长官叹着气说："我带兵二十年，大小百余战，从未有今日之狼狈。"他就上了板车，一边行进，一边又时时停车问长官部人员都过江没有，"佘参谋长、廖处长没有来，莫非是遇难了"，态度是愈常沉痛。

由浦口向扬州，走不多远，有一座大木桥，桥长十余丈，可是桥身已大部着火，大概是汉奸在这里纵火的，而我们又非过此桥不可，所以找寻木板，渗入泥土，盖压上去，我们就这样在火光中艰难地通过了。走未一里，听得轰然一声，大概是桥梁中断，大家都纳罕了一下，我们的一行共有四五百人，至是，我们始停下来休息，回顾南京，一片火光，尤以紫金山一带，照耀如同白昼，敌机六架在南京、浦口、乌龙山上空盘旋，枪声、炮声、炸弹声仍然在咆哮，乌龙山要塞，还是旧时的建筑，山上的大炮，也是旧式的，炮的威力不大，而轰炸威力却颇是惊人，日本的新式兵舰开驶到要塞外面，我们只听到隆隆隆的大炮底怒吼，一团一团的火花投向江上，达有几十丈的远程，我一面悲痛首都的沦陷，一面痛念未及脱险的同事，同时，又俯视大江，觉得四五里辽阔的江身，不知是如何地过来的，仿佛作了一梦，我并不以过江幸免为喜，而却深以为无益于首都卫戍战而惭愧。

十三日晨七时抵达扬州，顾副长官已移驻临淮关，他留下卡车六辆，供我们输送，因此，我们便顺利地到达滁州，晚上坐车至临潼关，顾副长官请我们便餐，可是一日余未有食物下腹，肴馔虽是普通，而在我们看来，却是胜过山珍海味了。

十四日奉到委员长命令，首都卫戍长官部人员调赴武汉待命，过江部队收容集结，那时，天气已是非常寒冷，同事们，大都只有随身衣服，晚上烤火就寝，往往不能成眠，安徽省政府主席陈调元氏，送来大批棉被，这正是雪里送炭，同事们至是始得温暖。

二十日，我到了汉口，看到委员长十七日我军退出南京的告国民书，勾引起我无限的感触，我含着泪一字一字地读了下去：

此次抗战，开始迄今，我前线将士伤亡总数已达三十万以上，人民生命财产之损失，更不可以数计，牺牲之重，实为中国有史以来抵御外侮所罕观。中正身为统帅，使国家人民蒙此巨大牺牲，责任所在，无可旁贷，中心痛苦，实千百倍于已死之将士与民众，一息尚存，唯有捐糜顶踵，以期贯彻抗战到底之主旨，求得国家民族最后之胜利，以报党国，以慰同胞，敌人侵略中国，本有两途，一曰鲸吞，一曰蚕食，今者逞其暴力，陷我南京，继此必益张凶焰，遂行其整个征服中国之野心，对于中国为鲸吞，而非蚕食，已由事实证明。就中国本身论之，则所畏不在鲸吞，而在蚕食，诚以鲸吞之祸，显而易见，蚕食之祸，缓而难察。敌苟持慢性之蚕食政策，浸润蚕食以亡我于不知不觉之间，则难保不存因循苟且之心，懈其敌忾同仇之义，驯至被其次第宰割而后已；今则大祸当前，不容反顾，故为抗战全局策最后之胜败，今日形势，毋宁谓于我为有利。且中国持久抗战，其最后决胜之中心，不但不在南京，抑且不在各大都市，而实寄于全国之乡村与广大强固之民心；我全国同胞诚能晓然于敌人之鲸吞无可幸免，父告其子，兄勉其弟，人人敌忾，步步设防，则四千万方里国土以内，到处皆以可造成有形无形之坚强壁垒，以制敌之死命。故我全国同胞，在今日形势之下，不能徒顾虑一时之胜负，而当彻底认识抗战到底之意义与坚决抱定最后胜利之信心。兹为我同胞约举其要义如下：

一、此次抗战，为国民革命过程中必经之途径，中国欲外求独立，内求生存，解放全民族之束缚，完成新国家之建设，终不能不经此艰难奋斗之一役。故对日抗战，乃三民主义与强权暴力帝国主义之战争，亦即被侵略者争取独立生存之战争，与通常国际间势均力敌之国家相互战争大异其趣。故抗战之始，非不知我之武器军备一切物质力最远不如人，而我之革命精神终不当以此为之屈挠。稽之各国史例，凡革命建国之大业，本非旦夕所可期，所经之险阻愈多，则所获之胜利亦愈大；惟赖我革命精神无所挠屈，再接再厉，愈挫愈奋，则障碍摧毁之日，即最后胜利之时。敌人此次侵略中国，其最大目的，固不仅欲占我土地，屠我人民，灭我文化，而尤在消灭我三民主义与革命之精神；但是我革命精神一日不灭，即我国家民族一日不亡，且今日所遭之挫折，尚未达到艰危之极度，若遂自甘退屈，则精神一弛，国随以亡，奴隶牛马之辱，有十百倍于今日战争之痛苦而不止者。全国同胞须知任何国家，欲解除压迫，完成革命，决非少量代价所可希冀，此日多忍痛一分，将来成功亦增多一分，吾人为国家民族与世世子孙计，牺牲虽巨，无可避，亦无可辞，所谓常澈［彻］底认识抗战到底之意义者此也。二、既明革命过程中之中国当以抗战到底为本务，则目前形势无论如何转变，唯有向前迈进，万无中途屈服之理。盖抗战虽不能必胜，而屈服即自促灭亡，固毋宁抗战而败，战败终有转败为胜之时，灭亡永无复兴之望，国家独立之人格一堕，敌人宰割之方法愈酷，万劫不复，即永陷于沉沦。况战争成败之关键，常系于主动被动成分之多寡，此次抗战，绵亘五月，敌方最初企图，实欲不战而屈我。我方所以待敌者，始终为战而不屈，不屈则敌之目的终不能达，敌愈深入，将愈陷于被动之地位。敌如必欲尽占我四千万方里之土地，宰割我四万万之人民，所需兵力，当为几何？诚使我全国同胞不屈不挠，前仆后继，随时随地皆能发动坚强之抵抗力，敌之武力，终有穷时，最后胜利，必属于我，所谓当坚决抱定抗战必胜之信心者此也。三、日本侵略中国实为其侵略世界之开始，中国自抗战之初，揭橥二义，为民族生存独立而战，同时即为国际和平正义而战；数月以来，虽国际之制裁尚未充分发挥，而公理之是非固已大白于天下。吾人对此种伟大使命，既已毅然承当，则不问国际形势前途如何，必当尽其在我，初不必遽形失望，尤不可稍存依赖，但使世界正义不终灭亡，则吾人之目的必有达到之一日。任重道远，不容少懈，此尤全国同胞所宜深念者也。中正受命党国，有进无退，当此存亡呼吸之际，愿与吾同胞共勉之！

我不堪缅想那蒙羞的首都南京，残酷的历史遭遇，土地沦陷，主权被剥夺，人民受宰割，必须忍耐下去，可是，我们只是战败，并不是投降，南京也并不是像订盟城下的那样不易翻身，委员长昭示我们“战败终有转败为胜之时，灭亡永无复兴之望”。所以，我依然是很兴奋、积极，并没有气馁，虽然在极度紧张与过分疲劳中失去了我的健康，使我患着长期失眠，但是我的意志却更为坚决，必胜的信心，将更益加增。

我并没有忘了江上烽火，我也一定要驱逐那心头上的仇恨。

附一、参加战争的将领与作战的部队

兹依战斗序列将参加此一有名之首都卫戍战的部队及将领，开列如下：

南京卫戍军司令长官	唐生智
副司令长官	罗卓英　刘兴
参谋长	周　斓　余［佘］念慈
第二军团军团长	徐源泉
第四十一师师长	丁治磐
第四十八师师长	徐继武
第六十六军军长	叶肇
第五十九师师长	谭邃
第一六〇师师长	叶肇兼
第七十一军军长	王敬九

第八十七师师长　沈发藻
第七十二军军长　孙元良
第八十八师师长　孙元良兼
第七十四军军长　俞济时
第五十一师师长　王耀武
第五十八师师长　冯圣治
第七十八军军长　宋希濂
第三十六师师长　宋希濂兼
第八十三军军长　邓龙光
第一五四师师长　巫剑雄
第一五六师师长　李　江
教导总队总队长　桂永清
第一〇三师师长　何知重
第一一二师师长　霍守义
宪兵部队（约二团）司令　萧　岑
江宁要塞部队司令　邵百昌
炮兵第八团团长　娄绍凯
运输司令　周鳌山
其他参加之部队
炮兵第十团之一营（新十五榴）
战车防御炮八门轻战车十辆
防空司令部所属各高射炮队（大小炮共二七门）
城防通信营
长官部特务队

附二、卫戍兵力伤亡概数统计

参加南京卫戍兵力伤亡概数，兹列表如下：

部队	战前兵力			伤亡及踪迹不明数	备考
	战斗兵	杂兵	统计		
第二军团 第四十一师 第四十八师	12,000	6,000	18,000	5,000	该军团老兵拨归各师补充，此次作战，有五分之四为训练不到一月之新兵

（续表）

部队	战前兵力			伤亡及踪迹不明数	备考
	战斗兵	杂兵	统计		
第六十六军 第一五九师 第一六〇师	4,500	2,500	7,000	3,000	该军历战各地未经补充
第八十三军 第一五四师 第一五六师	4,000	1,500	2,000	1,5000	同上
第三十六师	4,000	2,000	7,000	1,500	该师于战前在南京补充新兵约三千名
第五十一师	4,000	2,000	6,000	4,000	该师于战前在南京补充新兵约二千名
第五十八师	4,000	3,000	7,000	2,000	同上
第八十七师	3,500	3,000	6,500	3,500	该师于战前在镇江补充新兵约三千名，但在守镇江时已损失一千名
第八十八师	4,000	3,000	7,000	5,000	该师于战前在南京补充新兵约三千名
教导总队	7,000	4,000	2,000	7,000	该总队于战前在南京补充新兵约五千名
第一〇三师 第一一二师 宪兵及直属各部队	2,000	4,000	6,000	3,000	多系勤务队，无战斗力
共计	49,000	23,000	81,000	36,000	

附注：一、各军转战频繁及新兵时有潜逃，致兵力数目略有参差，上表系各军呈报卫戍长官部之概数；

二、各军历战后虽战斗兵损失甚大，但单位并未缩小，致杂兵甚多。

（此表统计数字有误，依原表录入。——编者）

第三章　荣誉和感激

一、大委屈的呼号

沦陷以后的南京，是不可设想的，每在和人会谈中间，提到了南京，我便会呈现出像感受一种多方的人马一时间驰骋地闯入的复杂心理，旧恨新痛，交织地袭来，使我难以忍受。总之，我是没有一刻忘怀了首都，过去的回忆，不能解松我胸前的甲胄。所以，我退出了南京之后，仍然是再接再厉地努力，期望参加匡复首都的工程。二十七年春，我入第三战区长官部顾祝同将军幕，后来又担任第十集团军总司令部副参谋长，浙苏皖边区挺进军总司令部参谋长，我欣幸得以参预进攻南京，及其外围地区的军事计划，我常觉得在这一区工作比较其他地区更为有意义，因此，我竭尽我的精力，以期实现未来的愿望。

残酷的历史遭遇，陷南京于极度黑暗的境界，敌酋松井石根大将，高踞石头城里，开始他那屠杀的计谋，杀人竞赛的惊人举动，使历史为之变色。那里，墙壁被机枪打得百疮千孔，拥有着的上千累万的人们，却已经绝了命，被伤害者在地上腐烂，将空气都薰坏了，一切的建筑，都给破坏者漫不经心地捣毁了；一切高尚的思想，是给火焰和刺刀毁灭了；一切人们豪贵的情感，都被践踏在泥中而且用了秽物糟蹋了，一切真和善的思念，都给嘲笑和喧扰窒息了，一切的美，给血污的手指沾［玷］污了，没有理由可说的，男的要遭杀戮，女的被迫奸污，你是正直的人，正直便是你的罪案，你是纯洁的人，纯洁便是你的祸祟。在那里，可悲的中国人们，生命脆弱得和颤抖的草儿一般。这是一幅图画，日军闯入以后立刻展开了的可怕的暗夜。据首都地方法院检察处调查敌人罪行的结果，为他们所杀害而有确切证据者，有三十多万人，尚未证实者有二十多万人，同时，他们施刑的残暴，几为人所不能相信，例如雨花台区，军民二三万人不及退却，都被他们追迫扫射，尸积如山，血深没胫，在八卦洲，军民争欲渡江，也被他们追踪前往，一律扫射，尸体蔽江，江水都变成了赤色。在沦陷时，他们将五万人禁于幕府山的四五个村子里，后来，用铅线捆绑，两人一起，排成四路，驱至草鞋峡，然后用机枪扫射，复以刺刀密刺，死后，浇上煤油，纵火焚烧。沦陷之后，他们又复于难民区内，强驱军民数千人到汉中门，以绳索绑缚，以机枪扫射，统计为他们集体屠杀的，达二十多万人，妇女们遭受摧残，更为惨酷，被奸污后，复施以割乳、刺胸、击齿、腐烂下部等毒刑，并且有迫令父奸其女，翁奸其媳等刻薄的行为，这是一种人类历史上不可饶赦的罪行，他们却愉悦地在干犯，在制造。

同时，我们要知道日本的侵华□略是多方面的，军事上发动了战争，政治上的利诱和阴谋，也随时在发动，所以他们的毒辣阴谋是不仅要征服我们的人，还要征服我们的心。因此，民族败类，群丑们便出来满足了他们的需求，民国二十七年三月二十八日，由梁鸿志领导的维新政府由酝酿而成立，始于上海设立办事处，继于六月二十二日迁来南京，他们向敌人献出妩媚，他们说：“我们可以替你们来杀害我们自己的人。”这是此次抗战中第一页污辱我龙蟠［盘］虎踞的首都南京，而也是敌人继续屠杀阴谋而在我首都展开了卑污毒辣的手段的另一表现。

民国二十九年，敌人阴谋的演变愈越毒辣，以汪精卫为中心的叛国行为，就为敌人运用而继续梁逆鸿志的伪维新政府，沾［玷］污了我们首都的山光水色，那年三月三十日，汪精卫的恶毒扬言“还都南京”所建立的伪国民政府，是敌人政治阴谋的进步表现，他们企图利用汪逆的招牌而以伪乱真，以欺蒙我们的国人，转移国人对于党国的信仰而使我们陷于万劫不复之领域。

汪精卫于民国三十三年十一月死于东京后，由陈公博继起，这一班现代秦桧们作践了我们首都的大好江山，他们在南京发号司［施］令地进行暗杀、流血、拷打、绑票、毒害、毁灭、诈取等等奸险的强暴的工作，他们巴结敌人，有条不紊各式俱全地替敌人策划、主持、敲诈沦陷民众，他们比黑夜里的密云都还黑，他们在创造黑暗，使同胞们尝遍了敌人的苦味，陷入于地狱的生活，南京无辜，在敌伪的重重压迫下颤动着，整个南京市民，走向灭亡的途径，大江滚滚地激出绝调的哀音，滔滔然泛成血河的霞彩。这给别了南京的我们，以悲怨而难受煎熬的不安宁的痛楚。

的确的，在伟大时代到来的前夜，首都南京是遭受着一个极大的委屈，可是，这委屈也终当有伸［申］雪的一天，事实上，他们的［申］雪因素，早就在敌伪奸诈虐行中发展着。当“胜利者”的狂妄正像狼嚎在这石头城的每一角落时，也正像它们将有等待一阵世纪的罡风，送他们离开他们所亲手撕毁的土地与人间。——可是，这风呢?

二、此日至矣

首都失陷后，在市内，是屠杀和阴谋在横行（见前），而在首都以外，国内的各地所发生的重大事件，便是民国二十七年五月十九日徐州的陷落，十月二十一日广州的失守，同月二十七日武汉三镇的沦陷，以及三十三年中原会战，湘鄂会战的失利，我们失地固然是加多，可是战争却愈越伸延，中国却愈越进入于长期战争全面战争的白热化阶段，也正是由于不投降，由于坚决抵抗，而在建筑下制胜的基础，其间也有台儿庄、中条山、太行山、长沙、鄂西等大捷，相信首都的解放，系于全国战场的战争状况，而世界大战的决定性，也是颇为重要：民国三十年十二月八日，美日谈判决裂，太平洋大战暴［爆］发，引起了中日战争的变化，三十年四月十八日，杜立特将军率领美飞行员，自航空母舰大黄蜂号上起飞轰炸东京，这是日机在二十六年十二月十三日以前的经常轰炸我首都南京的开始答复，予轰炸者以轰炸，原子弹的投掷，也足够膺惩了他们的空中暴行。

民国三十二年十一月二十二日，蒋委员长出席开罗会议与世界领袖罗斯福、邱吉尔共同发表开罗宣言，商就对日作战计划，近卫文磨所发动的中日战争与东条英机所发动的太平洋战争，从此都要取□补偿，在这宣言中，中国取得了所有的失地，而事实上，这宣言也等于决定了日本帝国主义的命运。民国三十四年七月，蒋委员长又和美总统杜鲁门，英首相邱吉尔联名发表波茨坦对日共同宣言，劝告日本无条件投降。八月六日与九日的原子炸弹，与［以］及苏联的八月九日向日本宣战，瓦解了日本数十年来武士道的心理抱负。日皇于八月十四日宣示接受波茨坦宣言，正式向联合国表示投降，于是第二次世界大战遂告结束，而我们也终于获得了最后胜利。首都南京，就是这样地接连的展开了荣誉的事实，来洗涤了他那过去所蒙受的尘垢。

日本决定向联合国投降以后，南京驻华日军最高指挥官冈村宁次大将，即于八月二十日，派副总参谋长今井武夫少将等，乘飞机到湖南芷江，晋谒中国陆军总司令何应钦上将，何上将是蒋委员长派定的受降总代表，今井呈递日军在华兵力配备地图，我陆军总司令部参谋长萧毅肃将军将何总司令致冈村宁次的第一号备忘录交给了今井，统计日本军队在华总数为一百〇九万人，华北计有八十八万人，华中计有三十万人，华南计有十万人，他们肩荷了侵略者的名义，今日却被遗留在中国的土地上，暴徒们得到了他们所得的惩罚了。

中国陆军总司令部为使收复及受降事权统一起见，即于各战区的重要地点，设立前进指挥所，并首先派副参谋长冷欣中将为南京前进指挥所主任，冷主任一行共一百五十九人，于八月二十七日飞抵南京，二十八日接见冈村宁次，面交何总司令之备忘录第六号至第十二号，指示一切投降办法，兹将何总司令在首都南京代表蒋委员长接受中国战区日军投降签字经过，摘录如下：

九月六日，陆军总司令以中字第十九号备忘录致冈村宁次将军，他的内容：

“兹规定本总司令接受日军投降之地点日期时间，及日军投降代表签字人如次：（一）地点：中华民国首都南京。（二）时间：中华民国卅四年九月九日。（三）日军投降代表签字人，日本陆军大将冈村宁次。（四）日军投降代表出席人，冈村宁次大将之总参谋长，越南北纬十六度以北之日军最高指挥官或其全权代表，中华民国（东三省除外）及越南北纬十六度以北台湾澎湖列岛之日本海军最高指挥官或其全权代表。”

何总司令为中国战区日军之受降，于九月八日飞抵南京，并将前设立之南京前进指挥所取消，另设中国陆军总司令部前方司令部于南京，由何总司令亲自主持。

关于投降签字仪式，决定九月九日在南京中央军官学校大礼堂举行。

中国战区日军投降签字仪式，即于九月九日上午九时正式开始。中外来宾于八时三十分陆续入场，八时五十二分，日军投降代表冈村宁次大将率同小林总参谋长，今井副参谋长，小竺中佐等一行七人，分乘汽车三辆，在中央军校广场下车。稍事休息后，由我国王俊中将领导，步入礼厅。中为受降席，席前另设一小桌，为日军投降代表所坐，左侧为高级将领席及我国记者席，右侧为盟国军官席及外国记者席。何总司令于八时五十六分出席，参加受降长官有海军上将陈绍宽，空军上校张廷孟，陆军上将顾祝同，陆军中将萧毅肃等，全堂共一千余人。冈村面对何总司令而坐，桌上置文具及时钟。日舰队司令福田中将，台湾军译山参谋长，陆军大佐三泽吕雄等，坐冈村右侧。冈村手持军帽，黯然肃坐，摄影历时五分钟，证明身份后，由小林总参谋长双手持降书呈于何总司令，何氏检视毕，即盖章于上，再由萧参谋长交付冈村起立接受。旋复交最高统帅蒋委员长命令一件，冈村在受领证上再签字盖章退下，冈村肃立向何总司令一鞠躬，何氏亦起身作答。这一幕历史性的签字仪式，就宣告完成。

日本投降书全文如下：

（一）日本帝国政府及日本帝国大本营，已向联合国最高统帅无条件投降。

（二）联合国最高统第一号命令，规定在中华民国（东三省除外）台湾与越南北纬十六度以北地区内之日本全部陆海空军与辅助部队，应向蒋委员长投降。

（三）吾等在上述区域内之全部海陆空军及辅助部队之将领，愿率领所属部队，向蒋委员长无条件投降。

（四）本官当立即命令所有上第二款所述区域内之全部日本海陆空军各级指挥官及其所属部队与所控制之部队，向蒋委员长特派受降代表中国本区中国陆军总司令何应钦上将，及何应钦上将指定之各地区受降主官投降。

（五）受降之全部日本陆海空军，立即停止敌对行动，暂留原地待命，所有武器、弹药、装备、器材、补给品、情报资料、地图、文献档案及其他一切资产等，当暂时保管。所有航空器材及飞行场一切设备，舰艇、船舶、车辆、码头、工厂、仓库及一切建筑物，以及现在上第二款所述地区内日本陆海空军或其控制之部队，所有或所控制之军用或民用财产，亦均保持完整，全部待缴与蒋委员长及其代表何应钦上将所指定之部队长及政府机关代表接收。

（六）上第二款所述区域内日本陆海空军所俘联合国战俘及拘留之人民立予释放，并保护送至指定地点。

（七）自此以后，所有上第二款所述区域内之日本陆海空军，当即服从蒋委员长之节制，并接受蒋委员长及其代表何应钦上将所颁发之命令。

（八）本官对本降书所列各款及蒋委员长与其代表何应钦上将以后对投降日军所颁发之命令，当立即对各级军官及士兵转达遵照，上第二款所述地区之所有日本军官佐士兵，均须负责有完全履行此类命令之责。

（九）投降之日本陆海空军中，任何人对于本降书所列各款及蒋委员长与其代表何应钦上将嗣后所授之命令，倘有未能履行或迟延情事，各级负责长官及违犯命令者愿受惩罚。

奉日本帝国政府及日本帝国大本营令，签字人中国派遗［遣］军总司令官陆军大将，昭和二十年公历一九四五年九月九日午前九时，签字于中华民国南京。

代表中华民国，美利坚合众国，大不列颠联合王国，苏维埃社会主义共和国联邦，并为对日本作战之他联合国之利益，于中华民国三十四年公历一九四五年九月九日午前九时，在中华民国南京接受本降书，中国战区最高统帅特级上将蒋中正特派中国陆军总司令陆军一级上将。

中国战区最高统帅蒋委员长所颁发之第一号命令，兹也详录如下：

（一）案据日帝国政府、日本大本营向联合国最高统帅之降书及联合国最高统帅对日本帝国所下之第一号命令，兹对于中国战区内中华民国（辽宁吉林黑龙江三省除外）台湾及越南北纬十六度以北地区之日本陆海空军颁布本命令。

（二）贵官应对上述区域内投降之日本陆海空军各地区司令官及其所属部队发布下列命令，并保证其完全遵行。

（甲）日本帝国政府及日本帝国大本营，已令日本陆海空军全部向联合国作无条件之投降。

（乙）在中国境内（辽宁吉林黑龙江除外）台湾及越南北纬十六度以北地区所有一切日本陆海空军及辅助队，向本委员长无条件投降。凡此投降之日本部队，悉受本委员长之节制，其行动须受本委员长或中国陆军军一级上将何应钦之指挥，且只能服从本委员长或何应钦上将所直接颁发或核准之命令及告谕，日本军官应遵照本委员长或何应钦上将训令而发之命令。

（丙）投降之日本陆海空军，即停止一切敌对行为，暂留原地，静待命令，以所有弹药、装具、器材、物资、交通通信及其作战有关之工具案件，及一切关于日本陆海空军之资产等，予以暂时保管，不加破坏，待命缴纳于本委员长或何应钦上将所指定之长官或政府机关之代表。

（丁）凡在上述区域所有日本之航空器舰艇及船舶，除本委员长第一号告谕中所宣示者外，其他一律恢复非动员状态，停留原地，不得加以损坏。

（戊）船舰上飞机上有爆炸物品者，须立刻将爆炸物品移入安全地方，日本部队军附属部队之军官，须保证所属严守纪律及秩序，且须负责严密监视其部下，不得有伤害及骚扰人民，并劫掠或损毁有关文化之公私文物及一切公私资产。

（己）关于日方或日方控制区所拘禁之联合国战俘及被拘人民，应作如下之处置：一、联合国战俘及被拘人民，在本委员长或本委员长之代表何应钦上将接收以前，必须妥慎照护，并充分供给其衣食住及医药等。二、按照本委员长或本委员长之代表何应钦上将之命令，将战俘及被拘禁之平民送至安全地区，听候接收。三、凡拘禁联合国战俘及平民之集中营或其他建筑，连同其中所有器材、仓库、案卷、武器及弹药，须听候本委员长之代表何应钦上将与其指定之代表派员接收，在所派接收人员到达前，各集中营之战俘或被拘平民，应由其中资深官长或彼等自选之代表自行管理之。四、凡向本委员长投降之日本陆海空军各级司令部，在接到命令所限定之时期内，须将有关战俘及被拘平民之详情及地点，列具完备之报告。

（庚）除另有命令外，凡向本委员长投降之日军，应继续供给其所属军民衣食及医药物。

（辛）日军及日军控制区之军政当局，须保证下列各事：一、按照本委员长或本委员长之代表何应钦上将之命令，扫除一切日方所敷设之地雷水雷及其他陆海空交通之障碍物，在此项工作进行中，其安全通道，应予标明。二、对于航行方面之一切辅助工作，须立刻恢复。三、一切陆海空交通及运输方面之器材与设备，须保持完好。四、一切军事设备及建筑，包括陆海军航空基地、防空基地、海港、军港、军火库及各种仓库，永久及临时陆上及海岸防御工事要塞及其他设防区域，连同上述各种建筑及设备之计划与图样，须保持完好，并须将一切工厂、工场、研究所、试验所、实验室、试验站技术资料、专利品、计划图样以及一切制造或发明，直接、间接便利作战所用之其他物品，与作战有关之军事组织所用或意欲运用之物品，保持完好。

（壬）凡一切武器，军火作战器料之制造及分配，立刻停止。

（三）凡向本委员长投降，而在中国台湾（含澎湖列岛）及越南之日军司令部，在接到此项命令后，须即刻将各区有关下列各项之资材，向中国陆军总司令何应钦上将提出报告：

（甲）一切陆海空及防空部队图表册籍，须表明其所在地及官兵之实力（含人马械弹装具器材等）。

（乙）一切陆海军用及民用飞机图表册籍，须完全报告其数量、型式、性能、驻地及状况。

（丙）日军及日军控制下之一切海军船只，包括水面水中及其他辅助船只，不论现役退役及在建造中者，均须以图表册籍报告其位置及情况。

（丁）日军控制下之商轮，在一百吨以上，不论现役退役及正在建造之中，或过去属于任何联合国，而目前在日方手中者，均须列具图表册籍，说明其位置及情形，拟具详细及完备之报告，连同地图标明布有地雷、水雷及其他海陆空交通障碍物之地点，同时须指定安全通道之所在，并对一切日本方面所管理或直接间接利用之工厂、修理厂、研究机关、实验室、试验站，技术资料设计图样及一切军用或间接欲为军用之一切发明设计图样生产图，及各武器生产而行之设施，其地点及详情均须报告。

（戊）凡一切军事设施及建筑，包括飞机场、海军航空基地、海港及军港、军火库、永久及临时之陆上及海岸防御工事、要塞及其他设防之地位及详情，亦须报告。

（己）并须按照第二节己项之规定，报告一切拘禁联合国战俘及平民集中营或此类建筑之地点及其他有关情况。

（四）向本委员长投降之各地日军司令部，须遵照各区受降之主官之命，报告各该区日侨之姓名地址，并收缴日侨所有之一切武器，通知全体日侨，在本委员长之代表何应钦上将所指定之官吏，未发布处理该项日侨命令以前，须留其在现住地或指定之地点，不得离开。

（五）日军及日军控制下之一切军政官员，须协助本委员长之代表何应钦上将所指定之军队，收复台湾（含澎湖列岛）越南北纬十六度以北地区及中华民国境内各日本军占领区。

（六）本命令所规定之各项及本委员长之代表何应钦上将嗣后所发布之命令，日军及日军控制下之一切文武官吏及人民，须立刻敬谨服从，对于本命令或此后之命令所规定之各项，倘有迟延或不能施行，或经本委员长或何应钦上将认为妨碍盟军情事，将立刻严惩违犯者，及其负责之军官司令。驻华日军最高指挥官陆军大将冈村宁次，中国战区最高统帅特级上将蒋中正（传达法）由中国战区中国陆军总司令一级上将何应钦面交驻华日军最高指挥官陆军大将冈村宁次。

兹更将交由冈村宁次接受之何总司令第十号备忘录，所指定中国陆军各地区受降主官姓名，受降地点及日本代表投降部队长官姓名与投降部队集中地点，列述如下：

（一）第一方面军卢司令官汉，在河内受降，日投降部队集中越南北部，由三十八军司令官土桥勇逸代表投降。

（二）第二方面军张司令官发奎，在广州受降，日军集中广州、香港、雷州半岛及海南岛，日军司令官田中代表投降。

（三）第四战区余长官汉谋，在汕头受降，日军集中汕头。

（四）第四方面军王司令官耀武，在长沙受降，日军集中长沙衡阳，由二十军司令官坂下一郎代表投降。

（五）第九战区薛长官岳，在南昌受降，日军集中南昌、九江，由十一军司令官笠原代表投降。

（六）第三战区顾长官祝同，在杭州受降，日军集中杭州、宁波，由一三三师师团长野地嘉原代表投降。

（七）第三方面军汤司令官恩伯，在上海南京受降，日军集中沪京，由十三司令官松井太久郎及第六军司令官十川次郎代表投降。

（八）第六战区孙长官蔚如，在汉口受降，日军集中武汉沙市，由第六方面军司令官冈直三郎代表投降。

（九）第十战区李长官品仙，在徐州受降，日军集中徐州、海州、蚌埠、安庆，由六十五师师团长森茂树代表投降。

（十）第十一战区孙长官连仲，在北平受降，日军集中天津、唐山、北平、石家庄、保定，由华北方面军司令官下村定代表投降。

（十一）第十战区李副长官延年，在济南受降，日军集中青岛、济南、德州，由四十三军司令细川忠康代表投降。

（十二）第一战区胡长官宗南，在洛阳受降，日军集中开封、新乡、郑州，由一一〇师团派代表投降。

（十三）第五战区刘长官峙，在南阳受降，日军集中南阳，由十二军司令部森孝代表投降。

（十四）第二战区阎长官锡山，在太原受降，日军集中山西省，由第一军司令官澄田植四郎代表投降。

（十五）第十二战区傅长官作义，在归绥受降，日军集中热、察、绥三省，由蒙疆军司令官根本博代表投降。

（以上所列日本投降部队，各集中地点，及依情准由中国陆军总司令及各地区受降主官临时酌量变更，至日军向集中地点之开拔日期及行军路线，由各区受降主官订定之）

战争是结束了，在南京，英勇的将领、官兵和人民在民国二十六年十二月四日于句容以东地区展开首都卫戍战以后，经历了十天的血战苦斗，终于噙住了热泪，抑压住感情，离开了首都。明知道这丸药是苦的，可是也不得不吞下去，在今天——民国三十四年九月九日上午九时，我们方才看到了八年来的委屈，在一个时间内立刻得到了昭雪，我们举杯祝福全世界的那一些人，那一些拥护和平，爱戴和平，为和平流血流汗的人们！

最后，让我们来朗诵这次领导全国军民从事旷古未有的民族独立战争的统帅所广播的训词罢：

自从甲午以来五十年间，日本对我们国家无数的欺凌侮辱，和不断的压迫侵略的旧仇，尤其是从“九一八”以来十四年间的深仇大耻，到今天已经根本的清算了！

首都六十五万人民，在三十四年九月九日上午九时，大家凝视着中央陆军军官学校，而衷心愉悦地相互欢呼着：“此日至矣！”“此日至矣！”

谭道平：《南京卫戍战史话》，东南文化事业出版社 1946 年 7 月印行。

泛论淞沪战争与首都卫戍战

谭道平

首都南京，在他历史发展的里程碑上，已刻画了战争到和平的诸种痕迹。上海和南京的战争在历史的意义上，远超过其在地理上的重要性与价值。

现在，我们来检视首都卫戍战争在此次抗战中的真实价值及其意义之所在。我们必须要求大家首先了解上海战争是全面抗战的开始，而首都卫戍战是上海战争的延续，是平津战争的同一应战表现，而更有力量与决心，对日战争原是国民革命所必经的一个阶段，而上海与首都卫戍战争便是这一阶段中必应有的一个节目，这是一个万不可少的节目，他必须是悲壮雄浑而有光辉。

既是上海与首都战争为国民革命必经阶段中的一个节目，那么他和北平、天津、杭州、南昌、武汉、长沙、桂林与［以］及其他所有的大都市的战争所接受的“战争使命”是一模一样，抗战的胜负，并不决定于一个城镇，一条铁路，上述各大都市失败了，我们并不能说整个的战局是败北了，因此，同样，我们也可以说抗战的胜负，并不决定于上海、南京的城市战，而南京的沦陷，也并不能说中国的抗战是无望了。所以，上海战争的结束，是表明了战争长期性的开端，而就南京都市作战的意义说，他仅是一个大城镇的失败而已。

一个大城镇的失败，自然于战争是蒙受一些损失，但并不碍于战争的全局，而一个城镇失败后，我们如果便动摇了战斗意志，那么怯懦退却的行为，会使战争导入于不可收拾的惨局，在平津我们是吃了败仗，但我们并不屈服，在上海，我们被迫退出了，但我们并不投降，同样，在南京，我们是失守了，但我们并不乞盟城下，这即是中国抗日战争在平津、在上海、在南京等等地方，一样地表现了高度民族觉醒的英明果敢的行为，南京卫戍战的崇高的价值，便是我们战争决心的证验，巴黎失守后法国投降，而南京沦陷后战争依然继续。

然而，南京毕竟是我们的首都，是我们的政治重心，虽则我们已经迁了都，但是，习惯上，全国的国民，都是仰望在这里，全世界的视线，也都是投向在这里，我们岂可以轻易地放弃。上海战争失败后，我们留在南京及其周围的，都是那些退下来的残破的部队，人员不足，装备不全，往往有军师的名称，新兵不及训练，官兵间彼此尚有未认识者，我们要他们去抵御锐不可当的敌人，无异以杯水投入车薪，驱羊群去就虎狼，失败是必然的事实。然而疲兵再战，扶创犹斗，十一月十二日上海战争结束，尚继之以二十二日的南京外围战，自十二月四日开始至同月十二日的十天的城郊街巷的血战，非若法国一看见前线上的败兵退下来，巴黎即旋告陷落。因此，我们可以说将士们的浴血奋斗，视死如归，正是以行动来向全中国全世界人士昭告，我们此刻乃以血肉来保卫我们的全国政治重心，所以首都卫戍战的意义，在保守我们的大都市之外，还必须为了习惯上政治重心的观念去加上一倍的努力，“南京是我们的首都！”这一事实，每一个中国人民都在心里有一个很清晰的轮廓。

同时，我们要知道上海战争退下来时，我们尚有百万大军，等待重行编配，而敌人却正欲以闪电的姿态，来跟踪追击，以消灭我们作战的主力，所以，我们以备战首都的决心与行动，却吸引住了敌人四个师团以上的雄猛力量。换句话说，南京卫戍战的另一伟大的意义，是在掩护我上海大军得以安然地向浙皖边区退却，而其自身却不得不忍受战争的一切痛楚。

我们在南京卫戍战中得以遵照正确的战略路线发展，于是就造就了敌人的不幸，他们的第一个判断错误，便是以为上海战后的决定性战争，便是南京，而在南京的决定性战争中，中国必然地屈膝求降，订盟城下，他们迷恋于战争的可以迅疾结束，胜负的可以立刻决定，然而，事实却粉碎了他们的幻梦：一部份［分］兵力被消耗了，十数万雄师被牵制着，他们既不能速战速决，也不能速和速结，等到南京攻下，他们又动摇于希特勒的劝告，以及德使陶德曼的奔波，而按兵不动。这样，使我们得以安然于第二线的布置，以及武汉三镇保卫战的能有充分准备。从此，他们的泥足，是更深地陷入了下去，以至于今日的无条件投降。

在战略的检视以外，就南京战役的其他各点而言，那么可以说，战斗的机动性，敌军都优于我军；诸兵种的协同作战，敌军也胜于我军，至于敌人空军与炮火的威力，那不用说是远超过了我们；我们对于警戒与搜索，也不如敌人的那么警觉、活泼、切实而布置完备。我们惟一可以赞扬的，那么便要算是冒险牺牲和忍劳耐苦的精神，不屈服不投降的意志，与［以］及精诚团结同仇敌忾的心理。

本来战术的错误，可以战略的正确性挽救住他的缺憾，而战略的错误，将使优良的战术也无所用其技，这即是敌人这次侵略战争被导入于可悲的命运的主要原因。

现在我们再来检视一下淞沪战争的情况罢，淞沪战争，共延长了三个月，追寻那一战争的意义及我们所得的收获，这在三个月酣战中可以使我们一目了然，日军在上海方面挑起这一个战争，他们是有着三个目的：

（一）破坏我经济重心，使我抗战军事不能支持；

（二）威胁我首都，使我政府不得不向他们乞降；

（三）牵制我中央军，使我军不能北上赴援。

然而，在三个月的苦斗中，立刻粉碎了他们的企图，诚然我们丧失了上海这一个经济重心地，可是我们却更获得了全民的支持，和国际间有力的援助，同时，内地的繁荣，却又假手于战争，代替了上海兴盛起来，虽然不能和上海比较。至于威胁首都，使我乞降，这在上面我们已经说过，我们只有失败，决不投降，所以说起威胁我首都一节，这仅是成了敌人的一方面的幻觉与梦想，至于说中央军被牵制于江南罢，那么日本的数十万大军，不也是被迫着不能北上吗？并且全面战争发动后，地本无分南北，到处可以作战，到处是准备着作战。

在淞沪战争中，全国人民意志的坚决，是第一次得到了测验，同时，在他的三个月中所完成的几次有声有色的胜利，也不只足以鼓舞全民的抗战情绪，而且也消灭了败北的投降主义，中国人民普遍的民族意识之唤起，日军淞沪战争中的炮火，是代表我们执行了这个任务。

就战略上说，在淞沪战争中，我们应该提早把敌人诱到太湖沿岸，足以消耗敌人的湖沼地带上来，可是，我们在战略上，却误用了在局部战争中应采用的速决方法，而死拼在上海敌军优势火力下的火网焦点的三角地带，以至延迟了从容转进至苏州、昆山、嘉兴地带的国防阵地，致使呈现了那样匆促凌乱的状态，而妨碍了首都的卫戍战争，这不能不说是一个缺憾。

但无论在那一方面说，我们在上海与南京的战争，是有光荣的历史意义的。

我们拉杂地泛论首都卫戍战争与淞沪战争的意义与价值，作了如上的叙述，可是，我们对于在艰苦万难中，始终如一守贞不渝的数十万人民，也深致我们的敬意。他们天天在倒悬中，切盼解放的一天得以早日到来，他们受尽难磨［磨难］，受尽欺骗，他们牺牲了自己，以争取首都市民的尊贵的人格。他们欢迎解救他们的战争，也至诚地欢迎真正的和平，使他们在喘息之余，得有真正的宁静，所以，我们可以说他们是从炮火中得到了伟大民族战争中的战斗经验，他们是从最残酷的生活下充溢着驱除迫害迎接光明的欲望。

《沪卫月刊》1946 年第 5 期。

南京卫戍战回忆

谭道平

（一）大战爆发

芦沟桥事变发生时，在南京执行国防工事计划的警卫执行部，由唐生智将军担任主任，我在执行部第一组任科长。当时在南京主持大计的军政部部长何应钦将军与参谋总长程潜将军，军事委员会警卫执行部主任唐生智将军，军事委员会委员长侍从室主任林蔚将军，以及各部重要幕僚等，每晚在何公馆举行会报一次，那时，我和军政部参事徐培根，参谋本部第一厅厅长龙浩，何部长办公室部附罗泽园诸人，担任会议记录及稿件整理工作。远东惊天动地的事件，在我们的笔录下，保留了每一刹那变化的痕迹。

（二）保卫首都

上海战争结束后，日本翘首西向，对着我首都这一个灿烂的名城前进，企图以速战速决的战略，迫我订盟城下。

南京的守城战，是中外人士观瞻所在，富有政略的意义。在战略上看来，也可以吸引追击的敌人向南京前进，使从上海撤退下来五六十个师，至少也可以减轻一些压迫，得到转进喘息的时间。

十一月十六日，唐生智将军奉到委员长命令派兼首都卫戍司令长官，就将警卫执行〈部〉改组为卫戍长官部。

讲到保卫首都战争，不是在南京的城门口，而是在乍（浦）平（湖）嘉（兴）吴（苏州）福（山）与锡（无锡）澄（江阴）各线阵地，最少也应在溧水句容与镇江之线。自十一月四日日军在杭州湾登陆成功，即与淞沪方面之攻击军策动西进，攻我乍平嘉吴福第二道防线，至十二月一日江阴要塞被攻陷止，太湖东侧的攻守战就告了完结。随后日军进行太湖侧岸与浙苏皖山地战，一面沿京沪线向西北追击，一面沿京杭国道北犯，右侧更沿长江西攻，左侧攻入芜湖，隔绝了我们后方的援军，这样形成了东南西三面的大钳形的围攻。

首都防御军，多是久经战争加以补充整理的部队，有些还是补整尚未完事的残缺部队，战局的紧急，不得不用这一批未成熟的部队来担当这么重大的一个责任。

这时，日军以第九师团全部为主力，配合三个师团，并以强大的炮兵及机械化部队，一部由武进向丹阳西进，一部由京杭国道向首都北进。十二月四日句容线开始与来自武进丹阳之敌接战，日军采取包抄，我军损失很大，敌又进行迂回，自句容西北直指南京，在敌人优势火力下，我军伤亡甚多。该线日军又源源增兵窜犯栖霞山，包围我守军。

沿京杭国道北犯的日军步炮联合纵队与机械化部队于十二月四日窜入溧阳南渡间，七日淳化镇与东昌街间我第一线阵地有日军突入，淳化镇经二日之激烈战斗，五十一师五营官兵全部壮烈牺牲，毕竟失守，日军乃进攻我汤山第二道防线，至十二月八日止，日军已进攻到首都附郊，东北面到达栖霞山，东面到达大胡山，南面到达汤水镇淳化镇，西南面到达秣陵关和江宁镇，此时首都已成了一个围城。

（三）危城孤守

战争一天天迫近首都，每天黎明，警报钟即以尖锐的声音警告市民“日机已飞近了”。机声轧轧，炸弹声隆隆，间以冬冬冬的高射炮声，镇日地合奏起市民的悲戚的挽歌。

从十一月下旬起，大部份［分］比较有钱的人，都纷纷地迁离南京，十二月初，城里已是感到异常的冷静。长官部的幕僚，都深深感到使命的严重，抱着一死报国的决心。夜深人静，每每在办公之余，听到娓娓的闲谈，他们相互申诉自己的身家历史。各人已写好了遗嘱，托付幸存的朋友把消息通知自己的家人。

十二月七日的晚上，奉命到唐生智将军的公馆里去开会，展开一个雄浑而又悲壮的历史镜头，蒋委员长偕同夫人和侍从室主任钱大钧将军到来，召集少将以上的守城将领训话，我担任纪［记］录。

委员长以严肃坦诚的态度向全体守城将领宣示，责任逼他离开这个围城，把保卫首都的责任交给唐生智将军，要大家达成这一历史使命。唐将军代表大家答复委员长伟大的召唤，以一死报国，一死报委员长。

散会之后，大家心事重重地回到寝室，没有往常的喧扰和喜笑闲谈，以及京调小曲救国歌词等等声浪，在沈［沉］静中，仿佛每一个人的脉膊［搏］都像海潮一样汹涌狂跳。

十二月九日首都附廓战就开始了。那天淳化镇的日军于我军换防之际，即乘隙冲至高桥门，日军步兵二千坦克车十余辆于拂晓进至光华门，以野山炮轰射城门，城门天倾地翻似的掀了下来，泥沙像河水一样向外倾流，日军冲入百余人，旋即被我全数歼灭。城门随堵随破，城中极度紧张。参谋处廖处长向我说："我亲携电话机到光华门去看看，每十分钟和你通话一次，要是摇不通了，那么大势也就要完了，你们好作其他准备。"他说完了这句话，头也不回的离开我们。后我方以小钢炮轰退了敌军坦克车，才设法堵住了城门。等到有后续部队赶到，举行一个猛烈反攻，才将大校场的日军击退。

十二月十日，日军大集，沿雨花台、通济门、光华门、紫金山第三峰一线，同时猛攻，南京坚固的古老建筑忍受着现代化的武器的猛打。当时日军组成了支小小的敢死队，队长是一四十余岁的瘦小的家伙，他野兽般疯狂地率领了他的十几个部下猛冲过来，在光华门附近，为我教导总队工兵排坚强地挡住了，于是在耀眼的阳光下展开白刃的肉搏，我们英勇弟兄受伤了，倒了下去，而他们十多个可怜的无名侵略的小卒，也一个一个完结了生命，那个瘦小的队长倒在地上痛苦地颤动着他的一条腿，他的后续部队已是退却了，他的同伴已无法来解救他了。

战争愈来愈激烈，光华门复又被日军突破两次，我军即增援通济门，抢堵光华门。光华门有少数敌军潜入城门的洞口里面，火力射不到他们，天又黑将下来，于是我挑选敢死队数十人，由城墙上缒悬下去，用手榴弹汽油把他们全部焚毙，并猛袭通光营房，将那里的敌人全部驱出，而他们在追击中，也没有一个生还，这数十位英雄的壮烈牺牲使光华门和通济门方面转危为安。可是，雨花台方面我军动摇了阵地，而南京东面我军攻击孟塘方面日军遭受挫折，又开始撤退，至此首都的防卫战到了更艰苦更险恶的阶段。

日军攻光华门不逞后，十一日就以精锐部队配以飞机猛攻中华门，我军被迫入城内，日军紧接追踪乘混乱之际抢入城内的三百余人，展开了激烈巷战，敌人终被消灭。同日，东线敌人猛攻紫金山，东北部亦受迂回敌人的威胁，雨花台阵地被突破，杨坊山乌龙山我军被敌隔断连［联］络，至此，各部队皆疲劳已极，丧失了攻击力，只能苦守而不能反攻了。我是天天在经手办理部队移上前线去调动作战的工作，在字面上是一个师或者一个军在开上去，可是天晓得哪，那是怎样的一个师，一个军呢？兵员不过一个营的模样，没有大炮，步枪也不整齐，机枪多有故障，我们调动他们走上前线，正像一束束的干薪，投入炽红的火炉。

（四）黑夜撤退

十一日到了最危急的时候了，外援未到，反攻无力，长江已断。恐怖的黑夜继续着杀气森森的白天，十二月十二日的南京呈现更惨烈的一幅人群搏斗图，拂晓起敌人的飞机大炮密集攻来，城墙受着炮火如打鼓，机枪声如鞭炮，响遍了每一角落。步枪这落伍的家伙，可怜的微弱的声音，已引不起人的注意。重磅炮弹轰击中华门城墙，被震裂的万千的烂石块，飞在空中，落向住屋，屋子立刻倾坍下去，城墙石壳里面的沙泥飞奔下来，城里的士兵可以看到城外的敌人。

十二日正午，雨花台主要阵地全被敌军占领，紫金山第二峰也失陷。乌龙山第二军团被压迫到背水阵地，中华门已有进入之敌，雨花门及中山门城垣被毁，敌人乘隙钻进，这时已没有可作屏障及障碍物，只见万千无秩序的士兵，自动自发的迎冲过去，把身躯当作城墙，阻遏以一下敌人的长驱。如果没有这壮烈的捐躯，南京的撤退便万万来不及了。

十二日下午四时，在极度危急中，唐生智将军召集师长以上各将领到唐公馆去开会，这是南京卫戍战中最后一次会议，唐将军担任主席，他首先说："……南京现已十分危急，少数敌人已冲入城内，在各位看来，以为尚有把握再行守卫？"大家都面面相觑，空气冷寂到使人寒颤。终这个会议中，大家都默不作声，仿佛居丧一样的沉浸在悲哀的深渊里。

夜幕垂了下来，森森的黑暗愈来愈浓，紫金山汤山都在焚烧，雨花台、中华门、通济门一带全是火光，我在兵荒马乱中抢出了挹江门，从煤炭港海军码头过江，十点钟到达浦口，转向扬州，回望南京一片火光，尤以紫金山一带，照耀如同白昼，敌机六架在南京、浦口、乌龙山上空盘旋，枪声，炮声，炸弹声，仍然在咆哮。我一面悲痛首都的沦落，一面痛念未及脱险的同事，同时，俯视大江，觉得四五里开阔的江身，不知是如何过来的，仿佛作了一梦。

《中央周刊》第 8 卷第 21 期，1946 年。

东战场的第一期抗战批判

朱　戈

战斗经过

一九三七年八月十三日，人类文明的刽子手法西斯日本的特别陆战队在大通庵陆战队本部向北站中国守军发了第一炮，历史上最激烈、最惨酷的战争便在世界第五大都会的上海爆发了。

战争在淞沪附近继续了三个月，在这三个月里边，中国军队显示了他们无比的英勇和超越的战斗力，造成奇迹样的辉煌的战绩。大场突破使中国军队退到苏州河以西，金山卫上陆使中国军队退至横亘苏嘉的国防阵地，此后便逐渐撤退到南京，而以南京的失陷为第一期抗战的终结。

战争开始时中国是站在主动的攻势地位：左翼攻公大纱厂，从杨树浦抄击敌军后方；右翼攻陆战队司令部，消灭敌军的作战据点，正面突破敌军的中央阵地，直袭汇山码头，隔断敌军的左右翼联络，以求获得各个包围歼灭的战果。为了破坏我们的作战计划，敌军一面死守各支撑点，一面拼命向外线扩展，用迂回来威胁我们的迂回。这是第一阶段的战争的特征。

我们的作战目的没有澈［彻］底达到；陆战队没有被澈［彻］底消灭以前，日本的援军已经在吴淞宝山和罗店强行登陆，占领了阵地。整个的形势完全变动了，敌军改取攻势，而我们则成为守军。内线作战的敌军转移为外线作战，而外线作战的我军则转移为内线作战。战争渐渐变成持久的阵地战，这是第二阶段的战争的特征。

由于双方的不断增加援兵，陆续集中主力，战争便不可避免地转变为吴越平原大会战。决战的结果，中国的主力——中央军受了很大的损失，终于大场失守而全线后退。敌军不让我们有一个补充整理的机会，马上以五万兵力在金山卫上陆，急趋松江，企图把我们的主力军整个包围歼灭。这是第三阶段的战争的特征。

国军退到国防阵线不久，王江泾便被突破，国防线的两大据点也就跟着陆续失陷。从苏嘉线的撤退到南京占领为止都是敌军的跟踪追击，这是第四阶段的战争的特征。

东战场的五个月战争在政治意义上是伟大的成功，在军事上却是一个不可讳言的错误，我们的失败并不是偶然的。

基本的错误

战略的最基础的原则是“致人而不致于人”，在现代的意义上说就是争取主动的地位。东战场的第一期抗战除了汇山码头的争夺战以外，我们差不多都是处在被动的地位，这正是我们最致命的过失。

第一，我们始终没有采取攻势。二十世纪的战争是没有纯粹的防御战术的，不能攻的就不能守，攻击者往往是胜利者。我们永远死守阵地，等待敌人的攻击，从不在敌军败挫以后，马上移转攻势，澈[彻]底击灭敌人。结果是在每次总攻以前，敌人得充容集中部队，使用全部力量于我们最薄弱的一点，而我们却兵力分散，各处都有被击破的危险性，在总攻以后，敌人得重新整理残余，等待增援。

其次是我们没有争取选择战场的权利。每一次的决战战场都是由敌人决定的，于是我们的要塞据点都失去效用。敌人的进攻在战略上采取外线迂回，在战术上则运用中央突破和集中打击。因为外线迂回，我们不能不在阵地外和敌人决战，不能不时常以劣势军对优势军，敌人却可以避免攻击我们的全力的正面，而在我们撤退的时候举行歼灭的追击战。因为中央突破和集中打击，我们便没有办法固守阵线。我们的兵力部署变成十分困难，而敌人则随时可以避实踏虚，我们算不清敌人主攻所在，而敌人则随时可以找到我们的间隙。

然而我们为什么会在策略上犯了这样浅而易见的、原则上的错误呢？唯一的原因是在我们最初的战场在上海这一点。

上海的歼灭战是绝对不会成功的，敌人的阵地虽然很狭小，可是阵地里却包含着一百五十余处非常坚强的支撑点，而且在它后面的大海和战舰正是不受威胁的广大的后方和运输线。因为上海的歼灭战不能成功，我们便不能不固守阵地，从福山到吴淞，从乍浦到川沙的海岸线都成为我们的战线，敌人反而可以运用运动战来消耗我们的实力。由于战场的狭小，集中了过量的部队的阵地战不得不逐渐转变为主力会战，我们的主力部队便在这场不需要的决战里边损折了一半，在敌人的追击下，连补充的机会也没有。国防阵线的所以不能久守，主要的还是因为我们的主力已经被击破，没有部队可以抵御优势的敌人的缘故。

如果我们放弃上海，一开始就把敌人引诱到苏嘉线上来，就是不能像兴登堡一举歼消俄军一百三十万于坦仑堡那样，把敌军聚歼于湖沼地带，至少可以使它的死伤增加一倍。

上海防御战的决定并不是任何军事统帅的过失，而是由政治观点和军事观点的无法调和的矛盾所产生的悲剧，在军事上，我们必需放弃上海，在政治上，我们却必须保卫上海。

除了这些政治上的错误以外，在第一期的战斗过程中，还有一些心理上的不健全是以后应该纠正的缺点。我们的军队缺乏——尤其是杂色部队——胜利的自信心，连带地也就削弱了攻击精神。从上级干部到伙伕士兵普遍地存在着只求成仁，不求成功，只求无过，不求有功的思想，这思想在上海撤退以后很快地变成流行的失败情绪，大大地减低了战斗力。这对于抗战前途有着很严重的影响。

南京保卫战

正和上海保卫战一样，南京的保卫战也是产生于政治的观点和军事的观点的歧异下的大悲剧。

广德、宣城和芜湖的失守使南京成为孤城，而江阴的陷落更使南京被完全包围。没有后方的战线是不能守的，同样，没有后方的城市也必然地会失陷，在敌军大迂回下用十万雄师据守南京，在军事上实在是再愚蠢也没有的举动。我们没有这必要把仅有的精锐军队来牺牲在这孤塞里边。

最后的话

东战场的失败，并不是单纯地由于军事的错误，主要的还是因为政治和军事的矛盾无法解决。

然而东战场的失败对于我们并不怎样有害，反是相当地有益的。它暴露了我们所有的弱点，给我们一个教训，使我们以后能成为一个更坚强的力量。东战场的突变把敌我的主客形势也改易了，敌人再找不到我们的主力所在，无法再运用迂回包抄的战略，我们却可以发挥运动战的特性，使敌人无法集中它的部队。而且上海和南京这两个经济和政治重心的陷落，使我们以后不必再守不能守的地方，打不必打的仗。

我们已经夺取了主动的地位和选择战场的权利，最后胜利无疑地是在我们这方面。

《世界展望》1938 年第 1 期。

淞沪会战及保卫首都（节录）

……

第二节 京畿外围战

十一月九日晨，我淞沪之中央兵团，开始向青浦白鹤港之线转移阵地，因当时连［联］络困难，下达命令较迟，各部准备未周，撤退秩序较为混乱，是以青浦白鹤港之线，又于十一日不守，于是左翼兵团，不得不与中央兵团同时向吴福线之既设阵地线撤退。当时以受敌机之威胁，掌握困难，各部队撤退秩序更为紊乱，故吴福线又告不守，而向锡澄线转进。十一月二十四日敌追至无锡附近，二十五日该处又被陷。我京沪线各军为将来作战有利，二十六日乃以一部沿京沪线向常州，主力向浙皖赣边境退却，江阴要塞由二十七日至十二月一日与敌激战五日之久，亦因援绝被陷，该处守军突围至镇江方面转进。

沪杭线方面敌第十六师团及近卫师团之一部，自占领松江枫泾后，其主力即沿铁道南下，我右翼之刘建绪集团，十一月九日占领乍浦平湖嘉善之既设阵地线，惟以正面过广，十一月十四日嘉善被陷，十九日嘉兴又告不守，敌第六师团由青浦越淀山湖西进，于十一月十三日占据平望，尔后即与嘉兴附近之敌会合，沿太湖南侧地区，二十日攻占南浔，我为巩固吴兴之防务计，乃令新到之廖磊军先头部队占领升山市至大钱镇间之阵地，以刘湘之潘文华等五个师集结于广德、泗安、安吉之间，以为策应。敌自占领南浔后，继续西进，二十四日突破我升山市，二十六日又陷吴兴，当时我已到泗安、安吉之刘湘三个师，向突入之敌攻击，但以部队之行动较迟，未克实施。此后敌即以一部向泗安、广德、宣城、芜湖西犯，主力由郎溪会攻南京。

第三节　首都沦陷

十一月二十六日，锡澄线失守后，我军即以主力向浙赣皖边境撤退，一部向南京撤退，参加守城。十二月初，敌以其第六第九第十二师团及第五师团之第九旅团，分向南京进迫。十二月四日，敌以主力沿京湖路，一部沿京杭路，各出现于秣陵关及句容附近，是晚两地均失守。十二月五日，敌以主力进攻淳化镇，一部攻汤山，激战至八日，汤山失守，龙潭、淳化镇亦相继失陷，十二日雨花台不守，遂下令放弃南京，十三日敌占南京，我守城部队除突围而出者外，余均作壮烈之牺牲。敌占南京后，纵兵放火，劫掠屠杀奸淫，将我无辜民众，及失去抵抗之徒手士兵，用绳索捆绑，每百人或数百人连结一团，用机枪扫射，或用汽油焚烧，其军官率领士兵到处放火，并借搜索为名，挨户侵入民家及各机关内，将所有贵重物品及中国艺术品捆载而去。至于被强奸之妇女，更难计其数，并于强奸之后，用刀割去妇女乳头，任其裸卧地上，婉转呼号，而兽兵则相顾以为乐，在一日之内，竟有将一个女人轮奸至廿七次者，被奸之年龄有仅为十二岁者，南京敌人五万余人，其宪兵只有十七人，且根本不执行职务，可知其有意作恶，故极短期内，我民众及妇孺被蹂躏及惨杀而死者，统计在廿万人以上，据外人目击当时之情形者，称为现代史上破天荒的残暴纪录，其野蛮兽行，比未开化之人种，盖有过之无不及。

《抗战建国大画史》1948 年 4 月卷。

保卫南京——东战场鸟瞰（十月中旬至十一月底）

仲　足

当十月中旬之间，淞沪方面敌军集中主力进攻大场，我军奋勇抵抗，血战旬余，卒以炮火过烈，防御工事多被破坏，于十月二十五日退出江湾、闸北，坚守新防线，但苏州河以南全部区域，包括南市以及浦东，则仍由我军固守。我军退守新阵线以后，敌我即发生剧烈之搏战，敌军屡次渡河，数被击退，战事显已陷于胶着状态。但至十一月五日，有一部敌军，忽在杭州湾金山卫登陆，向北冲过米市渡，进窥松江，图包抄浦东我军后路；沪西我军因感受威胁太大，乃不得不作战略上之移动，于十一月九日后撤退，据守黄渡、清浦、松江数要点。但仍留一部军队，死守南市。至十二日，南市孤军以力尽粮绝，命令撤退，同时浦东亦告沦陷。自此以后，东战场战线移至苏浙边境，上海暂时不复闻炮声矣。

金山卫登陆之敌，尽全力猛犯松江，松江卒致失陷。至十一月中旬，我军又以战略关系，退出浏河、太仓、昆山各据点，于是苏嘉路上展开剧烈之战事。十八日，嘉兴、乍浦相继沦陷，我军固守海盐、长安之线；二十一日，正面我军又退出苏州、常熟，集中无锡，以阻梗敌骑。至二十七日，无锡又被突破，我军西移，日军进抵无锡后，沿锡澄公路攻我江阴要塞；而太湖南岸敌军，则沿公路前进，攻陷吴兴、长兴，分兵进犯皖之广德，企图威胁北面之芜湖，使南京腹背受敌。截至本稿纂集时止，江阴要塞已为敌军占领，常州亦告失陷，此后我军当与敌在镇江一带进行决战，镇江方面我已布置第二道封锁线，较之江阴更为巩固，敌人恐不易得逞。总之，月余以来，东战场战事纵然失利，但殊无关大局。我们的抗战本以持久为有利，持久才能消耗敌人的力量，而制之于死命。现在中央重要机关皆经迁渝，但首都仍由唐生智将军统率大军死守，唐氏慷慨语人，誓与首都共存亡，预料未来必有一番壮烈抗战也。兹将东战场最近月余来之形势缕述如下：

一　从第一线到第二线

十月中旬，敌以主力进攻大场，炮火之烈，轰炸之惨，为沪战以来所仅见，但以我军防御巩固，士气浩盛，敌军终不得逞。十月二十四日，敌循刘行大场公路，向大场正面进犯，未逞后即行退去，又集中兵力向大场以西一公里许之地点猛攻，我胡家宅塔河桥宅阵地相继失守；二十六日拂晓，敌又突破大场南翔公路，进抵陈家梅园宅与徐宅，又向东由大场西侧，直趋我军阵地后路，至此我军遂不得不作战略上之撤退，庙行一带阵地更形突出，亦不得不同时撤退。

大场攻陷以后，影响右翼防线。江湾、闸北我军亦于二十五日晚，开始有秩序的撤退，二十六日侵［清］晨完成撤退程序。新防线全线长达三十余公里，由沪西中央造币厂附近起，向西经真茹、江桥两镇，转西北至小南翔，折东北而至广福，至施相公庙方面，亦向西移，退至登桥镇，而与浏河成一垂直线。十月二十七日，总司令部发表我军退守新阵地原因与经过如下：

十月初时，我军在上海与扬子江间区域之位置，于地图上观之，形似两垂直线，而以一平行线联［连］贯之，其中第一线为一垂直线，联结长江与嘉定南翔附近之蕴藻浜，第二区则为一平行线，沿蕴藻浜之南岸，直至与江湾附近之第三区衔接为止，由此又形成另一垂直线之形势，以闸北为其终点。敌军在一三两区屡攻失败，于本月初旬始克偷渡蕴藻浜，突入第二区内，发生激烈血战，仅在刘行与大场一带，敌已伤亡达二万之众，我军亦有壮烈之牺牲。迨至本星期初，敌军向大场推进，而截断南翔大场公路，当时我最高军事当局，即已决令部队由第三区撤退，因敌军之行动，有封锁大场与公共租界间之出路，而包围江湾与闸北我军之危险，我军遂于二十五日晚下令反攻，在此掩护下，我突出部队安然后撤而无丝毫损失，我军现时之新布置，形成由扬子江至苏州河一直线，江湾与闸北部队之后撤，已使我军防线大为缩短，并远离黄浦江敌舰炮位射程之外。外国军事观察家与新闻记者，已迭次提出我军何不及早采取此种军略上行动之疑问，但我全国均决心使侵略者于侵入我上海每寸土地时，必须付以巨大之代价，故延未实行，目前我军之退守新阵线，并不能视作放弃上海，盖苏州河南岸全部区域，包括南市在内以及浦东，均由我军固守，我军士兵深明此次退守新阵地之意义，故士气仍极为旺盛。

【震动世界的八百壮士】当闸北我军安然撤退时，我奉命掩护全军后退的八十八师一营兵士八百人，由团副谢晋元、营长杨瑞符率领，犹在烈焰笼罩、敌军四围中，扼守闸北四行仓库，不肯离去。他们自二十七日晨四时全军撤退完毕后，即下与闸北共存亡的决心。他们不愿后退，宁愿以最后的一滴血与最后的一颗子弹，向敌人索取应付的代价，争取我国家伟大的人格，发扬我民族壮烈的精神。他们雄踞在四行储蓄会仓库的七层大厦中（濒苏州河北岸，介于西藏路、乌镇路之间），凭窗口架枪坚守，并在四周高堆沙袋，围以铁丝网，准备与敌一拼。自二十七日正午起，敌军屡向四行仓库进扑，当天为我机关枪、手溜［榴］弹所击毙者，计达六七十人。此后敌军乃取三面包围形势，企图以断绝接济的办法，使我军陷于自毙。

二十七日晚上，谢团附向各界发出呼吁，请求接济糖、盐、光饼等。次晨起，市民输送各种食品的络绎不绝，市商会并派一女童军设法献国旗一面，自二十八晨起，我灿烂之中华国旗乃傲然飘展于四行仓库之屋顶，四周敌人之膏药旗，为之黯然无色。

谢团壮士在仓库中苦守四昼夜之久，卒于三十一日夜半二时退出。这四日四夜孤军卫国的历史，震动了全世界的耳目，并且将垂千古而不朽！

二　大上海的沦陷

我军撤至第二线后，全线战局，颇趋凝定。彭浦、真茹我军撤退至北新泾，与敌隔河对峙。敌军屡次偷渡苏州河，但均为我军所击退，军事长官亦认为有把握，不致蹈蕴藻浜之覆辙。

但至十一月五日黎明，敌军忽在杭州湾金山嘴一带登陆。企图从松江截断浦东我军后路，当地防军正在换防，无甚戒备；后虽兼程赶往堵击，终以敌舰炮火猛烈，敌机活动异常，无法推进。敌军登陆后，分两路北窜，一路由金山卫东面之漕泾镇及金山嘴向亭林及叶榭二镇猛扑，渡黄浦直趋松江；一路由金山卫西面之全公亭北窜，沿松枫路陷张堰、松隐两镇，北向米市渡渡浦趋松江。因此，沪西我军便感受极大威胁，不得不作战略上的撤退。十一月九日晨一时许，大军在前线苦战的掩护之下，作有秩序之后移，二时左右，我军先将丰田纱厂周家桥两据点放弃，退至光华大学西，沿东西杜宅迄北新泾南马沟桥一线，至三时左右，朱家浜一线，亦沿庇亚士路向南移动，至五时左右，陆家宅石北岸一带激战，将敌军前哨二百余人，完全包围歼灭后，我军遂完全退至新阵地。但南市方面，则仍由五十五师一旅忠勇部队及全市警察，作孤军之死守。

十一月十日黎明，敌以小数部队，配以小型坦克车，分兵三路，沿龙华路，斜土路进犯，与我军相持于日晖港，同时并派机在南市不断轰炸。十日午起，敌军向南市总攻，我忠勇将士虽奋勇抵抗，卒以工事被毁，且自来水粮食告绝，乃由军事当局下令撤退，惟仍有少数部队，虽已完成任务，愿与阵地共存亡，在各街巷中，与敌死拼，作最壮烈的牺牲。同时，浦东亦沦陷敌手。

在风雨凄其［凄］中，在三百万市民悲泣中，大上海终于十一月十二日全部沦陷了。计自“八一三”战事开始以至沦陷，距三个月只差一天。军事委员会政训处发表文告，劝勉上海同胞，期以短时内收复淞沪，兹将该项告同胞书原文录下：

亲爱的上海同胞们，我军因为战略上关系，暂时从上海附近向后撤退，我们一方面用全力巩固第二阵地，必定在最短期内积极进取，来收复我们淞沪，我军这一次的撤退，是战略上有计划的撤退，绝不是战争的失败，而且真正的抗日战争，实际上从这时候方开始，这是同胞们所已确实认识而能格外奋勉的。我们军队和上海同胞别了，回想到三个月的抗战，我上海同胞不避危险，不分昼夜的和前线努力协助，前线一切需要，都能如响斯应，战区附近，牺牲非常惨烈，而军民合作抗敌的精神，愈久愈坚，这种义勇和热情，是我全体官兵所刻骨铭心，终生不忘的。

我军虽然暂时撤退，我们一刻不能忘记我们的同胞，在我军撤退上海的时候，敌人对各位同胞，必然施用种种的压迫和引诱，这在我们是十分的悲痛，非常的挂念，但我们相信爱国的上海同胞，现在虽然处境很艰难，意志一定是很坚决的，我们竭诚盼望上海同胞们始终抱着牺牲抵抗的精神，互相扶助，互相勉励，个个人当作自己是战场的兵士一样，誓死反抗敌人到底，上海同胞们一定不会忘却三个月中间军民死伤的惨烈，而继续发扬先烈的精神，上海是我们民族精神所集中发扬的中心，上海的同胞们要立志作国家精神上的长城。

同胞们，我们军队和各位暂时小别了，我们满腔怀念着各位同胞的痛苦和牺牲，对于同胞们所已表现的爱国精神，不是言语所能表达我们的感激于万一，我们永远记念着同胞的鼓励，一定要再接再厉，奋斗到底，我们虽然离开了上海，但我军在嘉定、南翔的阵地上，仍然望得见上海，我们殉国将士的灵魂，也仍寄托在上海，我们热烈抗战全国一致的一颗心，也始终离不开上海的同胞，我们和各位同胞的精神，互相永远的联系着，我们结成一条心，合成一个力，抗战一定胜利，复兴一定成功，我们军队一定在最短期内收复淞沪，来报答我们同胞，我们决不辜负上海同胞的热望！

三　国防线上的血战

自沪西我军撤退后，战事已逐步西撤至苏浙两省国防线。松江方面，我军亦于十一月中旬间奉令后退，扼守青浦以西新阵地。嘉定、南翔、安亭等线我军，亦于同时西撤。经十四、十五两日激战后，我军又将太仓、昆山各据点自动后移，将全线调整，北起长江口之福山，经常熟越苏州、吴江，西接嘉兴东南迄乍浦而至独山，成月形半圆线。

随着我军的西撤，京沪路敌军集中主力猛攻真仪、唯亭，进窥苏州，并分一部沿公路犯常熟；沪杭路正面敌军则从嘉善进攻嘉兴，左翼犯我乍浦平湖之线，右翼取道西塘镇，侵入平望。十六日起，敌分路冲击常熟，同时敌舰多艘集结福山江面，猛轰福山防地，企图掩护陆军登陆，侧击常熟。至十七日，嘉兴情势大形紧张，敌集全力向嘉兴东北两方猛攻，十八日晨以后，敌更派大队飞机互相策应，因此嘉兴全城，顿在大炮炸弹之下，惨受荼毒，我军工事大部被毁，敌乘势冲入，经激烈之巷战后，嘉兴遂于十八日沦陷。嘉兴失守后，乍浦我军亦即退出，因该地过于突出，难攻且更难守也。

敌军占嘉兴后，即沿湖嘉公路过王江泾、平望、震泽直下南浔，进迫吴兴（湖州），吴兴失守后，敌军更沿公路前进。经一星期之血战，长兴亦于二十七日被突破。当本稿纂集时止，长兴日军分两路进犯，一路进犯皖之广德，企图威胁北面之芜湖，使南京腹背受敌；一路北上进犯宜兴，企图与沿铁路线前进之日军互相呼应。自长兴北上日军，在夹浦镇与登陆之部队会合后，向宜兴取包围形势，宜兴已有失陷之说。至沪杭路方面，当记者执笔时虽尚无变化，但吴兴日军已自二路南下，一则沿公路企图经武康威胁杭州，在莫干山西之白沙村、三桥埠，已遇我军迎击；一则经菱湖新市，攻我崇德，石门湾有被陷之说，硖石海盐，较为沉寂，但杭州湾日舰仍不绝向海盐附近各点轰击。

把太湖南岸以及沪杭路方面的战况交待清楚以后，我们再来叙述京沪路正面的战事。

我军左翼经二星期之血战，卒以防御工事悉被破坏，于二十一日由福山、常熟、苏州退至无锡江阴新阵地。此后敌即从水陆倾全力犯我江阴要塞，图冲破我长江封锁，我后方大军，当在镇江构筑坚固工事，并在江面布置第二道封锁线。常熟方面之敌，沿尚湖南岸锡常公路，配备机械化部队，以无锡为目的，猛力西犯；至苏州正面西犯之敌，则循京沪铁路线直扑无锡，同时又调集大批汽艇，载运陆战队沿太湖北岸进袭，企图包抄无锡后路。至十一月二十七日间，无锡又告陷落，我军西移，但城郊附近，仍不断发生血战。敌军进抵无锡后，当分兵沿锡澄公路攻我江阴要塞，而铁路线正面敌军，则进攻武进（常州）。至十一月二十九日江阴常州先后失陷，我军乃即移守丹阳至广德新阵地。当本稿纂集时，盛传江阴要塞尚在我军手中，我坚守要塞之忠勇将士，正准备与要塞共存亡。

四　保卫南京

敌军会师西侵，志在夺取首都，我政府为表示抗战到底起见，当将五院迁渝，并调集大军二十万拱卫首都，任唐生智将军为首都卫戍司令。蒋委员长亦仍坐镇首都，并时时亲自出发巡视城中各街衢防务。

十一月二十五日晚，蒋委员长接见外国新闻记者时声称：吾人坚信，公理终必战胜强权，抗战到底至最后一寸土与最后一人，此乃吾人固定政策云。蒋委长续称：中国拟维持决心抗战之政策，吾人将防卫南京，但在远处为之，外人之生命财产当予以保护，外传南京如有陷于敌手之危险，将付诸一炬之说，仅属谣言云。继言及停战之可能性，蒋委长称此事决于日方，蒋委长后言及日机近掷下一盒，内载一函事，谓此函不载寄者姓氏，其内容希望早日停战，并声明日本不欲提出严厉条件，仅欲得中国防共之合作，此种言论，殊与事实相反云。记者询以和议如何可开，蒋委长称：讨论此事，今尚非其时，第一，日本必须觉悟云。记者又询以是否希望苏联扶助，蒋委长答曰：余所希望者仍国联机构内所规定之扶助。记者复询以九国会议既无助于中国，中国能希望他方面之援助否。蒋委长答称：渠确信九国公约签字国将援助中国。如无此援助，则所有条约悉属无效，而破坏条约之举动反得奖励矣云。

十一月二十八日，唐生智将军接见代表各国领署、教会、报馆、大商行之外人一团时声称：首都或将在最近之将来，成为战场。唐氏复声明最高军事当局，拟死守首都之意志。唐氏又曰：吾华人必须牺牲，今有两事可决者，一余为中国军人，拟为国家牺牲己身，一为吾人之牺牲将使敌人多所丧亡是也。唐氏劝外人之能离京者以离京为上，惟中政府自将竭其能力，担保留京外人之安全。唐氏续曰：在长期战争之后，纷乱实不可免，即一醉汉，犹将行其清醒时所不为之事，则受炮弹炸弹猛轰而处于艰难困苦中之大军，有时作越轨之行为，亦何足为异乎？首都现由编制完善之军队卫守，其余军队正在陆续撤退，若辈难望其严守纪律也。假使外人有不满之处，吾人闻悉之后，即当竭力矫正之。余为负责之员，拟尽余力所能为，以遏止纷乱。在数日之中，局势尚不致骤行严重，惟一旦局势转危，则各城门均将紧闭，且将取其他行动，但无论如何，余必竭力保证外侨也。唐氏发言毕，众均报以诚挚之欢呼，唐氏又答复问话曰：当局业已布置驻兵各地点，保持纪律，不特注意本城，且注意本城四周五十公里一带，勿容许其他军队开入首都，如欲开入者，必须声明愿与共存亡。

十二月一日，我政府发言人对汉口海通社记者代表宣称：“一息尚存，一弹尚在，南京均必抵御到底。南京附近之国防线现已加强，且大军已集中该处，政府虽离开首都，但不能视为放弃南京。”该发言人又称：“蒋介石将军现提出一口号曰：‘投降日本，失去一切’‘抵抗日本，获得一切’，中国在技术上为劣势，故惟有延长战争以使日本枯竭。”

目前南京尚属安定。南京城门除十门已用障碍物关闭外，其余十三门仍照常大开，城中各处均筑成战壕，街衢交通要点，均置沙包电网，城外各军事要点亦均布置炮位、埋藏地雷。目前南京驻军约五万人，南京人民大部迁离，故市容甚为荒凉，商店大部关闭，路上行人稀少，京中尚留外侨五十人，当局正采取各种方法，以保证该外籍人士之安全撤退云。

二十六年，十二月二日，在“孤岛”的上海

《东方杂志》第34卷第20、21号合刊，1937年。

血的经历——东战场上一〇八日

潘　朗

我这次到抗敌前线作战地记者，自奉命出发到退出上海南京，整整一百〇八天，起先的两个月中，我访问的对象是主持抗战的军政最高负责人和后方民众运动；其后，就因为直接参加到军队里面去，不仅和抗战最前线的战斗员指挥员共同生活，并且一再领受到日本与意大利帝国主义者残酷的袭来。几乎每一小时都面对着侵略强盗与求自由的弟兄们的血战的场面；几乎每一分钟都预备让自己的生命牺牲在这争自由的斗争之中。然而在敌人无情的炮火之下，在同志和同胞们的血肉上面，我终于也于九死一生中保全躯体随军西退。我积蕴着满腔的悲愤，也紧抱着满怀希望，向诸君报告我在东战场上一〇八日血的经历的片段。

从东战场上归来的，没有不说“汉奸之多，出乎意外”的，前线指挥部司令部之类，时时受到敌机的威胁与意外的袭来，指挥员更时时遇到奸细的暗算，以至后来司令部地点，周围数十里内居民，须全部强迫出境，譬如 ××× 将军的总司令部，刚移到青浦附近，一切条件都合宜的，但第二天就遭敌机大举轰炸，十二小时中投了四五百枚炸弹！幸亏 × 将军平日努力军民合作，没有遭到毒手！我们新闻记者的车辆，救护队的车辆，更常在前线受劫。此外如松江站站长的通敌，广德县长的以日本人充科长，千奇百怪，如像是谣言，事实上又往往有更甚于此而使人不忍下笔的！地主和“资产者”，一面努力救己运动，一面准备欢迎敌军，以谋苟全身家财产的，更所在多有。不论前线或后方，由于汉奸的密布与猖獗，我们的军队与民众，不知已遭受到多少惊人的损害！而大汉奸们的百般破坏抗战，为私己利禄或保全家产而不惜贻子孙万代以亡国之痛的，还有不堪卒言的！如果政治机构健全，人民生活合理，抗战纪律严明，敌友认识正确，军民化作一律，是否还有汉奸猖獗的余地？

武器方面不可告人的秘密和战略上的挨打路线，是东战场上第一期抗战的极严重的问题！我们的弟兄，时时在几乎没有还击可能的大轰炸大屠杀之下，默默地咬紧牙根，以血肉去拼。甚至为了坚守尺寸之土，弟兄们把手榴弹之类扎在身上，让敌军坦克车从身上辗过，与敌同尽。两广军队和平时受人唾骂的川军，都曾有这样壮烈的斗争！他们简直着［看］不起日本强盗，只是他们不断地期望着我们的高射炮和飞机，那怕一挺一架都好，至少可使敌机不敢从容低飞择肥而噬！但他们失望了！他们不得不怀疑购买军火的大员，怎么买了十万发炮弹合不上炮膛？怎么买了千多架飞机上不得前线？他们因此更恨帝国主义国家怎么骗去我们的钱，贪污的大员送掉他们的命！此外单纯的阵地战，与若干重大坚强防线的密集构筑，已尽人而知为作成失败的一个因素，而特别严重的是当我们退到昆山遵命坚守的时候，竟找不到自己的预筑的极巩固最新式的防御工事，而敌方却早已通过德国顾问而先已找到，并且给我们炸毁了！

关于我们“军纪败坏”，除了敌方的诬蔑以外，找不到任何事实的。西战场上的八路军，东方战场上的五路军，以及全部中央的部队，其军纪的振肃，可说是中国史上空前未见的。然而我们不必隐讳，不仅河北山西的一部分旧军队，即在退出上海以后的几天之中，在苏州在无锡在……也确有人实行“抢劫”实行“缴枪”甚至献丑在敌情之前的！记者听见一部份［分］伤兵，他们负着伤，找不到医院，（有的也以人满而拒绝），他们忍着饥寒，找不到饱暖，公私机关都拒不收容，老百姓见了都忙着关门！重伤的自杀了，轻伤的便不得不“抢劫”了！还有甚于抢劫的不名誉行为呢？不少由于因派系不同而待遇不平，例如守江阴要塞的海军，据说旧派待遇低于新派一倍以上！不少由于因兵种不同而生活悬殊，例如空军负伤人员月给伙食费八十大元，而陆军尚多求医不到四处流落的！更有不少是由于下令轻率而激变时起：例如三营守土，二营牺牲，一营来接令，而退回者不问如何即须全部受戮。但多数孤营，常因激战中交通断绝等命令不到，进退维谷因此激变。加以军队里政治工作，久不讲究；军队本身，又是在民众以外的一种“特殊阶级”，怎能幸免于出丑呢？

别动队和壮丁训练的血的经验是更多了！别动队原含有的游击队的意义，应该是革命战争的特别是我们这次抗日民族革命战争的领导的主要的队伍，不仅应该配合阵地战的需要而作战，并且特别在阵地战受威胁，正规军败退的时候，发挥他卓绝的无敌的革命斗争性，创击敌军，挽回战局，可是实际上东战场方面的别动队，除了浦东等地一部分工人队以外，多数只是正规军的装饰品，当正规军退下来时，他们不仅不能在已撤退地区，敌人进占地区及其后方，积极地发挥他们的能力，反赶上正规军的前面跑了！壮丁训练呢，早被视为国民武装总动员的第一步的，特别是江浙两省，传说很有成绩。外表上和数量上也确比别省像样些。可是一到退出上海时，弱点终于残酷地暴露了！由于土豪劣绅胁逼出来，更由流氓头脑组织训练与指挥的壮丁队，由于他们的上层的逃避与投降，便登时瓦解了！接着敌军进来，他们中间有政治认识民族革命思想的多遭惨杀，多数便被编成便衣队来向自己的乡土进攻了！这次敌人之迅速占领太湖沿岸，壮丁队及我军所曾搜索不到的交通工具，便给做了先锋！如果能接受中外被压迫大众斗争的胜利的经验，在富有革命的游击战经验与动员广大农民的经验的那些军队（如五路军八路军）领导之下，总动员总武装全国壮丁尤其是工农大众，展开全民族的革命的战争，又何至于有这种血污的经历?

记者这次从浦东退到南京时，国民政府已开始迁移。上自五院各部会机关，下至一般民众，都不分昼夜的仓皇整装，忙着离开南京。原有的交通路线，都已无形断绝，自南京溯江而上，芜湖、安庆、九江、南昌、武汉、长沙、衡阳、重庆，都平白地增加了数万以至数十万的人口！难民与伤兵还是滚滚而来。人民固然是无计划的逃难，较远战线的各大小都市又是毫无计划的收容。政府对于难民没有检查没有救护没有教育,更没有给予适当的工作;难民对于政府也没有信仰不愿负任何义务，而一般投资家、汉奸、间谍，却利用这种情形而大肆猖獗！一般土匪流氓冒充或煽动伤兵滋事作乱。这些还是表面易见的祸害。此外政军文化各机关的迁移，事先既漫无准备，临时又不能从容筹划（筹划自己的妻子家产去了），结果不是互失连［联］系各不相顾，便是沿途滞留工作停顿。沿途委弃，所在皆有！即如××署，在武汉、长沙、衡阳、重庆、宜昌各地都有一部分，公事转辗，动辄一两个月；甚至有××从香港至××，而无人接收转×，对于××有如何重大的危险啊！

从东战场归来，经过湖北湖南广东，恨无生花妙笔，写不尽沿途各地前进的青年男女们，为民族解放斗争而前仆后继的壮烈行为。但是也不能讳饰各地救亡组织的脆弱以至种种恶劣的结果。一般×办的救亡团体，多数号称有严密的组织，其实却有理事会人名等的严密；多数有很好看的工作大纲、方案、计划之类，他们的工作倒侧重在填报告表（他们的“工作人员”有支薪给的）。这种没有群众的头重脚轻的组织，对外固然经不起打击，对内却抱着包揽一切的企图，他们不惜借重其政权或地位，来统制一切救亡组织，干涉一切救亡运动，排斥甚至陷害异己的战士！等而下之，靠“领导救亡民运”而发横财玩女人的，不一而足。另一方面，却有许多人在叹息，说：“广大的革命群众，热血沸腾的想参加抗战救亡工作，而遭拒绝，甚至给作戴黑帽子！”说这话的，未必有意抹煞政治业已开展的趋势，但他们也犯着严重的错误，过分重视了客观的压力，轻视了革命群众与民族解放的要求等主观的力量。因此，他们会“右到消沉，左到暴动”！其实旧势力加紧包办与关门，并见其本身弱点已到丧失自信的地步，只有关起门来自动的腐烂崩溃下去了！他们越畏惧群众，越远离群众，他们的弱点更越加深！这正是新锐的革命的势力抬头的时机，我们决不能坐着等待或是空求“澈[彻]底开放”，而需要随时随地鞭策自己到最后一分力量去争取！再如记者这次经过××时，那边的青年一向为“统制”所苦，可是这次东战场的退却，加深了××省的危机，他们便自动跑到×北方面征集民间枪械，组织人民自卫军，那时所谓统制者都正忙于“迁移”，没有余力也没有理由去干涉。敌骑深入以后，他们就展开革命的游击战斗，开始有计划有系统的人民自动的抗日斗争，同时再请求政府给予指导与济助。这不是比较安慰性的必胜论更值得学习的斗争艺术吗？这不是较更迫切地需要我们在尚未陷敌的某种政治不开放地区迅速学习的自卫战术吗？

仅仅东战场上，千万人拼热血头颅所留下的沉痛教训，无数千万家破人亡的惨剧所给我的留下的血的经验，不是已经这样烈火般燃烧在我们每一个不愿做奴隶的同胞们的面前了吗？我们从东战场上当时的退却，固然看到了这许多痛心的事实，但是我们对抗战结果是丝毫不应疑虑的！相反的，正因这些痛心的事实，重重地打击了一切坚持着保守性、顽固性与自私自利心的份[分]子，使他们彻底明白，再不切实站在抗日民族统一战线上为民族独立自由幸福而实行焦土抗战，他们便不能自免于崩溃！同时，一切胜利的要素，如对内澈[彻]底改革政治机构，真正开放民众运动，迅速实现民主政治，切实改善人民生活，实行全民总动员总武装抗战到底等等，对外明确认识敌友，确立抗战救亡民族革命的外交政策，发动全世界被压迫大众与民主国家以实力制裁帝国主义侵略者等等，现在都已开始由共同的要求而为共同的工作目标了！我们，我们行将迅速看到最后胜利的光辉，染红了我们求自由独立与幸福的大旗！

《全面战（周刊）》1938年第10期。

我们的钢铁般的国都

章雅声

恐日病多少还遗留一些痕迹在我们浅薄无识的人民的心里，凡是有见识的，再不会见有这种卑劣的病根存在。恐日病根的总因，不外有二，一是顾全生命，二是保全私产，一旦听敌人攻打上海的消息，有这二种顾虑的人，是脚底板揩香油，走而避之，别的地方不知道，我把我所知道的南京的情形，概略的写一点在下面。

居留在炮火线下的人民，为免得徒然的牺牲起见，当然决对赞成他们迅速的离开死亡线，距离前线尚有数百里的地方，居然也有人大逃难大搬家，这种浅薄无识的恐日病，真使人气煞！

九一八以后中央政府的埋头苦干，一切长足进展很明显的摆在吾人面前。南京，是一个多么重要的地方，单就军事的方面而言，坚实得如同钢铁所铸的，可是在八一三以前的半月，一班恐日病人民，对于南京居然认为不稳妥，而大搬家了。在他们，以为只有离开南京，一切都可安全，所以搬家的目标也就随便的选择。

京芜、京沪、京浦，几条铁路和长江的轮船，忙得天昏地黑，有的搬到津浦沿线小城市里去住，有的跑苏州、无锡，有的跑芜湖、广德、宣城，有的上扬州、淮阴，更有的跑远些，上广东，到湖南，去四川。汽车没有，黄包车，从城里到下关要三块。为着保全生命和私产计，也只有忍痛的拿出。八一三以后的南京城，的的确确减少了不少不少的人口，有房子无人住，原来每月租金二十元一间的房子，十元也可租他二间了。南京城虽减少了许多人口，却现出静穆和可爱，而他的生气却仍勃勃然！

更可笑的还有城北的百姓往城南搬，城南的百姓往玄武湖搬，玄武湖的百姓往乡下搬，乡下的百姓往城里搬。搬来移去，好像他们离开原来地方就可得到无上安全保障似的。政府因为人民移居是自由的，所以也不干涉，“庸人自扰”这话实是古人预先为我们向一班恐日病者，所下的一个恰切的判断。

在这里，我特别提出一个小事件来告诉读者。京中一个最有名的中医（姓名姑隐）把他平身所积蓄的钱财衣饰和一切宝贵之物，装了二十七只大皮箱，押解粮草似的亲自运往四川。不料在重庆的水路上，被匪人全数抢去，事后某医生还不愿告人，以免遭社会人士的讥讽，这真是哑子吃黄莲［连］，有苦说不出。

八一三事件爆发之后，京沪线以及扬州、宣城、广德等地，亦均不安起来。反之，一班人认为不保险的南京，却比任何地方都保险，八一五我国有史以来第一次的首都空战，给敌人极大的打击之后，继之敌机望南京而畏了。的确，南京防空的炮火太猛烈了，这古城的一声怒吼，会使百怪潜形的，何况敌人区区几十只铁鸟。

八一五首都空战之后，以后又屡给敌人以重创，一班从首都搬出的人，又思念南京了，望［往］回搬，近两旬来往南京搬家的人，确实不少又不少，南京是座金城汤池。是的，一国的首都，那能没有非常军事的设备呢！

《汗血（战时特刊）》1937 年第 12 期。

立体武装下的南京

黎 浩

震动，静默的切齿，看了一次，包管你永久不忘。我凝神注视着中国朋友们眼中所吐出的火焰，反觉得那镇天价响的轰炸声，微弱得不足道了。

纽约时报驻华记者 Hallett Abend 的回首十年

在自卫战局全面展开，举国人民大众群起奔向抗敌巨流的时候，首都的动态应该要算最令人关怀而切念的。而况自东战场炮响以后，南京是不断地在敌机轰炸之下呢。

从数字上计算，南京被敌机肆扰，时期将近三月。空袭警报之多，有天叫了七次。警报时间的久暂，有次延长了六小时。至于敌机飞来的数量，有天竟成了九十六架的最高纪录。事实上南京究竟被轰炸成什么景象呢？燕子矶头、紫金山下，这龙蟠［盘］虎踞的古城，雄据［踞］于万里无云的秋空之下，不仅依旧巍峨，依旧磅礴，反而因声声轰炸，使每个人深切认识，今天的问题是兴国或亡国的问题。抗战问题现实化了，黄帝子孙，中国儿女，谁不兴奋？南京武装起来了，社会的各部门都紧张到疯狂的顶点。亢奋、激越、坚强、沉着，一切战斗的色素充塞了每个角落。今日的南京变质了，像适应着季节的节奏一样，她脱尽了江南烟雨的气氛；秋高马肥，她成功了个广大的营幕，里面深藏着一座不可抵御的复兴中国的发动机。清凉山、北极阁、雨花台……这些画意诗情的名胜，在胡笳四起的厮杀声中，也都一个个显出冲锋的英姿，肉搏的神态。崛起的南京！兴奋的南京！我们的首都，现正十足地洋溢着火焰！

我们可以不讳言地说，中国还是个农业社会。基于历史的深远，幅圆［员］的广大，我们的革新运动，虽然醒觉了不短的时日，但是“精神的战斗化”“物质的机械化”，在整个社会机构上，依然只有一层浮雕，并未达到我们复兴民族的水准。感谢敌人用飞机送来的炸弹，一声轰隆，很清晰地告诉大家：“个人生命只有与国家生命共存亡！”怎样用集体力量来保障我们的国运呢？第二个答案又来了：“迎头赶上运用物质的现代化！”虽然这样鲜明的事态，那日本所谓科学的社会主义者山川均之流，都不能认识；我想有眼光的世界人士一定能从远东的烽火中，看出中国民族的光芒。自南京遭受了轰炸，笔者始终未离开一步，任凭警报频传，我依然老是城南跑到城北，城西跑到城东。在汽笛狂鸣，街钟乱撞，马路上所有车声人影一律死寂的紧急当儿，我钻过了街头巷尾各色各样的防空壕。我也曾把自己蜷伏在水塘边的芦苇中。我也曾把自己荫蔽在城墙根的柳阴下。我也曾连人与小艇一齐埋掩在玄武湖的荷丛里。我也曾与一般不相识的患难同胞，共驾竹筏，撑到秦淮河的桥洞下去。有个月夜，我索性独个儿跑上了五台山，蹲伏山顶看高射炮在照空灯下痛快的射击。这些非常时期的非常景象给予了我一些什么感召呢？在政府领导民众，民众拥护政府的阵容前，炮火锻炼出来的决心与气魄已经胜过敌人犀利的武器了。

因为这严肃的现实还继续不断地在我的周遭动荡着，我不能太感情，我应该冷静地检讨一下，一般民众何以会面对着优越武器的威胁而抗战情绪反能愈见广泛化，愈见深刻化呢？老实说，基于事实的历练，对于飞机炸弹，民众脑海中似乎都已深藏了三支“不可怕”“不必怕”“不能怕”的认识之箭。这个，也许你要说是我个人直觉的幻象，现在我要用几月来的所见所闻来填塞我的说明了。

敌机袭我首都，截至现时止，可以划分为三个阶段。从八月十五日开始，袭京的敌机差不多是清一色的重轰炸机。我们知道，重轰炸机性能的优点是航续力大，弱点是升空性小，而且炸弹重量的积载，更减低其灵活机能。敌方满以为中国无优势的空军；中国都市的防空设备，更不足道；一批一批地遣派重轰炸机到南京去，那是不成问题的。可是事实的答案如何？月明秋夜（因八月十五日以后，敌机多来夜袭），古金陵城的四周，照空灯现代化的光芒，对准着敌机作强有力的扫射，同时高射炮震响得那样矫健，曳光弹飞跃得那样果敢。尤其咱们的飞将军，看到了敌机的横行，他们早已一个个包藏了“虎气必腾踔，龙身宁久藏”的愤懑。当他们驾驱逐机去执行那神圣任务的时候，叱咤风云踞［居］高临下，简直好似老鹰搏雀一般。只要检阅一下我们空军的胜利纪录，击落敌机最多的时期是八月下半月，最多的地区是在南京、句容、溧水一带，那便是事实的答案了。从八月二十六日晚上城南八府塘贫民窟因中弹而引起的那场牺牲，敌人就转变作风，进入第二阶段——慎重时期。重轰炸机不敢来了，轻轰炸机成了替死鬼，而且要派多量的战斗机与驱逐机作掩护。敌人的企图，以为遭遇了我们空军的截击，战斗机与驱逐机可以迎战，而轰炸机仍可向南京直入；加以轻轰炸机具有多种避免高射炮的优势条件，闪躲毁灭的可能性较大。敌人采用了双重攻击法，我们也就落得双重胜利的收获了。敌人的战斗机对我们的战斗机，敌人的驱逐机对我们的驱逐机，在本质上输了我们一着。而人力上也是我占优势，所以空战史上，我们飞将军写成了不少神话似的英武纪录。如十月十二日大队敌机来袭，我空军被派飞往江阴拦击，刘粹刚队长独留京空厮杀，以一机迎战六架敌机，扶摇直上，结果击落敌机一架于城南水佐营第五号屋顶，以慰首都市民的热望。同时我们高射炮勇士，也拿出至大至刚的沉着，待到敌机急行下降的一声长鸣，“轰隆！”那颗小小炮弹准会爆发而化成一幕“火龙降落”。如九月二十五日那架焦头烂额的敌机尸骸压毁了城南王府园二十七号的房屋，就是事实的说明了。那次，笔者因事到城北去，刚走过鼓楼的槐树林中，被一阵紧急警报阻塞在一座公共防空壕里。正感觉着壕里有些透不过气来的时候，忽听着外面有人叫喊。待我爬出来一看，蓝蔚［蔚蓝］天空衬托之下，一缕黑烟紧接着一团红火，火光的着点正是一架连摇带摆有如醉汉一般的飞机！九月二十五日那天，要算南京受空袭最严重的一天。从上午九时半到下午四时半，警报五次，来机九十六架，投弹在三百枚以上。平心静气地说，的确我们那天也有相当的损失。中央广播电台、中央通讯社南京总社与首都电厂等都是那天被毁坏的。可是我们当时另有金陵广播电台的播音；中央社仍照常发稿；民间虽不得不暂用洋灯，而马路上依旧电炬明如星斗，而敌机那天却被击落了五架，而且在下关被击落者是一指挥机，队长板垣中佐与一等航空士协田，号称敌空军中的精锐战斗员。十月十二日，正是“持螯把酒”的重阳节，南京击落敌机的数量也赶上了九月二十五日的最高纪录——五架，虽然那天的敌机两次一共也只十七架。自十二日以后，袭京的把戏便又转入一个时期了。从十月十二日以来，虽然南京还是天天发出警报，可是一般市民对那呜呜叫声的感应性，却可说一落千丈。所谓敌机来袭，大家除听到一些嗡嗡的恫吓虚声外，充其量不过看高飞云外的一点淡影罢了。

复次，我们知道，南京建都的时日不久，现在南京仍是个半现代半中古，半都市半农村的两重奏。拿南京与上海北平相互比较，可以使我们看出沪淞毒气与幽燕韵格的对存。在平时也许有人要慨叹着紫竹林的寥落，白鹭洲的荒凉，明故宫的颓废，清凉山的萧条，未能如新街口的紧张，太平路的繁荣，夫子庙的五光十色，一般地均匀发展，似乎那是建设新都的遗憾。又谁知遇到了敌机袭击，这未经透骨摩登化的首都，却正是个天然防空的安全城了。湖旁山麓，菜圃桑林，城墙脚，桥梁洞，以至许多老大庙宇宅第的院落，随处都是建筑防空壕的场所，而且随处都有先天的掩蔽物。地面没有满敷着柏油与水汀，房屋又多是疏落的旧建筑，街头巷尾，这里水塘，那里水井，一片旷达的意味，似乎到处笼罩着“留有余地”的情调。像这样有农业风的轻松环境，遇到了警报传来，在精神上无形中就要减低几分严重性了。尤其在敌机袭击的前夕，全体市民总动员卷入于筑防空壕的紧张漩涡中，那更是一幅太动人的集体劳作的画图了。热闹马路旁，我看见了武装的军警，球鞋短裤的学生，裸臂赤足的工人，穿绸质衣服的平时所谓斯文人，一个个你拿着箩，我拿着锹，大家协调的设计，齐一的动工。严肃包围了四周，紧张笼罩了一切，学生站立到民众的中间，军民打成了一片，大家完全忘记了艰苦，只是专心地火急地在完成那些挖土、打砖、铺板……的工作。彼此相互叫唤着“赶快”，任何一角都听不着“慢一点”的呼声。这些场合，再配合了街头播音机狂吐出慷慨激昂的歌声，那真是“中国怒吼”了！此情此景，令人感奋欲泣！地形如何利用，材料如何将就，从“急”与“抢”的交流中，南京更不知产生了多少天才的工程师。反正敌人的轰炸会毁灭我们的一切，张家预备旧房子的木料借给李家做防空壕，李家多余的沙袋又让给王家堆避难室。大风雨到来的前夜，所有权也都幌［晃］动起来。谈到防空壕的内容，紧急警报以后，宇宙是那样森严，那样静穆，但是默声海里的“愤恨之浪”会无尽藏的起伏、震撼。屠格涅夫说：“在恐怖之中，相互接近，拥抱而成一团。”我在公共防空壕里目击到了。有一次，一个两岁光景的小孩在母亲的怀抱里发哭，另一个不相识的带着几个孩子的中年人，彼此坐着相距很远，他马上从衣袋里掏出一个梨儿，由相互挤着的人们辗转递给那哭者［着］的小宝宝。另一次，一个面带病容的壮年男子，大约因为天气太热，壕里人太多，他的病躯有点不能耐了，想爬出去透气。大家发现了他披着的白布衫，目标太显，有些不妥。当时一个不相识的伙伴立即从自己身上脱下了一件藏青毕几的西装交给他说：“解除警报再还我好了。”诸如此类“同舟共济”

的场面，不一而足。人，遇到了大众集团生命感受威胁的时候，一切人间的芥蒂都销［消］灭了。防空壕里，男女老幼，富贵贫贱，任凭怎样拥挤，然而总只充满着同仇敌忾的情绪，绝不会有一丝一毫的摩擦。基于抗敌情绪的交融，整个南京，整个中国，也正是一更大的防空壕呢。最给人以深刻暗示的，便是×××，×××，×××一带静僻地方，那些菜畦中的累累防空壕上面，都种着青菜，在恐怖时日中，长得一片葱郁，既可以掩护，又可以生产。农业社会怕什么飞机炸弹，就是飞机飞行的一线炸弹降落的一点有恐怖，对于整个社会的生产基础，较之工厂林立的工业国家，可说感不到丝毫威胁了。

南京是全国的政治中枢，从质素上看，可说是证章阶级——公务员的大本营。上海炮声一响，公务员为了销［消］除小我的拖累，曾经掀起了一场“遣眷运动”的纷扰。许多在风平浪静中过惯了恬静生活的市民，经不起这个骚动，也就扶老携幼，肩箱挟箧，东西南北地往内地散去。谁知不到半月，敌机乱飞乱炸，腹地如安徽巢县合肥一带，也都有敌机投弹，准战场的京沪与沪杭各铁道的沿线，自然更不用说。现代战争已经没有了前线与后方的区别，中国已经走上了无法闪躲的艰苦途程，黄帝子孙绝没有点滴苟安的余地。更进一步说，抗战必然要持久的，个人的逃难能有持久性吗？公务员一个都没走，那些依附公务员的消费而生存的市民，以先虽有不少商店揭出了“同人返里，停止营业”的纸条，但不到多日，许多许多又盖第归来了。生活威胁的必然性比生命威胁的偶然性更可怕，这是有经济意义的绝对真理呢。城东南的一角，有段城墙原有几个大土洞，据传说是明代刘伯温建筑做藏兵用的，现在自然成为很好的民用防空壕，一有警报，附近居民都奔向里面避难。有一次笔者适在城南，也想去尝试一下，那知迟了，已告人满，只好依着城垣，为大众充当瞭望哨兵。警报狂叫，大地上死寂了一切行动，而那路旁一家矮屋前的芦棚下，摆着一坐卖零星熟食的土灶，一个年约四五十岁的半老人，正在那儿轻脚轻手地拣面，预备好赶那群避难人的生意。我端详了他一回，走了近去问他：“你一点也不怕吗？”“怕什么，穷人……一家老小要吃饭，穷人不能怕的……”他这样回答着，轻轻地叹了一口气。是的，“穷人不能怕的！”我们四万万人一个个都是“穷人”。在敌人面前，站起了一个压根儿不晓得怕的巨人了！

最后，我愿意再介绍一个我亲身经历的传奇式的故事，以当本文的结束：

十月十三日上午八时，我走进了太平路的一家理发店去剪发。刚刚往椅上一靠，拿着一方白色披巾向我颈间一围的，不是个西装理发师，却是个军衣的丘八。我斜眼瞟了一下他衣襟上的符号，知道了他是南京市的壮丁队。感谢这位武装同志为我梳梳剪剪，大约四十分钟光景，我摊睡在那随身倒的椅上，让他进行修面工作。左脸刚才修完，他捏了一把热毛巾正在润湿我的右脸，突然一声呜呜，警报来了。说时迟，那时快，那位“为山九仞功亏一篑”的英雄，马上把毛巾一丢，顺手取了一顶挂在墙上的军帽，拉开玻璃就往外面跑。好家伙，怕到这样吗？当时我心头起了一点无名火，立即坐了起来。另一位理发师却走近了我的身边，很有礼貌地对我说：“先生，怕吗？我们后面有防空壕……”话还没完，他向着进内的一道门作着一般招待员的手势。我气急了，扯出了斥责的腔调说：“你们真胆小！”“不！我怕先生怕，我们……是不怕的……”那理发师还是这样嬉皮笑脸回答着。“那末，刚才那家伙怎么要跑呢？还穿着军衣？太泄气了！”我还有点愤愤不平。他发笑了：“唉，他是防护团的团员，现在他要赶到指定的地段去协助军警维持防护。从八月十五日以来，他每次都站在马路上，他一点也不怕。”我的错觉被纠正了，心里不免哑然失笑，仍旧仰卧下去，让那理发刀在我的脸上从从容容地一上一下。

《国闻周报》第 14 卷第 47 期，1937 年。

中国全面抗战的展开（节录）

日军进攻南京

华军既放弃了这些据点，于是就在南京城东七十五公里之处，重新布置新防线，以抵御日军对南京的进攻。这防线，从镇江起，经丹阳、金坛、溧阳，而至浙赣边境的郎溪，刚好成一个弧形。同时，华军并且在镇江与焦山一带，重新布置长江第二道封锁线。

在右翼方面，华军已开始猛烈反攻，以期抄袭日军的后路，使它首尾不能相顾。广德方面的流动部队，即于此时迭次出击，太湖西岸长兴方面已捷报频传，但是终于因为溧阳正面被突破，日军以重兵来猛扑丹阳、金坛和溧阳三据点，便使右翼的反攻不能尽很大的牵制作用。

丹阳到溧阳之线既被突破，战局重心即移至镇江、句容、溧水这三个南京外围的重要据点来，同时，右翼广德这个据点，也在经过猛烈的争夺战之后，于十二月二日弃守，川军师长饶国华，且于是役殉国。

一般地说来，右翼战争的失利，多是受了左翼的影响，因为在昆山与苏州的防御战中，情势相当的混乱，至两个国防的要地都相继轻失。苏州以下，已变成急转直下的形势；日军会攻了无锡，又把战线转移到武进与江阴，及至宜兴继之陷落后，日军进攻南京的基础已经完成了。

在南京外围的保卫战中，丹阳、句容与溧水之线的关系最大，因为这是日军进攻南京的捷径。当时日军的两路进攻，一路即围攻破丹阳以趋句容，及分兵取镇江；另一路则越溧阳而分兵取天王寺出淳化，以及和丹阳一路会师句容，同时，溧阳下面仍由溧水以取秣陵关。日军就这末地在布置它的战略。

十二月三日，丹阳阵地被突破，华军退守镇江，于是南京的外围已失去屏蔽了。日军首先向句容猛进，得了句容，它才能够布置三路的会攻。

句容离南京最近，大约只有四十公里的光景，由句容出溧水，绕着九华山的背面，就可以抄小路以攻麒麟门，那么，紫金山畔的战争就爆发了。

同时，以天王寺为根据的中路日军，也猛攻光华门外十二里的淳化镇。八日晚起，光华门外已经展开了战争，日军由小路进攻光华门；溧水一路的日军，则已突破秣陵关而趋雨花台；九日，东面的复兴桥和老虎桥华军阵地，也继之被冲破；于是华军就不得不准备巷战，来保卫首都。当时由唐生智将军任卫戍司令，日军司令曾要求“和平”入城，均为唐氏以坚决的反攻姿势来拒绝，因之，南京城郊的战争就更形猛烈。

这时，日本的海军亦已冲破了江阴的封锁线而直逼镇江，于是日军又企图越镇江出龙潭而向南京近郊的栖霞山进袭；守栖霞山到汤山这一线的，是四川军领袖刘湘将军，守光华门的则是五十九师俞济时将军。

十二月十日，日军对南京下总攻击令，当日即以飞机大炮猛攻紫金山、光华门和雨花台，光华门首先为日军的坦克车及步兵所冲破，十一日，日军有一小部越过光华门。但是紫金山华军阵地却兀然不动，日军且大受紫金山华方炮兵所威胁，十二日起，日军改变战略，先行围困紫金山的华方炮兵阵地，结果才冲入紫金山；而忠勇的华军，仍然有一部份［分］直至南京陷落之后，方行撤退。

可是这时，南面的日军又已攻破中华门，南京的巷战已展开，所以为了长期抗战的实力，华军的主力便不能不相继撤退。

同时，日军在未攻陷南京之前，先从广德进攻宣城，而断芜湖（十二月十日失陷）南京华军之归路，也是促使华军退出南京的又一原因。

南京华军既相继由浦口撤退，而政府所在地又业已西迁，所以诚如蒋委员长所说，“南京在政治上军事上皆无重要性可言”，华军就在长江以北，重新布置新阵地来继续抗战。

《文汇年刊》1939 年第 1 期。

东线敌国攻我首都

如　柏

一周来东线战事，异常剧烈，是我退出上海后最剧烈的一周。东线上右翼的广德是我最重要的一个支撑点，有它，我可进而夺取吴兴宜兴；失它，则敌军向西北进袭，我宣城郎溪难保，因之芜湖的安危，也要受影响。所以我军与敌军拼命争夺这个地方，失了又得到有三次，打得非常剧烈，我军饶师长国华因奋勇杀敌致为国牺牲。靠了这样的奋斗，所以敌军的占据广德，夺取宣城，进袭芜湖，包围南京的计划，是没有能够达到。但是在正面的敌军已过丹阳，进到句容汤山镇一带，扰攻我麒麟门，同时京南溧水之敌军也北犯抵秣陵关，情形自然是要北进袭击首都。左翼自江阴要塞被敌用烈炮火迫而放弃后，我守要塞部队退移镇江一带，与丹阳退移镇江的部队，共同扼守镇江阵地。虽然江阴要塞沦陷，然我退出要塞时，曾将要塞破坏，故敌人得到了，一点用处也没有，而且我江阴北炮台依然封锁江面，敌舰仍不能畅通江面。现在敌人已经包围了我首都，但是我精锐部队早布置就绪，而且我最高统帅还坐镇首都，想来在南京附近一定会有一番激战。而且我们要知道，即使南京失守，也不就是表示中国失败了，因为中央政府已经搬到重庆，现在的南京不过是一个军事上的堡垒，失掉了这一个堡垒我们还有无数的堡垒可以和敌人继续抗战。

《救中国》1937 年第 8 期。

敌人威胁首都

操　良

在敌人步步威逼忍无可忍之下，我全面的抗战终于展开了，而且每人（汉奸除外）都抱有争取最后胜利之自信与决心，所以目前对于敌人之野蛮行为以及任何之无耻威胁，非但决不会再屈服，且只有更坚强国人同仇敌忾之心而已。

八一三上海战事之爆发，日军当必以极残酷之手段袭击首都，以扰乱吾军后方之这一惯技，早在我人意料之中。但自上月二十七日至本月十九日止，首都刚得转入一比较宁靖的阶段，为什么敌人这几天又来大肆轰炸呢？为什么竟通告各国外侨尽于九月二十一日正午以前自行退出南京呢？一方面正表示出敌人并没有真正严密关切到“支邦人士之生命安全”（通告中语），一方面清晰地证实敌人在沪战中确已受了严重的抵抗与打击。

当沪战之初，敌人的主力，却并不是布置在虹口一带的陆战队，反是停泊在浦江中的兵舰。由吴淞口到近外滩的江面，停着数十艘的日舰，靠着各外国军舰之掩护，向吾军阵地乱施轰射。但由于我军同样有重炮的回击，且又有空军助战的发施威力，使敌人登陆的企图完全失败。恃为“皇军威望”作战重要武器之一的飞机，便只得每天出动轰炸我交通线和苏、杭、广德、南昌以及我首都。此种空中攻击之唯一目的，即在扰乱后方以牵制我前方之军力。及后方敌军之大批增援，我军为避免猛烈炮火之损失，即以预定计划撤至第一道防线，同时宝山失陷。这样，敌人表面上似占了一点优势，南京之空袭亦因此暂时得免。

不过，上海自我军自动移至第一道防线后，日本的海军便无所施其技了。且我军乘防线布置完竣后，立即发觉敌人之弱点乘势反攻，十六日克服罗店，南进至杨行附近，又由刘行进攻永安桥。日军受此重大挫折，对于沪战确已陷入束手无策之境，这可由日司令向东京四次乞援，同时将全世界仅有之七大战舰之二调沪获得证明。当“皇军威望”快要扫地以尽之时，自然又只得施其绝灭人道正义，用他的空军屠戮我国的人民，实施它后方威胁的伎俩。因此日前敌机之来袭首都，正与以前数十次来袭首都的理由同样，不足为怪。所以我们不应由南京被遭轰炸而忧惧，应该因南京之被遭袭击去认清敌人弱点的毕露，由这弱点确信为中华民族定能获得最后胜利而坚定我们的意志抗战到底！

是的，南京是不会平安的：一方面因为不但目前敌人要来轰炸；将来一定还会不断来轰炸；不过另一方面亦该说，南京是有绝对保障的。日本空军的威力，我们早经尝试过，日军战斗员的胆略亦早经领略过，他们除了向手无寸铁的国人任意杀戮外，还能干些甚么？日本空军的来一次南京，正是日本空军的多一次葬礼！

不过，敌人在未正式宣战之前，即恬不知耻的要求外国使馆撤退其驻在地，似此藐视正义，破坏国际公法，侮辱第三国之国格，孰此为甚？现各国均拒绝是项无理要求，独“金元之国”反自甘屈服，竟曾一度接受此非法通告。但我们不管其是否出于至诚甘为侵略者张目？抑个人之生命财产重于大国之地位与荣誉？不过在此想作一友谊之劝告：即和平之不可分已成为铁的法则，幻想局部的和平是绝没有可能的。唯有建立集体安全制度，才能促成集体的持久的和平。因此一切想和平的国家，就该马上联合起来，共同制裁破坏世界和平的国际强盗，如果再要袖手旁观，为自己的利益图谋局部之和平，那不但不能避免卷入战争之旋，而且亦正是把自身埋入战争的沟壑！

《时事类编》特刊第 2 期，1937 年。

保卫首都之战

何 辽

这一周来，全世界人士，都集中视线于我保卫首都之战！

自大场失陷后，东线各据点，皆不能守，于是敌人分路节节进犯，左翼海军方面，敌对我江阴封锁线，先是避免正面攻击，而以陆军侧击我要塞，故于封锁线未突破前，要塞先告失陷。敌人于占领我要塞后，再以陆海空三军，破我封锁，双方皆有重大牺牲，封锁线遂于九日被突破一部分。敌已有巡洋舰一艘，开驶江阴以上之江面，但我镇江封锁线，其坚固不下于江阴，敌虽突破江阴，预料在镇江仍将展开激烈的血战。

右翼方面，两军浪战于吴兴、宜兴、溧阳之间，尤以吴兴、长兴，争夺激烈，我方得而复失者数次！惟敌人在此方兵力，颇为雄厚，故一面与我相持于吴兴等处，一面则直趋广德，以逼宣城，希图进犯芜湖，断我首都后路，我方早窥破其计，在这一路，沿途皆驻有重兵。但终以敌人的机械化部队，猛扑我各据点，而空军又不断轰炸，我军在广德一役，牺牲壮烈，饶国华师长，至以自杀来奖励士气！现在两军犹相持于宣芜之间。

中路为两军主力所在，而敌人侵犯亦最猛，惟自陷我丹阳，迫近镇江后，忽改变战略，不由正面进犯，而迂回偷袭我首都。于五日突破金坛我军防线，袭击句容，曾发生激烈巷战；六日，敌骑即发现于汤山，即开始首都争夺的前哨战。

先自敌人以镇江坚城难下，爰拟北趋汤水龙潭，以包围镇江，威胁首都。但此线以战线过长，兵力不敷分配，故改犯金坛、句容，此亦避实击虚之法，但句容巷战，敌人损失亦至惨重，敌虽步步进攻，我亦节节抵抗，虽敌人包围我首都之计划已成，但仍必须拿出重大的代价，方能达到其目的的。

敌自突破金坛，陷我句容后，即积极进犯我首都。计共分兵三路：一自句容绕九华山背面，攻我麒麟门；一由句容正南天王寺，攻我光华门外的淳化镇；一由溧水北犯，袭我秣陵关。除了这三路外，尚有一个更大的阴谋，也是分为三路：一由江阴溯江而上，一由宣芜断我后路，一由扬州攻浦口，这可以说是外三路，从这些布置上看来，敌人阴谋是如何的酷辣！

至在我军方面，一则已屯集大军三十万于首都城郊，而由训练总监唐生智氏任卫戍司令长官，负捍卫的责任。唐氏在北伐时，为最好的指挥将官，转战南北，声华茂甚。自负责卫戍首都后，即宣布与首都共存亡，这种壮烈的表示，很足以振励士气，激扬人心！故留京军民，皆愿协助唐氏，完成保卫首都的大任。

自本月六日以来，京郊发生的前哨战以后，敌军即陆续开近，我亦分兵三路抵拒。一、京南京东西面即淳化镇牛首山与汤山空山一带，从八日上午起，即均有最激烈的战事，而淳化镇方面，尤为惊伟动人，淳化以南之敌二千余名，夹步骑兵八百余，坦克车装甲车三十余辆，向我阵地总攻三次，并以飞机协同攻击。先是上午六时左右，敌主力千余名，开始攻我淳化左翼下王境，同时敌机二十余架，对所有该地村舍树木，依次轰炸。在我下王墅至方山一带阵地投弹五六十枚，下午二时许，敌复以坦克车十辆猛冲下王墅，较先尤烈，而敌七生的五之野炮，更不断集中射击。傍晚，敌又向我右翼之宋墅猛攻，威胁我侧背，其兵力与上午略同，而炮弹较前更密，我军死守该两阵地，前仆后继，坚不放松，所有官兵咸抱与阵地共存亡的决心，尤以守军为勇武善战之某师，故能毙敌五六百名，夺获多量战利品，迄自深夜，仍与敌相持于下王墅一带。

二、秣陵关方面，七日竟日激战，敌自晨至晚，以陆空军联合武力向我进追，我据［居］高临下，以手溜［榴］弹及铜炮弹阻截敌机械化部队。我某师一营，死守山前高地，为敌射击之的，牺牲殆尽。另一营立即挺至，前进继续奋战。

三、东面之敌，窜至汤山与空山间之小道中，约千余人，七日晚经我某军一团在汤山东麓孟塘镇将敌截断后路，本可一举将之歼灭，卒以联络未周，敌又自孟塘东北方获得大量援军，与我自北开到之某师一部，发生激战，八日晨我西部正面之生力军部队，在复兴桥阻敌进攻，又与激战，敌与我互争复兴桥老虎桥孟塘两侧高地，战斗之烈，为守卫南京第一线开始后所未见。

从七日起，我保卫首都的神圣战斗，业已激烈的展开，虽然敌人的炮火，比我犀利数倍，而且携有攻城的重炮，但我将士，均抱不屈不挠之心，决与敌人死搏，以完成此种神圣的使命。九日，敌又两千人，攻城尤烈，系由淳化镇与方山间的土路向京南郭进犯，进迫我光华通济两门，并冲入我大校场飞机场，我守军一部，壮烈殉职，光华门且被敌人炮穿一洞，惟经我军奋勇抢救，卒被击退！现在京郊内外的三十万大军，已正式负起这保卫首都之战的神圣使命了！

《抗战（汉口）》第 1 卷第 14 期，1937 年。

“八一三”前后的南京和上海

彭建中

“八一三”是我国最伟大的一天，同时也就是我国有史以来为民族争取独立自由解放而反抗日本帝国主义展开血战的第一天，这一天的事迹，在世界史上添上了最新有价值而为中华民族最光荣的一页。因此“八一三”是值得我们回忆的，“八一三”意义的重大，是值得我们纪念的，现在笔者把所知道的和记忆得的写在下面，希望大家不忘为这伟大的“八一三”！

记得自平津失陷后，随着日本水兵宫崎真雄又告失踪，时局一天严重一天，首都渐渐进入了战时状态，全国各省将领，自蒋委员长于七月三十日对挽救危局发表谈话后，均先后纷纷的驰赴南京。一时将星云集，党政军要人或宴会或会议，镇日忙忙碌碌，甚是紧张，尤其是全国上下，都非常渴望着白崇禧将军早日到京，以挽危局而共商大计，到八月五日的下午四时半，白将军鉴于时局严重，冒着暴风雨果然飞抵南京了。白将军抵京后，首都登即充满了喜庆的空气，各界人士莫不欢欣鼓舞，深深的感祷这位救星的降临，民众们震奋的精神，不可言喻，而盼望政府早日发动全面抗战的呼声，更一天高涨一天。

那时首都的军事运输和私人的搬运都很忙碌，马路上的各样色的汽车和黄包车，如潮水般的拥涌，逃难的人穿来回去的忙个不休，特别是汽车声和汽车的喇叭声，真是闹得耳都聋去。六号下午我出街访友，路上的情景，更比以前惶恐而恶化，搬家的人在路上挤得水泄不通。晚上到邮局打电报，局中充满了男男女女，拥挤得不开交，打电报的人特别多，因此足等了两小时久才把电报打去。七日往各娱乐场及平时热闹的街道探巡一次，结果调查各娱乐场，电影戏院都很冷淡，市面比较以前萧条，公共汽车都改成了灰黑色，各家房客搬得一空，房东大受影响。首都似成了非安全地带。八日由南京回上海，上午五时到下关车站，人已挤得水泄不通，车上的人已挤满了，我买了二等票满以为不成问题，因为平时坐头二等的人是很少的，谁知那时却不同，所有的车卡都挤满了，没有等级的分别，于是我赶急由窗口跳进去，可是险些儿连站都成问题，车中秩序很坏，无人查票，也没有茶役，大家闹着口干，尤其是小孩子们饥渴得哭得可怜，八点多钟才开车，直至车抵镇江后才松了一口气，因为有许多人在这里下车了，但仍旧得不到坐［座］位。镇江车站及附近都驻满了中央军，车开后沿途各车站都见着许多津浦线的车卡上满载着铁甲车、坦克车，和各种各色的大炮及戴着钢帽中央军，看去很像在待机出动的样子，足见当时中央对日寇早有筹划，至于迟迟不肯发动者，不过尚有待于外交的如何及局势的如何变化罢了。

回到上海后，我经由闸北虹口沿苏州河回法租界，见闸北的情形比以前大不相同，逃难的人纷纷逃过苏州河，向租界搬家的各式汽车，如潮之涌至，特别是劳苦民众多，烂包服烂被盖烂马桶配着江北小脚妇人满载在黄包车上，由车夫拉着喊反了满街，马路上简直挤得水泄不通，真是令人可笑又可愤，不知逃难的人为什么那样多，其实当时的上海并无战事爆发前的迹象，而逃难的行动，大抵完全基于汉奸的造谣，或者是为“一·二八”的前车之鉴，和沪西一千八百所空屋房东的恐吓所致。谁料到八月九日的下午五时半虹桥事件忽然爆发了，事态益严重，人心益恐慌，下午十时俞市长赴日领馆交涉，结果日方尚同意用外交方式解决，东京的表示，也不愿事态的扩大，因为当时驻沪的日军只有一千多人，但日侨民却有三千多，日政府为基于日侨安全的立场，所以不愿事态扩大，万不料十一日长江的日舰队三十六艘突然集中上海，向我作重大的威胁，日统领冈本一改以前态度，显出狰狞的原形，向俞市长提出保安队退出沪区的无理要求，我方拒绝并一面痛予驳斥，一面布置防卫，十二日上午八时我武装保安队由苏州开到数千人，立即在闸北布防，下午六时我的朋友由江湾逃回租界，据说日本海军陆战队司令部的附近一带已经不见一个居民，只见许多日军在手忙脚乱的在布防，当晚大家尚以为绝无“一·二八”第二的发生，局势虽严重，也不过为防患未然而已，万不料半夜里忽然炮声响起来，才知道双方已开火了，次早各报纸上用特大号的红字登载着“中日血战展开”，大炮隆隆的声音，响得很近，有时房屋为之震动，火光满天，恐怖非常，造成了上海未曾有的空前伟大记录。

“八一三”血战展开后，首都人士无一个不感到心地痛快，大家都一面欢喜，一面却气愤填膺的流露着不可压制的感情。敌机连日欲飞袭南京未逞，均被我机阻击，人民并不害怕，市面反安靖［静］如常，因为大家都相信日军不足一击，但上海的情形却很坏，秩序非常混乱，全部租界里的商店，都关门闭户，难民塞途，大世界一带难民不下成万人，大世界被炸后的惨状，实不忍睹，人肉纷飞，有被吊在招牌上的，有被贴在墙壁上的，尸横满地，哭声震天，灾祸不知是谁给与的？连日飞机的流弹横飞，马路上堆积着秽物，公共汽车电车一律停驶，银行休业，邮局搬家，旅馆客满，巡捕无法维持秩序，苏州河桥上只有少数的华人商团，英法两租界的警卫力都很薄弱，汉奸到处下毒药，谣言百出，奸商乘机居奇，米商故意停市，油条烧饼店生意兴隆，米店门口人山人海强迫米店开门，吵闹翻天，上海社会当时可说混乱已极了。

过了许多天，租界里秩序渐渐转佳，因为后方的各种救亡团体，如雨后春笋，纷纷先后组织起来，慰劳和救济工作，都十分开展，慈善团体、医院、妇女团体、童军，和“急公好义”的活动份［分］子，也非常的多，尤其是对于收容难民，遣送难民的工作，尽了最大的努力，因此拥挤在马路上的难民有了归依，社会秩序渐趋好转，物价也有一定比率，上海渐渐的恢复常态。不过游戏场所，各电影戏院及各舞厅，都有改作难民收容所，或伤兵医院的，上海后方的工作，委实帮助前方的力量不小，至少增加了前方将士的勇气。现在大上海虽然还沉寂的，潜伏的力量终有一天会再复发起来的！

《全面战（周刊）》1938年第32期。

由南京谈到杭州

柔　君

编者深深地感觉到今日之汉口，一切的一切，有如沪战发生前后的南京，甚至于今日之长沙，有些地方也像过去之杭州。所以柔君《由南京谈到杭州》一文中之内容，虽为明日黄花，却仍含有些现在的彩色。故特为刊登，贡献读者。

编者

（一）战神吓走了南京的太太小姐们

自芦沟桥事变发生，京中谣言纷起，人心惶惶，迨委员长在牯岭发表谈话后，时局突现紧张，因而京沪市民，纷纷避难西上，南京下关一带，拥挤得水泄不通，中外轮船，更是生意兴隆，利市三倍。时髦太太，竟有在下关因抢上轮船不及而跌入水中以死的。听说有四五百个老妈子（女工），因为也怕敌人的飞机轰炸，争乘小火轮返芜湖一带，结果船因载量过重，沉没江中，同归于尽！

当时我对于要人底太太小姐们的离开南京，是十二分赞成的，其理由是：（甲）近年来人口集中都市，尤其是在南京，这么多的高楼大厦，普通人简直无法租到一间房子，因为人口的集中，资金也随而汇集。内地，农村人口日见疏稀，经济更形枯落，这次因为中日局势的紧张，逼得一般怕死偷生的太太小姐们向内地逃跳［跑］，把他们平日间接剥削来的钱物，满载而去，这不但为首都疏散了人口，减轻他日食粮等供给之困难，更可以减少被敌机轰炸的损失。在那时候，京中金铺里的金价，日涨数次，在芦事前每两不过值一百二十余元，后来涨至一百五六十元，其原因是太太小姐们的钞票，满箱满箧，带到内地去既用不了那许多，而且更怕在中日大战中，法币低价，甚至于等于废纸，所以争先恐后的向金铺里去兑换那黄白色的首饰，回到内地，一则可以摆阔，二则以为任它时局变化，金器是不会没有用的。结果，弄得京中那许多的金店，所藏的货物，都变成法币，上海的货色，又供不应求，于是对那些阔气的顾客，只得闭门不纳。甚至于小小的公务员，雄纠纠［赳赳］的武装同志，也受那种空气的影响，赶快拿法币去换金物。这种现象，表现了人民对时局认识的幼稚，与其自私自利主义之发扬，试问到中国法币没有用的时候，你那些金物还能与你的生命并存吗？阔人们以法币带入内地，还可以活泼农村中枯落的经济，带些金币在身边，徒使盗贼眼红，影响治安而已。因为阔人的金物是不会再换法币去使用的。（乙）近年来都市机关中的公务员，特别是京中的官吏，多半走上了腐化的途径，赌博场中，跳舞厅里，何一不是官僚政客的世界？国计民生，天下兴亡，似不在大人们的眼中；这固然是大势所趋，政治黑暗所酿成，但太太们促成这种现象之力量，确实不小。大人们为了要满足太太们的欲望，不得不在政治上勾心斗角，奔走钻营，求得高官厚禄，一呼百诺，建筑高楼大厦来藏娇，买得摩登汽车来兜风，更希望获得巨额的法币，写满那银行的存折，以为子孙万世生活之保障。达到了这些条件的要人，固然要乐享其成，保持现象而更求发展，其没有填足其欲望者，亦必千方百计，寡廉鲜耻以追求。在如此腐化现象中，御侮救国，只是空谈，及时行乐，方是道理。故敌人的炮火，震动了华北，京中大人们并不以为政府会抵抗，相反地，他们更消极的反对武力抗日。有些人以为中日开战，首都必被敌机轰炸，其苦心经营的洋房，会成灰烬，京沪享乐之区，必成战场，太太、小姐、少爷们的安全，更成问题，最低限度，也会要受惊慌，基于上述理由，所以反对抗日。太太们要走了，我以为这是好的现象，否则官吏只忙于应付家庭，无暇忠于职守了。

到“八一三”战事发生时，京中人口减少十分之六七，武汉、长沙一带，则骤形增加，但京沪一带的逃难者，并不深入农村，只是从所谓危险地带的下游，跑到安全的上游的都市，依然过其腐败的生涯。

（二）谁谓商女不知亡国恨?

沪战爆发以后，首都日夜在敌机轰炸之下，一天一天的凄凉，那街衢中的防空壕，十字路口的沙包，形成了战场的景色。在人口方面，女的寥寥无几，男的则仍有几十万，所以那时有人说南京是成了“男子国”，虽说南京是男子国，然而夫子庙的歌女，依然未改朱颜，因为要人的太太们及一般公务人员眷属之离京，却使歌场听客满座，生意兴隆。后来因有些聪明的救国者，想出了绝妙的办法，就是借歌女的嗓子，筹集救国的资金，于是那些歌女的娇声，也间接在那里抵抗敌人的炮火。谁谓“商女不知亡国恨”?

（三）首遭空袭的南京

去年八月十五日下午一时半，笔者正在伏案工作，忽闻空袭警报，初犹将信将疑，以为敌机未必遽尔来犯，继而紧急警报又作，凭窗一望，街道中市民疯狂似的乱跑，宪警维持秩序。我与同事因恐敌放毒，急预备防毒口罩、药物，由楼上跑到地下，二时，机声轧轧，高射炮，机关枪声大作，震耳欲聋，因记者住的对面即为电话局，其屋顶上有防空布置。我虑此情景，初颇惊悸，继觉非常热闹和慰快，至三时半解除警报，四时半敌机复至，五时始去，事后闻敌机被我击落一架。并闻杭州、南昌，是日均遭空袭。晚上谣传，谓是晚将有敌机六十架来攻，诸同事急商躲避之策，我主张最好不必怕，大家乃放心而睡，谣传并未见诸事实。

首都在首遭空袭之下，市民因曾经防空演习，宪警防护团又能努力于职守，故敌机不足为我害。但有一种事情是很有趣味的，就是在敌机侵入市空时，满城枪炮向天空乱放，甚至于当自己的驱逐机飞过时，也向之射击，记得有一次电话局上的高射炮向上射击之后，那机上的人俯首摇手大呼：“是自己的啦！”这是多么开玩笑的事。至于非防空人员，举枪向敌机乱射以泄其恨者，更到处皆是。蒋委员长据报后，翌日即严令非防空人员，不得向敌机开枪。有些比较重要的人员，于警报发出后，乘汽车向郊外狂奔；甚至敌机已至，街衢中犹有汽车来往，所以汽车中人有被敌机枪扫射而死伤的。

（四）三过西湖话杭州

十月十五日记者因事偕李君离京赴杭，专车上午九时出发，下午六时始达，当时以为如此辽远河山，假使日寇从杭州犯京，我军步步败退，也可支持两三个月，不料后来事实，纠正我错误的心思。是晚九时许在 ×× 寺谒 ××× 总司令，访谈抗敌工作及时局后，即返宿西湖边旅次。是日敌机曾两犯杭州。此间对于防空设备，远不如南京之完善，地下穴、防空壕既不多见，高射枪炮更不多有，至于市民对于防空常识之缺乏，与警察之缺乏训练，似尤为杭市之特色。每当空袭警报发出后，西湖周围及市区中的男女老幼，都沿马路挤向湖边山林中，及四眼井虎跑寺一带躲避，车水马龙，浩浩荡荡，最少须半小时，这些人才能先后躲入山林隐蔽之处，其喧嚣无秩序，又达极点，如果敌机于警报发出后二十分钟内侵入市空，以机枪向西湖周围乱扫，不知要死伤多少人了！

十八日晚二时半，敌机来袭，我于梦中惊起，时紧急警报久已发出，但清华旅馆楼上有一房面，光明的电灯光线，透过玻璃，反映明月，成为绝大目标，记者对此甚为奇异，盖一则觉得杭市简直没有管制灯火，二则觉得警察太无防空训练，三则恐此房中所住者为汉奸，乃拾小石从地面抛击其窗上玻璃，并略加责言，房中人乃将电灯关闭。

住在杭州的人们，其对于敌机袭击时，不外两种办法，一是向西湖山边乱跑，一是坐在房里听其自然。我在杭州住了三天后，才感觉南京市民对于防空常识之丰富，与动作之敏捷，及宪警防护团尽忠职守之可钦佩。

我到杭州时，有一事颇觉奇怪，就是京市两三月来在敌机轰炸之下，商店十分之九已关门，到了晚上，凄凄凄［惨］惨，俨若死城，杭州同样在轰炸之中，但市街依然十分繁华，几乎没有一家商店关门，市民对于空袭，除一部份［分］向西湖山林中逃跑外，大多数是满不在乎。这大概有两种原因：（一）当时杭市区内敌机并未投弹，市民不知敌人之残酷；（二）杭市公务人员少而商人多。故商业不受影响，南京商业之所以陷于停顿，主要是因为太太小姐们及一般人员离京，商店既减少了顾客，同时那种逃难的空气，笼罩了全城，弄得小伙计们也怕性命危险，相率返里，杭市却无此现象。

战时月夜的西湖，犹是少女的风光，只是女士们提防怪物的夜袭，不敢浮游湖面，所以划子的生涯，此时格外淡苦，湖滨公园在初冬之交，最易牵住游人，只是因为战争的关系，由各方逃来了不少的贫寒女子，在公园内招惹游人，这未免污辱了清高的西子了。

记者十九日晨返京，二十八日又见西湖，时我军已退出江湾、闸北，杭市空气较为紧张。余翌晨移居六通寺，既不是做和尚，也不是躲敌机，而是为了抗敌宣传。

十月三十日因偕中央宣传工作视察团出发浙东工作，当时因沪战尚在撑持中，浙省稳若磐石，我约一月内即可返杭，故此次暂别西湖，并无特殊情绪。十一月二十三日返杭，时嘉兴已失守，×××将军初由前线归来，其清瘦的面孔，表现了十分劳苦的神态。记者因奉命又急赴浙东，翌午即仓卒成行，那时的杭州，已非昔日之景色，市民迁徙，商店关门，连人力车也雇不到了。记者步过西湖时，睹兹美景，不胜留恋之情，自念此别恐不易再见。浙江第一码头为避免渡江人受空袭的危险，规定每日下午一时以后至翌晨六时止为开放时间，码头附近，劳苦的难民，扶老携幼，拥挤不堪，弄得风声鹤唳，满城风雨。其实我之放弃杭州，乃在十二月二十五日，离当时有一个月之久。然当时杭市人心，已十分动摇，此固受前方军事上失利之影响，但也是政治上失其对民众统治之力量，所以人民共逃国难，惟恐落后。

《铁血评论》第1卷第1期，1938年。

保卫南京

黄

敌军一部沿丹句公路侵入汤山一带，威胁南京，业经我军击退，此后必将更展开保卫南京的大血战。

首都西移，正是表示我们决定不惜牺牲一切，保卫南京到底。南京实在是太重要了，不仅在政治意义上，在国际视听上，在全国民众精神上，都是我们一个最要的据点；而在军事形势上，南京也是长江流域一个最重要的堡垒，我们要支持长期抗战，必须先尽力支持南京。

保卫南京！我们不能不忍痛要求保卫南京的将士，不要在你们生的时候让敌骑踏入！我们更要唤起全国同胞赶快起来，援助我们忠勇的将士，保卫我们中华民国底南京！

为了保卫南京，我们目前必须左扼镇江，右保宣城，同时将孤军深入的句容间敌军全部消灭。如是则南京形势绝对稳固了。目前的情形，并不可虑，西班牙守马德里至今未破，我们自信南京亦能坚守！大家在此种信念下动员起来拼命，一定能使敌军遭受西班牙叛军所没有受过的打击。

保卫南京！

《前哨（长沙）》第3卷第10期，1937年。

壮烈的首都保卫战——北方"平静无事"各地义军蜂起（节录）

之　东

最近一两周来的敌军活动，进行着两个毒辣的阴谋：一是以大兵力集中打击我政治、经济和军事中心的首都，其另一是以较小部队谋消灭我晋察冀边境的游击部队和游击区。

随着江阴要塞的失陷，东战场敌军遂以我首都为目标，同时由各路猛袭。我方亦由首都卫戍司令长官唐生智将军的指挥，以蒋委员长多年训练的劲旅教导总队为主力，旬日来与敌军在首都内外作了最壮烈的保卫战，直至十三日深夜才奉最高当局命令退出。

敌军这次的进犯首都是以句容为根据地的，计分兵三路：一自句容以北，绕至汤水镇北九华山背面，沿小路攻我麒麟门；二自句容正南二十二公里的天王寺，沿石子路攻我光华门东南十二里的淳化镇；第三路自溧水北攻秣岭［陵］关。其中以中路的淳化镇为敌人的主力所在，计有三个步兵联队，一个机械化兵团，佐以大批飞机轰炸，因被突破。八日深夜，敌绕小路直攻我光华门。唐司令长官随即宣布南京为交战区，所有居民都迁入难民区，街巷除卫戍部队外，任何人不许通过。东路敌军九日突破我复兴桥和老虎桥阵地，南路则突过秣陵关直攻雨花台，于是首都东南郊外的激战至此告一段落，接着开始了城廓的争夺战。

十日下午一时半，敌军对我首都城厢下总攻击令，借飞机大炮的掩护，及坦克车机械化部队的冲击，猛扑我紫金山、光华门、雨花台等地，我军士气奋发，凭险抵抗。十一日，敌军一部冲入光华门，随即被我包围歼灭，生还者仅十余人。十二日，敌军以攻城炮集中火力轰毁我东南各城门的工事，使我无险可守，夜间乘机冲入城内，发生激烈巷战，十三日午，全城陷混战中。

敌军破坏我政治军事中心的计划，已以巨大代价获得形式上的实现，实则自我政府西移，南京已失却了它的重要性，而我坚决抗战到底的决心，反而因南京的陷落而格外坚固。蒋委员长在前线宣言“国军退出南京，绝不致影响我政府始终一贯抵抗日本侵略的原定国策”，相反地“只加强全国一致继续抗战之决心”。敌军是得不偿失的。

……

《全民周刊》第 1 卷第 2 号，1937 年。

起来！保卫我们的首都！

张彝鼎

当作者执笔的时候，正是敌人三路进攻首都最猛烈之际。敌人一路经过汤山附近，进犯麒麟门，一路由土桥镇，进袭淳化镇，另一路犯扰秣陵关。此外敌人尚有冲破封锁线，沿江上逼，与进攻宣城湖芜［芜湖］，以拊南京之背的种种企图。敌人对我们的首都，已采大包围的形势，倾其陆海空军最新式的武器，与最猛烈的炮火，以攻我都城。而我方前线将士，抱定牺牲的决心，与敌人决一死战，以捍卫我都城。保卫首都的血战，现在已展开了。

我们此刻所最应该认识的为：一、此次保卫首都的血战，为全民族国家生死存亡的战争，为革命史上最光荣的战争，为复兴民族最重要的一幕。此次能战胜敌人，则敌人从此将束手无策，我民族革命乃走上复兴的坦途。即不幸不能阻止敌人前进，亦必须使敌人付很大的代价，蒙重大的牺牲，造成两败俱伤，同入地狱之局面，使敌人此后再无犯我的勇气，则此次战争在革命史上仍不失为最光荣的一页。保卫首都战争之重要性如此。二、我人［们］必须彻底认识，保卫首都的责任，不仅是前线将士或某一部分人所应单独负担的，乃是全国人民，“地无分南北，人无分老幼”，所应一致参加，奋勇杀贼，以前仆后继之精神与有我无贼之决心，与贼抗战到底，以争最后五分钟的胜利的。这两点最基本的认识，是我们每个国民，所应切实把握住，固守不渝的。

在历史上，当法国革命，各国联军，进逼巴黎城下的时候，法兰西南方的人民，纷纷请缨北上参战，终解首都之围，巴黎乃得转危为安，至今《马赛曲》（南方战士的歌曲）仍为法国的国歌。这是历史上最值得歌咏的一幕，为吾人所应取法的。西班牙内战，国民军进犯首都，马德里之濒于危殆者，不止一次，而西班牙人民，奋勇守土，坚守都城，经年未破，国民军勇气挫尽，从此遂无能为力，这一个历史的教训，也是我们应当借鉴的。现在事急矣，我全国国民，速奋勇请缨，参加此生死存亡的神圣保守首都战争。

《战斗周刊》第 8 期，1937 年。

论保卫首都与最后胜利进一步之认识

沈熳若

一、为什么要保卫首都

二、如何去保卫首都

三、万一首都失守与最后胜利之解释

一

我们为什么要保卫南京？一句简单的话：它是我们的首都。为什么因为它是我们的首都，我们就竭力去保卫它？难道不是首都我们便不去保卫不成？不是这样讲的，凡是中华民国之领土，都与中华民族之人的血液发生直接的不可分离的关系，只要是我们的一寸领土，不独不许我们的敌人侵害，我们应该不准许世界任何民族有所侵犯；假使我们的领土有一寸受了侵害，即是损失了我们生存权力，与一个民族所以存在此世界必须保持的威严。所以南京必须去保护它，就因除了领土意义之外，尚有其他更深的意义在：因为它是首都，所以它是我们的政治中心；因为它有历史的遗迹，所以它含有吊古感今之美丽的诗意，除此诸原因外，还有一个重要的原因，为我们所不可忽略的，那便是正国际的视听。我们已经知道：为使敌人不能便宜的占据一寸领土，故在上海已经展开三月血战，就在此血战中，博得世人对于我们民族之精神，有一个历来成见的转变。过去的中华民族，几乎世人皆认为是一个劣等的种类。以血肉去抵御枪炮，假使没有视死如归的精神，那谁都不能办到的。而所谓视死如归，不具有极高尚精神，便不能成立这句话。不过因牺牲太大，在某一个期间内，保护上海的阵线，不能不因为在减少牺牲的意义上，转移到我们的新阵线，不料近来种种错误铸就了战事上之危险，敌人长驱直入，已达到包围南京的形式［势］。假使希望列强力助我们的话，我们就得在南京表现着一种不可思议之精神的抗御能力。虽不能谈我们的南京一定不失，但应该是：南京的牺牲必须对换敌人多量的血液。国际形式［势］为转变必须经过相当的酝酿时间，列强，必以不能于此时有一种巨大的有力的帮助如我们所想像［象］的武装干涉，然不能谓其必无此日。假使我们在短期间内放弃南京，则不独便宜了敌人，抑且不能保存由上海战事不得到的精神能力之接展的神秘与华贵。由于上述种种原因，所以我们必须尽力之所及保护南京。

二

敌兵已经逼临城下，所谓保卫南京，几乎不容许我们有从容时间来从事理由的讨论与建设。我们怎样的保卫南京，只须注意下列两点，就足够此题材暂时的答复：第一，迅速补充壮丁加强我们的军队力量，第二，赶快的加强后方民众的组织，不使前方军事受到后方不健全的影响，在此两点中，尤以第一点为重要，就近日征发壮丁的种种事实上，已经发生不少的矛盾，就因壮丁知识十分贫乏，他们不知道对于此次的战争，是一个神圣战争，故他们缺乏牺牲思想。自然我们不能对于民众有多少微辞，我们总应该明白所谓“不知者不罪”的一句古话。因此我们的论题又转到士大夫阶级身上，教民之责，如果说是纯粹政府的事，那不过是一个古代的政治观念。“天下兴亡，匹夫有责”，在近代战争中，这两句话，特别有力，现在的事实，是敌人的兵已经围了我们的南京，凡中国的男女儿，务必各尽其责。我们在此时不独只是空怀着精诚团结四个字的意义，我们且要去绝对实践。再不要借题发挥，来作一些政治上无谓的斗争。金兵已经渡河，而南朝政府不论在朝在野的人，还在发挥他们自私自利之意见，其结果便是同归于尽，殷鉴不遥。就今日的事论，你也不必埋怨我，我也不必埋怨你，如何组织我们后方的有力阵线，如何去除征发壮丁的阻碍，如何供给前方的需要，乃是我们尽保卫南京的职责，虽然南京在近日濒于危急中。

三

我们对于此次保卫南京，与对于最后胜利之观察，要有进一步之认识。我们应如此打算，南京的失去，必须敌人付以最高的代价。而在时间上应该着眼于长期抗战。南京能久守一天，即是我们的最后胜利之一种表现。我们不是说南京不为我们的敌人所陷，我们乃是说：纵然敌人在此次战争中，有一日夺去南京，我们要使他在计算上发生得不偿失的概念。同时我们尤应该认识，我们纵然失掉南京，不与我们所谓最后胜利发生相反的推理。在政府方面，最初就主长期战，在一班人民方面，如果是以国家等于自己生命的话，必不至因南京的得失发生最后胜利之摇动。失掉上海不算什么，反正我们有收回的一天。即算南京失陷，也不算什么严重问题，反正只能增加我们的抵抗意志。因此我们设想，敌人可以长驱直入到领土的腹部，甚至到我们的西南，但日本周遭的列强，无一个不是虎视眈眈的。苟列强有攻击敌人机会之时，即敌人寿终正寝之日。我们的敌人所以给列强攻击的机会，是因敌人数十年来所储蓄的实力消耗至三分之一乃至三分之二，将无余力与列强周旋。我们可因上海的失陷，推到南京在某时期内，亦可失陷；但是我们只要凭南京的近代建筑，支持我们的阵线，在短期内不致变化，则敌人的军实［事］消耗，自更将超过过去之总数。没有据点的被动的上海战争，尚能支持三月，难道有据点的结构的南京，反不能坚守。西班牙的往事，可资例语。所以我们的保卫南京，不说南京必不失陷，我们终始坚持着一个信念，在有据点凭藉之地，即当长期抗战。倘我们因此次战争，完全消耗实力，不免于瓜分之祸，我们亦当绝对的认定，敌人不能独存。自古以来的种族，绝灭者亦多，我们宁肯同敌人拼个你死我活，甚至同归于尽，亦无不可，但绝不能使敌人占我们半点便宜。假定同归于尽的美事，实现了，亦应是我们的最后胜利之一。古人有所谓报仇心愿了，贪生复何为的意义，是充分的发挥人类的报仇的尊严性。根据此义，我们并不作生想，我们所以不作生想，就是要使敌人不作生想。黄种民族同绝迹于此宇宙间，又算是什么宇宙耻辱？！同胞呀，复仇战争，乃是神圣战争，神圣战争即是人格战争，首都在危，敌人在粟，我们必以四万万人的血肉和力量来保卫首都，使敌人战斗力尽消耗于此一战中。

《战斗周刊》第 8 期，1937 年。

保卫战之前夕形势

京中大局尚在当局控制中

南京目下已处事实上戒严令下，各街道皆有小队佩戴黄色臂章之士巡逻，下关江边一带，常有无目的之士兵成群结队，徘徊其间，并时有扣留车辆船只之企图，如不加以约束，恐有发生纷扰之可能，迄今京中大局尚在当局控制之中，当局一再声明，在退出之时并无毁损之意，惟华军之将死守首都，已颇明显，故一般外国观察家之意，以为战事之结果，除城内有放火焚烧之可能外，更将引起绝大之损害，美人捐资建立之金陵女子大学房屋已从事准备，以便万一发生危险时，供妇孺避难之用，同时据安全区域委员会宣布，目下该区内之食粮尚不充足，凡欲移入该区居住者，均须自带食物，此外更鼓励区内之各商店照常开门营业，闻我国当局已向安全区委员会保证，将于三日内，将该区附近之一切军事设备概予撤除，盖不如此，则安全区域之计划，决难实行也，据南京方面可恃消息，蒋委员长夫妇刻尚在南京，未有离京意。

关于南京安全区问题，据接洽此事之杭立武谈：此所谓安全区，实系为不能离京之一般平民安全计，惜日方未能同意，但留京之外侨之仍热心进行，改称难民区，预计可收容二十五万人左右，本人三日离京时，关于该区域内之组织，已经筹备完成，此事承留守南京之唐司令长官及马市长多方赞助，留京外侨至为钦佩，日方亦间接声明在其所谓可能范围内，不侵及此难民区，惟究竟如何，尚待事实证明。

天色已黑犹在轰炸

今晨九时三刻后，有日机六架来袭南京，在飞机场以西之贫民丛居境内掷落炸弹八枚，考试院附近亦有炸弹堕［坠］落，共约死十二人，伤二十人，午后一时半，又有日本轰炸机至少九架，护以驱逐机五架，轰炸浦口，铁路货站附近有两处起火，火势颇炽。外人方面昨接南京电，大批日机六架整日轰炸南京东南十五公里之乡镇，前后七八次，每次均有二十余架之多，晚间六七时，天色已黑，尚有三架不断轰炸，共投弹约三百余枚，镇内民居殆成一片瓦砾，平民死伤不下二百人。

战局至此已入紧要阶段

迩来日军战事策略，对我首都采取逐步包围计划，首都形势，自属相当紧迫，但我方业已调集大军，誓死拱卫，兹将各路战况及首都目前形势，作一系统之纪［记］述，想亦为关心时局者所乐观。

日军自杭州湾登陆后，据松江，陷嘉兴，复夺湖州，而分兵北趋宜兴，西侵长兴，丹阳溧水先后沦陷，致句容镇江，骤告危迫，一路复由长兴西进，占泗安而趋广德，图窥芜湖而拊首都之背。京沪线方面之战局，既得苏州之后，无锡江阴常州丹阳亦次第沦陷。有直扑镇江之举，战局至此，已至一紧要阶段。

幸我方早已调集大军，分头截堵，广德长兴，已相继克服，图窥芜湖之策略，显已遭遇坚强之阻力，盖广德方面之战事，自上月三十晨一度失陷后，我方驻军师长饶国华，竟致身殉，全师一千八百余人，奋勇作殊死战，壮烈牺牲，丧亡殆尽，旋我大队援军赶至，我军规复广德，旋即收复泗安，乘胜追击，右翼战事，遂转危为安，不意日方又调遣援军挟其犀利之军械，再度向我反攻，业经收复之泗安广德，又被占据，我后援部队会合后移军士，再度猛攻，复又重克广德泗安，而吴兴日军，亦被我大队包围，获此大捷，形势确已转好。

双方主力战之序幕

因长兴之规复，吴兴之被围，使日方进迫句容之部队，后路有被截断之虞，现战事正在句容镇江间猛烈展开。按镇江西邻首都，北渡扬子江，即可直达淮阴徐海，夙为军事要冲，今为首都唯一之屏藩，且南北二岸，均有坚固之炮台，左右策应，实扼长江之咽喉，形势尤为险要，中日双方主力战序幕，或将在此形势冲要地带揭开也。

炮位战壕星棋罗布

南京为我国之首都，惟现已不作政治中心地，在军事上殆将沦为未来之战场，据可靠方面消息，首都八门，现已严闭四门，堆置沙袋等物，并布置铁丝网，自下关沿岸以迄城垣之防御，早经配备完竣，军用电话线密布，长可五十八公里，成一半月形，炮位战壕，罗棋星布，假使镇江与广德万一不守，则首都方面仍可与日一拼，按南京之形势，北枕长江，东倚钟山，雨花台起伏于南，狮子山屏蔽于北，周围可七十六里，四周环山，形势天然，自古为龙盘虎踞之地，亦称兵家之要塞，且观山音［观音山］悬崖绝壁，燕子矶屹立江滨，形势之险要，为天然之要堑，益以狮子山北临大江，南窥全城，在军事上与钟山互为犄［掎］角之势，是以日军之进犯首都欲完成其企图，短期内殊非易易［事］也。

康强编著：《东战场浴血记》，抗战出版社 1938 年 1 月出版。

从军事上论南京保卫战

方秋苇

目下东战场的军事，显然处于不利的形势。此种军事上的变化，并不是战局的结果；洽洽[恰恰]相反的，此种军事上的变化，正是从黑暗走入黎明的必然过程。现在的战争，是序幕的开始，不是全局的结束。

敌人为了要在东战场取了胜利，急欲攻下上海，突破封锁，威胁南京，当然这另有原因的。我们认为，东战场的战争，政治意义或国际意义，重于军事意义。也就是，东战场的胜败得失并不能根本解决中倭问题。现在，上海虽然陷落，苏嘉线及无锡吴兴虽然放弃，江阴要塞虽然失陷，南京虽已成敌人攻击目标，这决不能说南京已非常危险，南京已不能抵御敌人的进攻，我军在退至保卫南京的新阵线后，依然是抗拒敌人的进攻，依然是待机准备更大的歼灭战以迎击敌人，很难说敌人已获"大胜"，更难说敌人"速战速决"已告成功。现在我们正准备着强大的力量，发动伟大的南京保卫战，为历史创造最光明的一页！

敌人在我东战场的获胜，是她在战术上疾行军的胜利，是她包围迂回的成功。因为要疾行军来完成"势如破竹的攻击"，敌人就不得不消耗巨大的力量；因为要包围迂回来实验"不断歼灭战"，敌人就不得不用超越的炮火，造成无量的损失。现在，敌人正准备更大的迂回，鼓着勇气，骄慢地向南京进逼了。

敌人用包围迂回的战术来攻略南京，是沿着三条路线而来：一取京沪铁路线，攻南京正面，一循京杭国道，取溧水、句容，袭南京之背；一由长兴取广德，扑江南路线（宣城、芜湖），以大包围方式压迫我军作战略上的退却。这种战术虽非常厉害，但不能遭遇挫折：因为疾行军一遇挫折，包围回迂一旦被截断，失去外线作战的功能，即有一蹶不振的危险。一九一四年欧战爆发之初，法国的处境正与今日我国相同。盖当时德国竭力利用疾行军的优点，尽量调遣大军于西线，迅速扫荡巴黎，军部的时间表上限定六星期内务必完成这个"势如破竹的攻击"。诚如预料所及，不到一月，德军长驱直入了比利时，攻占了法国玛伦，距巴黎仅十五里，法政府迁至波尔多，而德国精锐的第一军更有消灭英军直薄巴黎的危险。当此千钧一发之际，法军总司令霞飞元师决定在玛伦之南招集散亡的军队并阻德军的前进。玛伦第一次酣战一星期（一九一四年九月五日至十二日），法军开到两路援兵，乘德军行军之瑕而击却之。从此巴黎之围解除，法兰西民族自卫战的光芒发扬于世界。

按德军攻击巴黎之失败，一方面是因东线参谋长鲁屯道夫抽调玛伦的驻军一部调往东普鲁士（那里正受俄军的侵掠），他方面即因疾行军的胜利养成了军队的骄气，一遇哀痛已极的法军之攻击，便疲敝不堪了。这次敌人攻略南京计划，其侵略路线全袭明嘉靖二十三年倭寇扰乱江南的路线；参加作战的军队有二十万人（海军陆战队四万六千余，步兵十四万，骑炮机械化兵种二万，飞机二百余架），如此实力不可谓不强！敌人的目的，是非攻下南京，夷我屈服，决不罢手的。

敌人想以"势如破竹的攻击"来直薄南京，其军事配备，系以丹阳、金坛、溧阳为据点，而以吴兴为浙、皖、苏三方境的联络点，成一垂直线。丹阳距溧京正东直径为七十公里，金坛在丹阳正南三十四公里，溧阳又在金坛正南四十一公里，此线长亘七十五公里，较武进（常州）宜兴之线长出二十公里，距其所控制之太湖又远出三十余里，因此敌人为了控制太湖而收包围南京之效能，便决定其军事行动：

一、据吴兴作为浙皖苏三省边境联络点，一路北犯宜兴，一路西进泗安，沿天目山脉略取长兴广德，对南京实行大回迂战术。这一线是敌人的左翼，我们的右翼。

二、以丹阳溧阳两据点攫取金坛，由金坛天王寺出动，完成南京北面的中央突破，句容之争夺战，当在此一形势中求解释。若此计可售，宣城芜湖的大回迂即不费多大的力量，又可逃避汤水龙潭之险。

三、为配合此两条路线之进攻，敌人对镇江必施行包围，使镇江阵地突出，不得不作战略上之撤退。但无论如何，敌人仍要避免在汤水龙潭一带险要作战，不在南京作正面的战斗。

从此以观，可知丹阳、金坛、句容、溧阳、长兴、广德诸县已成为南京的外廊。现在敌人略此外廊正向南京大进军，一面由金坛、溧阳袭南京之背，一面越天目山脉略广德，意图截断南京的归路。这几天来，我们右翼军事非常得手，广德这次的拉锯战，洫水［泗安］长兴诸据点已夺回，正向吴兴包围中，这是南京保卫战中最荣誉的一页。

我们要求南京保卫战更大的发展：在战略上，我们目前一方面要稳住左翼（镇江线），他方面则要加强右翼，反击敌人的左翼！按敌人的主力在左翼，我们要寻找敌人的主力而加以歼灭，才能保卫南京！

加强右翼，打击敌人的主力，在战术上我们须要以更大包围回迁的行径，去突破敌人的包围。具体言之，我们必须反攻，在敌人包围迂回未完成以前，施行突击，使敌人的疾行军遭受疲敝的打击！

因此，我的结论：南京保卫战的开展，只要我们反攻，只要我们能遂行更大的包围迂回，将敌人各个击破，胜利是属于我们的！

附注：请参阅十二月二日《扫荡报》拙著《保卫我们的南京》一文。

《战斗周刊》第 8 期，1937 年。

南京保卫战

方秋苇

一

目前东战线的军事，显然处于不利的形势。此种军事上的变化，并不是战局的结果；恰恰相反的，此种军事上的变化，正是从黑暗走入黎明的必然过程。现在的战争，是序幕的开始，不是全局的结束。

敌人为了要在我东战线取得胜利，急于攻下上海，突破封锁，威胁南京，当然这另有原因的。我们认为，东战线的战争，政治意义或国际意义，重于军事意义。也就是，东战线的胜败得失并不能解决中日问题。现在，上海虽然陷落，苏嘉线及无锡吴兴虽然放弃，江阴要塞虽然失陷，南京虽然被敌人攻下，这决不能说东战线军事已一败涂地，盖我军在退至新阵线后，依然是抗拒敌人的进攻，依然是待机准备更大的歼灭战以迎击敌人，很难说敌人已获“大胜”，更难说敌人“速战速决”已告成功。三十万国军保卫南京战的开展，更昭告世界：中国现在正以自己的血，染自己河山；以自己的铁，保卫自己领土！

二

敌人在东战线的获胜，是她在战术上“疾行军”的胜利，是他包围迂回的成功。因为要疾行军来完成“势如破竹的攻击”，敌人就不得不消耗巨大的力量，因为要包围迂回来实验“不断歼灭战”（平田晋策语），敌人就不得不用超越的炮火，造成无量的损失。大场、金山卫的攻击成功，及苏州嘉善的攻陷，都是敌人一贯运用的中央突破（亦名突破攻击），现在敌人更以更大的迂回，骄慢地向南京进迫了。

敌人用包围迂回的战术来攻略南京，是沿着三条路线而来：一取京沪铁路线，攻南京正面；一循京杭国道，取溧水、句容，袭南京之背；一由长兴取广德，扑江南铁路线（宣城、芜湖），以大包围方式压迫我军作战略上的退却。此种侵略路线，全袭明嘉靖二十三年倭寇扰乱江南的路线；参加作战的军队有二十万人（海军陆战队四万六千人，步兵十四万，骑炮机械化兵约二万，飞机二百余架），如此实力，不可谓不强！敌人的目的，是非攻下南京，夷我屈服，决不罢手的。

敌人想以“势如破竹的攻击”来直薄南京，其军事配备，系以丹阳、金坛、溧阳为据点，而以吴兴为浙、皖、苏三方境的联络点，成一垂直线。丹阳距溧京正东直径为七十公里，金坛在丹阳正南三十四公里，溧阳又在金坛正南四十一公里，此线长亘七十五公里，较武进（常州）宜兴之线长出二十公里，距其所控制之太湖又远出三十余里，因此敌人为了控制太湖而收包围南京之效能，便决定其军事行动：

一、据吴兴作为浙、皖、苏三省边境联络点，一路北犯宜兴，一路西进泗安，沿天目山脉略取长兴广德，对南京实行大迂回战术。这一线是敌人的左翼，我们的右翼。

二、以丹阳溧阳两据点攫取金坛，由金坛天王寺出动，完成南京北面的中央突破，句容之争夺战，当在此一形势中求解释。若此计可售，宣城芜湖的大回迂即不费多大的力量，又可逃避汤水龙潭之险。

三、为配合此两条路线之进攻，敌人对镇江必施行包围，使镇江阵地突出，不得不作战略上之撤退。但无论如何，敌人仍要避免在汤水龙潭一带险要作战，不在南京作正面的战斗。

三

从此以观，可知丹阳、金坛、句容、溧阳、长兴、广德诸县已成为南京的外廊。据十二月三日中央社消息宣称：自敌控制我太湖后，一贯战略为，以主力求南岸一线之速进，企图自湖西、宜兴、溧阳断我左翼后路，发挥包围之毒辣作用，我因右翼势弱，故节节后退，敌乃长驱直入，犯宜兴、迫溧阳，我左翼无锡之失，即受右翼影响。同时在右翼方面，自敌占泗安、广德后，满拟一举掠过宣城，攻我芜湖，但经我连日攻克广德、泗安后，该线敌锋，为之大挫云云。可是，敌人在攻略广德失败后，便又挟其机械化部队，以主力向西进犯，直扑句容，于五日被敌攻陷。敌军据句容后，形势突变，分三路扑京：一自句容以北，绕至汤水镇北九华山之背面，沿小路而攻麒麟门，此路全部约有两个联队。二自句容正南二十二公里之天王寺，沿石子路，攻我光华门东南十二公里之淳化镇，此路约有三联队及一机械化兵团，似为敌之主力，攻犯甚猛，六日曾以大批飞机轮流轰炸，助其攻势。其所犯之第三路线，则自溧水北击，人数亦有两联队左右。另据军事观察家称：敌军除目前三路攻击南京外，尚企图作其他三路会集：即一将由海军冲越长江封锁线而上，一将趋宣城芜湖沿江南铁路，一将由江北经扬州至浦口，成六路围犯之势。我对此亦早有准备，镇江封锁线较江阴更固，芜湖方面，亦早有重兵，江北则登岸困难，故首都在固守形势之下，必有空前剧战。（十二月八日汉口《扫荡报》）

敌军一面三路直薄南京，一面以松井石根名义，九日由敌机掷下对我南京卫戍司令长官唐生智之所谓最后通牒，内容极端荒谬，谓敌军现已包围南京，将来大战开始，对于任何人，皆有莫大之损害，若我军必欲抗战，则一切战争之恐怖，均将见于南京，竟劝我唐司令长官向敌投降，并限十日中午以复函交在句容公路之敌方哨兵，逾限不复，敌军即向南京进攻云云。敌方此种通牒，固属对我军之莫大侮辱，且亦为敌军不择手段对我非战斗员之京市民众大肆屠杀之先声，我唐司令长官奉令卫戍南京，誓与南京城共存亡，督率所部，奋勇抗战，对敌方荒谬通牒，置之不理云。十日下午一时，敌便开始总攻南京，剧烈战事不断在城郊发生。虽然敌人三路进攻南京，更以飞机大举轰炸，炮火非常猛烈，但我守土将士咸抱“城存与存，城亡与亡”决心，牺牲一寸领土，牺牲一人热血，必要敌人支付同等代价，予侵略者以严重打击！观十二月十三日中央社镇江电讯报告，即可知我军在保卫南京战中的忠勇壮烈精神，据云：敌军自月初占据句容后，即分兵数路向南京东南近郊猛犯。本月五日起，京郊战事之激烈，视淞沪之役，有过之无不及。

敌借飞机大炮狂暴之掩护及坦克车与机械化部队之冲击，我军抵死防御，奋勇无前，虽迭予暴敌以巨大之打击，终以敌机滥施轰炸，我阵地大部被毁，仍以血肉之躯与无情之炮火相抗，其牺牲之大，可以想见，如大校场、栖霞山、雨花台及和平门等处之剧烈战斗，敌我死伤枕籍［藉］，其数直难究诘。十一日敌军一部冲入光华门，被我包围歼灭，是役来犯之敌，仅十余人生还，其后敌更集中炮火，轰击城垣，飞机投弹，终日不绝，十二日夜敌军再度侵入城内，激烈之巷战，自此开始。我唐司令长官督率守城部队，以必死之心，与敌作殊死斗，同时我空军亦协同作战，战事呈极度紧张之状态，迄十三日午城内外仍在混战中。最后我最高军事当局，以政府西移，南京在政治上军事上已失其重要性，为避免无谓牺牲，已令唐司令长官即日率部退出南京，驻守新阵地，继续抗战。同时，蒋委员长亦在前线发表宣言，声明国军虽退出南京，仍将继续抗战敌军侵略之决心，其文如下："国军退出南京，绝不致影响我政府始终一贯抵抗日本侵略原定之国策，其惟一意义，实只加强全国一致继续抗战之决心。盖政府所在地既已他迁，南京在政治上军事上皆无重要性可言，予作战计划，本定于敌军炮火过烈，使我军作无谓牺牲过甚之时，将阵线向后移动，今已本此计划，令南京驻军退守其他阵地，继续抗战。"这样坚决的态度，已经把一切危害中国的阴谋，国人的倚赖心理，败北心理都打成齑粉了！

《时事月报》第17卷第6期，1937年。

南京保卫战

徐嵩龄

一　敌军攻势

我军自从上海撤退之后，敌人乘势西上，我军虽节节抵抗，终无法以遏阻其凶锋，不久，南京之保卫战遂随之而展开矣。

日军自从在金山卫登陆成功后，不久，即深入二十余公里，登陆人数亦既达二万余人。日舰不断炮击乍浦对岸之海盐县城，日机则狂炸平湖松江等地，以阻我各路援军。

登陆日军以新仓镇为据点分兵北进，犯松江，陷平湖，进扑嘉兴，旋以我嘉兴国防工事坚固，不易得手，乃移其主力先攻苏嘉铁路线。苏嘉沿线，地滨太湖，港汊纷歧，原是易守难攻。然由于日军之利用汉奸湖匪作向导，于是日军遂如入无人之境。十一月十三日，平望被日军攻破，嘉兴不久亦随之而陷落，遂使日军轻易越过苏嘉铁路而薄太湖。自是东战场之战局形势遂急转直下矣。

此时日军分路进行，一路由福山登陆，直趋常熟，另一路则由平望陷吴江，进扑苏州，苏常各地均因遭受敌机猛烈之轰炸，工事多被摧毁，无法固守，相继撤退。苏常既陷，敌军攻势，转向太湖，其主要目标集中于无锡及吴兴。二十一日，日军到达无锡东南之望亭附近，开始对无锡之猛烈攻势：一路由锡常公路挺进，一路由京沪铁路进击，另一路则向太湖沿岸偷袭。但我军猛烈抗战，敌军遭受重大损失。然支持至二十七日，卒告不支。

太湖方面日军初沿太湖边缘攻陷我吴兴，继则攻我长兴，并以汽艇越太湖攻我宜兴，企图从溧阳出句容溧水以攻南京。二十六日，宜兴我军南移，日军乃于二十八日自长兴两路西犯，而移其主力越安徽境向广德推进，广德守军四川师长饶国华将军率部与敌激战两昼夜后，转至城郊继续与敌作战。饶师长因身先士卒，卒于此壮烈殉国。

此时敌人大军沿京沪铁路线正面急速推进，常州随即展开保卫战。我军猛烈抗拒，不久即告失陷。自是敌军沿漕桥宜兴之线向西突进，前锋到达丹阳金坛溧阳等处，于是南京遂直接遭受威胁，形势岌岌不可终日矣。

日军在进攻无锡之同时，开始以陆海空军联合进攻江阴。江阴是我长江第一门户，建有新式要塞，防御工事非常坚固。战事爆发后，我密布水雷，并由平海宁海逸仙诸舰全力扼守。阵容极为严整。敌舰屡行窥伺，因封锁周密，终无法获逞。于是改用空军进攻，敌机六十余架更番轰炸，弹如雨下，我宁海平海诸舰遂被炸毁，乃以舰上重炮，组成炮队，协助陆上部队防守，我要塞守军奋力迎战，空军亦频频出动炸敌，敌舰六艘中弹沉没。敌卒不得逞。于是敌改变战略，乃用陆上进攻，自福山沿公路经杨舍趋华墅，迫董山，以拊江阴之背。江阴要塞至是遂陷入重围，不得不下令撤退，向镇江转进。江阴从此失落。江阴陷落后，江上我方所布封锁线，日军穷七昼夜之力，始得突破一线，仅容一舰出入，我方早在镇江附近江面另布第二道江防封锁线，所以仍旧未容日舰直逼南京。惟在江阴陷落之时，南京附近既发现敌踪，局势日益危急矣。

日军既进抵丹阳金坛溧阳等处后，即以重兵猛扑，我防线当被突破，于是日军分两路进攻，一路进丹阳以趋句容，另一路则越溧阳而取溧水转攻秣陵关。十二月三日丹阳失陷，句容继之。于是日军分兵三路向南京急进。一路自句容攻我麒麟门，一路自句容攻我光华门，最后一路则自溧水攻我秣陵关。此时日海军既冲破我江阴封锁线而直趋镇江，企图越镇江出龙潭而向南京近郊进袭。

日军若着进攻，我军节节抵抗，在殷巷镇以南地区曾与敌血战七昼夜，后转进至南京城外十五公里之牛首山，敌军以陆空军联合继续向我进攻，我军踞［居］高临下，以手溜［榴］弹钢炮弹奋勇拒战，将士前仆后继，牺牲壮烈然。血肉之躯，终不敌残酷之炮火，最后日军，卒冲破我防线，直扑我南京近郊，至十二月八日，南京之神圣保卫战遂告展开矣。

二　南京围城

日军大队源源向南京进击，首都城郊随即展开血战。

我最高统帅部以唐生智将军任南京卫戍司令，指挥部队作京城保卫战。唐氏就职后，宣言有死守之决心，愿与南京共存亡。此时日军既向南京急攻，往返争夺，战事极度激烈。日机三十四架在南京城内外滥施轰炸，下关一带，死伤枕藉，火焰冲天，江水为赤。

日酋松井石根在战事极度激烈中，妄想我军投降，由日机投下荒谬函件要求我军无条件投降，让日军“和平”入城，限于十二月十日正午答复。唐司令置之不理，拒战如故，于是战争益形猛烈。十日南京下游之芜湖，被由广德攻宣城之右翼日军所攻陷，南京我军后路被截断，形势愈危。一时半日军对我南京开始总攻，大部日军以坦克车及机械化部队为前导，在大批飞机及大炮轰炸掩护之下，沿环绕南京之旧日城垣推进，并在紫金山南放置轻汽［气］球两枚，指示炮兵射击。我军拼死抵抗，牺牲壮烈。傍晚，敌军开始以攻城巨炮，集中轰击我光华门，城垣当被毁数处，我军邓龙光叶肇及桂永清各部前往抵御，以迫击炮机关炮战车防御炮猛烈堵截，日军攻势当为我遏止，其一部冲入城内，被我包围痛击，遗尸五百余具，仅十数人逃脱。越日，敌继续进攻，日机更番狂炸，战事较前益烈。临时所设之难民区内亦中弹数枚，难民死伤枕藉，日军以乌龙山要塞我军将士猛烈作战，抗拒最力。为报复计，发炮猛轰，竟达一万发。此时，雨花台和平门一带，一同展开猛烈战斗，我固牺牲壮烈，敌亦伤亡惨重。十二日，敌军攻势益猛，急雨狂风，惊涛骇浪。光华门通济门以及武定门等处分别被敌冲入，我敌遂展开惨烈巷战。唐生智原图死守南京，至是亦放弃责任，仓卒离京，我军无人指挥调度，土崩瓦解，伤亡载道。南京遂告失陷。

此时我军由浦口向江北撤退，日军沿江截击，我军伤亡重大。下关一带，尸横数尺，厥状至惨，南京厥陷后，我乌龙山幕府山各要塞官兵，尚奋力鏖战，誓与阵地共存亡，皆作壮烈牺牲。其时我太平门一带守军，陷入重围，邓叶各军及教导总队各部队与日军在城内猛烈搏战，前后达七昼夜。几经艰险，至十九日邓叶两将军始率部突出重围，沿长江西行。是时，适与敌第十八师团主力相遭遇，我军迎头痛击，敌军死伤遍野，我军卒突破敌人防线，安然撤退至后方。

三 敌军暴行

日军大队于十二月十三日开始入南京，于是惨绝人寰之敌军暴行遂告开始。

敌军首先将未及退出之我军，解除武装，强迫服役苦工后，悉数杀死。另一部我军五百余人，被日军用机关枪镇压，骗至司法院外广场，强令攀登司法院四层楼上，待我军攀登入楼以后，则纵火将之焚烧，视其呻吟挣扎，引以为乐。

日军入城后，即在难民区内挨户搜查，凡被认容貌似军人者，一律捆绑，每日用大卡车二十余辆，来往载运至雨花台刑场，用大刀杀头，或作为活肉靶惨杀后，即将尸体投入江中。

日军自十二月十九日以后，开始大规模焚烧，中华门、夫子庙、朱雀路、太平路、中山路、国府路、珠江路以及陵园新村等地带，十余年惨淡经营之伟大建筑，顿成瓦砾场所。大火月余，火势犹笼罩全城，商店十分之八，住宅十分之五，皆被劫掠及焚烧。此实为南京自洪杨以后最大之浩劫。

日军在南京之大屠杀，连续两月，无问昼夜，最初两星期，全城街道，俱断绝人迹。我同胞被杀害者，总在三十万人以上。经红十字会掩埋之尸身，即有二十七万具！彼等竞［竟］以人填河作桥，任其践踏刀戮，其残酷之情景，有非言语所能形容者。

日军入城后，强奸妇女，日在千起。女人被奸污数次后，常遭酷刑处死。被奸女人之年龄从十岁至七十岁皆有，最无耻者，彼□竞［竟］逼迫平民翁奸其媳，子淫其母！从敌人此种手段观察，敌人不仅要亡吾人之国家，并且进一要使吾人不能做人，污辱整个中华民族，践踏至禽兽不如！

此时为中国初期抗战之最黯淡时期，人心士气均甚消沉。论者皆谓难以支持。当战争初起时，我国军之总数，为一二九个师三拾［十］个旅，其数约二百万，上海之战，精锐多既牺牲，及后南京之战，虽以国都之重要，所运用之兵力，不过三十万，盖新军未成，一时补给不易。敌人即以为中国实力耗损，既无法再继续作战，乃等待投降。在南京按兵逡巡不动，以坐待胜利。此实敌人最大之失策。倘下南京后，不再停留，挥兵沿江直上，其危险之程度，实不堪想像［象］，而敌不此之图，遂予我国以充分布置之机会，上海与南京虽牺牲数十万大军，不数月而六十师以上之新生力军又复出现，而与敌人角逐于疆场，于是遂有台儿庄之大捷。

徐嵩龄：《中国抗日大战纪》第五章《南京保卫战》，明正出版社1947年印行。

倭寇犯我首都必总崩溃

茹春浦

战争到了最危险的时候，同时也就是希望最大的时候。节节胜利的军队，他们最怕的，就是出乎他意料之外的迎头痛击。而节节失利的军队，又往往在最后一战，得到最大的胜利。向来战争的真正胜利，是在最后之五分钟，能把敌人打得片甲不存。

有些人听到敌人分三路进攻我首都的话，不免为我首都担心。甚至有些人认为一旦敌人兵临城下，我们便失去军事上指挥的自由，很难有胜利的希望，这是根本的错误观念。明白的说，主动的地位，就是抵抗到底，牺牲到底，绝对不存游移观望，不为敌人的虚声所恐吓的最大决心，下了这种最大的决心，就能够屡败屡战，稳扎稳打，就能够破坏了敌人的战略战术，使敌人遇到此后的坚强抵抗，消灭敌人的战意，使他顷刻瓦解。

当前我们首都在全盘作战上的地位，一方是我们内线作战的核心，也就是我们准备一鼓歼灭敌人的最大力量。同时就是敌人外线作战的最后地点。外线作战，最忌在战线过长，兵力四分时候，遇到急攻不下的坚城。凡是外线作战，只能攻不是守的战事，他所到的最后地点，就是他的兵力最弱的一点，也就是内线作战。

现在我们首都附近，已集中精锐部队三四十万，更集中全国第一流计划指挥，加以粮食军需品均早有准备。即使敌人有五六十万军队，亦难达到包围我首都之目的。何况敌人现有兵力不过二十余万人。敌人屡攻我要塞，兵力早已疲敝，敌到我大军于最近两次夺回广德，收复长兴之战，即可证明敌人决无包围我首都之勇气与实力。

首都是我们全国四万万五千万人的首都，不是属于某省某县所在的地方。在君主时代，全国的人一听到京城有了危险，就要自动的举起勤王之师，四面八方的直趋京城。就是最近西班牙的人民，也拼命保护他的京城。现在我们全国的人民应当怎么办呢？我们要知道，希望讲和的就是汉奸。听到首都要被围，只是言怕，拿不出一点力量来的，也和汉奸的心理差不多，那么我们只有各就自己的地位能力、职务，牺牲到底就是了，谁想到“和字”谁就是怕死，怕死他就一定先死。

《战斗周刊》第8期，1937年。

保卫首都的唐生智将军

傅　平

民国十五年国民军北伐的时候，唐生智当第八军军长，是最先到武汉的队伍之一，想来大家还能记得。以后他还担任过许多军事上的职务，最近是当中央训练总监，更近则是首都卫戍司令长官。以前的事，现在且不去说他。

日本军自从攻占上海，冲破我们苏州的国防线之后，就向南京进攻。南京是我们的京城，虽然政府早已迁出，但日本却非常重视。在前几天，日本政府就筹备组织八十万学生，来庆祝攻克南京的胜利。

虽然如蒋委员长所说，因我政府早已搬出，在政治及军事上，南京对于我们已没有什么重要，但我们仍旧牢守着“决不拿一寸土地，轻易送给敌人”的方针，坚决抵抗。在这种环境下，唐生智受命为首都卫戍司令长官。而且，他更表示决心保卫首都。在许多官员，都带着个人财物，仓惶逃亡的时候，唐生智的这种精神，是很难得的。

敌人是分兵三路来包抄南京的。右路沿水道向北而来，中路沿京杭国道猛扑麒麟门，左路则循着京溧公路进犯。同时，再用重兵攻芜湖，想切断我军退路。海军也冲破江阴封锁线，威胁南京。南京是四面八方被包围了，形势非常险恶。

本月六日以来，我们东部战事，着重在首都附近。敌人来势极猛，我们抵御也很烈。整整一个星期，我们三十万大军，在唐生智将军指挥下面，用了鲜血与头颅，和敌人的飞机大炮坦克车，做壮烈的斗争。我们固然有相当牺牲，敌人也受很大损失。

敌将松井，曾写信给唐生智，劝他投降，以保全生命，并要他派代表去接洽。谁料我们军心如铁，对敌人的花言巧语，一概置之不理。十一日五百多敌人曾冲进光华门来，给我们迎头痛击，只剩十多人逃出去。其后飞机大炮，整天不断向我们轰击。十二日夜敌军又冲进城来，从此便开始了空前的激烈巷战。唐生智以必死之心，督率部队，和敌人作决死的斗争，直到十三日中午，因为奉到上峰命令，退出首都，驻守新阵地，继续抗战。

同胞们，敌人已经占据了我们的首都，国难也深进了一层。我们且不要灰心，因为灰心与事实无补，唯有咬紧牙根，坚决抗战到底。敌人并不可怕，可怕的到［倒］是我们自己不团结，没有决心呢！

在北战场，有些军事高级长官还没有看见敌人的影子，已经慌得不得了。只有像唐生智那样的守土抗战才是好将军。

《救中国》第 9 期，1937 年。

南京最后之一秒钟

陈孝威

保卫南京战略之决定，曾经数次之修正，最初审定以精锐三师，坚守南京，索取敌人之代价，并掩护大军安全退却，使敌人不能唾手而占我首都，忠勇坚决，得未曾有。

南京近数年来之军事与市政建设，突飞猛进，为吾国仅有之现代式建筑，支付库帑，不可数计！甫成城市富有山林之军事地带，委而去之，无人不黯然神伤者！若以手自艰难缔造之人，身历其境，乌能抑制其热烈之情绪，而不凛然生“与城共存亡”之铁的决心耶?

是以战略之决定，为一事，及至实行，又为一事，最后遂增兵至十万人以上，兵略家或有窃议使用兵力太多者，然军事当局，激于悲壮激昂之情景，有不能不背城借一者！知乎此，则以大兵力保卫南京之一举，吾只见其忠勇奋发之忱，过人一等，未能有一字，评其未当也。

孤城——尤其背水，孤城之守卫战，在战斗种类中最难完成使命之一种。此次孤军守城，完成壮举，雨花台、紫金山诸要隘之数失数得，皆充分表现我民族始终不屈之忠勇精神，虽最后不免于坚守六日之后，含泪退出，但江东桥之巷战，仍予敌人以重创，索取二千以上之敌人代价，可谓壮而且烈哉！

此次守城部队之奉令撤退，虽在敌人紧紧追迫之际，间有未能保持“辙不乱，旗不靡”之整齐阵容者，唯我粤军叶肇与邓龙光两军，转战东线，已历数月，于久战疲敝之余，仍负守城任务，叠予敌人以重创。及其奉令后撤也，叶邓两将军始终不离部队，且战且退，杀出重围，尝数创敌人，使其不敢正视，为此次后移部队中最为当行出色，充分表现两粤革命精神者，是不可以不大书特书，以介绍于读者，而志吾心之钦仰也。

南京近郊防御工事与地下室，自一·二八以来，均在经营建筑之中，逐年均有强化之设备，迄于最近。若非战略上有后移之必要，虽坚守五六月，亦非不可，今唐司令长官以下十万人，衔悲忍痛，奉命撤退此新都，虽于万分危急之最后一秒钟，仍然完成其“坚壁清野，塞井夷灶”之战略，将重要大建筑，悉付一炬，不令遗留一椽一屋，为敌人之所利用，可谓实获我心，惜近郊路轨，限于人力，不及拆卸而行，斯为美中不足也。

陈孝威著：《若定庐随笔》第 1 集，香港天文台半周评论社 1939 年发行。

时事一旬·战局概观（节录）

维

本旬（十二月十一日至廿日）的战局，最大演变，当为我军退出南京一事。我军之退出南京，系在避免过度无谓牺牲这一主义之下，奉最高指挥者命令，于十二月十三日傍晚以前，全部撤尽的。按自淞沪战事发生，至南京失守时，适为四个月；若从卢沟桥事变算起，则为五月余。在这五月余当中，我方系以现役军队与原有武器，和暴敌相周旋，英勇抗御，已达消耗战之目的；我固损失不小，敌亦颇有焦头烂额之势矣。从“最后胜利终属于我”这一观点看来，我军之退出南京，实可谓为整个战局之一大转机。盖暴敌对我之侵略，将由此而变更其方式与路线，自不待言，而我方抗战，亦将由此加强，更无庸多赘。蒋委员长曾于十三日晚，由前线发表宣言，其文曰：“国军退出南京，终不致影响我政府始终一贯抵抗日本侵略原定之国策，其惟一意义，实只加强全国一致继续抗战之决心；因政府所在地既已他迁，南京在政治上军事上皆无重要性可言。予作战计划本定于敌军炮火过烈，我军作无谓牺牲过甚之时，将阵线向后移动；今已本此计划，令南京驻军退守其他阵地，继续抗战。”又于十六日，由无线电发表告全国国民书（参阅本刊本期特载），对我方抗战决心及意义，更阐发无遗。吾人读此两重要文件，可知我方不但无与暴敌苟且妥协之理，且非抗战至暴敌“屈膝”，我中华民族独立，世界正义伸张之时不收兵也。再者据汉口十日路透社电云：“路透访员分访此间中国领袖，探询意见，彼等皆极坦白论中国抗战失败之原因，谓华北与京沪线之失败，虽皆视为不可免者，但实现较政府任何人之预料为早。华北失败之主因，由于政治者多，由于军事者少……”观此，我方抗战诸领袖，既能团结一致，互相虚心坦怀，检讨过去失败原因，此后当能循“必胜”之道，即发动全国经济、政治、文化及其他一切人力物力，镕［熔］五金于一炉，展开百分百之军民合作抗战阵线，以制暴敌死命，似无可疑义。兹将本旬各方战讯，概述如下：

一　东线激战

（一）退出南京之前，敌军自本月初占据句容后，即分兵数路，向南京东南郊猛犯，五日起，南郊战事之激烈，视淞沪之役有过之无不及。敌借飞机大炮狂暴之掩护，及坦克车与机械化部队之冲击；我军抵死防御，奋勇无前，虽迭予敌以重大打击，终以敌机滥施轰炸，我阵地大部被毁，仍以血肉之躯，与无情之炮火相抗，其牺牲之大可以想见；如大校场、栖霞山、雨花台，及和平门等处之剧烈战斗，敌我死伤枕藉，其数直难究诘。十一日敌军一部冲入光华门，被我包围歼灭，是役来犯之敌仅十余人生还；其后敌更集中炮火，轰击城垣，飞机投弹，终日不绝。十二晚敌军再度侵入城内，激烈之巷战自此开始。我唐司令官督率守城部队，以必死之心，与敌作殊死斗，同时我空军亦协同作战，战事呈极度紧张之状态。迄十三日午，城内外仍在激战中，唯最高军事当局，以政府西移，南京在政治上军事上已失其重要性，为避免无谓之牺牲，遂令唐司令长官，即日率部退出南京，驻守新阵地，继续抗战。当我军退出时，某长官在各军选拔一部精锐勇士，布［部］署城内各据点，掩护大队出城。迨我大队分由中华门、挹江门运动完毕后，所担任掩护之精锐勇士仍分据清凉山、五台山一带，以示流最后一滴血，守城内最后一寸土之决心。十四日晨敌军向城内进行时，突遭此精锐勇士之猛烈侧击，因发生巷战，激战竟日，敌死伤达两千余名，我亦伤亡甚重；入晚我精锐勇士以掩护任务完成，遂杀出重围，分向某某两处归队。

……

《闽政与公余非常时期合刊》1937年第12期。

首都烈焰燃着了民族的火炬

烟焰笼罩全城

日海军航空队昨晨由根据地出发，渡过海洋，长驱飞南京，猛烈轰炸，未几，陆军飞行队野中、陇、神崎、河村各部队亦出现于南京空际，与海军飞机联络，掷弹甚多，炸弹爆裂声震动天地，烟焰笼罩全城，今日此间空袭警报，几有八次之多。某次日机来此空袭时，记者曾目击之，其时轰炸下关与浦口车站之日机共有十七架之多，一时掷下之弹在数十枚以上，死伤难民甚多，此时美船潘美号正停泊于浦口沿江一带，因我国方面之高射炮对日机猛烈射击，故美人在船上者皆戴起钢盔，以防流弹。在日机轰炸时，沿江船只早已躲避一空，二千余难民事前纷集于车站之空地中，至日机投弹后，铁轨四周尸身累累，惨不忍睹，有一苦力躺于其间，勉力举起其无力之手臂，欲图扑灭烧及其衣服之烈火，但终于失败焚死。轰炸余生之人，多呼号哭泣，进出于死尸堆中，寻找其父母子女亲戚朋友，记者更见一手抱小孩之妇人，冀图拖曳其已死于旁之丈夫，但毫无效果，此种惨状，记者仅见其一斑，其余盖已无勇气以遍观矣。

杀声一起声震山岳

南京昨遭日机猛烈轰炸，全城在烟焰罩笼中，同时我军已在京郊一带展开壮烈之保卫战，而日军进犯芜湖，其势亦猛，幸我生力部队源源向京前线集中，英勇抵御，予进攻中之日军以重创。犯京之日军昨攻麒麟门甚急，外人方□得京电，述一记者亲自至火线观战，据其报告云，记者得悉确报知自句容绕至九华山背面攻我麒麟门之日军千余人，在汤水镇北五六里之孟棉被我军从中切断，另由麒麟门以东之我守军部队对日军施行包围，甚为兴奋，即于七日下午一时三十分，驱车至火线上观战，车出中山门即闻隆隆炮声自东北方传来，并有密集枪声，杂于其间，愈益兴奋，中山门外石沥青之京杭国道两旁，我忠勇之生力部队均纷纷赶赴前方，车中遥望陵园新村之美丽楼房，烟火冲天，尽付一炬，初惊疑日兵已至，或奸人纵火，经询沿途步哨，始悉为我军自动燃放，借以“扫清射界”，过孝陵卫街，更见两侧房屋早已“燃烧”完了，仅在我防御战上最需要之断堑残垣，轰然耸立而已。车抵另一驻军所在地，乃下车，蒙一士兵导入，访晤其长官，藉知前方情况已趋好转，因友军部队已自西北及正北两方开到，正对汤山背后之日军取夹岸之势，蒙该长官即派其参谋某君相伴，改乘摩托车，出麒麟门，彼时离城虽近，而炮声反轻，盖作战场之所已由近而远。出麒麟门后，因路途不便，乃下车步行遥望栖霞山巅，不无怀旧之感，然以日已偏西，无暇领略，惟有疾步向左前方行去，一小时后，闻有格格声自后而来，谛视之，乃我军之战车六辆沿公路而行，步兵随之前进，记者再行约一时许，抵东流镇，地极冲要，盖左为栖霞，右为九华，山岭纵横，唯此一路可通，日军踪迹已达东流镇东五里之复兴桥，记者即攀登九华东首第一峰，但见斜阳残照，暮霭沈沈［沉沉］，景色异常森严，对面七里外之福山一带有日军在焉，炮已渐停，但稀薄火药气仍可嗅出，山巅起伏之处，时有枪声，记者引领而望，我士兵在交通壕内持枪弯身追驰，日兵踪迹虽难观见，然其枪声显然愈趋愈远，愈远愈稀，新月初生，月光下见对面福山坡之枪火次第稀疏，转山至后，见我军更大振奋，杀声大起，响震山岳。

开始有系统的破坏

首都在其悠久之历史中，行第一次沦陷于外人之手，中国守军已于今日起对于军火库、汽油栈、飞机库及工场等，开始作有系统之破坏，所有损坏飞机，一时不能修理者，本日亦悉行毁去，惟完好之飞机则均于今晨离京，飞往内地之根据地。据尚未证实之消息云，华军或将于退出之前，将政府壮丽建筑及人民住屋所在之城市，付诸一炬，我国军事当局，为免除日军利用作掩蔽起见，拟将南京各军事要点之房屋悉行焚毁，现有三处已大起火矣。同时我军当局已取严峻方法，制止抢掠，芜湖又遭日机袭击数次，太古货栈被炸弹击中，但尚未有人死伤报告。日军现渐迫近，京郊城中居民现皆避入安全区，国际委员会已请日方勿在安全区作战，该委员会今日函致日当局，谓中国当局业已撤退安全区内之军事机关与军队，故委员会刻正办理该区划界事宜，希望日方勿轰炸该区云，函内对日当局所称日军不欲攻击不驻兵及不设军事机关之地方一节，表示欣慰，并声称该区内有外侨十五人至二十人，准备担任区内行政事宜云。

抵抗日本至最后一滴血

日本海陆空军今晨联合向南京与芜湖施行总攻击，此为昨晚日军占领紫金山之进展，南京卫戍司令唐生智昨谕令晚间各城门一律关闭，事前曾劝旅京外侨全体撤退，故除少数外藉［籍］新闻记者外，各外侨已于昨日午后一时离京，蒋委员长今晨乘飞机离京，目的地未悉，众信其已抵南昌。首都之大战现已迫在眉睫，据此间消息，日军已达扬子江秣陵关附近之某点，对南京成半包围形势，中国军队已在南京城郊者有三十万人，其中有二十万人为地方军队，一切工事已布置就绪，各种事实均显示政府尽力保卫首都之决心。中国方面颇占地利，因首都众山环拱，日军必先破坏诸山防务，始能进占首都也，“抵抗日本至最后一滴血”，为京郊十四师人之口令，至于城中生活虽紧张程度日益增加，但人民认大战之来，迟早终不可免，故亦安之若素，毫不张皇。

康强编著：《东战场浴血记》，抗战出版社 1938 年 1 月出版。

回忆在南京

晦　若

十二月八号的深晚，不断的大炮声以及连珠也似的机关枪声，开始震撼在这座濒江枕山我们常称为龙蟠［盘］虎踞的城子里的每一个角落里了。这虽说是我们早就意料之事，并且也还妥备了一切应付的步骤，然而谁都不曾想到敌人会这样迅速地就控制了我们附廓一带的天险。在夜的炮弹声的交响曲里，不容我联想到昨前几天在狮子山、在雨花台那些忠勇将士们的浴血肉搏，以及我们这一队担架队的临难不畏，同室的伙伴们，就嘈杂起来了。大家毫不迟疑地穿好了衣装，待等看［等待着］出发的命令。在黑暗里，我敢保证我们的每一个，愤涌着热血，联系着一种同样的热情。

从此我们的工作就困难了，敌人的飞机整日地轮流着在我们的头上旋飞，没有什么叫警报，奇怪地也很难看到我们的高射炮弹所发出的小丛白烟，一簇簇地紧跟着敌机的行踪飞上去了，轧轧的机声，示威地放纵他任意的轰炸。

连续无数的排炮声，混合成为一个沉深［深沉］的巨吼，于是又分别为各个的炸裂的声音，机关枪声是密集地发着干脆的爆炸，整个的京市上空，弥漫着层叠的烟云，在云雾里更充满着无数看不见的迅速的变动，跟着它就发出轰——嘘——喊——的三种响，它们是毫无疲倦地并且一分一秒都不肯放松地延续下去。

天黑了，建筑物延烧的红光，弧形地包绕着京市的四边，把天空渲染得鲜红，再加上大炮所发出的火焰，好像疯了的急流一样，要想穿过无论即一些的空间，大地在怒吼着了。十年苦心经营的首都，不到三天，就这样牺牲在暴敌的炮火炸弹下了。

在这样的景状之下，我们不会简［间］断过我们的工作，牺牲也因此严重了，最后我也无法维持下去。就在十号的晚上，匆匆地到军医署驻苏办事处去找一位熟悉的朋友，要想打听些确切的消息。

——你还担［耽］搁下去吗？据说敌人已由雨花台那边过江攻着江浦县了。我们已得着卫戍司令部前［的］命令，明晨就好搬一部份［分］人到江北浦口去办公，其实说是一部份［分］人，又有谁肯留这里呢？处长是早就过了江的，你还是跟着我们走罢！否则真不容易走呢！你不信到挹江门去试试看。

他不待我答复，又冗长的说下去：

——我们早就预备好二辆汽车，一辆是大号的红十字救护车，预备装职员们，另一辆是小型的自备车，好走处里的上级职员，在江那边也是这样地预备好，万一紧急时可以直放徐州或合肥而转趋武汉，这多亏是一位姓彭的副官的设计。

在这样片断的谈话里我知道首都是将不守了。伙伴们既已死的死了，走失的走失了，我不走又怎样呢？归途上我回想到周前，我们卫戍的司令所发出的死守宣言了。哟！宣言究竟是仅在宣字上生效用呢！

十一日的清晨，我又通过那富有诗意的平〈仓〉巷，走向使馆区的南秀村的办事处去了。路旁的丛林，虽都显示着憔悴的枯黄，但夹道的冬青，依然是绿色可爱。阳光仍旧温暖地透过满呈夹药气味的天空，慰抚着一切的一切。枯枝上也还跳唱着几只灰雀，一只追一只地由这边到那边，忽地里又同堕［坠］向地面上去了。这是多么够悠然的灰雀们呀！他跟逃向这一带的难民，有着不同的心情。骤然间，我又记起来了：这怕就是常谓的鼓楼上的麻雀吧，对伊又不禁肃然起来。我们是应该具有你那样的精神，不委曲才对啦。

朋友的办事处里，挤满了一伙人，照我认识的人或是根据他们的襟章看来，怕都是临时医院或伤兵收容所的主任，他们在请示着最后的办法。有的还要请发红十字救护车，人群里我注意到那负接待的先生了，他从容地盛意地招待着，请他们守处长。

一小部份［分］的下级职员，早就向后门寄宿舍的边上去了。在那里停放着两辆升火待发的车辆。我和朋友横竖无行李，就很容易地挤上那挂有红十字的火车上去了。车的前半，装满着预备死守三月而请领下来的军米，后半就是我们这一群人和行李了，挤得几乎真的水泄不通。

办公室那边还在争执着，我们的车子，不敢放气地默默着开走了。留下的那挂小包车，寂寞地消逝在车后的灰雾里。

瞬息，森严的挹江门到了，坐在机司［司机］隔座的书记官儿，威然地显示着卫戍司令部的公文，就很容〈易〉地通到江边的另一头了。

这另一头我不知道叫什么地方，是静静的没有市尘的偏僻之处。在这里有着他们早先预备好的两只小舟。我们就占着一只摇向北岸去了。大家都如释重负地拖长了一声唉气。

如今，我是在很安然的后方了。这比之遭难在京中的同胞，是多么地幸福啊！但这意外的幸福，又使我迷惘起来，我不知道究竟是谁之赐予啊！

《春云》第3卷第3期，1938年。

南京、汉口、重庆——抗战时期的三个巅峰（节录）

陈　楷

八年的抗战，在时间的计算上是很长的，中年人白了头，壮年的两鬓催老，小孩子长成人，襁褓之儿也一个个高似小树；在面积的计算上更是显得辽阔，从东海之滨到太湖区域，从富庶的大平原到西南三大峡谷的蛮荒，在冰天雪地的塞外，在春暖花开的中州，在热雨滂沱的岭南，在瘴疠如虐的滇边，这真是亘古未有的战争，这真是历史上唯一的一致性的战争。但是在时间和面积的分划上，南京、汉口、重庆是代表着抗战时期三个巅峰。

这是一个历史压积的勃发，中华民国忍受了四十年，马关的败衄，台湾的沦亡，朝鲜的他属，二十一条的束缚，顾正红的血，蔡公时的鼻，万宝山的白骨，九一八东北的变色，塘沽协定的耻辱，再加上绥远风云紧急，使愤怒的心忍无可忍，芦沟桥炮声既响，全国一致的呼声是牺牲到底，这是最后关头终于到了。在街头，是激昂的义勇军进行曲，是哀怨的松花江上，民众都以抗战为口头谈话资料，每一个人都同仇敌忾愿意奋起卫国。大家不知道现代战争的恐怖，而只有一股爱国的热忱！

南京阻遏了敌寇的山焰

东北沦陷，淞沪战起，抗战的序幕已经展开，南京便成全国人民战斗情绪第一个巅峰。这时候——

淞沪的激战如火如荼，将士们视死如归的牺牲，已换得每一寸土地的代价，姚子青宝山殉国，黄梅兴陷阵殒生，阎海文以一易十，沈崇海死为肉弹，这些轰轰烈烈的事迹，提高了民族的自信，一个月，两个月，三个月艰苦的撑下去，中国的力量给予全世界以惊骇。南京屹然不摇，虽然敌机是朝夕光顾，但八府塘的血痕不足以动摇人民半点，可爱的老百姓，仰着头看刘粹刚在武定门上空来了个英麦曼，青天白日里捍卫着南京的长空，这就造成了南京的不可侮性。

战争的稳定给国人以坚定的信心，挖防空壕、制防毒口罩、捐寒衣军鞋、送慰劳食物，战争已不是往常一般仅仅是军人的责任，全国人民已为这辉煌的战绩而鼓舞。但是是谁也不免对战争起了轻视，空袭的恐惧被群众所漠视，敌寇随时可能的突击也被估低，南京空气纵然紧张，但是生活方式依然如同平时，大家怀着三颗希望，以为战争是很快会结束，日寇在上海的挫折，已戳穿纸老虎了，然而事实上我们是以血肉之躯以御炮火，三个月的寸土必争，最精锐的军队已消耗过半，于是战局的逆转，造成了大江南北悲惨的流离，我国抗战正式走上了时与面的□□□。

金山卫登陆的退却，和国府迁都重庆的宣告，使南京由坚定作战的中枢一变而成为动乱的焦点，指望战争能在太湖东的国防线站稳，但最后这一点消失了。江南是一幅流民图，长江、京沪路、京杭国道、东坝水路成为四条撤退的动脉，镇江和南京成了流民逃生的麇集口岸。小汉奸显得十份［分］猖獗，日本兵显得军行神速，这一大片土地便一下子闹得遍地如麻。

西上的轮船，塞得像沙丁鱼罐头一般，北上的火车烟蓬上也拥满着人，向后方伸展的公路上，徒步着络绎的人群，在镇江江边，席地坐着等候机会北渡的难民，哀怨声、呻吟声、哭泣声……交织成中华民族遭劫后的音响。

还是有着留恋家园的人们，在尝试命运所带的前途，日寇大迂回的侵迫、烧、杀、奸、掠，把希冀侥幸的人们的生死，看作草芥，逃的没有了家，不逃的也没有了家，南京沦陷的悲惨世界，尤其是抗战中灾难的巅峰。早在南京遭劫之前，抗战的重心已经西移，虽然政府在重庆，但心脏的跳动在武汉。

……

《河淮月刊》第2卷第3、4期合刊，1946年。

从回忆南京说到今后国人应有的警惕

顾传泗

我们神圣的首都——南京，截至本月十三日为止，恰恰已失陷一周年了。首都未失陷以前，虽已遭敌机三个多月不断的轰炸，不少的机关和民舍，变成瓦砾之场，可是就大体看来，除了市面萧条，行人减少以外，其余一切情形，并没有什么异样。这时住在首都的人，虽然预感到有相当危险来临，但谁也料不到"金城汤池"的神京，竟不消几天的战争，就容容易易的失去了。因为当时事变，过分离奇，所以今日追思，也就格外伤痛，况又加以武汉、广州相继失陷，回想起首都事变，益发使人怅触百端，无从抹去，然而这一页伤心史之所以造成，也自有其人事的因果存在，我们亟宜加以检讨，资为鉴戒，这就是我写这一篇文章的动机了。

第一，从地理的形势上说，南京古称"龙蹯［盘］虎踞"，形势似乎十分险要，易于固守，实际上殊属不然。从历史上回溯，除明太祖根据此地剪除群寇，覆灭元室，系另有原因以外，其余凡倚南京为根本重地而对付外来战争的，多半不能保守，尤其是从上游和北方来的兵力压迫，南京便更外显得脆弱。前一例远如晋王濬之楼船破吴，近如太平军之战败陆建瀛而据为国都，后一例远如隋阳［杨］广之破陈，宋曹彬之灭南唐，近如民二张勋之回师袭据，民十三张宗昌之赶走齐燮元，都是极其显然的事例。这或可说地形有居高临下之势，南京居于不利地位使然，但是明建文时，燕兵南下，却是自瓜州渡江，攻破金川门而入，郑成功耀兵南郡，也是从下游而向上逆袭，而清道光鸦片之战，英国兵舰攻下镇江时，南京更有朝不保暮之势，可见下游若来有兵力压迫，也是抵挡不住。从上面这几个史实看来，南京在军事上实不够建都条件。总理所以指定南京为国都，为的是北京是官僚传统的窟宅，欲使中枢政治澄清，不得不脱离北京腐化的环境。但在永久安全的意义上说，必须有赖于防御力量之建立，而况中国海防门户洞开，陆地距离海口，仅有数百里的路程，危险性更是加倍重大，如果不在短少时期内，强化巩卫首都的力量，实在不能把全国政治重心，置放于此。现代各大工业国家，为了适应经济的需要，多半建都于海口较近之地，中国建都于南京，当然是合理的，可是人家有坚固的要塞，强大的军舰拱卫得十分巩固，我国海军等于零，下游较为坚固的要塞，只有江阴黄山炮台，拱卫力量，实在是不够。自奠都南京以来，虽已有十年的长时间，可是因为财力不充裕，科学落后的关系，从海口到首都的国防布置，据我们所知道的，只有黄山炮台的力量加强，以及京畿东北一段的防御工事稍有建立，这在军事方面说，自然还感觉不够。仅就是这点点的建设，已经费尽我们当轴的心血了。但结果黄山炮台因为敌人从后侧陆路包围，以致陷落，而京畿防御工事，又因敌人避实捣虚，改从东南面无工事设备的地方进攻，以致我们未能尽量发挥防御的效用。国民血汗，一概掷之虚牝，这是何等伤心的事。

第二，从事变的应付上说，南京失陷，本是意中事，不足惊异，所出乎意外的，就是不应失得那样快，更不应失得那样狼狈，以致有些精良军队，及老百姓那样多的可以搬得动拿得走的财产，平白的牺牲了。我们如果要把当时印象一一写出，恐怕几十万言也写不完，为顾到军事关系起见，不容许我们再说些什么。简括的说来，其原因不外两种，其一是当时负有城守责任的卫戍司令，不能实践他对于蒋委员长的诺言，第二是军队中统率关系，似乎还是对人的意味多，以致不能集中力量，而招致意外的损失来，这一类不幸的遭遇，绝不可说是“适逢其会”，而实在是人事上应有的成果。假如这位卫戍司令，平生是个忠信笃敬的模范军人，未曾投过机，未曾倒过戈，我想他对于接受责任的诺言，一定会度德量力，自订一个有限度的承担，而绝不会言过其实，妄承大命，因而铸成丧师失地之错，亦未免太不公忠体国了。南京是已经失陷了，失陷时枉死了的军民，是已做无可告愿的冤魂怨鬼了，我们今天纵使悲伤抱怨，又有什么用！我们看到最近长沙之毁灭，生命财产之失损，比较南京，尤为残酷，尤为无意义，我们就不必为南京枉死的军民，呼冤流涕，可是战事方在中途，我们日后凭着孤城残堞，和敌人作殊死战的时候，还多着哩，败死在敌人手里，倒是光荣的，如果枉死在自己人手里，实无异疯狂的自戕，丧失国家元气。今后逢到这样场合，如何慎选将材［才］，使能支持事变，如何整肃军令，齐一步调，令将士收臂指之效，这不仅是政府应当从选贤与能，以及提高军人教育，整饬军队纪律各方面从事补救；便是一般国民，鉴于南京失陷的往事，也应十分注意，将所见所闻，设法贡献于政府，让政府知道种种弱点，有所改善，实在是一桩不可少的事。此外在这里更要说的，南京在战事未发生的前一年，即着手于市民训练、店员训练、公务员训练，和其他种种，在当时如火如荼，好像将来定能发生很大作用，但在失陷之际，不但没看到这般训练过的人，做了一点甚么工作，我不懂这样的训练，倒［到］底有甚么用！然而这不能怪受训者的本身，因为他们虽曾受过训练，政府并未将他们组织起来，所以逃亡的逃亡，牺牲的牺牲，丝毫发生不出集体力量来。再说纵使把他们集合在一起，也没有用处，因为他们连打靶都没有学过，所受教的仅仅是基本动作，如立正看齐行礼开步走列队分行等等便完了，这种训练的结果，仅是装幌子，壮声势，供检阅时用具罢了，叫他们作战，或做防御工事，根本没有学过，如何能胜任，结果自然变成一无可用了。这种错误，不独南京如此，南京失陷后，我们走到安庆、九江、南昌、武汉、长沙等处，看到这几处人民，依然天天受着这同样的训练，方法丝毫不改。以我们过去的经验，我敢说这是毫无用处的，只求形式，不求效果，这是国人最大的病根。依我的见解，行礼是否正确，分列是否整齐，都是不关重要的末节，最要紧的，要看受训者，是不是敢于拿杆枪，走上阵去杀敌？是不是放出一排子弹，就可打死敌人？由前者说，是属于抗战精神的提高，由后者说，是属于抗战必要技能的具备，只有这样的训练，才切实有用，这也是从南京失陷得来的教训，值得后方负训练责任及受训练的一切人们猛省。

第三，自从南京建都以后，表面上很有突飞猛进的繁荣，但一经衡其实际，全不是自然演进的成果。原来南京虽然绾着水陆交通枢纽，但因为它不是交通的起点与终点，无论江轮上下，或津沪火车来往，旅客多半是过而不留。京市人口虽然激增，仅仅属于公务员和他们的眷属，以政治为对象而活动的临时旅客。真正的工商业实无可言，原有的唯一织缎工业，早经没落了，其余新兴工业，除得三叉［汊］河有一所大同面粉厂外，看不到一个别的大规模工厂，当地更没有输出的重要商品，照经济原理说，实在够不上那样现实繁荣程度。然而实际上南京确在繁荣着，假如不是战争的话，繁荣更要加深加快。我们曾经研究过构成南京繁荣的要素，大概可分为三类：一是崭新漂亮的市政，一是堂皇瑰丽的公私建筑，一是光怪陆离的商店与娱乐场所。属于市政的一切建设，本是无可非议的，可是过去南京的市政，在稍有见识的人们看来，的确未能做到普遍化与民众化。拿道路同路灯及卫生设备来说，汽车驰道筑得甚是光滑平坦，而偏僻一点的街道，却仍旧崎岖不平。马路上电灯辉煌，有如白昼，而平民区域，却仍旧灯光微黯，如在幽宫。各条干路及阔人们住宅区，垃圾扫除尽净，自来水早已敷设，而稍较僻远的地带，则垃圾堆积污水沮洳如故。可是平民与阔人对于市政纳税的义务，是一样的负担，对于普通物质的享受，公共卫生的需求是一样的重要，而历来的市政当局，在市政上所给予的待遇，却显然有很大的歧异。从这一点看起来，从前京市的建设，不外是从硬撑门面，及便利阔人两个出发点做起，市内大多数的平民，实际上得不到较大的益处。市民既不能得到益处，那末在当时一切的市政设施，实不妨从省从缓，既可为老百姓省点超过负担能力的捐税，即在今日一切为敌寇所掠夺的时期，回顾起来，也可少几分留恋。我们所痛惜的，不是已经为市政化费的钱，而是拿钱所换得的市政一切，今日已非我所有，太值得伤心了。至说到公私建筑，在一个国家首都内，所有代表国家一部分权力的机关，为顾到观瞻起见，自然要修整得像样些才好。可是在这里有两个条件，须得遵守，其一建筑的消费，要与国家财力相适应，不可“打肿脸装胖子”。其二各机关之装饰门面，应当平衡发展，不宜各自为政，因了本身经费丰啬之不同，而在建筑上显露出贫富相悬的区别来。然而过去南京一切机关之建筑，却正是违反上面两个原则。十年以来，国家财政，一直在窘困枯涸中，中央所属各机关，纵使不从事于新的建筑，从艰难缔造的精神上看起来，并不见得贬损机关的身价。如果勉强把大量金钱去装门面，倒反觉得毫无意义。至讲到建筑须平衡发展，关系更其重要，因为表面如不能显得平衡，便是精神不能显得一致，在同一中央所属机关之间，从建筑上露出不一致的现象，便无异暴露出中央政权与计划不能统一的弱点。不幸首都各机关建筑，正是各个自谋发展，全无联系。例如最高机关之国民政府，一直仍沿用两江总督的旧衙门，大门虽经改建，也很简单朴素，其他如代表一国文化的教育部，外表尚不及一个中上旅馆漂亮，独有交通铁道等部，因为自身有富裕的收入，于是红墙碧瓦，大造其宫殿式的洋房，即财政部附属之税务司办公房屋，虽然建筑未成，而占地之大，藻饰之丽，已足令人惊异了。承造这些房子的长官，他们的动机，我们不敢以小人之心，断定他们为借此揩点油，也不敢以浅人之见，测量他们，滥费国家金钱，求得暂居“传舍”的心理上满足，但至少可责备他们一句“不识大体”。他们不独不识大体，并且不知大势，中国在贴邻强盗不断的觊觎掠夺中，一切一切的建设，如果不是根据国防计划建立的，都不能视为己有。请看铁道交通部，今日谁来作寓公，当那些部长们，建筑这类华丽屋宇时，如果凛然想到事变若来，将有一天会不属我有的时候，我想他们也不肯把国家整百万的金钱，投于不保险的建筑上了罢。更进一步说，如果把这笔庞大建筑费，用在主管的事业上，今日已增敷若干里铁路，增购若干辆机车，以及增造若干艘航轮，增设若干条电线，供抗战利用了。以上所说的，是属于南京公共机关建筑之不合理与不合算。至属于私人的建筑，如陵园新村、高楼门、山西路及其他要路，一眼望去，都是华屋云连，雕墙栉比。这些房屋的主人翁，其一是属于达官贵人，其次是属于从转卖地皮而成的暴发户。前一类的人，从他们正常俸给收入计算，不应当有这么多的钱，而竟有这么多的钱，官常之不修，节操之不立，显然可见了。后一类的人，本来多半是穷小子，祖遗下些茶园地，每亩只值几块钱，一旦南京成了国都，地皮价格飞涨，每亩涨到数百数千元不等，于是他们一霎那间，变为豪富而大兴土木了。这两种现象，一是表现政治纪纲，迄未树立，一是表现总理民生主义中最精粹之节制资本，平均地权一节，全未奉行。这在今日回顾起来，又是值得愤恨与叹惋的。再讲南京的商业，如太平路新街口一带最繁盛的市场，虽然排列着许多漂亮商店，可是在近几年来，多数在不景气的状况中挣扎，这原因就是因为南京根本不是一个商业重心，仅靠京市人民的交易，购买力到底有限，比较好一点的营业，只有绸缎食品洋广货化装［妆］品以及酒楼饭馆一类的店铺，这不啻证明南京完全是具有奢侈性的消费市场，实不是好的现象。至于娱乐场所，每日顾客，无不满坑满谷，过去的南京，除得公开营业的跳舞场未设以外（其实首都饭店与福昌饭店照常跳舞），其余无不应有尽有。歌女的生意，尤其发达，十年来禁娼的结果，造成无数私娼，南京清唱馆，实际上无异变相半公开的娼寮，达官贵人捧歌女，叫到公馆或带到上海去取乐，中下级公务员，公然在酒馆叫条子，这类桃色新闻，在南京听到已不止一次。平常在每一个清唱馆前，每晚都有不少黑牌汽车停留，一直到了上海战事已启，敌机对南京已开始轰炸，仍有这样坐了汽车的人，去到清唱馆里寻开心，这又证明了多数服务于国家机关的人，平时恣意荒淫，临难不知死活的生活态度了。以一个甫经创造的首都，而充满了这许多腐化份［分］子，这个都市，表面上尽管他一天一天的繁荣，实质上只有一天一天的堕落下去，在平时已是如此，到了危难的时候，要想他们团结紧张，像玛德里一样，为国家支持危难，“效死勿去”，那如何办得到呢?

从我的回忆说起南京来，便再写几万言，也都说不尽，为了不必“徒增忉怛”

以及顾到刊物篇幅起见，不如就此结束了罢。照本文上面所提示的三项，做个结论，可以说南京之失，第一，由于国防设备未充，敌人易于闯入。第二，由于守御未得其人，虽有可恃之形势，可用之兵力，而事先无周密计划，临变无适当措置，以致土地失陷得太快，力量消失的太多。第三，由于主持一切建设者，无远识远虑，于国防毫无关连[联]，徒耗金钱，结果悉遭掠夺，国家在守御时，对于上项建设——建筑物，不能作为军事上临时利用之物资。又都市人民，尤其公务员之类，平时在生活上缺乏锻炼，因而不能整肃，精神上缺乏训练，因而不立气节，一旦临变，非但不能协助守军作战，反使守军感到顾虑障碍牵制之种种不便，以致防御力量，在物力人力上，不克坚凝，敌寇得提前侵入，肆其凶残。

从上面一段结论看来，我所说的南京之失陷，是有人事的原因存在，大概是可以成立的了。语云“前事不忘，后事之师”。我们不怕失败，只要认清失败的根源，力图改正，失败便是成功的因素。从南京沦陷的失败事实看来，以后凡是逆［预］料敌人所必攻的地方，纵有天然险要与人为工事，我们仍须要把它防御力量，以超人的努力强化起来，才可有恃无恐。重要防守地区，纵配备有很强的兵力，但将领人选，仍要加意选择，才能之外，更要注意他的人格和私生活，假使是“执德不宏，信道不笃”的人，绝没有“守死勿去”的精神，这种人纵使他小有才能，貌为恭顺，临难是断断靠不住的。尤其是要重视的，是他目前生活状态，仅［尽］管这人在以前是不怕死的勇将，但是如果银行里已存了几十百万存款，已造了若干高大洋房，已买了若干公债，已娶了几位如花似玉的姨太太，好罢！你就不必再打算他为国家卖命了。我们得了南京这次教训，知道一切都要靠人才，以后战事进行，范围愈展愈广，必须慎选方面将才，才可不致误事，以上是对于方面将领而说。至于一般带兵将领，希望他们能够注意对于国家权力服从的观念。我以为一个好的将官，不论张、王、李、赵，凡是代表国家权力执行任务的时候，都应得服从效死，这样才是真正国家的军队，才能真正发挥作战的效用，而可以战胜敌人。南京过去的现象，希望永远不要再演。末后说到都市物质的建设和都市人民的精神，这两件事在表面上，似乎与抗战无关，可是从南京失陷的事实看来，所给与战事以不好的影响，实在很大。南京已沦陷了，暂可不说，在南京失陷以后，最重要的都市如汉口，我们打那里经过，从物质方面看，找不出一点适于战时的建设，从市民精神上看，更不见一点紧张警觉的态度，我们不禁为这个都市担忧，果然不到一年，汉口也继南京而沦陷了。我们由此再想到其他尚存的都市，竟至不寒而栗了。即如今日定为新首都的重庆怎么样呢？消极的战时建设，连一个好好的防空隧道，至今还未见建成，其他更不必说了；至讲到人民精神，照我看来，比南京、汉口等处尤坏，我们试从市区看看，有一丝毫气象像战时的后方吗？享乐的人们，依然醉生梦死，尽量的享乐，发国难财的人们，乘机操纵，从中渔利，不识不知，无忧无虑的人们，一切一切，仿佛忘掉战事一样，实际上这样堕落的都市，倘若一朝遇到事变，能支持得住吗？我们试屈指数一数国内著名的都市，几乎已是曙后残星，寥寥无几了。我愿意提醒这些都市的人民，尤其是重庆人们，不要以为我们距离战地尚远，可以侥幸无事，须知一年以来，很多的地方，我们以为敌寇绝不会到的，而居然沦陷了，那末到底什么地方，始可无虞？实在是没有把握。我不是危言耸听，更不是好作不祥之言，须知一块土地的真正保障，不在战地距离之远近，而实在乎自己有真实的力量，能保护自己，如果觉得自己没有的话，须得赶快想法充实起来，才是正当办法。现在仅存的都市连重庆在内，要问它是否有异于前日之南京，我说一句悲观的话，简直是一幅翻版套印的图画。我们一切都市人民，除非是凉血，才会看了南京伤心史而漠然无动于中［衷］，否则我希望政府当局，以至每一个市民，都要存一个“翻印必究”的精神，映证南京所给予我们的印象，矫正当前错误，共同奋发，抗战到底；不独未失的都市，要保得它完全无失，即已失的土地，亦要蓄志、设谋、努力、流血，把它早早收复回来。果真有这样的警惕，南京——我们神圣的首都，是不难夺回怀抱的。回忆过去，本是人类常情，然徒徒留恋伤感，终无济于事，只有坦白承认以往的错误，发愤创造新的光荣历史，才算不是徒徒伤感，才算尽了我们应尽的责任。

廿七年十二月七日于重庆

《国是公论》第19期，1938年。

南京之战——中国的战争经验

协威列夫 著　李孟达 译

日军的司令部在占领上海以后，立即开始进行夺取中国过去的首都——南京的战争。

为了夺取这一个城市，集中了七个步兵师团，大批的飞机与军舰。在一〇五公里长的战线上，由两个集团军开展了进攻。北部的集团军——共五团师——从扬子江以北，太湖溧水以南作战。这一集团军的任务是从东方和东南方进攻，夺取南京。

南部的集团军——两师团及一步兵旅——有以下的任务。用一师团的兵力从南方向南京进攻，并与北部集团军的队伍一起夺取南京推进到扬子江，深入到芜湖——太平区域，阻止中国军队从南京退出，并从南方保障北部集团军的动作。两个集团军在江阴、常州、湖州战线上，冲破了中国的阵地以后，就开展了一五〇公里的战线，继续进攻。

中国的司令部选择了镇江、句容、溧水、宁国一线为南京近郊的最后防卫线。打算在这一条线上比较长久的阻止日本军队的进攻，开展了广大的巩固过去首都的工作，分派了一个特殊的集团军负责守卫南京。从十二月五日起，指定防守南京的部队即已站定了阵地。防御线通过了幕府山、紫金山、中山陵、雨花台三五公里半径的高地。

在城内建设了障碍物，在一八——二一公尺高与一二公尺厚的城墙上都凿了两排枪眼，铁城门的周围为了巩固起见都加上了沙包。在城门附近，城墙以内都用土筑成了战壕，附近的区域都封闭起来。在若干城门跟前并有坦克车作为流动的机关枪架。

日军的主力是从东方和东南方向南京城进攻。在右翼方面日军进攻镇江要塞不甚顺利。他们因为失去了海军的帮助，便不能击破中国守卫军的抵抗，镇江炮台上的三十生的大炮把日军阻止在很远的距离以外。

在扬子江北岸的中国军队利用野战炮反抗日本军舰，掩蔽的炮台与个别的大炮从事直接射击，打沉了四只日本船。因此日本的司令部便不得不调动一师人渡江肃清北岸的中国军队，藉此保证日本军舰继续前进。在中央及左翼日军之进攻比较顺利，他们击退了中国最后的后卫军，便夺取了句容与溧水。

在南部集团军方面，日军一旅与广德的中国有力后卫军陷入了持久战。迨至日本生力军来到的时候，日军才告得手。中国军队退至宁国，而该旅日军亦转到水阳，在十二月五日经过短时战斗遂加以占领。

向宁国进攻的日军有两师团，前进的坦克车队于十二月六日夜间闯入城中，嗣后即由步兵占领。

十二月八日早晨，镇江又被日军一师团的兵力攻击，该师团因得新到重炮队之援助遂得占领城市。此时日本军队已进入南京防卫线的东部，紫金山与中山陵区域。日军的先锋团企图以袭击夺取工事，终被击退，且受很大的损失。后来赶到的师团主力也不能挽救形势。组织完善的炮队与机关枪的防守火力造成了不可克服的障碍，经过三十六小时的战斗以后，仅在某一团的阵地上因夜袭的结果方才破坏了中国军队的防卫。

在这次冲破中，坦克车起了决定的作用。坦克车队在夜间以很大的速度冲到前边，从翼侧发挥火力，在许多地方（五〇公尺以外）顽强射击那些射击的据点。坦克车既为步兵开辟了道路，又深入防御线并不顾虑那些残留的射击据点。步兵跟着坦克车冲破了防御地带，其主力遂于十二月十日早晨进到城墙跟前。

从东南方进攻的日本师团在青龙山区域出乎意料之外的遇到了有力的抵抗。他们以为抵抗将在南京城下。所以先锋团很久都逗留在一个地方不能前进，经三天战斗的结果，这一师团从东南方迂回机动才得冲到城边。

左翼的一师团在南京东南十二公里的山地陷入了持久战，变成了第二梯队，所以没有参加城下的战斗。十二月十日早晨，北部集团军的主力也赶到了南京城边。

南部集团军的日兵一旅利用水阳以北的湖水，以木船或汽艇转到扬子江，并在太平以南十四公里的地方登陆，而太平亦于十日正午为日军所占。夜间该旅在辽口镇（译音，在太平以北）渡过扬子江以急行军向浦口前进，企图占领南京区域的渡口。

日本飞机听到中国军队将于十二月五日渡过扬子江，在两日内不断轰炸南京与芜湖一带的渡口。但是轰炸的结果是极端微小的，仅仅炸沉两艘一千吨排水量的船与几十只木船。在五天以内向南京抛了几千炸弹，城中多处起火。

日军开始攻城以后，其主要火力是以两师团兵力从南方与东南方向光华门与中华门进攻，敷［辅］助的火力向着武定门与水西门进攻，另外一师团从南方牵制中国军队，进攻中山门、太平门与和平门。

在预备进攻以前，有最猛烈的炮火，重炮的火力集中向各城门与城墙拐角射击，野战炮从五〇〇——一〇〇〇公尺以外直接瞄准向城门与城墙射击，空军在一天以内曾两度轰炸城堡，其主要努力在乎打击各要塞与炮队的阵地。

中国的炮队努力的还击，他们的有效火力完全破坏了日军前线与其最近后方的联络，破坏了日军的军需正常的供给。

日本步兵进攻时，都是轻装，不带背囊，他们所带的只有食品（甜蕃薯）与子弹。

突击队的冲锋团于十二月九日早晨进抵光华门，遇到了最猛烈的炮火。因受巨大损失，不得不在城下休息。炮队整天向城门射击，终不能替步兵开辟一条过道。十二月十日晚间，工兵在炮弹所穿的孔中放上炸药才破坏了城门，日军突入破口，于是开始短兵战，日军因受城墙上抛下的手溜［榴］弹打击仍不能闯入城中。经过流血的战斗，直到早晨，日军才完全占领属于光华门的区域。

南京纵队的先头部队亦于十二月十日下午三小时进抵中华门，占领阵地以后，等待主力之到来。迨主力来到以后，即开始进攻城门，中国军队直到十二月十二日夜间才放弃城门，这时日军包围的威吓已经很明显了。从光华门分散到城内的日本军队经过许多战斗，推进到市中心区。

忠勇的中国战士不管中华门与光华门之陷落，仍然继续防卫的战争。当时日军的指挥为了加强东区的阵地，又将抽出的炮队调到中山门。在十二月十二日傍晚中山门才被打破。但日军因为是黑夜进攻，恐怕有埋伏，没有立即入城。深夜派出的侦探报告中国军队已经退出，并发现在城门区域有地雷。因此日军带着很大的戒心才进了城。

日军一旅经过五十公里的急行军，于十二月十二日傍晚始到浦口，但因长途行军之疲困，已不能给渡江的华军以严重的打击。

原来形成的集团军并不能顺利的执行日本司令部的计划。在江阴镇江区域出乎意外的受阻滞，以致要抽出两师团肃清长江附近的障碍。这就削弱了北部集团军在争夺南京时的战斗力量。结果留下了北方的空隙使中国军队得以经过这个空隙退出。

南部集团军的力量又不甚强大，更不足以按时追到扬子江边，封闭东岸的一切中国军队。

海军也遇到了扬子江种种障碍与江北岸的中国野战炮的反抗，不能及时开到南京的渡口。

基本的目的——在扬子江包围和消灭中国军队并没有达到。因此日本报纸所纷纷描写的“巧妙的”包围，实际变成了直接的逐渐的将中国军队由已经形成的“口袋”中排挤出去。

当直接争夺南京，守城军队必须决定在完全包围之下战斗或者不战而弃城市的时候，那种包围中国军队的可能并没有实现，又重复了同样的错误。从南方进攻把中国军队由城内赶到渡口，空军的积极活动企图阻止中国军队渡江也没有达到目的，中国军队终于保存了自己的战斗力，渡过了江。

自从苏州附近湖边窄狭的防御线被冲破以后，中国的司令部就已放弃坚守首都的志愿，这时就开始执行一个严重而困难的任务——将扬子江以东战场上作战的，受技术上更强敌人打击的多数军队拖出来，藉此保存实力以便继续斗争。中国的司令部在执行此种任务时留下了有力的后卫军，以便阻滞日军，赚得时间，有计划的使大批军队渡过扬子江。中国的后卫军阻滞了日军的进展。假若中国军队能在几个防守的边境上，对于日军的个别纵队施以积极的短时的打击，则其成功更大。

日本军队为了达到战略的目的曾耗费很多的力量。他们的飞机非常紧张的活动，一面执行独立的任务，一面与陆军密切合作，曾经匆忙的不断的追逐退出的中国军队。日本司令部利用运河沟渠及湖泊的系统，广泛的采用迂回策略，他甚至不惜冒险调动一旅人到浦口，但是这一旅并未能完全执行所负的任务。（译自一九三八年二月二十一日苏联《红星报》）

《时事类编》特刊第14期，1938年。

东战场（节录）

王维屏

第二章　东战场战争之回忆

……

第二节　南京会战

（一）外冲战 敌因浦西争夺战持久不决，乃采大迂回围击战略，偷袭杭州湾，敌军于柘林、金山卫、全公亭、漕泾镇等处登陆。当地防军适在换防，无甚戒备。敌突进二十余公里后，我方始发现敌踪，虽严加堵袭，亦已不及，敌计既售，从此西南可指乍浦之背，北向可威胁我浦东阵线，西可截断沪杭铁路，包围沪西南市阵地。其由柘林登陆者，直趋亭林镇，经米市渡，直击松江；由漕泾镇登陆者，直趋淞□镇，渡黄浦江，进攻沪杭铁路上之石湖荡，石湖荡有大铁桥二，极为险要，敌我相持多日，我乃退守枫泾镇；由金山卫登陆者，直趋张堰镇，进攻金山县；由全公亭登陆者，直趋新仓镇，以此为违犯诸路之大本营，由此通广陈，攻平湖县，来势甚猛，大上海因此不能坚守。我军主力渐移至国防线：一自长江沿岸之福山经常熟、吴县至嘉兴、乍浦，成月□半弧线；一自江阴至无锡线，此等地常为河泊湖沼密布之区，形同天堑，敌军西向机械化部队之活动定受相当限制，其主力部队本可从中央突击湖畔之故技，沿京沪路西进，但敌人察我国防阵线不易急得，乃避实就虚□□战略，向我□□进攻，击取外线优势，中路为牵制作用。左右翼方面，敌集中全力猛攻枫泾，枫泾位沪杭铁道上，地处苏浙二省交界线，此可直取嘉善，平湖可不攻自下，终因敌军炮火犀利，枫泾、嘉善、平湖等处在四五日间即相继失守。敌之急进既侥幸成功，更图进取嘉兴，一路由嘉善干窑镇直取吴江嘉兴间之王江泾，切断苏嘉铁路，一路沿沪杭铁路佯攻嘉兴正面，一路由平湖循平嘉公路胁迫嘉兴右翼。嘉兴为国防第一线之重要据点，地扼黄浦运河二水与沪杭苏嘉二路之交汇点，得此可西上吴兴，取得京杭国道之便，用以包抄首都，并可直趋吴县，循京沪路前进，故嘉兴之得失，不特有关苏杭之防御，且为后日南京安危之重要关键。是时王江泾先告突破，平望、吴江相继沦陷。敌人一方利用湖匪扰乱太湖各县，一方以主力部队向我嘉兴进犯，飞机百余架集中轰炸，防御工程全被毁坏，我军乃于十一月十八日退出嘉兴，乍浦我军亦即退出，因该地过于突出，攻守均属不易也。敌军既占嘉兴，继续分兵前进：一路由沪杭铁路与公路及杭善公路进犯杭州；一路则直下南浔，向吴兴进攻。敌之进犯杭州，原为动摇我人心，分散我兵力，其进攻主要目标，全在吴兴。“湖州一隅，北沦震泽（即太湖）则迫毗陵（即武进）走阳羡（即宜兴）可以震建康，西出安吉，则道广德，指东坝，亦可以问金陵矣”（见《读史方舆纪要》）。是用杭州，不如用吴兴之为便也。迨占吴兴后，长兴、广德、宜兴相继陷落，即与占据苏锡之敌会合。此乃敌人在战术上急行军之胜利，迂回战略之成功，但敌军于一二月前，即用巨金收买湖匪，扰乱我军后方，盖“太湖居江浙数郡之中，无事时其财赋所资，有事时即要害所寄也”（语出《读史方舆纪要》）。敌既占□嘉线后，乃得与湖匪合股，由匪前导，深入内地，湖匪为土著，对于沿湖港汊，均极熟悉，敌于短期间内，敌得占我沿湖名城，言念及此，能不痛心。在左翼方面，敌军更由浏河、白茆及浒浦码头登陆，十一月十六日常熟近郊发现敌踪，京沪铁道正面之敌，猛攻真仪、唯亭，进袭吴县，并分一部沿水路进犯常熟，二十一日常熟吴兴相继失守，我乃退守江阴无锡之国防第二线。江阴地濒长江南岸，北与泰、靖边对，黄山兀峙江畔，浩浩江流至此一束，为咽喉重地，自此以下，水势南北奔腾，险阻大减。故江阴之防江，实兼防海，关于江阴之地势，作者前年曾作《江阴志略》一文，于军事一节中，大略论及：“……就邑境而言，西接武进，东迄常熟，滨江延绵一百四十余里……西段申、夏、黄田诸港，均为平旷之区，无险可扼，最宜巡缉，专设君黄长诸山以及大小石湾等地，壁垒森严，上建炮台，足资扼守，故正面阵线比较巩固。惟县之左右两翼及南面诸地，易受敌袭。明中叶倭寇之入邑境者，或从金陵突冲，或从海虞蔓延，未有自北境江岸登陆者，故言邑之防务者，尤宜注意四境也。东北境之杨舍与常熟毗连，扼水路之冲途，此地有失，可由香山、横河直趋城东；东南之顾山，去城九十里，为澄、锡、琴三县交界地……顾山居高临下，可以瞭望，一旦有变，尤宜于此设防，进为琴城声援，邑为澄、锡屏障，此地有失，则取道长泾、文林，虽有砂、绮、定诸山之险，已成腹心之患，直逼城南，易如反掌。南境与锡邑犬牙相错，孔道有数，胥以青阳为中汇，由运河及公路北进，无险可守，故历年内战，多取道于此。璜塘、峭岐、花山一路虽较迂曲，但为通城间道，尤宜于虎山巡守。西境自武进入夏城桃花，俱通舟楫，陆由来望山，水由三河口，顷刻可至，明其所入，则形势骤然矣。……今国内统一，危不在内而在外，故邑境防务，莫急于江滨，次则东境踏路。今黄山虽有要塞，然设备不周，枪炮不利，制跳梁则有余，防外寇则不足，况上无防空，下无战舰，孤塞濒江，易受挟制，如能开广澄锡运河以通太湖，复与东方大港衔接，则炮舰上下，出入江海，敌虽狡诈，万无一失。又或沟通黄田、黄山二港，则要塞之背，陈列战舰，以备南犯之敌，附近旷地建筑飞机场，则空防无虞；若是则黄山要塞，固如金汤，外控大江咽喉，内卫首都、太湖，为江阴第一重险矣。”此虽民国二十四年四月之旧作，然与二十六年敌军进攻江阴要塞之路线观之，不幸言中。自“八一三”战争爆发后，我方即宣布封锁长江江面，其主要封锁线在吴淞上游约八十里，江阴要塞下游约四里之如皋江面，此处航道竟仅一里有半，航道中心之深度在冬日达四十尺，距江面三四百尺之左右岸附近，则降落达二十至二十五尺，横断江流之沈［沉］船二十余艘，均为旧式炮舰，列成一线□□□区西北北与东南南。在此下流，尚有若干较小之封锁线，在封锁线下游，大树金沙渡与南通等处之趸船，南通下游之轮渡码头，由狼山之北往右岸，用以指明航道之浮标，均于二十六年八月十二日移去，因此敌舰不易长驱直入。江阴陆上要塞，以黄山为中心，黄山位于县城东北二公里有半，高约百余公尺，炮建于山洞内，以防敌舰袭击，敌舰如由下游驶入，至相当距离，台上炮火即可命中敌舰，若由敌舰远窥黄山，亦难窥炮位行迹，近年复锐意经营，大炮均易新式，已非同光年间之遗物。此外萧山、长山亦为要塞地带，城东与城南外诸山亦有防御设备。敌寇明知江阴要塞正面不易进攻，乃采迂回包围战略。在攻略江阴之先，取得常熟、无锡二城。其在无锡分一路由常熟循锡常公路而□，一路由吴县循京沪铁道直扑锡城正面，同时复调集大批汽艇载运陆战队沿太湖北岸突袭包抄无锡后路，正面之敌复越无锡进犯武进，锡城我军四面楚歌，乃于十一月二十七日退出城郊，敌既据锡城，乃分兵沿澄锡公路北攻江阴要塞，同时常熟之敌西进，取道顾山、文林、璜塘，与无锡之敌会于澄锡公路上之青阳。丹阳虽为澄锡二城间之巨镇，但无险可守，敌北进与我军激战于南闸青城桥一带，我军因要塞炮位主重防江，国防线之堡垒群之炮位亦向东，至此全失防御效力，至十一月二十九日，江阴武进二城均告沦陷，先时我军正面已在镇江建筑坚固工事，并在江面布置第二道封锁线。及江阴武进陷落，我军即移防丹阳。黄山要塞延至十二月三日始被敌军夺去，江阴江面封锁线至同月九日始被敌破除。无锡为我国有名之实业都会，丝市尤著，我军仓促撤退，该城公私损失甚巨，宜兴亦危。盖“常州府北控长江，东连海道……地居数郡之要地，与金陵为转输重地，脱有不虞，则京口之肘腋疏……南扼宜兴，则近足以消滨湖之窥伺，远可济浙右之烽□。”（语出《读史方舆纪要》）不久丹阳失守，但广德、长兴复告克复，此于我军之守卫南京极有裨益。盖广德、长兴，位于苏浙皖三省之交，乃皖南之屏障，由此西进有公路通宣城，接江南铁道，广宣公路复有支线北通郎溪，接京建公路，以通首都，故广德扼南京之后路，长兴、宜兴又为广德之外卫，三地在军略上同具重要价值。此次敌军攻略南京，其进兵路线，全袭明嘉靖二十三年倭寇扰乱江南之路线，参加作战之军队，达二十万人（海军陆战队四万六千余，步兵十四万，骑炮机械化部队二万，飞机二百余架），其军事配备，乃以丹阳、金坛、溧阳为据点，而以吴兴为浙皖苏三方之联络点。依形势观之，镇江、句容之天王寺、溧水、东坝、长兴、广德等地成为南京内卫线之前。

（二）内卫战　南京市与附郭之江宁县北控长江，南界溧水，东邻句容，西毗安徽之当涂，属于几省之两邻部，大江自当涂东北流，江宁首当其冲，至县北境，过燕子矶，乃折西东行，故西北二面滨临大江，京市地处秦淮河下流，广大盆地中，城之内外复有山陵耸峙，古称“龙蟠［盘］虎踞”之地，总理亦曰：“南京有高山、有平原、有深水”，三种天工，交错于一处，诚为国都极优美之特色。胡安国曰：“建康（南京）以三吴为东门，荆蜀为西户，七闽二广为南府，举天下形势而言，关中为上，以东南形势而言，则当以建康为便。”京市山之高者为钟山，海拔四百六十公尺，居高临下，易守难攻，为全城之锁钥，第三峰迫临城市，尤为重要。第三峰之南麓有一高阜，名曰富贵山，拔海八十公尺，明初筑太平门，城跨其上，为历代战争之所。六朝之末，隋军平陈，及同治时湘军攻破金陵，皆在此处。太平军于第三峰筑天保城，于富贵山筑地保城，辛亥革命浙军克天保城，而南京遂下。金陵历代战争，北以富贵山为必争地，南以雨花台为必争地。雨花台距南门甚近，拔海八十公尺，登高而望，全城如在釜中，在军事上极为重要。他如狮子、幕府、乌龙诸山，皆俯临长江，便于防守，故其上皆建炮台。江宁县境之地形，亦邱［丘］陵与原野相间，与苏、常一带地处平原者异致。全境以内，东北部有青龙、黄龙、大连、栖霞诸山，西南部则有牛首、马鞍、大凹、鸡笼诸山，山地四周多为黄土邱［丘］陵所包围，蔓延绵亘，面积几占县境全部三分之二以上。介于此东北西南两邱［丘］陵区之间者，则为秦淮平线，宽十余公里，长三十四公里，东南部较宽，西北部较狭。敌军进犯大南京之路线，亦与南京地区相同，计分四路出动：右翼之东路，自京杭国道之溧阳，经南渡，北攻句容正南二十三公里之天王寺，十二月五日占句容，分兵两支：一支绕汤水镇北击华山之背，取小道，攻麒麟门。汤水镇位于汤山之东北麓，京杭国道过此，地处广谷中，众山环抱，西距麒麟门十四公里，东南距句容城十五公里，北通龙潭，南通江宁、句容交界之土桥镇，为句容入京之门户，军事之重镇。麒麟门位于南京城之正东，地处四十公尺岗阜边界，为邱［丘］陵平原过渡地带，距苍波门五公里，东北至东流五公里，东至汤水十四公里，北有公路通栖霞，京杭国道过此，为首都中山门外之屏障。敌自天王寺沿石子路，攻我光华门东南十二公里之淳化镇，为敌主力所在。淳化镇位于大连山南麓，拔海四十公尺以上，地处东北山地之南端，当由句入京大道之要冲。右翼之西路，乃攻广德之敌，为避宣城我军主力，□□敌取道京建路，占郎溪、东坝等要点。东坝在高淳县东约五十里，为七省通津、皖南门户，并握东南水利之枢纽，西接石臼、丹阳、固城、南漪诸湖，受宣、歙、当涂大江之水，东连三塔荡、荆溪，而入太湖，坝废，则宣、歙大江之水，东流直达震泽，而太湖流域诸县，均沦泽国，江水盛涨，东障于坝，则高淳、芜湖、当涂诸县，必陷于水，故坝之存废启闭，常为上下游居民之所必争。当敌军西进宜兴境内，民间盛传我军将决坝淹敌，其后事实未能证明。敌军得此分为二路：一路西占高淳，进袭江南铁路之湾沚车站，其地介于芜湖宣城之间，得此可断芜宣二城之联络，南制宣城，北抗芜湖，在军略上颇得制人之先着。一路北循京建路，进占溧水，以攻秣陵关。秣陵关位于章山东北，方山西峙秦淮及南北大道均过此，北过桥头以通南京，南通禄口镇，可达溧水，为句容溧水入京之孔道，形势至为重要。十二月八日我秣陵关阵地移至牛首山，九日光华通济二门已有敌踪，十日汤山我军移至中山门，外攻牛首山之敌乘胜前进，与我战于雨花台南，以断芜湖南京之联络，城北乌龙山阵地亦毁，敌且渡江犯和县，此时南京内卫各线已被敌突破，无法坚守。明初陈野先曰："集庆（即江宁）右环大江，左枕崇岗，三面据水，以山为郭，以江为池，地势险阻，利于步战，若南据溧阳，东拱镇江，西扼太平（即当涂），据险阻，绝粮道，可不战而下金陵。”明太祖攻金陵，亦先下太平、溧水、溧阳、句容、芜湖、江浦、镇江等地，此乃剪除羽翼之计也。我军为避免无谓牺牲计，蒋委员长于十二月十三日由前线发表宣言声明退出南京，谓：“国军退出南京绝不致影响我政府始终一贯抵抗日本侵略原定之国策，其惟一意义，实只加强全国一致继续抗战之决心。盖政府所在地既已他迁（十一月二十日国民政府移驻重庆），南京在政治上、军事上皆无重要性可言。予作战计划，本定于敌军炮火过烈，使我军作无谓牺牲过甚之时，将阵线向后移动，今已本此计划，令南京驻军退守其他阵地，继续抗战。”翌日芜湖沦陷，浦口、江浦、镇江诸地则于十五日亦告失守。“镇江府内控江湖，北拒淮泗，山川形势，自古用武处也”（语出《读史方舆纪要》），“由京口抵石头（即南京）凡二百里，高岗逼岸，宛如长城，未易登犯”（语出《江防考》），故敌舍镇江而取金坛、句容，镇江之失较南京为后者以此。敌既得南京，复分兵由京杭国道南下，与沪杭铁路及公路南下之敌夹攻杭州，敌我相持至同月二十五日，杭州我军始移钱塘江南岸，一方复在余杭富阳等地与敌继续作战并毁钱塘江大桥以保浙东。

第三章　回顾与前瞻

沪战发生之后，中国有二战场，一在华北，一在淞沪。华北之津浦、平汉与平绥三铁路为三条不相关联之路线，在防守上有相当困难，尤以津浦平汉两线所经之河北平原，缺少天然险阻，最为显著。此种不利于我之地势，最利于敌人机械化部队之作战。且华北当局心存妥协和平之单相思，对军事方面毫无准备，故平汉津浦两线，除河南新乡一带外，毫无工事可言，既为平原，又无工事，欲图拒寇南下，实属难能。如欲凭地利与敌作战，则淞沪与山西二地在第一期抗战中最为相宜，盖淞沪为河沼地，山西为山岭地，敌人机械化部队不易尽量发挥其威力。沪战中，中央政府为增强人民之自信，与变更外人对我不良观念起见，故有坚守淞沪之必要。而敌经三个月之苦斗方得我淞沪一隅之地。而我军以无上英勇，牵制敌国十四师团最精锐之陆军，三分之二之海军，以至四百架飞机，故我军于消耗战目的达到以后，即放弃淞沪。或曰淞沪地势并不有利，故我方牺牲甚大，我军何不早日退守坚强之国防阵线，可免巨大损失，此乃战术上之理由，殊不知两国之战争，一方固应顾到战略，一方亦应考虑政略，其实战略之决定尚以政略为鹄的。盖从政略言之，淞沪有不能不加强支持之理由：一因上海为我国经济交通之中心，亦为文化中心之一，决不能遽尔弃守；二因当时北京会议正在开幕，若我军忽然退守福苏国防线，则友邦人士将疑我国已失抵抗能力，在国际上不免发生不良影响；三因淞沪抗战一月以来，已将全国民众之□□于东南，踊跃输将，若放弃过早，军民心必因此惶惑，此于精神动员上，必遭受极大打击。或曰无险可守之浏河闸北间临时所筑之防线支持三月之久，而数年惨淡经营之福山、苏州、乍浦、吴兴、江阴国防线以及筑有坚固工事凭依天险之南京，只守一月有余，相形之下，应作如何解释？其故无他，在维护持久战之主力军及我国之战略为避免主力战与阵地战，日军之战略在求速战速决，在最短期间内消灭我军主力，以遂其鲸吞野心。我军主力若果被破坏，则抗战难再持续，亚比西尼亚之失败，可为借鉴。当我军退守国防线时，平汉津浦二线以及山西敌军之一大部均□□向江苏增援，一方沿京沪路西进，一方窜扰太湖，企图裹我江阴无锡线之后路，形同□□□□，此计若遭打击，则分两路围攻南京。此时我若决意死守太湖两翼，则我军精锐均须配备于此之国防线，或成为敌我最后之主力会战，若幸而获胜，同为幸事，若不幸失败，则抗战无望继续，而敌乘战胜余威，可长驱直入如入无人之境。故国防线之不能不放弃，实为时势所必然。南京之忍痛让敌，亦为同一原因。此东战场我之退出，并非我军失却抵抗力量，乃我战略变更，战线分散与扩大之必然结果。

南京固为我国之政治中心，上海为全国之经济中心，然二地沦陷，并无重大影响。盖我国政治中心早已迁至四川重庆，南京在政治上已失其固有地位，敌人所占之南京，与其他军略地无异，上海经济为我国工商中心，过去国家财□之供应，民族工业之□□，国际贸易之进出，均在上海，敌人以为占我上海，我国经济实力必受重大打击，□□中国尚为一具有封建残余之农业经济社会，百分之八十以上之人民为农民，内地经济力可独立存在，□□□在上海租界之现银，大部分已运往香港，中国内部已与上海隔离，敌虽占有上海，已难为工业生存于转运□□区。

战略方面，敌方亦陷于被动地位，因兵力之有限，于占领南京杭州后，即改取守势固守，京杭国道及江南铁道线上，其军队之配备由交通线构成之三角形之各边，我军则退据黄山、天目山及浙东一带伺隙以动。余杭州富阳宣城湾沚等地之争夺战，敌人消耗大量兵力，而广德重要据点尚在我军手中，京沪庐杭两线亦受我军□□，敌时进时退，已有失据之势。

王维屏编著：《中国抗战地理》，正中书局1940年版。

对于倭寇使用包围作战之检讨（节录）

重　江

导　言

自抗战以还，我军勇敢善战，随地予敌以重创，南北各战场，虽因一时战略关系，几经转进，然我军视死如归之壮烈牺牲精神，实足以寒敌胆而馁敌心。惟吾人为争取最后之胜利计，在十一阅月来以血肉换得之经验，及“知己知彼”之原则，对于倭寇之惯用战法，应有更深刻检讨之必要。敌之所恃者，只系新式兵器之飞机、火炮及战车而已；至其士气之废颓，作战精神之怯弱，与国民反战心理之弥漫等，乃为敌今后致败之结症。吾人不仅不以目前之情势而稍抱悲观，且更须以再接再厉之精神，勇往迈进，誓期争取最后之胜利，所谓“检讨过去，创造未来”，正吾人当前应有之反省。爰将敌此次所使用之包围作战，分别检讨如次，以供我抗战部队之参考焉。

现代军队既日趋机械化，于是包围攻击之使用，愈见有利，同时于他方面，因现今火器之效力，异常增大，且筑城进步，其结果愈使中央突破作战，难以成功，故包围益成为现代所推重。而中央突破作战：仅限于（一）因兵力及地形关系无实施包围之余地，如此次淞沪近郊敌军于罗店、广福、大场诸役；（二）因战场之地形，彼我全般之配置，要塞之关系及国境之形势等，毋宁以中央突破为有利；

（三）作战经过中敌之正面发生缺陷等之数情势外，从大体言之，均有侧重于包围或广义之包围——翼外运动迂回等之倾向。

敌军之推重包围，依其战斗纲要攻击要则中所述："攻击之主眼，在包围敌人于战场而歼灭之"一点，更可概见。而此次抗战中，从保定会战，苏州河南岸会战以至金山咀附近之上陆，昆山太仓之战斗以至浒浦口之上陆，首都围攻战及杭州围攻战等，综观各役，无不使用包围之作战方式。于此可见敌对我作战指导思想之概要矣。

……

第二　首都围攻战（十一月二十五日至十二月十三日）

一　作战经过

敌于十一月十九日完全占据苏州、嘉兴后，稍事整顿，即于同月二十三日开始对我首都之围攻战。南路军于同月二十五日占据长兴，北路军于二十六日占据无锡，而同日南路军复推进至吴兴。十一月二十九日复与太湖挺进部队相呼应而占据宜兴，于此便完成其对我首都外围之攻击态势。

敌军于占领宜兴后，即将南北两军，分兵三路，直迫我首都及其以南地区。当时敌之战斗序列及各攻击纵队行动之经过，概如下列：

（一）北路军　由某某等三师编成。以一师任镇江正面之攻击，以一师为进攻首都东北方之主力，而以一师袭击汤水龙潭以切断我京镇间之连［联］络，并掩护担任进攻师之右翼背。

（二）南路军　由某某等两师半编成。以某师为攻击前进之主力，直推宣芜，以切断我军之退路，以其余约一师半之兵力，则任对我杭州及安吉方面之警戒。

（三）中路军　由某某等约三师半（内两师属南路军，一师半属北路军）编成。分四纵队，直迫首都西南方及其直南地区。一师循土桥镇经黄龙山南七瓮桥紫金山而推至和平门及中山门。一师由湖熟镇经方山及牛首山之间道，殷巷镇而迫光华门及通济门。一师由牛首山南经采石循江南铁路迫雨花台而至中华门。一旅则由溧水、岛山镇、禄口镇、丹阳镇直推当涂，于采石附近渡河，迫我江浦及浦口。

敌以上述之态势围攻我首都，至十二月三日丹阳、郎溪我相继因战略而放弃，六日敌复占据句容，于是首都近郊之陵邱［丘］屏障，因以失效。十二月九日京南郊之高桥门及光华门之飞机场，被敌占据。同时芜湖亦告发现敌踪，其翌日雨花台西南之西善桥镇，又翌日当涂均亦发见［现］敌踪。十二月十三日，敌军已渡江向浦口前进，而我伟大之首都，遂于是日沦陷敌手矣。

二　图示及其要点之说明

敌围攻首都经过略图（图略）

要点之说明

1. 敌军之部署　敌此次围攻我首都，其部署在攻势前进间已为包围之准备，故于南北两军会师长兴之际，即能不失时机，编成围攻主力之中路军以直推我首都外围之肺腑部，同时另以一有力支队放胆渡江，袭我江浦及浦口，使我唯一之退路，亦被遮断。

2. 兵力之使用　敌对我京沪线之正面，仅用少数兵力（控置有力之第二线兵团）从事牵制，而于我翼侧及侧背，则用优势之兵力为果敢之攻击，同时其任包围之各部队，皆为新锐，且每纵队皆配属以机械化部队，以图积极增加其包围翼之机动。

3. 避实击虚　敌此次各纵队之攻击前进，多采避实击虚，质言之，即对包围作战之指导，纵队以下之各级指挥官，亦能秉承一贯之意旨，如南路军之攻击芜宣，知宣城我有重兵扼守，即迂回郎溪越宣城而攻击湾沚镇，以袭芜湖；又如某师之迂回方山小道而袭我牛首山之侧背等，即其一例。

……

结论

总观前述诸战役，敌军此次对我作战，除局限于地势无实施包围之余地外，其攻击方式，均推重包围。至其包围实施之经过，归纳上述各战役，可得下列三要点：

（一）主力包围　常以优势之兵力或新锐部队担任包围，并控置有力之第二线兵团于包围部队之后方或侧背，以防止我军之反击，同时借以掩护其包围部队之挺进。

（二）退路或交通线要点之遮断　敌对我包围作战，其包围翼之选定，除依战略战术上之着眼点外，并选择于实施容易及获得最大效果之方面，如此次对于地形上容易遮断我军退路或于交通线之基点等，以遮断我军退路或前后方之联络。

（三）作战初期或攻势前进间为包围之准备　敌常利用其比较完善之通信组织

及陆空军之联络等，在作战初期即已配置包围之态势，即不然，亦于攻势前进间准备其包围之行动。

由此观之，敌对我作战之包围攻击，既有前述三特征，此与外线作战无异。则我今后之对抗，从大体言之，最低限度，作战正面须保有纵深之配备及并行出击及逆袭之攻势防御，方能奏效。于遭遇战之际，尤须竭尽全力，以保持机动之地位，而行军之搜索警戒，各级指挥官及邻接部队间之连［联］络与通力合作，侧方之警戒等，更为不可忽者矣。

考敌自战事发生后，除军事上稍获小利外，其政治、财政、农村、工业，因受战事影响而发生之破绽，已层见迭出，其内在矛盾将因战事之延长而愈益暴露。加以国际情势，于其日见不利，敌之崩溃，为期当在不远。望我国人上下一致，同德同力，抗战到底，则最后之胜利，当可计日而待也。

《军事杂志》第 109 期，1938 年。

二　外围战斗

日机歼灭记

高　植

日本军人是文明世界中最不文明的，他们只能破坏文明，破坏和平，为东亚为人类留下一点难洗刷的污点。日本空军将扰乱我国后方，这是普通人在上海战事爆发时所能预料的，然而普通人却未想到日本军人不顾国际公法，不顾国际道德到如此地步，在八月十五日派飞机来南京轰炸，使南京中外居民蒙受极严重的威胁与危险。

在这里且不谈此种野蛮暴行所涉及的道德与法律问题——这是日本军阀在教科书上从未读过的——单从个别的事实上来说侵略者所受的打击。

是日午后一时许，警报声震动了南京全市。不久，敌机即在首都的上空出现，侵略者的重轰炸机在城上盘旋，给予全市中外人士极度的恐怖，炸弹在平民的屋顶上坠落，机枪在各国大使馆房舍上扫射，在敌机推进机的嗡嗡声中，表现了日本军人的野蛮，道德法律的消失。

然而予野蛮者以惩罚的，卫护道德法律的我国空军也在天空上神武地活动。我国的驱逐机在领空上严厉地教训作不法飞行的敌机。我当时在城外东郊，只遥远地听到高射炮高射机枪的正义的怒吼，敌机怆惶的窜遁，我国驱逐机灵巧的追击。敌机的炸弹声催起了我的奋［愤］怒，我想侵略者的暴行必受正义的鞭挞，卫护正义者是我国的空军。

那时候正落细雨，扬微风，好像天也被蛮野的敌人气得下泪，发出鄙弃的微声。黑云奔腾天际，如助我国空军追杀敌寇。我站立在屋顶上，在细雨中远看侵略者的狼狈惨败。

有三架敌方重轰炸机向东逃遁，我国驱逐机紧紧追赶。在城东南郊外不远的地方，敌方的三架重轰炸机只剩两架。我心想也许是那一架敌机爱南京山川的秀丽，不愿遽返，留下来多白相一番，但不久便见地下冒起一阵黑烟，一道红光，果然是敌方驾驶员破斧［釜］沉舟，决心魂游六朝，不回三岛的表现。

我国的驱逐机似乎明白了敌机愿在南京留连，便紧紧在两架重轰炸机后面作恳切的挽留。不久，又有一架止步下地，也许是心太急，下得太快，头先落地，我遥见一阵黑烟，一道红火，心想："你们多几个亡魂在京郊结伴，也不至于感觉寂寞了。"

余下的一架重轰炸机仍然向前飞行。我国的驱逐机——说"挽留机"或许更恰当一点——后随。因为远，看去好像后面的挽留机抓住了前面的轰炸机，两个黑点并成了一个黑点，但不久，一个黑点又分成两个黑点，后面的挽留机灵巧地向下一闪，又敏捷地从下面向旁边飞去，再翔入上空，似乎是表示"挽留不住，只得回京"。俄倾［顷］之间，似乎孤独的重轰炸机飞入山中。为什么单爱青龙山呢？我看不清楚孤独的重轰炸机是进了那一个山凹，或是上了那一个山峰。很快地，又看见一阵黑烟，黑烟下有红色的火焰，火焰腾烈时，我看出孤独的重轰炸机在山林上留住，决心陪伴它的同伴。黑烟向上升，化入乌云中，即不见任何动静。

侵略者遭受的打击，这只是开始。我欣［钦］佩我国空军的神武，骄傲我国空军的英勇，惊羡我国空军的技术纯练，我心中充满了无限的喜悦，目击侵略者遭受打击，这精彩的一幕，应感谢我国的空军，中华民族是不可侮的。

《时事类编》特刊第 1 期，1937 年。

日机袭我首都及内地

今日日方自台湾及停泊于浙江洋面之航空母舰上，派出大批轰炸机，分向我首都、杭州及南昌三处投弹轰炸，幸我方空军事前早有充分准备，即派机升空迎战，同时用高射炮射击，计在首都被我击落六架，在杭州先后射落七架，日机大队受巨创而遁，我民众以训练有素，临变镇静，物质上损失亦极微，而敌则受重大之打击矣。（十日南京电）

《国际言论》1937 年第 2 期。

敌军一日五袭首都

敌机九十六架，二十五日上午九时半至下午四时半，分五次袭击南京，第一次来三十一架，第二次来三十二架，第三次来六架，第四次来十二架，第五次来十五架，均仅有一小部分窜入京市上空。当第一次来袭时，我空军当即出动迎击，京郊发生激烈空战，敌机虽大半被击溃退，仍有十余架窜入市空，我各方高射枪炮，一齐向敌猛击，敌机仍冒险在各处投弹，并用机枪向下扫射，一时爆炸声与枪炮声轰然并发，震撼全市，下关电厂被炸，机器略有损伤，至十时半始解除警报，此役敌机被我击落五架，大半为高射炮所击中，计驱逐机一架，落于城南王府园二十七号院内，重轰炸机二架，落于下关，均起火焚毁，尚有两架被击伤后，仍图飞遁，一架在泰兴坠落焚毁，一架尚未查明坠落地点，以上为第一次袭击之情形。第二次系午间十二时半来袭，在洪武路中央通讯社总社共投三弹，社屋全被炸毁，伤工友三人，江东门外中央广播电台亦被炸，机件被毁，至一时二十分解除警报，第三、四、五次袭击时间较短，盖以我空军截击及防空部队轰击之猛烈，敌机窜入之数较前两次为少也。敌机二十五日迭次轰炸，除上述首都电厂、中央社总社及中央广播电台外，尚有卫生署中央医院附近一带，四牌楼卫生事务所分所，广东医院等慈善性质之机关，至商店民房被毁者，有中山汽车行，三条巷，江东门，建康路，门东，边营一带房屋多所，其死伤人数，卫生事务分所死一人、伤五人，广东医院死三人、伤六人，江东门死六人、伤十余人，三条巷死十余人、伤二十余人，边营死八人、伤十余人，其详细数目，因时晏尚不及查明。敌机二十五日投弹总数当在二百枚以上，所轰炸者多为文化卫生之机关与民宅，被炸死及受伤者，俱为平民，敌军残酷野蛮之兽性，完全暴露，其蔑视人道与违反国际公法，实为全世界人类之公敌云。（二十六日上海）

《国际言论》1937 年第 4 期。

日机首次轰炸南京追纪（节录）

雅

（一）非常时节的设备

九一八之后，中央政府对于暴日已经下了个武力抵抗的决心，这是无可讳言的，既然是决心抵抗，后方军事上一切设备，是无日无夜不在工作着，尤其是我国的首都——南京，在这五年中，已经把他建筑得坚固成了铁桶般的，这里除掉秘密炮位安置之外，还有最新式的防空设备，和各种科学化的防守工程，这些准备战争的工作，只有极少数的重要人员参于［与］其事的，当然，敌人的间谍和汉奸们，更无法知道这些工程的所在地而向他们的狗主人报告了。于是，我们的敌人，他就开始小视南京，甚至小视南京是座空城，所以八月十五的事件而使敌人丧心落胆，这故然是敌人太渺视了别人家，同时也是间谍和汉奸们太饭桶，事先未详细的调查报告上去。

关于军事方面，我们丢开不谈，单就南京市民对于防空的组织和量的上面说，已经是蔚然大观了，京中百万市民，除去老幼残废之外，都曾受严格的军事训练，他们脑海中对于战时常识贯［灌］满了一脑子，防火防毒，警卫，救护，尤其是防护团员及新生活战时服务团员热心工作，沉着果毅的精神，是值得大书特书的，敌人只知道中国人是一般［盘］散沙，殊不知散沙一经士敏土的粘合那是同金石一般坚硬的。

（二）空前的紧张

八一三事件未发生之前，南京就预备日机光临了，在那个时候，人民对于防护工作就一天紧张一天，八一三之后，大有枕戈待旦之势，大家不但没有丝毫畏惧，反而觉得日机真来时，我们正好拿他来实地的防空演习一次，如果有这机会的话，那多么的耐人寻味。

终于在八月十五那一天，这机会到来了，静寥的古城突然传出了有史以来的防空警报，声音是那样的清澈又那样的刺耳，即刻，全城电流部［都］停了，江南公共汽车整个的出动，满载着宪警及民众组成的防护团员，份［纷］向各条街巷里遣送。武装警备和维持秩序的事，是整个搁在他们肩上的，他们开始指导人民走向避难室，停止一切车辆的活动，即是一个人喧哗和穿着白色衣服的，也立刻的叫他改换掉。

军事上防御设备物，都准备大开口，目光闪闪的炮手们，不断的磨［摩］拳擦掌，消防队员们，把放水管抓在手里，遥阔的街道上没有行人，一切都现出十分之十的紧张，这座古城，像一个雄狮，两眼布上了火，就差一声狂吼。

（三）古城像雄狮在怒吼了

八一五那天没有太阳，灰色的云层，布满了京市上空，各式巨大的建筑物，矗立在清冷的空气中，古城实在静寥得像个空谷。静候光临，预备了飞机高射炮做了羊恙［羔］美酒，以款待司马易［懿］式的日机到来也。果然，警报放出后半小时左右，那一种刺耳的声音，从空气中播传到这座古城，接着十六架飞机在京市上空出现，带有太阳标识的黄色铁鸟，他们以为只要这一举即可炸平南京而征服支那了，于是那骄傲的木更津队的队员们，向这古城投下了蔑视的眼光，低飞，向支那人的总发动机上低飞，显出皇军的神威，施展木更津的武力来炸毁这座总发动机。

低飞的程度，差不多及到各个大建筑物的头顶上了，你只要跑上四层楼，木更津队员们的骄傲的脸都可以看得见，他们轰炸的目标，是中央大学、军官学校、军事委员会、电厂、无线报台、兵工厂、中央医院、新街口银行区及各部院，他们迅速的投下了炸弹，于是，这古城像潜伏在海洋里的飓风样，忽然爆发而狂吼了，高射炮密结如雨点，全城都在发动，这一下，可把木更津的队员们等发了慌，向上升，升到云层里去，东北面一机碰上了高射炮弹，翅膀一歪，像殒星般的向孝陵卫荒野里掉落了，此外又有二机着了火，带着一股浓烟，向古城的边境投降了。

（四）六机的毁灭

中国的飞行武士，他们等得心痒难敖［熬］，当他们得到一个出发包围日机的命令之后，他们敏捷的举动像天神样的穿云入雾，在京市郊外，遇到惊魂未定的敌机，恶鬼遇魔王，双方杀得天昏地暗，木更津队员们无力招架了，相继又掉下来三架机，余机在半饶求的当中，抱头鼠窜而去了，这是我国有史以来第一次空战大胜利，我机驱逐敌机走后，又搜索天空一遍，然后安然的降落了。

《汗血（战时特刊）》1937 年第 16 期。

暂别了“西华门”——南京第一次空袭的追忆

谷　子

西华门，紧靠在明故宫机场的旁边，那好像是一座短短的古城，其实这是明宫的遗迹，坍去了一个角落！

在一个黝黑的晚夜，我们接到了一个紧急的出动命令，于是人在黑暗中扰动起来：整装啦，检查枪械啦！两架发着光的“马克沁”，静静地蹲在集合场的一角，打盹，但骄傲地，像在告诉着人们，待它醒来的时候，它是要发吼的，要吼到敌人在天空火葬为止！虽然，蹲着像在打盹，但它肚子里已装满了一股气，正在寻找机会发泄！

两道强烈的灯光，好像一对野猫的眼睛，从很远直射到我的集合场，一直到引擎停止发喘才跟着闭下来。这是来接我们出发的两部“利和”车，我们也就在这个时候，以纯熟的动作，将“马克沁”搬上了车去，人也跟着一个个跳上；引擎又在发喘了，猫眼又睁开了，路向后面倒退，行树吻过了我们的面孔，在这静静的大地里，只有“利和”车冲破了这个黑暗，冲破了这个静寂，钻进了“光华门”，一直向混凝土的马路上蹓去！

街上的霓虹灯，已经没有以前那眩耀，只有欧亚公司的红标灯，还是高高的矗立在明宫的四周，西华门的墙角上也配上这么一盏，好像是拿来点缀这踪迹的寂寞！血红的、豆子似的灯光，映进到眼帘的时候，那根歪歪的电杆，确像含有那卖笑者一般的风韵，默默的在微笑！

车驶近坍废了六朝遗迹的墙脚下，人们在车上跳下，“马克沁”老是有那么大的架子，没有人抬它，它是不动的，慢慢地把它送下车来，在这末夏的夜里，蚊子在耳边盘旋，当你想瞌睡的时候，它会不客气的给你一针，使得你对它的防御不敢稍有疏忽！

从坍了的一角，踏着坍下来的积石，爬上去两个人，因为这个废了的只可当做遗迹看的城墙，在他的四周并没有阶梯，只有这一角坍下来的积石，才是上城头去的路，所以我们也就在这个地方爬上人去，再用绳子下来吊上我们那还在打盹的“马克沁”！

人上去了，连“马克沁”也上去了！

事先架好的电话，传来了第二个命令，是要我们在“西华门”口暂住下来，就是明天早晨也不回去，在没有第三个命令是不准乱动，一直要住到再来命的时候为止！天哪，这时我们二十几个人不免着了急，因为我们出动的时候，都是轻装，我们都以为马上就回到校去的，那里知道事情有这种变化呢？幸喜，送我们来的“利和”车还停在下面没有走，他们同样的接到命令，到明天早晨送我们派回去的人拿大家东西和给养来，我们就这样在那露天底下住下来，除了唧唧的虫声和蚊子以外，只有静的夜在陪伴我们，那红豆似的标灯，还是那样的媚笑！

一切的困难我们都克服过来，我们为了保持着我们行动的秘密，在白天，在那强烈的阳光下，我们不能随便露面，只有默默的在上面曝太阳，在夜里我们又没有点遮盖，仰露的卧在大气的笼罩下，因为那上面根本不能搭置帐幕，虽然天是那末热，可是珠般大的露水积在每个人的毯子上，却会把你从梦中刺醒，蚊子始终是个不离身的要好朋友！

有一天，时针是指在一时左右吧，大地哭起来了，人们、汽车都在加强速的闯，这是南京第一次空袭的一天；这个日子，只要是防空的健儿们，谁也不会忘去他是八月十五吧！在人静了之后，街上顿和前分钟变了个世界，如死去一般的沉默，只有着黄衣的宪兵和警察，擎着枪在街头巷口踱方步。这时，我们的“马克沁”却站起来伸了个懒腰，昂着头朝向祖国的天空！

蠢牛般的“木更津”，他高傲的飞得那末低，来污辱我们首都的天空，这是他的估计太错了！谁还容忍得了，这时在紫金山的四角，在美丽的玄武湖畔，一连串送上了火舌吐向那丑的日章徽，爆烟在空中炸裂，震得整个的太空都在颤抖，告诉了敌人“中华民族是不可侵犯的”！

四只荒鹫朝向故宫机场飞来，在他的投弹距离内，送下了八个黑点，天一般的成了个抛物线形，冲破空气发出吱吱的叫声，向我们头顶很快的掠过，第一颗黑点就在离我们二百公尺不到的地方，和土地来了个很重Kiss，接着就是一声巨响，一股黑烟带起泥块，如被惊的乌鸦一般，向四下里飞散；二颗、三颗……照样在我们顶上向下掠，机场的周围多添了些深坑，这是侵略者荒鹫第一次给我们创痛，使我们永远不会忘去的创痛！深刻的划在每一个中华儿女的心坎上！

时间是一秒秒的移，帝国主义者自命精锐的“木更津”也在这一秒一秒间火葬在我们领空，实践他们那种遮丑的宣传名词“无言凯旋”？！

当警报解除了之后，眼前刚过去一个伟大场面，在我们的脑中留下一个永远难除的历史影象［像］，我们那刚睡醒的“马克沁”，在如过新年放鞭炮似吐了一阵火舌，现在，又静静的闭下眼来，让人们把它整洁整洁，仍旧睡觉了，战士们亦吐了口气，期待着第二次再和疯狂的人厮杀！

街上人渐渐多了，汽车仍旧矫捷的在柏油马路上来往的穿！

跟着，敌人一次复一次的肆虐，我们也一次复一次的给敌人以打击，“木更津”是这样被我们消灭的。

我们在那坍废的城墟上，虽然是那末困难的生活着，但每天有和敌机作战的机会，我们仍旧是很兴奋的，尤其是沪上战事捷音传到的时候！

终于在一个黄昏的薄暮中，由电话中传来了第三个命令，要把我们调回休息，接我们防地的第××团的战士们，在我们接到命令十分钟后，已经来到阵地，我们把一切移交清楚，仍旧乘那装我们来的“利和”回去！

“西华门”，暂别了，这个是我们在南京第一次抵抗侵略者的阵地，想不到现在还卧在敌人的铁蹄下，当我忆起那东方的“耶路撒冷”的时候，我就会想起那“西华门”；在那里我曾打击过侵略，我曾和打击敌人一样的抽死过一条大黄蛇！

《防空军人》第1卷第11期，1939年。

敌机首次空袭首都的回忆

陈启乾

闻敌人启衅淞沪后，首都的防空工作，似乎一天一天的加紧，红色的屋顶，灰白的车身，都涂成与地面相同的保护色。政府的命令，限八月十五号以前，将一切防空壕，及避难室建筑完成，所以首都的防空，在积极与消极两方面，都可以说是有了相当的准备。果然在十五号那天，下午一点十五分钟的时候，警笛发出了一长两短的空袭警报，全市的市民，在五分钟以内，迅速而有秩序的，都走入避难室或防空壕里去了，精勇的军警，是布满了大街和小巷，在这一种情景中，除了巡街的骑兵，和摩托车队跑过街心时，发出整齐而严肃的声音外，整个的首都陷入了沉静的状态中。

在空袭警报后，不到一刻钟，警笛又发出一长数短悲壮的紧急警报，警报刚停，已闻轧轧的声音，从上海方面而来，我将头伸出了防空壕，就看见敌人的重轰炸十六架，三五成群的向首都天空扑来，地面上的高射机关枪，与高射炮发出拍拍……咚咚的声音，把这都市的沉静打破，我国的飞机，由四面飞来，向敌机扫射，把敌机团团围困在天空中上下打旋，这时候飞机上的机枪，与高射机枪及高射炮的声音，惊天动地的响着，在这炮弹密集的声音中，六架敌机先后中弹降落，本身不愿迫于命令而来的敌机，遭受了这种意外的打击，其余十架敌机，好像惊弓之鸟，怆惶飞去，下午四点多钟，警笛发出两分钟的长鸣。警报解除，人民才从防空壕或避难室内鱼贯而出，街上又恢复了热闹的状态，行人并没一个有惊惶的样子，同时人们听见击落敌机六架之多，我方并无多大损失的消息，脸上都显出胜利的微笑。

《抗战星期刊》1937 年第 1 期。

“铁鸟”大队长空歼敌之序幕

符　祺

南京——我们没有一刻忘记了我们的“耶路撒冷”。不只用怀念和悲愤，并且必定要用铁和血夺回我们的圣地。

我们的英雄，我们的飞将军，在首都失陷之前，曾经以其热血忠忱，以铁翼维护着江南的上空，予袭击我的寇机以重大的打击。

在大首都的保卫战中，“铁鸟”大队是保卫首都的机队之一，用其最善的努力，予侵略者以痛击，收得了甚大的效果，侵略的寇机接二连三地被击落，使倭寇望见神圣伟大的南京城，就忍不住贼胆心寒。现在我将八月十五、十六两日的战况，撮要报告读者。

1. 前哨的接触——V 对 V，以三击四

八月十五日的天气，并不晴朗，可是这种阴晦，正暗示着敌寇来袭的失败的预兆。我们的分队长秦家柱，点齐人马，出站巡逻。一点三十分的时候，三架波音，像三只饿鹰一般，作 V 字形，雄踞在千尺高的首都上空，找寻他所需要的食物。

因为天气不好，能见度只二千米远，当敌机四架，送到口边——在机场上空——的时候，竟在牙缝里塞过一般地漏了网。第二次可不能客气，贪心的敌人，很轻

率地第二次又到达南京的上空，便被领队秦家柱发现了，并且紧紧地跟牢了。

好呀，秦分队长看见敌机四架，也作V字形由西飞东。看得真切，乃以单机向敌后方突袭。其余两架也急起直追，各向目的物扑去。

敌人一架九六式双发动机车轰炸机，抵不住突如其来的打击，登时被秦击中，摇摇摆摆地坠落在汤山之西。回来后，秦分队长笑着说，“我怕不确实，一直追去眼看那红昏的日徽向西乐土，着火燃烧时才回来。”

× 队员笑接着：“他浑身发火，活像一个着火的刺猬，但为什么不在汤山泉洗个澡呢？那才够的上算是一个落汤鸡呀！”

2. 大教［校］场较量——这一次是◇对◇

仍然是八月十五日的下午，我机由黄泮扬率领，与敌机四架，在南京大教［校］场上空，两降对“方”较身手。

厮杀开始，彼此翻扑恶斗。黄新瑞得见敌机死角，机不可失，立向敌之左后平方扫射，即刻看见该机着火。一面焚烧，一面作尾旋下降，跌落在大教［校］场之东。彼此再不登场了。

3. 相打成相识——找着了主顾，送上门来

十五日敌机在首都上空插标卖首，发了一个大利市（？）大概是看中这主顾，第二天（十六日）便不惜移尊就教，送上门来——飞到句容上空讨死！

这一天因为云量过多，能见度恶劣，当发现敌双发动机重轰炸机来袭炸时，该敌机已势将迫近机场，我们对这一伙鬼子客，未曾早为接待，有失远迎之罪，至今说起来都还耿耿于怀。

但是有在地面工作的机械人员，以沉着迅敏的手段来弥补了失迎之罪。由于他们神速的动作，领队黄泮扬，首先起机，十七队各机及二十八队两机亦能及时升起。我们那些英勇的机械士当我机离地应战后，不及避开，乃在炸弹爆发，碎片乱飞之时，各卧机场。周机械士世宏，左腿受伤，毫不在意，他见敌机目标是轰炸棚厂，而炸弹都落在机场空地，不禁按着创处大笑。

当时黄队长泮扬向一架敌机之左后平方截机扫射，立即将敌机击中着火，跌落在机场之东北面，坐了首席。卧在地上的机械士们目击这种隆重的招待，不禁

喜得连周世宏也拍起掌来。

黄队长无暇鉴赏他的战利品，一个翻身，由上空半斜转下，向第二位来客——另一敌机之左面上方扫射，当即将该敌机之发动机及翼油箱击中，汽油喷出，如骤雨斜倾。敌机顿失平衡，迫降附近地面，驾驶员都做了俘虏。

这时机场上尚有被我机截击漏网之敌机一架，带着尚未放完的炸弹，如母鸡生蛋似地在那里低头搭［耷］脑地旋着。给黄队长看见了，再奋神威，将机俯冲，复拉起向敌之下方攻射，说时迟，那时快，机立即中弹着火，向句容城南门外跌落，到地时候，轰然巨响，这种饱吃自带粮食的佳宾，自然是再好招待也没有了！

紧接着黄队长起飞的黄新瑞，迎击敌机，该敌机大约嫌招待不周，掉头就跑，黄分队长，一直追到苏州附近，才将该敌击中。

邓政熙与陈瑞钿，也合力追击敌机，一直赶到苏州附近，才算将这绕道的来客挽留住。但是客人的“酒”量太大，于饮弹之外大冒黑烟，投身在太湖里面“吃大杯”了。

4. 羞答答而来——被打得落花流水而逃

一批客人才打发过去，第二批敌机六架又到，胆怯而且狡黠的敌机，利用白云掩蔽，羞答答地偷摸前来。但是不管你迟来早到，我机总不怠慢，当发现敌机在西北方向，英勇的领队陈其光，即率领各机起飞，向敌机迎击，好像群鹰博雀，敌机都被冲散。我机也分散开来，与敌缠斗。陈其光在三千尺高度中发现敌机一架在一千五百尺高度，乃向敌机作垂直俯冲射击，命中敌机头部，旋见该敌机起火焚烧，在句容城西南角外，撞地而毁。

陈瑞钿见一机向东，乃跟踪追击，尾随不舍，敌机回避再四，但终于无法逃出火线，霎时气［汽］油箱被击穿！踉跄图逃。陈穷追不已，直至宜兴附近，冷不提防，被另一敌机击坏发动机及机翼，与机翼着陆线，不能继续飞行，才歇息在宜兴公路旁边。

其余我各机截击敌于东南方，把敌人打得落花流水，狼狈而逃，直至见不敌迹以后才陆续归队。

5. 逸兴遄飞——成田山无灵，飞将军荣耀！

这两天打落敌机，落在句容附近的，有好多句容的老百姓去看。当队部派员照相时，一个乡民一手抓着跌死的敌机师后头，从水塘中拖上岸来，他说："让开，让开！成田山显灵了。"因为在跌死的敌机师身上，有一块护身符上面写着成田山，乡民以为是他的名字。（成田山是一种神的名称，详细可参看日作家鹿地直夫人池田幸子在《救国日报》所发表《成田山》一文）

有几次我们空军健儿，在南京市上购买日常用品或者是 Jacket 一类的东西时，店家除特别客气，面［而］致慰劳之词外，临行把物包好股［主］动相送。飞行员回去，发现所付货款，仍旧在纸包内，发票上是"慰劳空军将士保卫首都，不收货款！"

有一次某飞行员买东西，店家一定不肯收钱，问他为什么原故，他说航空同志辛苦卫国应致慰劳。队员问他："你怎么知道我是空军？"

店员指道他的服装说："这是满天飞行的符号，不问到那里都受人敬仰的。"

更有一次，队员们于击敌后换班时，到安乐酒家用餐，某外人，问一个队员："你击落敌机没有？"他伸出两手头来答他："两架！"某外人拍拍他的肩臂一竖大姆［拇］指，连说："好的！好的！"

他们吃了很丰富的晚餐，当拿出钱来会钞时，店主人笑嘻嘻地说该外国人已经代会了！而且他还谢谢得了一份颇不为少的小账。

《中国的空军》第 11 期，1938 年。

对日抗战初期首都防空战佳话

辛文锐　口述

（一）

余于二十六年七月，奉命兼任首都高射炮部队指挥官。自“八一五”一场混战，击落敌机六架，以后十余日中，敌机来袭，精确命中之机会颇少。常见炮弹在敌机旁爆炸，而敌机未有坠落。如根据外国顾问所言，在敌机卅公尺内爆炸，即是命中，似不相符。余极力思索，尚无确定改正办法。某夜见敌机九架来袭，余指挥射击，竟同时击落两架，冒烟下坠，颇为壮观。欣喜之余，乃是一梦。次日向冯校长秉权（当时充防校教育处长）诸人声言，昨夜同时击落两机，大家皆以昨夜并无警报为报为奇，俟说明后，诸人皆以痴人说梦见笑。又过一日，有敌机来袭，警报发放后，余到五台山七・五寸炮连指挥，余以为平行法（各炮平行射击）炸点太疏散，须使炸点集中，乃能增大破片效力，当命该连连长刘子绍，于射击准备时，改用瞄准点法，以紫金山之三脚架为目标点。并通知练习队第一连连长陈达观，亦照此改变。此时敌机九架，已由紫金山上空进入，余命该两连同时射击，即有敌机两架中弹，冒烟下坠（一坠王府园一坠下关），与梦中情形全相吻合，可谓奇迹。

（二）

二十六年十月二十一日，余正与家人午餐，闻警报声，即准备赴阵地指挥作战，适妹倩孔筱梦君购得金表一只，价洋一百余元，甚为得意。孔语余云：如今日能击落一架敌机，当以此表相赠。余请将表交家父收存，作为公证。继乃至光华门城墙上指挥。当时敌机数架进入市区后，未投弹即离去，只余一架在市空来回飞旋。余命练习队第一连射击，但炮弹炸点落后。此时敌机正在大较［校］场上空自东向西飞行，练一连阵地则在叉路口，余即左命该连速向修正二十分划，乃该连观测排长卢泰元报告指挥仪发生故障，余即命其就各炮直接修正二十分划快放。当见敌机附近，有炸点爆烟三个，余正以何以只有三弹为异，忽见敌机爆炸下坠，乃另一弹已射入机身，该机初分前后两段，以后发动机机翼纷纷下坠，诚属奇观。该机残骸，落于大较［校］场西南，中外人士往观看者，人山人海。余与冯校长亦往观看，拾获日人所佩戴之千人针护身符及射击士之臂章，以留纪念。回家后取得金表，此为余在抗战期中一最大之物质收获。

《中国的空军》第 109 期，1947 年。

敌机大举轰炸南京

敌机四十六架，今晨八时半由东南方袭京。我空军闻报，急派机队前往迎击，于八时四十分在镇江附近与大队敌机遭遇，当即发生猛烈之战斗，我军奋勇向敌机围击，与敌开始厮杀，敌机队形散乱，动作慌张，连被我击毁两架，一落于高资附近，一落于仪征附近。其余敌机见势不佳，急求报复，我队中二机被敌包围，以众寡势殊，陷于苦战，然我军仍以枪弹予敌创伤，卒有一架被敌击伤坠落，另一机则杀出重围，与他机联合，向敌进攻，正鏖战中，突有敌机一架从旁赶来，将我一机击伤，此时敌机一部约廿余架，侵入京市，余机仍应付我军之追击，在扬中及江宁县属禄口，又被我击落两架，是时敌仍拟逞暴，又相偕向京进袭，飞至孝陵卫一带，我高射炮猛烈射击，敌机一架应声中弹，落地起火，余机见形势险恶，乃仓皇逃逸，其时又有一架中弹，飞至常州一带，落地焚毁。我军是时仍继续进迫，至江阴上空追获，急用机枪扫射，一机击落于江中，至十时许，残余敌机纷纷向东南逃去，至袭入京市之敌机，经我防空部队枪炮射机击，未能肆虐，阅［约］半小时许，至四郊投弹数枚而去，至十时四十分即解除警报，此役查明敌损失轰炸机七架，我亦损失两架，敌战斗员查明有二人当场毙命，五人受重伤堕［坠］地，不久亦即毙命，我空军将士黄居国、戴广进两君殉难，五人受伤。同日午后三时许，敌机十四架，由苏州西飞，犯我首都，我军腾空迎击，敌驱逐三架发现于京市四郊上空，我军簿勇迎战，旋又有敌轻轰炸机及驱逐机二十余架，陆续自东南角侵入我警戒线，一时敌我两军空战极为激烈，敌军遂遭我军之猛烈威胁，郊外居民亲见敌机发火者数架，敌见无可逞暴，乃相率飞去。

二十日晨十时敌机五十架，分两队来京侵袭，我空军闻报，即派机前往拦击，在京近郊即发生鏖战，我空军奋勇杀敌，在紫金山上空，连击落敌机两架，降地起火，敌机见势险恶，除有十余架窜入京空肆虐外，余机纷纷图逃，我空军鼓翼进击，至栖霞山附近，又入遭遇战，敌轰炸机动作笨拙，难逃我空军敏捷之射击，一架当即受伤落地焚毁，我空军是时更乘胜进迫，追至江阴一带，一敌机尾部被我击中，顿时发火，坠于江边。二十二日晨十时一刻敌轰炸机及驱逐机五十一架又击首都，我空军事先升空，准备迎头痛击，十一时许，敌我两军在京郊相遇，即发生猛烈战事，我英勇战士居高临下，齐向敌机以机枪密集扫射，敌军招架不住，当有二机中弹受伤，狼狈遁去。一飞至浦口北三十余里起火落地，一飞至镇江附近爆炸坠地。其余敌机情急，联合十余机，向我一战斗机扑来，以众寡势殊，我机在三汊河对江受伤，降落水上，二战士受微伤。敌机纷向江阴方面逃去，我空军战将董明德君杀敌心切，乃单人独马，猛加追击，至江阴上空时，当将一敌轰炸机控制在手，使其丝毫不能逃出机枪射程，战斗约数分钟，该敌机油箱即中弹起火，黄烟一缕，机坠地上，爆炸巨响，声震数里，其余敌机，齐向董君之机猛烈围攻，董君急腾飞高空，众敌机见无机可逞，且受严重威胁，不得不迅速逃去。迨董君飞还京空时，警报业已解除，当我空军在城外与敌交战时，忽有十余敌机乘隙窜入京市上空，一时高射炮及高射机关枪齐发，敌机均仓皇高飞，兼之我军自城外赶来追击，敌军愈形慌张，与我军稍有接触后，即在各处投弹，计中央党部投弹，毁房屋多间，其余落池塘及荒地者各十余枚，落路面者七八枚，落民房者十余枚，死伤平民四十余人，毁房屋五十余间，解除，一切即恢复原状。事后调查，敌机计被我击落四架，除三业已证实外，尚有一架在搜寻中，至我受伤，下午一时一刻，敌机廿一架又来作第二次侵犯，迨其发见［现］我空军已在上空列阵迎击，未敢侵入市空，乃窜至浦口及京沪车站一带投十余弹而去。二十五日晨九时半至下午四时半敌机九十六架，分五次袭击南京，第一次来三十一架，第二次来三十二架，第三次来六架，第四次来十二架，第五次来十五架，仅有一小部窜入京市上空。当第一次来袭时，我空军当即出动迎击，京郊发生激烈空战，敌机虽大半被击溃退，仍有十余架窜入市空，我各方高射枪炮一齐向敌机猛击，敌机仍冒险在各处投弹，并用机枪向下扫射，一时爆炸声与枪炮声轰然并发，震撼全市，下关电厂被炸，机器略有损伤，至十时半，始解除警报。此役敌机被我击落五架，大半为高射炮所击中，计驱逐机一架，落于城南王府园廿七号院内，重轰炸机二架落于下关，均起火焚毁，尚有两架被击伤后，仍图飞遁，一架在泰兴坠落焚毁，一架尚未查明坠落地点，以上为第一次袭击之情形。第二次系午间十二时半来袭，在洪武路中央通讯社共投三弹，社屋全被炸毁，伤工友三人，江东门外中央广播电台亦被炸，机件被毁，至一时二十分解除警报。第三四五次袭击时间较短，盖以我空军截击及防空部队炮击之猛烈，敌机窜入之数，较前两次为少也。敌机昨日迭次轰炸，除上述首都电厂、中央社总社及中央广播电台外，尚有卫生署、中央医院附近一带、四牌楼卫生事务所分所、广东医院等慈善性质之机关，至商店民房被毁者，有中山汽车行、三条巷、江东门、建康路、门东、边营一带房屋多所、京市党部及法国哈瓦斯通讯社南京分社亦被轰炸。其死伤人数，卫生事务所分所死一人、伤五人，广东医院死三人、伤六人，江东门死六人、伤十余人，三条巷死十余人、伤二十余人，边营死八人、伤十余人，其详细数目因时晏，尚不及查明。我空军昨日奋勇应战结果，伤四架，敌机昨日投弹，总数当在二百枚以上，所轰炸者多为文化卫生各机关与民宅，被炸死及受伤者，俱为平民，敌军残酷野蛮之兽性，完全暴露，其蔑视人道与违反国际法，实为全世界人类之公敌云。

《中央时事周报》第6卷第35、36、37、38期合刊，1937年。

敌机袭击首都未逞

中日空军战争发动于十四日，敌机首袭杭州，被我击落多架，十五日下午，敌重轰炸机十六架，自台湾飞来，袭击我首都，当敌机飞至浙境时，我防空当局据报，于下午一时半发出警报，同时派驱逐机二架升空侦察，一时五十五分，敌机飞达京市上空，我方急派大批驱逐机迎战，交绥于京郊大校场一带，一时战况激烈，敌机屡受压迫，旋复飞入城内，曾在数处投弹，并以机关枪扫射，我机跟踪追击，市内各处高射炮机关枪，均对准敌机射击，敌机见未得逞，乃向城外飞逃，我仍予追击，在大校场句容间重复激战，结果敌机被我击落六架，其中四架落于京郊，二架落于句容附近，其余敌机十架，于三时二十分狼狈向东南方面逃去，三时半遂解除警报。同日敌机复犯南昌、杭州、芜湖等处，南昌被敌机投弹十余枚，旋即被我空军驱逐出境，杭州方面我机与敌机郊战杭绍上空，被我击落五架，飞芜敌机，仅略事侦察，并未投弹。十六日敌机四次围袭首都，均被我空军中途截击败去，十九日又两度袭击首都，复被我击落四架，唯敌机入城时，在中央大学上空投弹数枚，该校颇有损失。据军政部十七日公布自本月十三日上海中日军交战后，我空军于十四日晨出去，轰炸敌军舰，及杨树浦敌根据地，予敌军以重大之打击，其汇山码头、公大纱厂、日陆战队司令部均中弹，损失甚大。自十四日下午起，敌大队飞机先后飞杭州、南京及浙赣各大都市，轰炸扰乱，因之引起最激烈之空战，我空军奋勇杀敌，予敌机以意外之大损失，计十四日下午敌重轰炸机十一架，由台湾飞杭州、广德等处轰炸，当被我在杭州击落三架，又三架受伤，在浙省兰溪等处被迫降落，仅有三架仍循原路线逃回台湾。十五日敌机二十余架飞炸杭州，十六架飞炸南京，在杭州者被我击落八架，在南京者被我击落六架。十六日上午敌机复大队来袭，当在句容被我击落二架，击伤一架，在上海被我击落二架，在扬州镇江被我击落三架，在嘉兴被我击落二架。又十六日下午敌机二十余架，轰炸苏州飞机场，投弹甚多，但均未命中，有一敌机被我高射炮队击落于苏州机场附近。合计三日中，敌机损失已在三十架以上，我方飞机仅受伤三架，空军人员死二人、伤三人。

《中央时事周报》第6卷第32、33、34、35期合刊，1937年。

记首都首次空袭

铸　九

这是十年以前的事了，当日本飞机飞炸杭州第二天，正是二十六年八月十五日，星期〈日〉，早上下了小雨，天气阴沉沉的，看了报上敌机轰炸笕桥的消息，敌机是从台湾来的，飞临杭州后，被我空军打下了几架，敌未亡机又循原路回台湾了。这一消息虽然未能比北方及上海方面的战讯更加重要，可是也给人们心上起了不大不小的一个疽疙。

小孩子们走了，一个人住在大所房子，心理上不免有点那个，上午本来想出去走走，出门一看，路上泥浆浆的，迟疑了一会，依然又转回家里看报，午饭以后，照例的小睡片刻，大概下午二点左右，天空中发出了中华民国首都第一次的警报声音。

南京的习惯，每天十二点，鼓楼照例发出一长声汽笛，以便利市民校对时间。这一长声汽笛，南京人称谓“放洋嗡”，假使你听见你家的老妈子说“色儿，放洋嗡嘞”，那就是说，“先生，十二点哪”。这一天洋嗡的声音发在下午二点，人们本能的都跑出来互相惊问，明知不是校对时间，可是谁也不能说出究竟为了甚么，街上照常人去人来，不久有人传说这是“警报”，慢慢的行人断了往来，只有警察在也说不出所以然来的情况中来来去去。

第二次洋嗡又响了，沉闷了好久的人们这时又出来了，街上也有车子来往，突然间警察又不许人走动，可是依然说不出道理来，好像三点多钟，远远有飞机的声音，接着果然有一架飞机由紫金山经军校至鼓楼折而向南，正经过我站的地方上空，深灰色的机身，离地面也不过两千公尺。在这一刹那间，各处枪炮齐鸣，有高射炮、步枪、机关枪、手枪等枪声的合奏，看的人这时多又出来了，不约而同的赞叹今天演习的逼真，一架飞机以后，没有第二架再来，所以第二次的枪声合奏，也没有再演，等了好久，人们多带着失望的情绪又回到自己家里。

同里份［分］住的一位陆大学员王家烈先生，也是“人们”之一，他坚持说刚才的飞机是日本飞机，机翼上有红膏药。人们对于他的说法，虽不反对，可是总以为刚才是在演习，如果是真的，一则敌机要轰炸，一则我们那么多的枪炮，也可以将它打下来。

就是这样子人们在不相信的情况中，一切恢复常态，街上又是人去人来的，我也无兴趣再出去，扭开收音机听听消息罢，依然是音乐演讲那些节目，忽然间那位专门报告节目的小姐说话了，“各位听众，今天晚上八点钟，张道藩先生在本台报告视察被我击落敌机残骸经过”，这才明白刚才不是平常演习，而是真的空袭。

晚上听了张先生的广播报告，知道这次空袭的敌机，是敌木更津航空队，也是由台北起飞的，本日被我击落三架，都是七人座的重轰炸机，他看见的一架，就在孝陵卫的东边，大概是在城内中弹，逃出了城才落下来的，机毁人亡，空袭原来如是，人们对于时代，有了新的认识。

《人言》第2期，1947年。

首都空袭中的形形色色

陶镜寰

题解：本篇是我国记者介绍首都遭遇空袭后的各种情形，可和外人记述的几篇同读。

首都空防警报计分五种，为空袭警报、紧急警报、解除警报、毒气警报、火灾警报，各以器具声响区别之。

首都首次遭受敌机空袭为八月十五日，遭受敌机夜袭为八月廿五日，轰炸最剧烈为九月十九至廿六日。

敌机赴首都夜袭，仅八二五一次，嗣后即未敢冒险牺牲。

九一九至九二六一星期中，敌机袭击首都，至为剧烈，全市商店，均因危险，令入防空壕避难，以致不能营业，惟酒馆业中山北路之岭南酒家，中央商场之厚德福，夫子庙之别有天等仍照常开门，多数不怕死而好吃之客人遂趋之若鹜，故该数家酒馆，莫不利市三倍，而账房伙计亦均喜笑颜开。

首都防空部队射击异常准确，余曾目睹敌机两架，被我高射炮击落。但见敌机中弹后，全身起火，机首下向，机尾朝天，迅速坠落，疾若奔电，转瞬之间，即堕［坠］地焚毁，同时机身附着之炸弹，亦于空中爆炸，机中零件四散落地，机中敌人亦随弹片飞裂，无劳我红万字会棺木为之收殓矣。

敌机在首都上空被高射炮击落者，第一次为九月念［廿］五日，坠落于城内王府园索姓宅内，因索姓全家去乡，故未伤人。

全面抗战发动以后，首都房东均自动停止收取房租，一般市民既无房金之催索，复无电费之支出，深觉留京不特毫无危险，反有种种权利可享。

夫子庙著名茶楼奇芳阁，因惧轰炸停业，多数吃茶朋友均望门兴叹。

敌机残骸均分地陈列，首先陈列于第一公园烈士祠者为重轰炸机一架，各种零件亦附设陈列，因之前往观览者，日数万人，遂形成超纪录之繁荣。

近有人提倡，以为电影为教育之一种，首都影院自战事发动后，即停止献映，殊属影响宣传，亟应选择关于革命、战事、冒险、科学、爱国各种名片在各影院放映，以便提高国民爱国情绪。

某报广告部职员赵某，因敌机曾在国府路投弹，夫妇偕往视察，未及归家，敌机又至，乃趋避于公共防空壕，迨警报解除，平安返家，竟不得其门而入，盖已为敌弹光顾，财产荡然，仅余随身衣裤，于庆幸生存之余，仍有啼笑皆非之感。

某次京空战正剧烈时，突见一机受敌机之袭击受伤下降，余正为该机中我方战斗员危，忽睹机中有人跃出，俄顷而有一白色物件，逐渐膨大，跃出之人，坠在白色物下徐徐下降，因知该物必为降落伞，事后闻悉，跳降落伞者，系已经击落敌机陆架之空军勇士乐以琴也，此役仅受微伤，现已全愈，当又在追逐敌人效命疆场矣。

本月阴雨时多，每于雨时京市市民皆笑谓今日敌机决不敢来，可以放放心心的作事，且有以此为赌者，深知敌人技术拙劣卑怯畏死，非如我军之保卫祖国誓死疆场也。

（十月十九日《辛报》）

郑光昭编：《抗战丛刊》第2辑，商务印书馆1938年印行。

中国空军威力底一瞥

题解：本篇也是我国记者在首都经过空袭后所记的情形及印象，首都防空的巩固，多少可由此文证明之。

南京是我们的首都，它的轮廓具有整齐的线条美，有古代宫殿式和现代立体式以及最精致的罗马式底建筑物，更有一切大都会所应有的热闹与繁华，无疑的，我们的南京，它和金的纽约、花的巴黎、铁的伦敦一样底庄严、一样底伟大、一样底重要！

前天是一个闷热的秋之白昼，我翩然底从内地跨上了国都，那时正秋阳肆虐，柏油路被晒得软软的，发出一层油光来。当我的肉眼开始和首都接触的时候，我知道首都已粉饰着一层战时的色调，玄武湖非但没有“湖匪”——在湖中猎艳者——的疯狂，连卖划子的人都没有了！一派沉寂！虽然湖里的荷花还是那样抖擞底挺立着！

夫子庙的歌声是息灭了，毕竟被抗战的唤呼惊散了我们的莺雉！

真的“鸡鸣寺”鸡不鸣，“莫愁湖”湖更愁了！

曾经梅兰芳博士登过台的大华戏院门前钉起了一排木板，已变做了临时避难所，这好像是非常时期的一个特写镜头。此外如中正路旁的一个个地下室也是战时特有的点缀。

晚上，新街口花牌楼一带挺热闹的市口霓虹灯当然不会放光了，其他地方更不必说，就是中国银行屋顶上两个明亮底葫芦，也罩上了蓝布罩儿。

走上了建康路，另有一番风景线，在一家医院的上空，飘扬着米字旗，我们知道全面抗战的空气笼罩下南京底情绪，是相当的紧张了！

当我在一爿“家常便饭，随意小吃”的饭馆里吃饭，蓦地里大喉咙一声狂叫，告诉我这是紧急警报，于是堂倌走来，要我算账，而且还要我立刻离开那里，他认真的向我说：“在这个时期来南京，住旅馆也得要有保人，尤其是在紧急警报的时候，谁家店铺都不能容留谁。”无奈我只得颤栗的走出饭馆，那时马路上没有一个行人，戒备森严，木壳枪脱了壳，长枪上了刺刀，平端在每一个军警的手里，宪兵坐着卡车，风驰电掣的来往巡逡，所有的商店上了排门之外，还拉上了铁门。飞机的声音在响了，我仿佛是一头彷徨的羔羊，刹那间，宪兵把我领上卡车，载到了一个新民戏院所改造的避难所，防空秩序之好，在内地确是少见的。

避难所里的同胞已经很多了，这是出于我意外的事，有佩圆证章的机关要员、有教授、有低级的骡车夫、缝穷妇，大家在同一呼吸下，受着同样的集体虚惊！

我探头一望，晴朗的天空飞着的是我们底武装的铁鸟，在青云里上下翱翔，忠勇地保卫着我们的领空啊！伟大的中国“赫尔古列斯”啊！（注：赫尔古列斯为希腊神话中的英雄。）

但是我们确信首都的防空网是很密的，所以虽然站在生死线上，还有着无限的兴奋和无限的勇敢，实在的首都的民众，都受有相当的防空训练，就是面对着这最凶暴最狰狞的现实，没有丝毫恐惶之色，这不能不算是中国的进步。

大概经过半小时许的光景吧？一个“解除警报”跳进了我的耳鼓，于是我脱离了窒息的避难室，跑上马路，还看到一群驱逐了敌机，从容归来的铁鸟！

现在，虽然我已在一个夜里从首都回到了内地，但是我们空军的威力，在我的脑中，将经常底有着这个良好的信念。

（九月二十日《华美晚报》）

郑光昭编：《抗战丛刊》第2辑，商务印书馆1938年印行。

南京的防空设备

题解：本文是一段有名的新闻记者关于首都防空的记事，他告诉我们，首都的防空设备堪称世界上最完密的。

新从南京归来之芝加哥《讲坛报》通讯员鲍惠尔即《密勒氏评论周报》主笔向《大陆报》宣称：南京所设之地穴，防空警号及一切防空设备非常周密，堪称世界防空设备最完密之一城，颇有保护居民使不受敌机轰炸之可能。此勇敢之美国新闻家与其同侪驾驶了一部汽车，环行五百英里，以便目击日机轰炸南京之情形，虽实际的轰炸情形，却发生在鲍惠尔未到首都之前与既离首都之后，但南京之一般防空情形，彼固一目了然矣。

与鲍惠尔氏同行者有纽约《评论报》访员克伍氏，国际新闻社摄影师史密斯氏，及另一同业披侯生氏。

南京居民之镇定　鲍惠尔氏巡视之结果，觉南京居民虽遇日机之迭次光临，但仍镇静异常。彼谓南京居民，包括一切外国侨民，皆已习惯于天空之攻击而毫不忧虑。彼又谓如驱车驶过首都之中心，除散在各地有几个空洞外，概无日机轰炸之痕迹。彼又谓首都房屋，皆系新建，虽居民众多，但其建筑之方式，显然不易为日机攻击之目标，依据鲍惠尔氏宣称之结果，日机乱行轰炸首都之效能，仅及于该城热闹区域之贫民窟而已。

地窟建筑之精良　避免炸弹之地窟到处皆是，鲍惠尔氏在南京时，曾有人告以一切公务机关、外国使馆、重要店铺、银行、旅馆及私人公馆之附近，设有地窟至少五千处，其中多数且备有电灯及食物储藏室。对于沿街行走之人，亦有公共避弹室之建筑，使行人得以就近躲避。最精良坚固之地窟，为苏俄公使馆所建设之一个，上面盖有四尺厚之三和［合］土，据云此地窟之建筑费，为一万四千元。

美国公使馆所造之地窟，状如一长形之阁楼，在一山下，其上铺有洋灰五尺，首都最大之旅馆，设有地窟两处，一供客人，一供职员。

击落日机四十余　敌机未到之前，早有防空警号，狂鸣大叫，报告住户速入地穴，以资躲避。居民对此，习以为常，故对于日机之肆行轰炸，毫不畏惧。鲍氏又谓，除临街观望及热闹市区之人民外，伤于日机之轰炸者，固甚稀少也。

首都防空当局，现正收集一切被击下之日机以资参考。有一与某公使馆有关系之某外人曾告知鲍氏，据彼最精确之记录，只在南京四周，前后已被击下或散失之日机，至少已达四十余架。中有一巨型轰炸机，为最近所击下者，可容八人，实来自台湾。

鲍惠尔氏及其同人，沿途见大道之上，亦有相当防御，不过天不作美，路上行车，太觉软滑而已。

（九月二十七日《华美晚报》）

郑光昭编：《抗战丛刊》第2辑，商务印书馆1938年印行。

南京在空袭下

徐志麟　译

题解：这里是一篇外人在首都遭遇空袭的目击记，我们由这篇小文中可以看出我们的首都的空防，在第三者的口中现出是如何的严固而整齐。

南京的居民，现在是那么的习惯于日本飞机的空袭了。几乎是每天当四周响起了防空警号时，他们便都满不在乎地躲入防空壕和地窟去，毫无慌张之象。

上海战事刚开始的那几个星期，日本飞机差不多天天光顾这里，有时一天来上个四五趟，那时候，当他们避入了地下室后，极其惊恐战栗，走出来时并切切私议着不知有否危险袭来。但是现在一听警号响起，都那样谈笑自若地走入地窟中，互相估计被击落的日机的数目。

显然的，南京的防空设备是非常的好，可算是全国各城市中最巩固的。在这里，有着很多架驱逐机，那确实数目当然是无从知道，总之是很多很多架，是专门用以来半路截击来侵袭的日本轰炸机的。城的四郊和城内各处，都置着高射炮，那数量也非常丰富，那是抵御未被中国飞机截住的日机。

每当日本飞机刚露出一点影子于云霄时，警号就急速地响起，居民可以有充分的时间避入公共的或私人的地窟中。公共的地窟满街皆是，像是别的城市里的公厕一样的多和普遍。警号响起以后，担任防空的军队和警察立即驱除路上的行人进入屋内或避入地窟，街上再无人行走。等日本飞机已经离开，解除警报的声音又响起，极短的时间内一切都恢复了常态。

日机夜间来袭时，警号一响，所有的灯火即刻完全熄灭。防空部队在各条街上来去巡逻，查看在第一次警号与紧急警号之间，是否还有灯火未熄，事实上居民都非常遵守纪律，绝无留有光亮的。巡逻者还有一项责任是仔细的侦察，是否有汉奸在放信号给日机。

在这样的情形下，日机要达到他们的“炸毁南京”的目的，那真是谈何容易。

当记者在南京时，曾遇到一次空袭，在那三架日机尚未出现前好久，警号就响起了。路上即刻成为无人行走的死街，路人即避入了地窟中，没有中国飞机升入天空，高射炮正在发挥着效能。

我们听到的中国高射炮的声音和黄浦江里日本军舰射中国飞机时，那种漫无标的的不绝的杂乱之声完全两样，中国的炮兵开得那样的准确，每一发炮都打得离日机那样的近，有一架日机被打中而受了伤，几乎要倾落到地下来，结果却狼狈遁走了，但是比其他两架要迟了一个钟头才逃脱。据说在中途是降下经修理过了。

在历次遭空袭时秩序都能这么的好，居民能这么的沉着镇静，这都是要归功于从前一次的防空实习的。

虽然日机是不绝的来轰炸，这里的一切却平静一如往昔。政府机关方面，下至警察所，上至五院及各部，都照常办公，职员绝无弃职离京的，并因“非常时期”，工作只有紧张而时间延长。商店也均照常营业，只有夫子庙那一带的茶楼酒馆和其他娱乐场所都关了门，因为这些场合，现在是再无问津者了。

看到这种平静的状态，一个刚来南京的游客，如果他没有注意及路旁的避弹窟，真是不会相信这个城市曾是数星期来以至眼前不知多少回遭日机轰炸过的，炸坏的路都漏夜修复了，中央党部和下关那一带被炸区域，满眼秃墙断壁，残迹犹在。

我们还曾去看过好几个被炸毁的区域，本来都是居民稠密的热闹所在，现在只剩得可惨的一堆堆破砖败瓦了。

南京虽然时时有炸弹袭来，然而南京的居民，却镇定得如同住在上海租界上的人一样。

（徐志麟译自英文《大美晚报》）（十月二十三日《辛报》）

郑光昭编：《抗战丛刊》第2辑，商务印书馆1938年印行。

目击日机袭京

题解：在这里我们再介绍一篇外人目击首都被空袭的经过。

《字林西报》二十五日载怡和轮船公司会计员牛门氏对该报访员之谈话，其中详述牛门氏暨其友人韦尔门（亦为怡和轮船公司会计员）目击日机轰炸南京及沿京沪一带情形。略谓：余（牛门氏自称，以下仿此）于本月十七日在汉口奉召回沪，当于翌日乘轮过九江，遇韦尔门君，同于二十日中午抵南京。船泊于下关，距离外国军舰甚近，余等遥望日机在城内肆意投弹。有一弹似以无线电台为目标，但未命中，该机遂改向城之西南方面轰炸。日机飞翔高度为一万尺，投弹目标，均为平民区域，而非军事设置，盖避免华军高射炮之射击也。日机因慑于华军高射炮之威力，故飞翔恒在华军高射炮射程之外。当时中国军舰及南京市各处之高射炮齐鸣，由是观察，南京防空设备至为完备，并有战斗机甚多，多以备迎战之用。余等旋改乘火车，沿途见中国军队士气极为旺盛，对日机之往返飞翔，态度甚为镇静，毫无惊惶之色，均安然枕戈待命。是故日机之恣意轰炸，不特未使华军士气稍为沮丧，而适足使抗战之决心益为坚固耳。再于途次见华军以口琴吹英国军歌，其态度之安闲，令人敬仰。沿途火车屡停，盖避日机之袭击故也。车抵无锡，停十小时有半，盖苏州正遭日机轰炸。既抵苏州，见有客车六辆被轰毁，并有尸首三十具惨不忍睹，闻死伤共八十人。车抵嘉兴，日机又来施虐，乘客乃纷纷下车躲避，后闻一茶肆被毁，死十五人，车停十一小时始解除警报。正拟开车前进，复据报前站某段路轨被炸毁，又停四小时，始告修竣。自此始得安然开抵松江，该处铁路桥梁，已被炸毁，乘客须下车，经木板所搭之桥，车于星期二午夜到达上海，因闸北戒严，星期四上午五时三十分始得离站归家云。

（九月二十六日《时事新报》）

郑光昭编：《抗战丛刊》第2辑，商务印书馆1938年印行。

陈盛馨氏血战记

士　毅 译

题解：本文告诉我们，我国的空军将士的作战心理是如何的坚决和自信，敌人的空军技术又如何幼稚和可笑，我们既然知道我们是为正义而战，当然肯力战而死了！

我们对战争毫无恐惧心理　一般人以为最近几年来蒋介石将军所创立的中国空军，在这次对外战争中也许有些畏缩的。中国空军的将士和日本作空中战争许会更觉得胆寒，尤其是第一个飞出去杀敌的战士会觉得更大的恐惧。

这些理想的推测，都是绝对的错误。至少中国空军中第二个飞上迎击敌机而第一个击落敌机的陈盛馨中尉是绝对不承认这种荒谬的意见。

他说："我们对战争毫无恐惧心理，我们早已预备好一切，决计尽力给敌人以最大打击。"

陈中尉原籍是福建，现年二十五岁，是一个长身材，棕色皮肤的青年。他的两手很大，正是一个典型的空中战士。陈中尉在一九三五年毕业于航空学校，即加入中国空军。他随时都准备痛击敌人，仅仅侦察和轰炸工作对他是太沉闷乏味了。

我们队长下令升空迎击　记者是在某处访晤到陈中尉的。他穿着皮短衣，坐在装饰得很好的会客室一角的一只靠椅上，娓娓地谈他的光荣的战绩。"那天清

早 ×× 飞机场接得准备出动的紧急命令。几只飞机停在飞机场上，技工匆忙地整理机械，装载炸弹及机关枪。一群青年热诚的空军战士等待着命令，飞往 ×× 或 ×× 前线去。突然听得飞机的马达声，十五只日本重轰炸机在天空上发现，这时正是六点钟，天空才有些鱼肚白彩。我们的队长即下令升空迎击。命令才下，他就立即飞上去迎击日机了。

“我是第二个人飞上去，当我升空时，我看见第三只我国飞机也飞上来了。日本飞机已飞抵机场，开始呆木不灵地轰炸了。我立即追着一只日机的后面，开机枪扫射敌机的油箱，目送它拖着火焰跌到一座山后去。”

敌机烧毁坠下 “我飞回来再迎击其余敌机时，发觉自己被七只敌机所包围了。我狡猾地逃开他们，一个回旋飞到一只敌轰炸机旁边开枪攻击。它在余姚的上空烧毁堕［坠］下。那两只敌机的机师也被击死。

“我击落的第二只敌机实是第三只了。另外一只我机已先击落一只敌机了，在机场不远就堕［坠］毁的。两个机师急跳出用飞行伞降落。”

记者打断他的话头插进去说：“我们从日本人的报告上得知日本空军从不携带降落伞以表示他们的作战精神。”

陈中尉说：“真的，日本空军都带比我们好的降落伞。他们的海军飞机除了降落伞还带救命圈呢。他们已被我们俘获了许多。你大概也看到报载英船在海上救起六个日本空军战士的。他们便都佩戴着救命圈。

“而且，日本空军正如他们的海陆军一样地随身带着千人针和护身符，他们以为可以藉此保全生命了。日本空军在质的方面实在不好，不过在量的方面大概多些。”

十五架敌机击落十架 他再继续讲他的空战经过：“当我击落第二架飞机时，我的子弹已用完。我立即飞过山去，因恐飞机场炸坏，所以不急于回去。

“这时我看见从 ×× 方面有我机急追敌机过来，稍一接触，敌机即兔脱遁去。停在场上的我机稍受微伤，但十五架敌机被我们击落十架，只有五架逃回去。

“我很惭愧我只击落了二架，许多我的同伴比我好得多，一个同伴已击落过五架，其中四架是重轰炸机，另外一个辽宁籍同伴击落四架，而我所击落的一架则是轻轰炸机，我真惭愧自己的成绩比他们差得太远呢！”

去炸日军阵地 记者又问：“你曾到 ×× 前线去作战过吗？”

“是的。在八月二十五日那天，我在 ×× 前方受了伤。不过，伤得并不厉害。一颗子弹打穿我的鞋子，在脚底受些微伤。现在我已复原，热烈希望能立刻再回

× × 前线去。

“八月二十五日那天，我轰炸机一队去炸 × × 前的日军阵地。每只飞机装 × 架机关枪及炸弹，以最高速度在日军阵地上低飞，炸弹及机关枪弹似雨点样的洒到日军阵地上去。

“日军受到重大损失，即集中高射炮回击，子弹也似雨样的往空中飞。

“完成了我们的计划后，我机全部安然飞返。可是四个飞行员已不幸受伤了。

“我的坐机受到两次伤，我和我的机枪手都受到轻伤。一弹打穿我机的降落机关的机轴，可是这没损坏到堕［坠］落的程度。一弹就打伤我的脚底，另一弹则打伤机枪手的膝盖。我们的损失可以说不大，因为日军化了太多的高射炮弹了。而当我们低飞在日军战壕上扫射时，他们是受到极大损失的。”

胜利当然是我们的　“回想到我初次迎击日机时，那时我是毫不思索的。一看见日机飞来，就立刻跃进飞机升空去迎击。我可断定我一些也不怕。我不觉到我的心是跳得很厉害。

“我们平时受到蒋委员长及蒋夫人的训练，当然明了我们的职责，永不会临阵退缩。虽剩一兵一卒，亦当力战至死。我们为正义而战，而日本是为侵略而战。胜利当然是我们的。”

（十月二十二日《辛报》）

郑光昭编：《抗战丛刊》第2辑，商务印书馆1938年印行。

保护首都“我们来试第一炮”

铁　魂

“八·一三”沪战后两日，是敌机首次造犯首都的一天，同时是首都地上防空部队首创纪录的一天。

“我们来试第一炮”，这点看来很英勇，实则也很沉痛！丝毫没有实战经验，此时就要为保卫首都来“试第一炮了”。而敌人使我们连惶栗的余暇都不能有，只教我们在战斗中成长起来，我们就只好不去惶栗，只好成长起来！

南京首次空防战斗，确是绘成一幅色调强烈的图画，使人惊心动魄，“击下寇机六架”，这是地上防空部队与英勇的空军合力演出的喜剧，也使人惊心动魄。

黄镇球

“八月十五日”。

这是一个悲壮的兴奋的日子，在祖国的领空上，在祖国的历史上，开始被深刻的有力的划下了一条光荣、灿烂、绚美的痕迹，它粉碎了“木更津”的骄横，它粉碎了敌阀的野心，它燃起了祖国的熊熊烈火，惊醒了纸醉金迷的绮梦，在另一方面，它更震动了全世界的视听，转变了全世界的舆论，激起了广大的同情、好感与慰籍［藉］，如一束眩人的光芒，故射到东方，一个为着世界的和平，世界的正义，世界的人道，在暴风雨的浸蚀中和强寇作着壮烈的抵抗。

那个生动的伟大的场面，在抗战正在猛烈的进行中，敌机到处肆虐着的今日回忆起来，只要一闭眼，静静地一思索，意识的经验，马上会在脑海中似电影般地一幕幕的苏醒过来，活跃起来，生动起来！我深深地记得那是一个冷静的午后，我更深深地记得还是一个细雨蒙蒙的大雾天。

时间是二点二十分的光景。

使任何人感到生疏的隔膜的憎厌的警报，在凄风苦雨中，开始悲鸣起来，尤其是大校场——空军总站——附近的放声器，特别的尖锐刺耳，“呜呵！呜呵！”惨切的悲壮的传播在阴沉的空气中。

在空中“驱逐机”一架一架的上升着，腾云驾雾的在云海中盘旋着，搜索着，在地上英勇的高射炮战士开始在阵地活跃起来——炮弹一颗颗的入了膛，巨大的炮口向低压的卷云层吐着气，狰狞得仿佛像一匹饿虎，耽耽的在等待着“食粮”的到来！

十分钟：紧急警报发了！

空军指挥部来了滴铃铃的电话，它告诉着十六架庞大的怪物已超越过句容的上空了！这消息令人兴奋，同时也令人感觉着新奇，破天荒的第一次，一种异样的心情抓住了每一个战士。负有盛名的高射炮手，绰号叫做黑旋风的老邱坐上了炮位，毛毛雨一丝丝一缕缕在他面前笼罩着，他睁大着一双怪眼，仰着头，对着灰色的天空嘶喊着说：“来吧！快来吧，饿着肚皮在期待着你呢？”

好久好久，“哄哄”的怪音，开始由远方传播入人们的耳鼓，霎时重，霎时轻，灰色的云层又密布着，使人辨不清确定的方向，更使人不能辨别到底是敌机还是我机，一会，七架巨型的轰炸机似蛮牛般的在金陵兵工厂上面出现了！机身飞掠得低低的，使人有些不敢相信这是敌机，但终不能欺骗着精密的观测镜，一下子就给证明了！

“敌机！敌机！机翼下有红膏药！”

“我们来试第一炮。”一个声音催促着！

于是，银也似的火球，似穿梭般的向机群采取了攻势，给它一个迎头的痛击，这里炮弹一怒吼，伟大的场面也随即展开，整个寂静的全市，刹时也响应了起来，五台山、雨花台、清凉山以及所有的阵地怒吼了！大炮的隆隆声，机枪的格格声，数百条火的激流，仿佛像爆竹般的四射着，炸点大的小的，激荡了空际，紧紧地跟随着敌机，在机身的周围炸裂着，震荡着。

下蛋！敌机怆惶投弹了！机身左右一幌［晃］，几十颗小型的炸弹似流星般的降落在光华门内的明故宫飞机场，接着“隆隆”的似地震般的撕裂，一股浓浓的黑烟，冲上了云霄，灰白色的云雾，开始被渲染了一层更灰色的面网。

投完了弹了，七架敌机往上空一钻，就消失在云雾中，但另外的九架密集着队形出现在紫金山的上空开始向大校场偷袭了，这次大概在以前的七架那里得了教训，上升得比较高一点。但没有放松一步，炮火比前更密集更紧逼得厉害，它亦仿佛不甘示弱，作着最后的挣扎，得得的用机枪向下扫射着，渐渐的，飞机临到阵地上方。炮！变成了九十度的死角，大家只有咬着牙，睁着眼睛望着它，在头顶上刺刺的作着怪响，风！被一种力量压榨得使人感到有一般特别的潜力，由事实告诉：这是炸弹光顾无疑了。

卧倒！大家迅速的熟练的扑了下去。

炸弹降临了！在大校场上，在稻田中，在小街上，更还有几颗落入了相距阵地不到五十公尺的小河中，火药味弥漫着周围，旁边一所草屋被火舌焰焰地伸展着，一幅战争的图画摆列在大众的面前，地在颤动着，仿佛像弹性般的使卧在地上的人，在无形中跳了跳。破片，发出尖锐的音调在头上飞过，泥土被播起来，水花飞溅着，泥泞的满了一阵地，每人底脸上身上也分不出辨不清那是泥，那是衣，活像从地窟的土坑中爬出来一样。心弦震动了！愤怒的情绪被激发得像一匹受了伤的野兽，失了缰的马。

“顶住它的尾巴！”

黑旋风重新爬上了炮位，大喊着。于是白色的火球第二次怒吼了起来，冲去！冲去！包围！包围！机群动摇了！

突然，在左方一架“霍克”单枪匹马，勇敢地掠了过来！“炮机合作”一个信号，高射炮灵活地停止了。它横刀直入的拉起机头冲上去，一个鹞子翻身，“格、格、格”上扫下扫，横射侧射，已经被炮火受重伤的蠢物，支持不住了！当中的一架指挥机开始泄了气，在尾巴上更拖上了一条灰白色的尾巴，慢了！鼓着笨重的翼子仿佛倦了！其余的寇机恐怕遭着同样的命运，队形刹时疏散开来，这一架就孤另另［零零］的怪凄切的，一个尾旋，作了异乡的孤鬼，把它送上了望乡台！

大概是弹丸告尽吧？霍克机再不拉起机头去顶尾巴了，它只是得意洋洋地“轧轧轧”的监视着它那块已抓到手的肥肉。

“好家伙！看我来！”黑旋风不耐烦了，于是，炮火又在空中展开着，炸点不用分说，毫不留情地又包围了机群。

“弹着点很好，”观测镜报告着：

“一架！二架……”

“怎么样？”在旁边指挥着的老顾问着。

“摇摇摆摆的仿佛失了重心，受了伤！”

“那准能吊下三五架来，否则，怎能飞到台湾呢？”

老顾喜逐颜开的笑说，但话还没有完，就被另一个欢悦的洪亮的音调掩盖住了：

“一架！一架！”

“高射炮开纪录了！”

望望紫金山青翠的山峰，当敌机跨过时，靠东一队的右边一架，又在尾巴上泄了气，慢吞吞地还勉强和死神作着最后几分钟的挣扎，但显然的又将它的骸骨埋葬在异国的原野了！

二十分钟后，警报解除了！满城充满着一股新生的朝气，街头巷尾沸腾着，跳跃着，人力车、自行车、流线型的汽车，更还有军用的二轮车、三轮车，长长的拥挤得似一条蛇，“看敌机去！”他们底声浪是“看敌机去！”

第二次滴铃铃的电话更带来了兴奋的消息：“报告好消息，击下寇机六架！”

战士们在兴奋中更加上了兴奋，快乐得跳起来！喊起来！

在蓬［篷］帐中，战士们应该休息了，他们庆祝这可纪念的八月十五日，闲散地围坐在一块，互相地碰着酒杯，祝着光荣的胜利：

“同志们，木更津粉碎了！”

“来！再来一杯！”

“再给它一个粉碎！”

“粉碎！粉碎！粉碎它！”

大家举起来了铁一般的拳头，如春雷般地吐出洪亮的、坚决的热烈的喊声！

“保卫我们祖国的领空！”

怒吼吧！高射炮！

《抗战中地上防空部队之战迹》第1辑，防空学校1940年8月印行。

重阳首都空战

接连几天的云昙和阴雨，京中市民正庆幸敌机无从肆虐，都似默默地祷祝天公长此摆布着风云阵。可是这一班奉令拱卫首都的空军将士们，他们虽经多日的休息，但是热血依然沸腾，擦着挺亮的机关枪，跃跃欲试。其中尤以勇敢善战，首建奇勋、创伤初愈的高志航战士，从他到南京以后，每个早晨的脸谱上，老是可以看出对天空的细雨或低云的不快表示。他们也当雨停云疏的时候，好几次翱翔天际，终于未得一次搜获敌人的机会。这虽然是给他们英雄猎物欲的几回失望，但就他们情绪而言，却因为他们要报答民众和效忠国家的意志太迫切了。

那一天（十月十二日）的好节气中，他们疯狂地击落了敌人的驱逐机四架，水上侦察机两架。他们晚上欢快的谈话，其最有意义的是："敌人荒谬的传单，现在总算以事实答复他们了。"我以为他们杀贼的勇敢，不仅给同胞们以安慰，却给敌人——侵略者——深切反省的一个机会。

竟夜的怒风，把黝黑的阴霾扫个净尽，显现出似明镜无埃样的蔚蓝色的天空。这正是十一日在久雨初晴后的天高气爽、万里无云的重阳节。这实在满足了他们——空军战士——的渴望，由于他们每个欢快而高兴的面容上呈现出来。他们在黎明时以极迅速时间就完成洗脸早餐，穿飞行衣，赶往飞行场了。他们虽在休息，他们那坚决的意志，活跃的态度，毅勇的精神却都充分表现着。有的说：

"今天旧历重阳节，敌人要送礼来的。"话犹未了，敌机空袭警报呜呜地拉起来，于是我们机场上螺旋桨的声音也响了。霎时间，机声透入云霄，我们空军阵容，在明亮天空和朝阳下摆布出来。另一队空军英雄机声嗡嗡像仙人一样向东方飞去，一会儿也就像飞雁一行那么驰往天边，眼睛一转便看不见了。

果然，他们游猎到苏州至江阴一带空际，发现敌机了。他们开足马力追上去。敌机是双座的水上侦察机，到了江阴上空，已是无法逃脱。我们空军英雄，个个都似几月未吃生肉的饿老虎一般，看了这样两只肥牛，那肯轻易放过，便分左右翼两面前进，把敌机夹在中间下空。飞到适当距离，每个便先向他左右冲杀。英雄们的机关枪陆续扫射，敌机匆忙地接受不了，一架下趋向江面，我空军英雄中的一位，便追了下去，把它打下倒插入水中。另一架受伤，不久着火了，拖着一缕黑烟下坠大江，葬身鱼腹。当欢快地回来时，在他们起飞前桌上倒的开水，还是温的，因为由警报开始到警报解除，总共半句钟。

下午一时半，敌人大队的飞机确来送礼了。警报传出后半小时光景，我们空军英雄的一部，在云霄上离地一万公尺以上，迎上敌人的飞机了。这次敌人九架轰炸机，六架驱逐机。敌轰炸机在驱逐机保护之下，向京中前进。我们几位耐不住杀气的空中英雄，迎至较近的当儿，便俯冲向敌人的轰炸机那边杀去，敌驱逐机接了上来，双方空中战斗由此展开。一会儿都冲散了，我们几位战士，便相互的追逐猎击物。不幸的很，我将士曹芳镇君处劣势之下，受伤降落燕子矶江中，他光荣地战死了，他的精神与江水长流。高志航战士把距离最近的敌机追击至两三百米突的距离，他才开始施放他准确的机关枪。大概子弹击中敌人腹部，这时敌人还很快的拉机上升翻圈。也许敌人就在上升的时候死了，因为这架死人的机器，老是上下不断地旋转。这时，高志航倒弄得对敌机无法瞄准开枪，只好在上空盘旋对敌监视。忽然他得了一个射击机会，凑上几枪，敌机便向龙潭方面下去了，量敌不死必伤，他急遽地不复看敌机堕［坠］落的地点。回头的时候，他又寻到他的猎物，他追击的结果，又是结果了一架敌机。他转回来帮助陈有为君击走了另一架的敌机。正当他抽身追敌连续在敌机尾端上空射击的时候，敌驱逐机两架抄在他的后面，他回顾发现敌机的时候，他赶快掉头上升，飞机一个翻身，便又追在敌机两架的后面了。敌机也很迅速上翻，双方正在冲杀，他忽发现敌机增至三架，他受包围了。于是他施展其上拉斜面倒飞神技，敌机竟无法对其攻击。他上升到一块云端里去。这时刘粹刚战士也已在冲击敌机了。黄泮扬战士十分勇敢地与敌机盘旋另一角，便很轻松的将敌机击落。他们游弋天空继续搜索他们的猎击物，刘粹刚战士，经久战之后，他觉得机上某一部钢丝好像被击断。他降向机场时，忽然发现敌机一架紧追在后面跟着他往下冲来，速度很快，愈下愈近。他自己机器是受伤减低航力。他转动机器，觉得机器尚可操纵，便将油门关小，他待敌机来至距离较短时，以九十度直角小转湾［弯］，突转迎向敌机。敌机颇灵敏，亦急遽拉向上升，复欲控制刘战士飞机之后，而刘则随之上升，相互追逐，忽得在其后侧一优越地位，即疾按机关枪，砰然一声，敌机汽缸被击中爆炸，便似一条火龙直拖向地面下堕［坠］。我们的空军英雄刘战士在空中回旋数匝，好像笑视他手下的牺牲者。一场恶斗便结束了。

这一天战斗的结果，敌水上侦察机，被我击落两架，敌驱逐机被击落四架，还有受伤逃回的敌机，无法调查。我们的空军呢？没了一位好汉曹芳镇烈士，坏了两架飞机。

晚上，参战的英雄们和其他一部接班的好汉，把着酒盏说："今日旧历重阳佳节，敌人送六架礼物来。我们痛饮一杯！"答复的说："好，再来一杯！"（十月十五日）

《战地通信》第 1 期，1937 年。

首都敌机袭击的一瞥

祚　煌

午饭的前后，是城市最热闹的时候，街道上充满了来往的车辆，行人道上，拥满了无数行人，喧喧嚷嚷，一批过去，一批又继续上来。两旁的百货商店，布满着鲜艳夺目的货品，尽量地引诱着行人道上的顾客。无线电也不断的放着“进行曲”，整个的城市，是溶化在嚣杂的声中，突然的，汽笛发出了长鸣，警钟也不住的敲了起来，宪兵、消防队、壮丁，都迅速的出动到每条街上，但是在每个人的心坎里，都充满着防空演习的印象，竟一点没会意到日机的袭击。一会儿接着就是紧急的警报，情势更形紧张，这才转变了每个人的静态，稍觉有点慌张，加紧了脚步，各自找寻安全的地点，街道上勉强都静止了，像一座冷宫似的，以避敌机来临。不一会，三架飞机出现在京市的上空，飞度之低，几及屋宇，机翼下鲜红的太阳旗，最先触入我们的眼帘，“日本飞机”“日本飞机”，每个人都不由地从嘴边滑出这轻微的呼喊！在百五十公尺后，紧跟着两架驱逐机，不断地用着机枪，向着敌方追射，同时日机上也起了反应，向着我机还击，四周高射炮也同时向着敌机遥射，一时咯咯之声，不绝于耳，经过廿分钟的激动［战］，日机溃退了，警报也解除了，人们方各自探出头，开始放下了一颗紧张而带颠动的心房，发出轻微的叹息，吐了一口长气。大约三点多钟，警报又响了起来，人们早已躲藏一空。

八月十六日，全天警报了五次，人们惺忪的倦眼还没有睁开，就被警报催促着入了地壕，爬进爬出不下十余次。弄得大家精疲力倦，不成人形，家家都紧闭着双扉，街道上除去些宪兵壮丁外，没见一个人影，冷清清地，满目凄凉。这次日机袭击目的，是大校场外的飞机场，可是还未飞入上空，就在郊外被我机击退了。

十九日敌机又来，可是受我高射炮之威胁，始终不敢低飞，在极高度的空中，投了数枚炸弹，就怆惶而逃去，这次中大女生宿舍的一部及考试院的边门都遭了劫，可是经过训练的国民，并没有伤亡一个。

自此敌机每日不断底飞来，市内警报频频，可是终未见敌机达到上空，同时消息带来，连日敌机被击落 ×× 架，民众兴奋极了，对于京市空防巩固的设备，更有坚决的信任，渐渐在无形中消失去恐怖的心理，大街小弄又恢复了原状，挤满了闲人，不时有一堆一堆地集团，在指手划脚高谈阔论叙述着敌机袭击情形，过去一切恐怖的憬憧，是不再逗留在他们记忆中！

日机一天一天底来轰炸，我们空防实力也一天一天底增强，迭次的袭击，迭次的失败，这样造成了九月廿五日的空前侵袭。可是，这不但没有激起京市的恐慌，反更增进了镇静态度。大概上午九时左右，日机果然大批底侵袭了，在郊外就遇着我们空军的袭击，溃退大半，可是仍有十数架窜入市空，一时枪声与爆炸声，轰然并发，激战一小时余，始解除警报。还没透过一口气来，敌机又接二连三地来袭了，巨大的轰炸声，震撼了全市，房子在动摇了，橱子里桌子上的玻璃杯，开始蹦到地上打碎了，孩子们吓得只是哭，有的吓得打抖……我们的电灯厂、中央广播电台、政治会议厅、中央党部等都遭了殃，然而敌机是被击落了多架。

接着廿六午夜，人们在梦乡里被警报惊了起来，一阵地忙乱，都攒进了地下室，外面在四效［郊］的边际，由地上发出几线强烈的光芒，直照在黑暗底天空上，同白昼一般。几架敌机，是被控制在几线时光芒集中的交点内，闪闪地发光，炫人眼目，地下的高射机枪，也密集向之射击，一点一点跟着由北向南过去，一会儿炸弹底巨大底声浪从远远地透进人们的耳膜，一带民房遭了轰炸，立法院、八府塘都被波及。直到东方发白，这一场空袭方始平息。这恐怖的夜袭，还是第一次哩！

来吧，不顾廉耻的敌人，任凭你怎样蔑视人道，暴露兽性违反国际公约，施行残苛的手段，我们在政府领导抗战下，是决不畏缩，决不惜牺牲，凭着我们团结一致、坚毅不拔的精神，抗战到底！

《女兵》第 2 期，1937 年。

江阴作战

谭天觉

京沪会战，实际上只能说是中日战争的前哨战。那时以装备落后的国军，突然和军事技术高度发展的敌军交锋，会有很大的吃亏，自然不消说，我们年轻的地上防空部队居然能参加这一战役，实很光荣，而在战斗中，我防空部队遇到重重的困难，则决不能免。我们体认自己的国家之贫弱，自己的国军之装备落后，自己的防空部队之年轻幼稚，当知初期的失败，乃属必然。我们就用不着懊丧，也用不着怨怒。

参与江阴作战的地上防空部队，先后共击落敌机四架，击伤约五六架，不能不说是伟大的战绩；但我们却不能因此自满，因为所谓“战绩”，也不过是我们尽了责任的记号罢了！但他们竭尽全力保护武器，经长途跋涉，还能在困苦中维持纪律，实在要很有素养。

我在这里发现参与江阴作战的地上防空部队，与友军协作的精神不很够。今后我们防空军人都应注意：当参加前线作战，基本的任务便是协同友军杀敌。我们固然要坚决执行上级所指示的特定使命，但遇了已经转变了的情况，而在不违背规定使命之原则下，去协同友军作战，是很正确而且很光荣的！

——黄镇球

这次江阴战役经过，包括了驻防、退却、作战、行军四件事情，计算经过时间，前后恰有三个月，计算经过的行程，除铁道以外，水陆两方面，也走了一千二百五十余里，这些都是可以计算得到的。至讲到以上四项的经过，虽然没有精彩的事实，也得把它记一记，虽然没有欣赏的价值，也应该留下一点痕迹，也许有一些可作经验的参考，战地生活，尝遍酸咸苦辣这些味儿，但对于我等却是一种益处。正所谓“历尽艰难好作人”。我等于很苦奋斗之余，还得把实况记下来，作一个纪念。

（一）开向江阴

记得十月五日下午一时，在南京中华门，接到团长的命令，要我连开往戚墅堰江阴担任防空，便将连部及第一二两炮排设驻江阴，第三排驻于戚墅堰。

在南京的时候，因部队成立不久，汽车缺乏，难以输送到前方，后来由团部向交通部交涉，勉强拨来汽车四辆，由火车带到无锡，才由汽车输送到江阴。

大约是六日的晚上，车到戚墅堰，即令第三排下车，向铁路交涉，进入阵地，连部及一二两炮排至七日的晚上，到达江阴，天又下着淫雨，八日才得进入阵地。

在这个时候，我连接到命令，是归江防刘总司令指挥，再由刘总司令转令配属江阴要塞，并归许司令指挥，至第三排驻戚墅堰则归铁路当局指挥。

此次出发，连上的给养，在南京时，幸已各排分配妥善，尚少一点顾虑。至以后各排的接济，还是由连部派员按月分一次或两次料理。

再此次进入阵地，（专指江阴一处）甚感困难，因为我们的炮，要移放在要塞的山上，山的高度，超过地平面四五百公尺，汽车不能到达，只有人力挽曳，但这样还是困难，后来向民家设法借来几条耕牛，算是达到了目的。

国家因财政困难，战争的紧迫，一切一切，只能具备一个雏形，譬如我们的部队成立不过一月，虽名是机械装备，但有了炮没有汽车牵引，有了汽车又没有驾驶的人员，有了通信的器材，没有通讯的人员，诸如此类，真是难以一一尽述。但是，国家虽然如此，而我们的责任，仍然是很重的，我们自己明白这种困难情形，也就不能不勉竭全力，策励官兵，本着天职及良心，共同奋斗而已。

（二）敌机闪开了我们

自十月十二日起，江阴方面，开始对空作战，听说我们的部队未到以前，敌机时常在要塞的上空盘旋观察，但自我们到达之后，敌机未曾在要塞的上空盘旋过一次，就是空袭也不过是经过，或在未有设备的城厢附近，飞绕投弹，直至最后我们刚要退出江阴那几天，才在要塞的附近轰炸了几次，但始终未能损及毫末。

戚墅堰方面，也是从十月十三日开始作战，后来接到第三排报告，据云该处大部份［分］的掩护物，已被敌机轰毁，嗣后又接该排报告，系奉命调驻常州车站附近，这是十一月一日的事情。

（三）同上级失掉联络

这次出发以后，我就顾虑着交通和通讯，在十一月十一日以前，江阴到无锡的公路，就断绝了，至二十日以前，江阴和常州的交通，又发生了困难，所以突围的人员找不到船只来往，汽车更不在说，就只好步行了。

在当时情况之下，关于通信，我们一到江阴，到南京的邮信连［联］络，来回须要两三天的光景，对于明码的电报本不会于军用，来回也三四天，加之当时又没有领到密码的电本和官文纸，等到有了时候已经是用不着了。

记得第一次与校长及团长的通信，是报告到达的情形，第二次与团长的通信，是报告十一月十五日以前的作战情形；以后因为要在指挥上顾虑□□，军务上纷繁着，忙得没有与对方通讯，不料江阴的战争一天紧迫一天，前方与后方的通讯，到了这个时候完全断绝了。

（四）江阴落在魔手

自十一月二十一日以后，在江阴就得不到报纸看，起先关于战事的消息，在我们的左翼（常熟）算是已经支持得很好，中路（沪宁线）还在昆山，左翼的前线，还在镇江（□嘉路）堵截着。

我的特务长最后一次由南京返部之日（十一月二十二日），才知道苏州失守了，接着望亭陷落，无锡和常州连日被敌突破了，最后常熟接着后退了，以这样的情形来观察，我们的江阴除开北面靠着长江而外，已成了三面受包围态势。

情形是一天不好一天，江阴的战事，也就在十一月二十七日开始了。敌人先由青阳镇突破之后，沿锡澄公路，向江阴进攻，嗣后常州失守，又有一路由当涂公路进攻，再后敌人压迫我左翼（常熟）之线，并利用军舰在尾竹港登陆截击，所以我们江阴防守的阵地成了一个月湾的形状，而被围于湾形以内——自左翼长山起，经香山、锡山、齿山、羊头山、起山、花山、小茅山、秦皇山、马头山至浦头之线。

在这种情况之下，半湾式的战线，不过只有一百六十余里，尽可以抗守的，无奈每个线上，仅有三个师兵力防守着，后面隔着大江，而增援部队，又不能按时到达，这样仅支持着五六天，江阴终于落在魔手中去了。

在这里关于作战上的计划，指挥战斗究竟是怎样的一种情形，我是不得而知，为罪为功，自有军令判决，不过我伤心江阴放弃，而把要塞失掉，我们在这里没有尽到一死的责任，真问不过良心，对不起国家。

（五）一笔小账

我对于我的部下怎样掌握着，在平静的时候，炮手的训练，无时无刻不督促各排动作操练娴熟，并使得他们注重各种射击的方法。

至于应战，我总以沉着迅速告诫他们，同时讲求保护武器的方法，因阵地的披露，尤当需求人员弹药的善于掩蔽，所以自作战到退却，关于射击的成绩，已有很好的代价；被我们的炮击落的敌机有四架，受伤的约有五六架，而我们武器到了现在，还没有一点损坏，人员到现在也没有一个伤亡。这是一笔比对起来的小账。

关于事务处置的情形，我所最注重的，就是通讯连［联］络，因为通讯，就是我们的耳目，这次拨归要塞指挥以后，勉强的交涉到一部电话机，幸喜我们自己还备了几部背机，就可有拿出来配置给各排及阵地。

在不久之前（十一月上旬），由营部随来新兵三十余名，这为我连可增加一点实力，但我恐怕一时不能当作实用，所以仍然集合一处，加紧的训练，直到各排人员万分缺乏的时候，才分配补给各排。

再则交通的器具，由于部队成立不久，设备不能齐全，曾向要塞当局交涉，一点都没有办法，真把我弄得焦灼万分，但是决心对任务，是无论如何是必须做到的！

战事刚到了紧急的时候，幸喜我已派特务长，往南京把十二月份的伙食领来，同时又预先把米粮洋油囤积了一点，以备万一，诚不料战事发生后，一切大致悉如逆［预］料。

（六）敌人送给我们的礼物

我们是十二月一日晚上十二点五十分退出要塞了，在未发生战事以前，所有奉行的训令命令通报情报等，尚能接到若干，其中最重的，就是委座的一个命令“沉着应战，应与要塞共存亡。”我是绝对的服膺紧记，并且下了一个必死的决心，只是对于作战方法、射击方法、工事设备、给养维持，都要靠自己件件顾到，偶一疏忽，那就无法作战，所以又是诚惶诚恐。

江阴会战经过五天，结束了。

先从陆战来说，敌人是进攻，我们是防守，所以要敌人到达我们的防守线上，双方才能够发生接触，在地形上说来，我们的防守线，距江阴城的东南西三方面，约有二十余里，距我们的要塞有三十余里，并且前面的防守线，都是山邱［丘］绵亘着，这是最有利于我们的。可是，因为我们武器的不良，增援的困难，致敌人突破一处，难于抢救，这是我们一个大大的缺憾。

至于战斗情形，起先我们在要塞上，只听到炮弹和机枪的声音，到了接触的第二日以后，敌军十五生的远距离射程的炮弹，已落到我们要塞附近。因为我所驻的那个地方，正是它的一个好目标，计算起来恐怕落了三百多发，但是，我为镇定军心起见，始终不想移动，也就没有受到什么危险，就是当我们在山上看见敌机重炮，向江阴城附近投弹轰炸和焚烧的景况，怎样悲惨激烈，究竟抵不住我们一死的决心。

关于空战方面，这是我们的任务，在敌人的炮弹落到山上的时候，大家怀着一个防空不能防陆的心理，不免有点怆惶，可是，敌人的炮弹，始终没有落中我们的阵地上去，同时，那几天的敌机，虽是不断的轰炸要塞，大都落到山的周围和江边，幸喜我们的阵地，挺露在山峰上，无论敌机怎样忽降忽上，扫射或投弹，都没有命中的把握，这是阵地与山峰，对敌有很大的妨碍，因此使得大家不独增加了一番经验，而且把胆量也练大了。

在这种战斗的场合上，悲壮惨烈，固不待言，可是，只要我们有勇敢的精神，沉着的射击，正是我们杀敌建功的时候，所以我们这次能够击毁击伤敌机共不下十架，实在是敌人告诉我们的方法，送给我们的礼物。

江阴的要塞，紧靠着江边，并且特当长江第二道门户窄狭之处，同时我们的封锁线，还在要塞的下游一万米远的地方，这使得敌人的军舰无能为力，它们虽曾驶近了封锁线，放了几炮，可是被我们的要塞炮击沉了一艘，也就不敢再来。

在紧张的时候，为顾虑万一的伤亡和失散，曾告诉大家佩带符号，并指示校部和团部的驻地，这是值得注意很有益处的两件事情。

（七）突围前后

江阴是三面被围困了，一面又隔着大江，敌人的飞机炮弹，都能控制着，这是怎样可以退却呢？当然，唯一的退路还是越过大江。

原来要塞司令部，早已封了船只，可是，我们没有分到一艘，幸喜我也预料着这一步，因想到自己的责任，无谓的牺牲，于国家反没有益处，以后也勉强找了几只小渔船，停放着僻近的地方，在这时所有的船只，早已被各部封锁。到了退却的那一晚，才得把所有的人员武器弹药被服器材，输送过江，可是竟夜偷渡，计共四次，我们便是最后的一次，当时江风或天亮，对于我们都是一样的危险。

真是只有天才晓得，我把这一连渡过江北以后，想到尔后的行动，实焦急万分，第一点找不到刘总司令和许司令，简直没有一个人来指挥，第二点我们的几门炮都是机械化的，还有这样多的弹药器材被服等，如何行动呢？

这是我勉强想出办法来，第一步嘱令第一二两排先用人力把炮及弹药等离开江岸，到达靖江的西关外集合，第二步再用几只小船，把所有的东西由内港运到靖江！这是一日晚上到二日早晨的事情。

我想找许司令，许司令已在扬州去了，我想找刘总司令，刘总司令又往南京去了，这又有什么办法呢？同时江北的部队，发见［现］我们高射炮，即以刘总司令的名义留着一排，担任防空。

二日在靖江休息了一晚，到了三日的晚上，我本想令一二两排将炮用耕牛挽曳赶赴泰兴（因听说要塞司令在那里集结，但又改到扬州去了）。第一排因为被友军留着，仅令第二排离开了靖江，到了四日那一天，刚好计划着一切行动，不料友军的队伍，又开始西移，那么我的第一排，暂时由×××师用汽车调赴大桥了。

我因为找了一部旧的汽车，把各项东西运到泰兴，然后嘱令连部及第二排，由水路开赴扬州草关集结，我自己即乘汽车赶赴大桥指挥第一排。

（八）与上级取得联络

我知道这次江阴的失守，我们的长官，一定极为挂念和注意，留心我们很难存在了，就是存在，也必受很大的损失。我本想作个详细报告，可是在退却的当中，通讯实在万分的困难，就是到了靖江泰兴，邮政电报也一概不通，就是想利用 ××× 师无线电，也因损坏不能拍发，加之我要在大桥指挥第一排，一时到不得扬州，直到后来，才在扬州把两个电报发出去。

这次的退却，我们已没有损失，又安全到达了扬州，只要我们的电报能够到达后方，那么我想我们的长官，得到这个消息，必定大大的欣慰，不过自己想到以后的一切和以后的行动，又得使我大费了踌躇。

（九）雪中行军

在往后的行程中，还有些不能忘记的故事。

我是十二月七日到了扬州，连部同第二排在八日的晚上，由水路也赶到了。我到扬州之后，方找到了许司令设法把第一排让回集中，可是，同时我们又转奉到刘总司令的命令，要我连开赴镇江待命，等到九日我们在扬州全部集中之后，不料镇江已告失守，当我再请示许司令，才决定把我连开到六合滁州再说。

由扬州到仪征，我自己带了几名传令兵先行，其余都是由内港小河输送前进，我们到了仪征，仅仅休息一天，十一日敌舰上驶，沿途发炮威胁，无奈各处转进之友军，挤拥［拥挤］得很，我们这种笨重的部队，只好抢先不作停留。

我在仪征拍了一个电，报告团长，又向许司令请求一番。本来我的意思，以后的行动，既已脱离他们的指挥，那么我的行动，可以自由了，可是许司令仍嘱前往滁州，向顾长官请示，我也想有个指挥我们的比较便利，不然的话，那我在扬州的时候，早就由水路经高邮退往蚌埠了。

十二日的晚上，我们赶到六合，听说第 × 军驻在这里，所以我去请求援助，可是一看情形，都是自顾不暇，同时听到一个不好的消息：在十日的晚上，南京放弃了，因此我只好分水陆两路赶至滁州，到了滁州的时候，我也向宋军长请求将我们这一部带到滁州，不料火车在沙河里被扣，同时敌机几次在滁州轰炸焚烧，人心的惶惑，真是不堪言状。后来部队沿铁路步行退却，我们因铁路线没有□行的公路，只好决心西进，等到了定远，再行定夺。

十七日到了定远。天已下雪。西行的路线，仅有一条公路，可是地面没有铺砂，山路的崎岖，平地的泥泞，实在够受极了，但我们不管天雨天雪，还是要拼命的赶到临淮关。

二十日我们到了临淮关，跑到车站上一看，阒无人声，好像车站又是撤收的样子，后来在土洞里，找到了一个路丁，才又找到了一位车站长。

据站长的告诉，车站本已撤收，但听说兵站部尚有一列车开到此地，收集军需物品，他们是有队伍保护的，肯不肯装载你们，这是一个问题，同时还须你们自己交涉。我听了有车的消息，心花怒发，在当时情形，我也不管一切，只好给他和平交涉，他们也通融，算是成功了。

（十）回到武汉

听到嗡隆嗡隆移动的声音，我们知道火车已载着了我们向前行进，不过我到滁州的时候，一心只顾虑着炮的运动，同时由水路一部份［分］人员和东西还没有赶到，因为情形紧迫，我也只好暂时不问。

想到此次的战斗和行程，还是官兵的勇敢和努力，同时部队的整齐，行进的不乱，常得到旁的部队让路的好处，沿途的居民，因为我们不去侵扰，也得到他们较好的招待，这是应该值得记录的。

前进！前进！经过几许劳顿，不知不觉也就回到了我们的武汉，还有一切一切，只有在我们内心上，计算，计算，回忆，回忆。

《抗战中地上防空部队之战迹》第1辑，防空学校1940年8月印行。

江阴江面的封锁线

方明绿　译

上海抗战一开始，我国政府就宣布封锁长江，好使日本的兵舰不能进扰长江流域的内部。很显然地，经过了这次封锁，我国的首都——南京，就要比西班牙的玛德里巩固而安全得多，敌军除掉送几只飞机到南京去给我国防空将领击落外，它再无法攻打我们的首都。不过封锁长江的实际详情到底怎样呢？一般读物上还没说起过，因特请方明绿先生从Oriental□十月号上译下这篇文章，以供本刊读者的参考。

长江上主要的封锁线是在吴淞上游约八十里，江阴要塞下游约四里的如皋江面。此地的航道是一里半阔，航道中心的深度，在冬天有四十尺，离开河心二千四百尺的左右岸，则浅落到二十五尺和二十尺，横断江流的沉船列成了一线，其方向为西北的北面与东南的南面，一共用到二十余条船，其中六条，据说是中国的旧炮舰，它们有效地封锁了长江。在这个下游，大家相信还有若干较小的封锁，据说日本邮船会社的废船，也已经从镇江带来，沉在天生港的上端，在主要封锁线的下游约一里半之处，有无水雷埋着，现在还说不定。

在封锁线的下游，于八月十二日下午，将大树金沙渡和通州多处的趸船都移去了，通州下游的轮渡码头由狼山之北往右岸，用以指明叉道的浮标，也都取去了，这事是由一艘河海测量局的测量船由一艘中国鱼雷艇保护着，奉江阴要塞司令的命令而作成的，并没有通知上海的海岸巡查局，因此该巡查局直到数天之后，听了来往该处的船只的报告，方才知道。其他地方的浮标等物有无移去，还不知道，而所已移去者，现在还未恢复。

不过移去了航行指标，并不使上下航行，就此发生无上的困难。欧洲的领港员，以为在江阴的封锁线还留着一个“门户”，通过这区域的许可获得之后，惟一的需要就只是正常的天气、优良的罗盘和清楚而周到的观察。凡是船桥和罗盘是在里面的，罗盘的差误是大而不能确定的，有如大多数长江轮船那样，就必须将头上的永久布篷放去，动身之前，并在吴淞校正罗盘的偏差，或者改用“标准罗盘”，用清楚而周到的观察，来应付一切。走过了江阴区域，长江的航行便可一切照常。

许多船舶都在封锁线的上游被关在里面，其中有三条洋船，英国的迩林登考得（Errington Gowrt），挪威的贝尔雷（Belray）和挪威的摩托船苏伦生（D.B.Soornsen）。苏伦生是油船，载重约九千吨，正由汉口回上海，她在八月十三日上午八时，因为一条中国炮船向她打旗语，说明“前进危险”，她就在江阴要塞上游二里之处停了下来。她绕行了一周，就靠近那已经抛锚的芜湖轮抛了锚。不久，炮船上派了一只舢舨来，说前进是危险的，抛锚停在此地以待后命。问他们为什么“前进危险”，他们回答说，江阴以下，一切航行的指标，都已移去，并且已经埋了水雷。一小时左右之后，共和与吴淞轮向上游开了过去，吴淞轮靠近着芜湖轮，向她传了一个消息。芜湖轮就此起碇，向下游而去（当天下午到上海）。苏伦生轮看见芜湖轮前进，就打起旗语，请求“准予前进”，并且作了前进的准备，不意炮船上的舢舨，再来通知说苏伦生轮必须停泊在那里。明天十四日星期六的下午，美孚（Mei Foo）轮由下游开来，靠近着苏伦生轮，告诉她下游叉道浮标还在那里，不过江阴以下的趸船则已移去。于是再打旗语，请求准予开向下游。当时没有答复，过了一会，那舢板载来了一个军官，他告诉他们，停在现在的地方是危险的，命令他们再向上游开去一些。他们就移泊到离江阴要塞约七里的上游，一直停在那里，直到十八日接到上海通知，才开往镇江。

同时，自八月十三日上午以后，这条船和她的代理人上海亚细亚火油公司，一直维持着消息的交通。挪威商领事和英国海军当局，虽用尽力量想向南京和江阴要塞获得允许，以便该船开往吴淞，始终无效。

《抗战半月刊》第 1 卷第 4 号，1937 年。

江阴要塞十日记

佚　名

日对江阴觊觎已久，意在破坏我封锁线。上月下旬，在江阴下游七十里之刘海河一带，派舰巡弋，一面探我实力，一面暗置浮筒，均经我发觉，故未得逞。后又屡派飞机轰炸。自二十一日以来，每日均有十余架，在江阴上空盘旋。过要塞地带时，经我高射炮猛烈射击，始终不敢低飞迳犯。二十三日在城内投十余弹，旅馆戏院各毁一处，民房坍塌数栋，死伤平民五十余人。二十四日上午又四度来犯，在县城南四五里夏港地方，投弹多枚，死伤难民二十余人，其中多为妇孺，断胫残肢，惨不忍睹，惟一般壮丁则多因不忍离弃乡土，均自动协助军队，建筑工事，防护交通。日军虽有自陆上逐步进犯之趋势，但我野战力量颇为雄厚，守土将士咸抱与要塞共存亡之决心，故至二十四日止江阴仍在我军固守中。日舰七八十艘猛轰黄山、段山，我江阴要塞亦还击，我海军有壮烈牺牲。由福山登陆之日军继续西犯，经我堵击于江阴东南之长矛山、周庄一带。该处系山地，日军难以得逞。

进犯江阴之日军，虽于二十六日下午及二十七日晚两度受挫，因知我防御巩固，更以较前重大之兵力，分两路来犯，一沿锡澄公路北进，并以炮兵若干开抵江阴县城迤南七公里，南闸镇附近，另有步炮兵三联队左右，自常阴公路侵入华墅，进至周庄镇（南闸镇东十八公里），我拱卫要塞之部队，遂积极出动堵击。

三十日以陆、海、空军联合力量，整日攻犯江阴要塞，我守军将士即晨迄晚，忠勇抗拒，充分发挥威力，始终未使阵地稍受摇动。江阴要塞独立应战之雄伟场面，于兹揭开。先是有插将官旗之日军舰一艘，率二十余炮舰，驶至江阴下游对岸，距要塞地带最前方十八九里之张黄港外停泊。布开阵形后，即于七时许向我要塞方向开炮猛扑。其主炮射程颇大，但仍未命中我阵地，而我将士侦知后早在各方要点待命行动，一声令下，炮弹齐发，声震天地。日军知我有备，乃于傍午将数舰略向下移，而余舰仍陆续开炮，我亦勇猛还击。入晚日舰突又增到多艘，为势甚凶，但炮声则极稀少。另一方面日军之陆上部队，亦自晨起，在江阴县城南七公里之南闸镇附近，向我开炮，我重战队亦还炮镇压，日军坦克车队复自东方袭我阵地。我早准备，并在第一线外以伏兵袭击，毁车三辆，我无损伤。该两方面各以全力冲击，时缓时急，相持至晚。其间复有日机多架在我阵地上空侦察，因我高射炮猛烈射击，飞至七千米以上，下午水上轰炸机两架，曾在江阴县城内投弹数枚，炸毙居民数名。入晚日水、陆两方仍相机续犯，而我坚守要塞之忠勇将士，则居高临下，虎视耽耽[眈眈]，绝对控制战场形势。

至本月二日，江阴要塞之攻守战，已进入第三日。日军屡攻未能得手，兵力已增至第一日之两倍以上。三日日舰上及陆上对击之炮弹，合计不下两千余发，大小战舰击伤七艘，其中两艘，大半沉入江中，水面仅露有烟囱而已。惟陆上之日军，猛攻最烈，我在江阴南七公里之南闸镇，坚拒数日，卒以兵力不足，外围被其冲破。但要塞本身仍在我手。日空军连日轰炸，被我击落数架，同时我一切电话电线，悉被炸毁，我要塞司令，三日来每隔一小时，向京发无线电一次，内容极简，仅在表示要塞未失。此项电报截至四日尚未断绝。某司令于一电中，曾请转嘱其所主持之某某学校员生，善自努力，为国报命，具见其效死之决心。

江阴四五日来受日陆空联合进攻，左右腹背及至顶部均遭最新式武器猛袭，可谓五面受围。我当地守军以血肉之坚城，补物质之不足，奋勇抵抗，阻止前进，支持一百小时左右。卒以守军孤单而于三日晚七时许以不守闻。然而江阴毕竟不过我滚滚长江之第一门户，战事以来，我已在江阴以上紧闭门户，重重封锁，日军欲由登堂入室，尚匪易事。

江阴之失，不失于江上之日舰，其最大关键当为常熟、无锡、武进之陷落，致使我保卫要塞之外廓形势，暴露于日人三面围攻之下。江阴要塞陷落经过，实有若干悲壮惨烈之事迹织入其中。首先日军于二十八日开始在周村、南闸、固镇等地，配置炮兵阵地以及机械化部队，向我外廓猛冲，我外围之线为一长距六七十里之新月形，不免有中央突破之危险，当日军主力自南闸攻到江阴城垣下之汽车站时，有一长桥未被我炸毁，我军原拟由此冲出，惜结果转资日用。一日军又以巨量坦克车及装甲汽车突入，直迫我要塞外围之君山山麓。我各部拼死截击，损失近千。此役何柏两师长均身先士卒，传已受创。翌日自周庄逼来之日军，亦已乘虚冲至香山附近，我指挥长官乃下令八千孤军，杀出重围，仅留少数部队死守要塞阵地，使我将所有要塞上尚未发挥充分威力之最新式大炮，从容破坏。今江南要塞虽经陷落，然我江北炮兵阵地则严整如故，日军仍不能逞其所欲，冒犯我封锁线也。

（《社会日报》）

长江等著：《名城要塞陷落记》，战时出版社 1938 年刊行。

鏖战江阴

敌人的炮火，已然降临到我的家乡——江阴要塞了。看报上载着说，要塞司令许□将军，已表示与要塞共存亡。仅是这一个要塞，就将向敌人索取重大的代价。

我从江阴来，我是江阴人，对于江阴要塞，我有更清楚的认识。

从吴淞口西向溯江而上，自吴淞炮台，浏河狮子林炮台，南通的狼山，常熟的福山，到江阴的黄山，两岸都是防守长江下游门户，控制着江苏省东岸的坚利的炮垒，可是吴淞炮台，早已失其效用，狮子林以及狼福两山，建筑规模都不大，可以控制住长江入口，足以对敌施其重大威胁。地势险要，建筑强固而锐利的炮垒，就要算吾乡江阴要塞了，这实是今日长江一道重要的门户。

江阴要塞，是以黄山炮台为其主要据点的，黄山离江阴城东北六七里之地，有十余里之长，如一条长蛇，又如一只雄狮，紧靠江边而盘踞着。在山上，自东至西，由上到下，都安置有各种最坚利的大炮。

这要塞的建筑，还远在数十年前，中国自受到西洋势力侵入之后，建筑计划与工程之进行，都成于德国某工程师军事专家之手。这专家后来一直就住在山中，至今山中还留着他当年作为住宅的一座简单的洋楼。听说他后来因欧战时（大概他那时还在我们江阴罢）不愿回国服役，受政府严重的谴责，人民的诟骂，结果就自杀在那座洋楼里了。

还是在十年之前，我在小学读书的时候，先生们发起参观要塞（那时的要塞要参观似乎很便当，此后就不能进去了）。那时，我是进去过一次的，黄山山势之雄峻，在江阴各小山之中，也为首屈一指，尤其在山北濒江一面，东西两山脚，直伸江中，滔滔急流，就在其脚下奔腾而过。立在山上向东面长江中望去，一线江心深水过，正对准山中每一门大炮的炮门，濒江山脚，壁立甚峻，往山里走，则又奥折幽深，就在全山每一个险要之处，建筑下了各式的炮垒，这里无论有多少军舰由东行来，可说没有一个能逃出黄山炮火的焦点之外的，坐在船里在江中向山上望去，却绝不能找到一个炮垒的形迹的，因为各炮皆建在地下，其上则树木蓊郁，绝难发现。那里江深水狭，两岸相距，最狭处不过六七里之遥，又不容数个军舰能够同时并进，那时我所见到的大炮，最大的有二丈多长，炮口可以钻得进一个人去，排列在旁边的炮弹，有半个多人身高；现在的炮台，当然又非昔比了，最近几年来，我们曾在那里化了很大的经费，加以改建，听说大炮都是最新式的，建筑都是现代化的，看着它这次将给敌人在这里予以重大惩创罢。

因为黄山有这样一种峻险的形势，所以它风景之美，也为吾乡小山之冠，北望长江，如天际挂下，滔滔白浪，日夜东流，濒江山脚，削成峻壁，内有两湾，一曰大石湾，一曰小石湾，则又平沙浅水，极宜辟作游泳之地。山上石影松风，曲折可赏，南望江阴城，万家成［城］市，悉在眼底，再南是花山（报载敌人已进攻到那里了），与定山、绮山，连绵一线，淡青如一抹图画，只是黄山作为要塞后，江阴人再也没有福可到此一游了。想起这，人类至今还要以炮火互相残杀，有多少的金钱，人力物力，用于如墨索里尼所说“宣扬文明”的屠杀事业，而一方，则又有成千户饥寒的人民求饱不得。如省下全世界的军备费，对人类社会将有怎样大的利益与贡献，若“大同世界”真个一旦实现，即如我乡极富风景美的黄山，也将辟作游览之区，供远近人之凭眺。然而，要达到这一理想的实现，今日，却需我们要流更多人类迎战的血，来争取到手。况我乡黄山炮台为着保卫祖国，为着负担起这一人类正义的使命，而对世界文明的破坏者怒吼罢。

看这几天报载，敌人进攻江阴路线，一路由无锡沿锡澄公路向北，一路由黄山东面，沿常阴公路西上，再从黄山对江的靖江县企图上陆，以胁黄山后面，绕江北袭取镇江。而在江中的日舰，却始终未敢溯流西上，直攻炮台，这之间，虽有一条坚固的封锁为之隔阂，但敌人对黄山的戒心，也由此可见，因为若以军舰来攻，那它是徒然牺牲的。看敌人的意图，似有从陆路三面以包围要塞，使失其效用之计划，所以我军此时只须能坚守住陆路（锡澄路与常阴路）阵地，敌人绝对无办法攻破江阴封锁线，进占黄山炮台的，这是我个人的观察。

东望千里之外，我乡黄山要塞，此刻正与要亡我国灭我种东方大盗作残酷的斗争。过去黄山要塞，在北洋政府时代，曾在每个江阴人心中，写下了它许多内战的罪恶史，最使江阴人不能忘记的，是甲子齐卢之战，齐军一团，占有城内，坚守不出，毕庶澄部据有黄山，不断向城内轰击，有七昼夜之久。事后，江阴人至有要求当局将炮台拆除，或是把炮位一齐改作只向北方的，这自然是“因噎废食”的之举，也可见江阴人对它痛恶之深。然而今日，它将昂然举起为祖国生存而战的巨炮口，对准外来的敌人轰击，它将尽洗过去的罪恶历史，而在民族解放战争的历史之上，写下光荣的一页。

敬祝我乡黄山要塞无恙，许□将军无恙。（何济翔，廿六年十一月二十九日，汉口）

××××

记者为明了东战场及要塞地带实际情况起见，十九日于晨光熹微中，乘轮赴通州，直达天生港，船上旅客拥挤不堪。目击黄浦沿江，宝山县近区，焦土一片，相顾黯然。途中未受任何检验。转入长江，烟雾弥天，炮声震耳，轴轳相接，敌舰逾百，正向狼山福山两岸示威也。傍晚抵埠，摆渡登陆，八里，到通属唐家闸，地属冲要，人烟稠密，仍能各安其业，利便贩运。雇车往通市，卅余里之车价，需费四元。该地虽屡经轰炸，市面萧条，但国军仍严密布防，情状安静。民船到靖江如皋，行程须三四天。记者附车行，检验周详，汉奸不易混入。防务坚强，步步为营。义渡雇船，均能通达。惟绝对须受驻军检验耳。八圩港至黄田港，颇为安静，因敌机不易飞越要塞也。江阴人民皆深知大义，镇静安定，野间农夫，市中商贾，融洽一片，咸以家难即国难互相告诫。军战民守，诚天堑也。要塞江防守卫有人，指臂相连，共同作战。全县受训壮丁，亦逾五万，协助建筑防御工程。并有保安大队，公安警察队万余，共同积极防卫。县长袁佑任，为前炮兵团团长，英明义侠，自八一三起，即抱三百年前阎应元将军死守江阴之志，遗嘱儿孙，誓与澄江共存亡。更得××铁军×将军守此要塞，誓死杀敌。战事于二十一日转入澄锡线。北自福山，南至常熟边境，我阵地甚稳定。羊尖镇阵地虽失陷，而鹿苑、杨舍、顾山、陈墅直至无锡北区凤凰山之安镇，转东至白丹山之西仓市，达太湖线，新安、周泾巷，均有坚固工事，决不能使敌人长驱直入。南岭尽头之三十三山，咸多排列于江阴东南及沿江一带，各有工事可守。敌人之主力非特在此遭遇阻滞，受创亦意中也。闻进入太湖之敌．亦经巨大牺牲。经我方之太湖浅水舰炮轰，敌人损失橡皮船汽轮，不下百余艘。又目前最为紧要者，为难民之安置及后方之救护。

澄地虽有红十字会分会及联合救护委员会筹设之临时医院所，初为一般利欲熏心之私人所阻挠，致工作阻滞，且交通运输不便，均未能充分救济。目今经红分会正尽力工作。惟敌机就乡镇不设防御工事地方，滥肆轰炸，平民死伤綦巨，盼各界热心志士，加以实际赈济，不胜厚幸。（天马，十一月二十五日）

××××

江阴——大概大家都晓得是国防要塞。历代用兵，这区区的小城，总不免要遭劫。近代内战，亦没有一次与江阴无关系。明末民族英雄阎应元誓死不降，坚守孤城，抵抗清军二十余万，经八十余日血战，至外无援，内绝粮，卒和孤城共亡。这种可歌可泣的史事，在这强敌压境的时候，正值得我们回忆。我们应该拿出力量来拱卫国土，抗战到底，那才有最后胜利啊！但是事实告诉我们，成功的前奏，是失败。淞沪鏖战两月，国军为战略关系，步步西移，没有多天，就迫近江阴来了。江阴，并没有什么美妙的风景，只有大自然的壮美。我不妨介绍一点，关于战前战后的情形。

江阴北枕长江，东拥巫段诸山，西有萧山、青山为屏障，南有秦望山、大小茅山，此起彼伏，形势雄壮。要塞，列在黄山君山，被此呼应，北对靖江。近代努力经营，森严绝伦。电雷学校，飞机场，均布置于险要地带。且公路纵横，有武澄、锡澄、琴澄及其他支线，交通便利，工商业尚不致落后。战线逐步西移，要塞形势日紧。驻军全体约十师。此外尚有江防总司令刘×，江防司令××，要塞司令欧××，戒严司令由袁县长兼任，布防颇为严密。实不料铁一般的要塞失守得这样快！

江阴民气勇敢，有一句流行话，说江阴“拼死吃河豚”。此次抗战，可谓强差人意。壮丁出任输送及担架，暗里还帮助做特务工作。多数人，不愿意避难到别处去。老弱妇孺的避难，均是有组织的，有条不乱。日军进攻计分两路：（一）由常州经申夏港，迫萧山青山，我军抵抗，最称骁勇。双方死伤，极为惨重，尤其是民众死伤累累。日军凭其犀利的飞机野炮，卒致防守二山之二营将士，全作壮烈牺牲。（二）由锡境进扰，经北渚青旸，联合由常熟攻入队伍，沿锡澄路占青旸，越月桥南闸，二面攻城，炮弹如雨，大火延烧。自东门起，至司马牌楼一带止，火光四起，繁盛区尽付一炬。如吴汀鹭住宅、县政府、利用纱厂，无一幸免。北门街完全为飞机炸毁。南菁学院、顾家埭、善汀路、大宜春、小桥头、同生泰、日新恒等巨大商店，均成一片瓦砾。

城区于十二月一日下午失守，此时要塞驻军，仍凭险发炮，与敌激战。经三日夜，卒以外援断绝，乃自动毁去要塞，含泪退却。时为十二月三日。

江阴既遭难，最难堪者为一般民众。颠沛流离，饥寒交迫，甚至家破人亡，露尸郊野。现江北阵地，即日又将展开血战。日军准备渡江，欲占靖江、泰兴而入扬中，以拊镇江、南京之背。然其舰队尚不能越我封锁线一步也。（君匋，十二月十三日）

《东战场上》，上海时代史料保存社1938年印行。

江阴烽火回望记

方菊影

记者为新闻报道使令，在紧急时期中，旅行扬子江下游南北各县，时经两月，在扼守江防门户之江阴，勾留较久。战事西移，通信阻滞。记者迫于环境，不得不经历艰险，绕道返沪。今江阴已以失守闻，回首前尘，倍增感慨。兹就观察时所得印象，并采录最近各方情报，拉杂草成此篇。虽曰回望，要非尽属明日黄花也。

江阴要塞管辖区域，实包括常熟之福山、通州之狼山、靖江之四墩子新港等，隔江对峙，形势险要。福山失守后，犄［掎］角之势遂破。惟段山、巫山、长山一带炮台，尚足控制封锁线，该处通常澄所属之常阴沙，涨滩突出江面，尤足为毛竹港屏障。该处集结重兵，即可防阻登陆。此处西距江阴主要炮台，尚有八十余华里，自常熟、无锡失陷后，澄常、澄锡、青福（江阴、青旸、通福山新辟之军用路）各公路反被日方机械化部队所利用。毗连常熟之顾山、后塍、杨库、长泾各乡镇，遂于十一月二十三、二十四日，相继被袭，而由无锡周泾巷、东亭镇北进之一路日军，亦入江阴祝塘、华墅、周庄取得联络，拊常阴沙之背，段山、巫山遭水陆包围，以致牵动全局，整个要塞形势，遂岌岌可危。要塞司令□□，江防司令□□□，外传对于军略上意见未能一致，因此谣言蜂起，人民恐慌异常。二十五日之情形，更形纷乱，尤足以影响防御力。当此万分危急之时，一·二八死守吴淞翁照垣将军，忽发出就职布告，并在各乡出示安民，人心大慰，而军心尤振。未遑撤退之国军，且夜袭常锡交界处，甚为得手，拟由陆路抄袭要塞后背之日军，不得不停止前进，乃变更方略，改由常州绕道焦溪、戚墅堰、洛社攻入江阴西乡，占据小茅山、青山、青旸、南闸、夏港附近各要点。至是江阴要塞除北面长江外，东西南三面皆在包围中。

二十九日江阴城厢被炸，民房被焚十余处，南门祝家花园饭店、东门耶稣堂、福音医院、北门电灯厂皆毁损一部份［分］，日方少数先头部队，攻至东南西城郊，终被击退，有某君于是日枪林弹雨下逃出，十二月二十到沪晤记者，为述最近真相，采录如上。某君并力言，长江封锁线仍巩固，靖江亦无他变，江阴县城迄彼离去时，尚在我军坚守中，惟人民已迁避一空。记者搜集由澄来沪之情报，为二十九日以前之消息。此后如何，未敢臆测。但同日，由另一方面得悉，江阴要塞尚有炮声发出，尚在艰苦中奋斗也。又据先数日离澄之某厂商云，江阴县长暨党部人员，于围攻城郊开始时，即踪迹不明。记者由靖江至天生港时，尚有一甚深印象，该处均属沙土，阴雨后公路变为泥淖，汽车及司机技术，又很恶劣，然而物以稀为贵，任何恶劣之交通工具，此间不得不视若苦海慈航，在六小时以上之程途中，覆车残破与呻吟受伤之旅客，不断入眼帘，此即若辈之成绩。车主贸利方式，却十分高明，票价大书每客二元五角，及载满后，诿称司机不肯驾驶，必须另出倍蓰代价，始肯开行。客如行囊充裕，尚可惟命自从；贫乏者，则惟有望车兴叹，感逃生乏术也。

江阴失守，现已不幸证实，固无所谓军事秘密矣。而翁照垣将军之艰苦挣扎，功罪当让史家定评，然而不能以成败论英雄，其苦心孤诣，吾侪就新闻记者立场，似不可不补述报道也。

翁将军之名，妇孺皆知，此处不必再介绍过去历史，惟与苦守孤垒有关之一段轶话，似足资研究军事上得失者参考，姑援有闻必录例，纪［记］述所闻于次：

翁氏人皆知为习炮兵科之军人，其实亦为青年航空家。北海案件告一段落后，翁自觉现代要塞与海空联合防御战术，尚缺学养经验，曾遍游各新兴强国，虚心求教。返国后，尝徜徉于山陬海澨，世人疑为学作徐霞客矣，庸知彼实别有用心者。八一三战作，翁以散秩参预淞、沪戎机，指陈得失，颇为当局所激赏，军委会任为要塞视察专员，因是频往来于沿江各地，尝匹马单骑，由浏河至福山，逻者疑为奸宄，执赴军营，鞫讯不答，搜检其身，始知为翁将军。或问早何默尔若是，翁笑曰，聊以试验巡逻者是否忠勤耳。又江阴要塞奉军委会电令，妥为招待翁特派员。长官均在汽车站鹄候，要塞掩护兵忽喘息而至，谓翁将军已在封锁线江边，与哨兵在芦苇丛中同食干粮，盖翁汽车停于距澄二十余里之村野，独循僻径步行至炮台下矣。至是当局因上峰申斥，指摘警戒线太为疏忽，乃雷厉风行，不许任何人擅入防区。即调来友军将士，亦须领取特许出入证，方得行近要塞云。记者于十一月上旬，晋谒翁氏于江阴某宅。翁氏衣西装，襟袖整洁潇洒，如青年学士，言谈尤彬彬有礼，自谦谓退役军人，只可贡献刍荛，备当局参考云云。记者拟请介绍一观要塞雄姿，则坦然以伴导自任，虽军事秘密未许记者详览，然而得窥一斑，已足使纸上谈兵之文弱书生，平添不少见识也。翁将军儒雅风流，率直豪爽，兼而有之，三军听命，效死勿去，诚非偶然。犹忆翁氏在澄为军政长官之上宾时，尝设盛宴于某署，知翁氏不食猪肉，特摒去之。中有名厨烹饪之嫩鸡，味甚腴美，翁命弁另盛皿送往东门福音医院，嘱分享在院疗养之飞将军袁葆康与某舰长，同席皆为感动，不再举箸，而撤宴尽以馈受伤将士。

长江要塞，自曾文正督两江时，始略具雏基。惟长江水师提督鲍超，亦仅视通州之狼山，常熟之福山，江阴之巫山，镇江之瓜洲，为江防门户，而设两总兵于福山、瓜洲，江阴则一水师副将（俗称协台）与绿营游击，分任水陆防泛耳。所谓炮台，只有旧式铁炮而已。迨光绪初清廷创兴海军，德国有一罹法网之炮弁，避罪匿华，献计刘坤一、张之洞，得委监修黄山炮台提调职，而械料尽向德国采购，德皇嘉其不忘祖国，赦免处分，更颁给铁十字勋章，而此为华效忠之客卿，终身不愿下山，并易华名，迎眷居于小湾，翎顶袍套，婉［宛］如清吏，卒时遗命葬于要塞南麓。且以四品顶戴入殓，清廷特建祠立坊以旌其志焉。记者此次在澄，瞻谒祠墓，不觉肃然起敬，惜抄录墓碑之日记簿，因在途避飞机袭击，连同文箧遗失，姓名履历，不能道其详矣。由此经营后，江阴西自鹅鼻嘴，东迄段山，境内沿江七八十里，山峦岗岭，均架有大小钢炮，瞭望台、探照灯、电报、电话，无不全备，峋嶙怪石之下，崎岖山径，且辟为康庄大道。夹植青翠松柏，俯视滚滚洪流，雄壮秀丽，兼有而之。自萨镇冰主政后，更设雷电学堂于江干，并由海军部派一总台长统管之。民国肇造，改称要塞司令。国府定都南京，复派大员为宁镇澄淞要塞总司令，不复隶属海军部。蒋委员长于讨袁之役，与尤超凡、薄子明、方履之等，曾于黄山炮台举义，对于江阴要塞，固具有深刻印象者。三年前聘专家督修，曾数度亲临，勘察工程，雷电学堂校长，即由蒋自兼，而令海军中将欧阳格为教务长；并兼江防司令，其重视此处可见一斑。

江阴长山黄山之间，有河曰黄山港，通达江阴东南各乡，由苏、锡可入太湖，清季拟辟为军港，终因移帑他用而未果，三年前始由军委会实施开浚。黄山港原有小市镇及民房，悉皆迁让，近尚未完全竣工。该港阔三百余尺，绕山弯进，如汤匙型，高山夹峙，异常险要。　　（《战地通信》）

长江等著：《名城要塞陷落记》，战时出版社 1938 年刊行。

江阴抗战的回忆——一位海军战士的口述

宏 之

这是血的记忆！——

在芦沟桥事变发生以后，我们就准备出动了；可恨的大汉奸黄濬（即黄秋岳）在我们封锁长江的前两天，竟以行政院机要秘书的地位，出卖了海军封锁的计划，以致关在扬子江里的廿九条的日本军舰都被逃脱了。后来，“八一三”开了火，我们的舰队就布满在江阴的江面了，我们是由陈季良司令统率指挥的，任务是防守江阴的封锁线，阻止敌舰沿江进犯。当时出发布防的情况，真使我们欢喜得发狂！因为这些年来我们所受到国内各方面的讥笑、讽刺，和种种的谩骂，实在太多啦！这些没有海军认识的无理批评，的确像苦针一样地刺着我们的心！可是我们并不是凉血动物，现在有一个斗争的机会给我们，那一个不想去干一下以表明我们的态度呢？

敌人本来是想在“八一三”开火后，用它优越的海军在几天以内沿长江攻到“南京”，但是因为我们的封锁线和防守力量的坚强，以致在我们撤退江阴以前，始终没有越过封锁线一步；因为水上不能突破封锁线攻上来，于是敌人老羞成怒，就藉着它空军的力量来破坏我们的封锁线，每天都是派好几十架的飞机，不断地轮流来轰炸我们。那时报纸上登载敌机狂炸江阴的消息，实在的，就是来轰炸我们水上的军舰。当时那种海空战斗的景状，激烈得真使人形容不出！

敌机不但在白天里来炸，就是在晚上也照样地来炸，尤其是在十五号左右的几天，它们都是趁着月光来偷袭，那差不多成了一个例子——只要月亮刚要升上江阴“黄山”山头的时候，我敢担保立刻就可以听见飞机的声音。所以在那时候我们总是老早就把炮口对向东南方等候着。因为敌机差不多都是由那边来，一飞过山头就到我们舰队的上空。

那时，我在旗舰“平海”上面，担任指挥一架高射炮和几架高射机关枪，这几尊都是麦得森机枪，威力很大！的确，我真兴奋！拿科学的武器打残暴的敌人，实在是快乐不过的事情！

只要敌机一被发现，舰上的汽笛警报就“呜……呜……”地叫起来，声音既雄壮又带凄厉；那时候，船就起锭，舰上的人员都忙着观测，搬弹药，在测远镜塔旁边的两尊搜索镜，马上就很快地转动探索飞机，当时情形真是紧张！接着，备战的号吹起来了，十几尊的炮口枪口，一齐都翘起，弹药都装好了，只等着飞机一来就瞄准放。那个时候，兵士们的抖擞精神衬着紧张的情绪，真来劲！等到飞机飞近了，“嗡……嗡……嗡旺……”就震耳朵，我们一听这种声音，就晓得这是重轰炸机，我连忙就发出口令：“在 ×× 方！视角 ×× 度，敌机向我舰飞进——”，接着，炮手就回答说：“炮便！”（便是预备好了的意思）那时我们的心砰动得描写不出。不多久，飞机飞到我们的火力以内了，我就叫：“目标 ×× 方！偏差 ×× 度，高度 × 千 ×，敌人的领队机！”就在那时，敌机已经开始投弹了，“轰……嗞……轰……”这是炸弹丢在水里的声音，有时我还没等上面放射的号令下达，就独自叫：“放！”因为敌机飞到死角上了，当然我不愿意错过机会。“砰达！砰达！砰达！”炮连着三下，子弹便以680公尺的速度镖上去——敌机听到这三响以后，马上就“嗡……嗝……嗝……”的散开，我也连叫“引信 ××！”炮手立刻就很快的装上子弹，关上炮机，“达！”炮机上弹簧跟着响了一下，炮手就接着叫“便！”“放！”“砰！”又是一下！我们就要连着不断地“引信 ××”“达！”“便！”“放！”“砰！”……那时舰上各门炮和各艘舰上的炮都发射了，各炮都是不断地跟着各个的目标射击，敌机当时也就拼命的丢炸弹，“格……格格……”“砰达！砰达！”“轰！轰……”“砰……嗞……”机关枪声，炮声，和炸弹丢在水里的声音，杂乱得使人耳朵都弄昏了。

我第一次打下飞机是在八月廿二号那一天，那印象给我好深！当时，它飞进了我那尊炮力以内，我的曳光弹都打在它的四周爆炸，飞机真好像一个玩具飞机在金丝网里一样，那时可惜没空拿照相机把它拍下来；过后，敌机忽然冲出了弹烟，我还以为是避过了我的子弹，心里正大叫：“可惜！”那知道霎然间机上闪起火光，接着就裁［栽］了下来，真好看！掉下来的时候真好像一条火龙，我当时欢喜得跳起来，叫道："打中了一架！打下了！"的确，第一次打落飞机是多快乐的事！可笑的！那些跟着领队的几架飞机立刻就很乱的散开了，并且还有一架受了伤，急急地斜着机身飞去了。据事后调查，那一架被我打下的飞机是轰炸机，落在江阴岸上。

我们在江阴，要算是九月廿二号那两天炸得最利［厉］害！那两天也就是我们抵抗最烈牺牲最大的时候，每次总是七八十架的飞机来炸，差不多满天都是飞机！记得有一次观测兵报告："左方……发现敌机九架，向我方进发！"接着又说："正前方又发现敌机廿七架！……不只！有四十多架……左方又有……"最后那观测兵没法数清飞机的数目，就忙叫："数不清！满天都是飞机，像蚂蚁一样！"

真的！后来敌机总是分好几个方面向我们军舰涌过来，在那种情势下，我们要想用顶准确的瞄准去发射是时间上不允许的！所以我们只好先用连续的射击去阻止它们飞到军舰的上空，我有时发急地就下"自动瞄准快放"的口令，好几个射手就"砰达！砰达……""格……格……"地放起来。在那个时候，敌机也在各处乱丢炸弹，"嚁……嗞……轰"，水给炸弹炸起无数的水柱，差不多都是好多丈高！军舰也被波浪震得很利［厉］害！的确，在那打得顶激烈的时候，你只要抬头向天上看一下，简直满天都是大黑点（飞机）和小黑点（炸弹）！炸弹好像下雨般地掉下来。那时我们会炸死不会炸死，什么时候炸死，都委之于命运。

说到敌人的瞄准的程度多半是不行的，百分之九十九都是丢在水里，那些飞行员也都是胆小的家伙，有时还没等到我们军舰的上空就丢炸弹了。不过其中有几个却是例外，有一次，有一队敌机用俯冲来轰炸我们，那领队的一架敌机的确很勇敢！那时我正握着高射机关枪对它发射，可是他不管我的曳光弹在机身四周爆，他还是急冲下来，等到冲到很低啦，他首先用机关枪对我们扫射，子弹都是在我的身边掠过，（我当时也不知道有没有受伤）但我那时也不管三七二十一，紧抓住枪柄，"达！达……"地向上不断地发射，在那个时候，飞机已经被打中了好几发了，但是不行，他还是往下冲，接着就是好几炸弹丢下来。在这一刹那，眼看见黑点渐渐地掉下来了，我自己心里还说："这一下可糟糕！完啦！"我连忙卧倒，"轰！……轰轰轰轰"，炸弹就丢在离我十几公尺的地方，有的掉在舰上，弹片四飞，我那时腿部好像也被碎片弄伤了。还好！多数的炸弹是落在舰旁的水里，水柱被激得好高！可是敌机因为已经受了伤终于掉下水去，但那家伙确实利［厉］害，"嗡……"的一声又给他挣扎飞上去了。那时我的机枪支柱已经被炸断，但是我不顾一切，马上把手臂支持着枪，强行射击，不过震动的力量实在太大啦，简直使人抓不住！在发了几百颗子弹以后，我的手掌已经被铁管炙伤了好几道重重的烙印，正好我旁边有一桶冷水，我于是把手急浸到冷水里，可是更加疼！那时候第二架飞机已经在上空俯冲投弹了，但幸好是丢在水里。接着第三架飞机又冲下来，我急得也不管疼不疼就抓起机枪向上放。正好，这一架在很低时被我打中了。它像鹞子翻身一样地截下来，在那时候，后面的一架（第四架）已经跟着俯冲下来啦，在我穷于应付中丢了炸弹，“轰！轰……”连着好几个，军舰似已被炸中了！舰身震得真使人要跳起来，我也震倒。当时我神志好像有一点不清，但我用手摸了一摸自己的头：“呀！还活着吗！”知道没有被炸死，那时我也不管什么疼痛，爬起来就拿着枪装上了一串子弹想发，可是机枪无支柱发射实在太困难！正好那边有一架机关枪空着，因为那位射手刚被炸死，于是我就赶着跑过去，恰好里面已经装好子弹，我就握着枪柄“格……格……”地打上去，其余的飞机这时也没冲下来。正在这个时候，旁的军舰也打下了好几架，几串火龙先后地掉下来，可是敌机仍然猛烈地狂炸，各种声音杂乱得不得了！我有时向旁边急看一眼，呀！那可真惨！七八个都淌在血水里，有的还在挣扎，有的还大叫着：“中国海军万岁！”“打呀！”“打下他来……”这一次的恶斗，我身上有好几处是受了伤。“战争是疯狂的！”我真相信这句话！在那打得顶激烈的时候，人变疯了，枪炮也疯了，炸弹和水也疯了，我们那时只晓得装子弹，瞄准，放！装子弹，瞄准，放！……飞机不停地丢炸弹，炮也不停地在转、放；我们耳朵里只听见“轰……轰……”“嗞……”“格……格……”的声音。我打的时候，身上受了好几处伤，当时还不觉得，后来看见身上流血，才知道是受了伤。看，现在我全身有十几处的伤疤，这都是打飞机的成绩哩！

在这次战争里，我们的兵士们的精神实在太勇敢了！只要敌机一来，他们都大叫：“Parl！ Parl！”（就是打），手紧拿住枪炮沉着发射，没有一个退缩，也没有一个离开炮位。一直等到被伤得实在不能动弹，才由救护人员抬去。有的炸死的，尸身还靠在炮架上面，有的连手还紧握着枪柄，有的前一个被炸倒下去，第二个马上跑到炮位去补充，举起枪就发射……那样牺牲的精神，简直使人感动得流泪！我有一次，抽出空来跑到舱下去看受伤的同志们，有一个腹部被炸开的士兵，在断断续续将要绝气的时候，用血染红的眼睛看着我的脸，说：“× 先生！我死……没关系……不要管我，请你去管天上的飞机啊！……要打它们……”在这样壮烈的情形下，怎能不叫人感动得哭呢？

在九月廿三号那一天，我们的弹药终于在没有后援接济之下差不多要用完了，敌机依然不停地炸，我们既没有空军援助，弹药又缺乏。最后，“平海”因受伤太重，渐渐的沉下去了。我们也就悲壮的情况下离开了“平海”。那时“宁海”和其他没有被炸沉的军舰也都受了重伤，但都开足了马力向岸滩上开去。后来我们将舰上一切能够用的大炮机枪都拆搬上岸去（现在沿长江和别处的许多流动炮队，就是我们以这些组织的），当拆搬枪炮的时候，敌机仍不断来轰炸，在那没有武器抵抗时候，我们官员和士兵们还是不逃避地工作，虽然眼看见一个个同志被炸死了，但是还是不断地拆，不断地搬运。这种惨壮的景况，在岸上观战的德国顾问也惊叹不止，他们曾说：“这样肯牺牲的精神，就是在上次欧战中，我也没看见过！”

在江阴岸上防线后撤以后，我们也接着奉最高当局的命令向后撤，另设新的封锁线。

据情报：在江阴失后的第三天，敌人军舰不能突破封锁线，后来用很大的力量才算破开一个小口，但仍只能通过小型的军舰和汽艇。在破坏封锁线的时候，有好几条军舰碰到我们的水雷，炸沉了。

在江阴，我们经过两个多月的苦斗，终达到粉碎敌人沿江计划的目的，虽然我们损失了好多的军舰，牺牲了许多官员和水兵，但是也换取了高的代价。我想：如果当时只要有几架国机去助战，我相信，敌机的损失一定会增多，我们的牺牲也决不会这样惨烈！

后来，我们在马当、田家镇，和洞庭湖各处，也是一样地打，有时比江阴更猛烈。好多年的学友和许多同志们，都壮烈的殉难啦！我虽然是在万生一死［万死一生］里活下来的，可是经过几个月的医养，我全身的伤都治好了，又可以打啦！最近我又奉令派到 ××× 去工作。重上前线的确是痛快的事，我自己觉得：“只要有机会给我，我万死不辞地也要去报仇！因为敌人欺负人太利［厉］害了，并且各方面对我们的歧视也太多啦！所以我们现在只有争气！干！”

这篇的事实，是在不久以前，由一位伤愈重赴前线的青年海军军官告诉记者的。他是参与江阴各战役的一员，所以讲述的事都是极其真确。在两年前的今天，正是江阴战斗最激烈的时期，记者有感，特把它摘要地记下来。虽然有些地方不连贯，但因为要保持这事情的真实性，记者不敢故意用笔加以虚造和修饰，所以语气差不多都是照原来的。

——宏之附言，廿八年九月廿三日于黔桐

《宇宙风（半月刊）》第 88 期，1939 年。

纪念伟大的“九二三”

陈绍宽

一

九二三战役是抗战第一年头（二十六年九月二十三日），我海军和敌空军在江阴展开的海空大战。虽然“九二三”不是江阴作战阶段的唯一战役，而江阴作战也不是抗战以来海空战之总的激斗，但江阴的战役在一般的意义上可以代表我海军反击敌空军的整个历程，而在江阴许多战役中，九二三那一天又是最激烈的一次。所以“九二三”在中国海军抗战史上实是最值得纪念的一页。本人秉承最高统帅之命，部署这次最艰难困苦的堵塞战场面。明知敌我实力相差太远，但我们有的是民族革命战争的大无畏精神和三民主义最后胜利的一贯信念，而本军将士一念甲午战争以来四十余年的深仇积恨更无不切齿痛心，竞欲一雪。凭着这些革命的条件，海军自始至终，固守岗位，以血肉筑成江上的长城，阻止敌人的前进，而在我全军奉命作战略的转移时候，海军则又充任诸军的殿后，挥泪退出原来的阵线。因为“九二三”战役既为江阴整个战斗过程中的最高表现，而牺牲之壮烈也以此役为最，所以历年每届此日，怀念殉难袍泽的英灵，辄复悲愤填膺。然而牺牲便是胜利的代价，破坏则为复兴的先河，凭此一役，使举世皆知中国海军之能战，而我全军同人亦更以此自励。今年本军有□建月刊之发行，并于九月号刊行“九二三”特辑，念□实追往开来之重要历程，卧薪尝胆的惕励表现，故特综述前后经过，并加检讨，藉以增强共同奋斗的信念，不仅仅是纪念逝者而已。

谁也晓得，在这次倭寇对我侵略的武力中，最有把握的，就是它的海军。它可以利用舰队“闪电”的溯江直上，威胁我首都，截断我南北岸的连［联］络，迫我作城下之盟，实现它的速战速决的迷梦。可是自江阴封锁线在我海军手中树立之后，情势却为之一变。因此敌人要用舰队从扬子江口上驶，必须破坏我封锁线，要破坏我封锁线又不能不先歼灭我守卫封锁线的海军。

以长江的地势和海军的一般性能看来，要达到它的战略目的，应该运用它的海军的。可是它最有把握的海军，却是最无勇气的舰队。它不敢贸然的和我们的弱小海军一决胜负，而把其主要的任务交给空军来担负了。它满以为我们落后的海军可以容易地亡在它的空军手里，可是这种胆怯无能的精神却造成了极端笨拙的战略；因此为了这一条封锁线，却蹉跎了三个多月，而毫无成就，这正表现它自身已是否定了速战速决的战略，另一方面却稳定了我们以空间换取时间的基础。可是江阴的海空战终于在这种情势下展开了。

自二十六年九月十六日起，敌人就屡次空袭我守卫封锁线的海军。但作战经验告诉它们；要有效的破坏我为数寥寥的军舰，非有大量空军不足见功，于是继着九月二十二日的大规模的空袭，便于二十三日那天再来一次空前的轰炸。七十多架的飞机分批围攻我平海与宁海、逸仙、应瑞四舰。虽然在敌机重弹造成的雨幕之下，护甲薄弱的诸舰经不起剧烈的气力（Brist），与那气力所激动的水力，而告损坏；若干露天抗战的海军将士遭中了大量的敌机炸片而成仁就义了，但敌机也被我忠勇的战士击落七架。其余负伤的敌机便狼狈地逃回老家。计从八月十六日起至九月二十五日止四十日之中，敌机被击落之数在十架以上，受伤者至少达三十余架，但我们的封锁线却在十二月二日敌军占领江阴后半月才被破坏一角。这样不但使敌人的战略受到致命的影响，而且一面却保证我们第二步布置的完成。严格说来，江阴保卫战可说是替抗战的前途打下了巩固的基石。同时九二三之役便随着有其重大的意义了。

二

在“九二三”所具的重大意义之中，应特别提出的，便是关于精神与物质的问题。总裁在首都沦陷时昭示过我们：“此次抗战为国民革命过程中所必须，为被压迫民族对侵略者争取独立生存之战争。”从这便知，这次抗战既不是那利用民族主义口号而实行侵略弱小民族，像德之对奥捷的帝国主义者侵略战争，也不是那戴上爱国主义面具而争取侵略弱小民族的霸权，像第一次欧战与这次英德义［意］的帝国主义间的火并。我们的抗战是整个民族自求解放自求生存的革命战争。为此，所以我们不但不是以优越的物质来攻击敌人，如德之于奥捷，而且不是居于物质均等的地位，以与敌人相周旋，如德之于英。反之，这次抗战却是以绝对劣势的装备来对抗绝对优势的敌人，若照现代战争是科学的战争原理来说，好像这种抗战是必败无疑的了。但我们要知，物质劣势是被压迫民族的必然现象，而保障民族革命的成功却不在物质，因为在客观条件中，主要的是看民族意识是否坚强，从这意识而表现的行动是否一致，换句话民族精神是否已达到足以发动革命保证革命的程度，关于这，国父早已告诉过我们，在革命的战争中，精神居其九，物质仅居其一。总裁所以发起国民精神总动员的运动，其旨意即在乎此。

因此这次抗战是精神的斗争，物质仅立于从属的地位，总裁在《抵抗日本帝国主义先要抵抗日本武士道的精神》一篇的训词中，曾说过：“我们要打倒日本侵略的野心，要打倒日本侵略的武力，先得打倒它日本的侵略精神；要打倒日本的侵略精神，先要完成自己应该具备的革命精神，固有的民族精神。”继着，总裁又指出：“我们的革命精神，就是智仁勇。”

在江阴抗战的时期中，我海军的主力不过是平宁逸瑞几只小型的军舰。但姑以日本侵华用的第三舰队的实力来比一下，相差还是不可以道里计。即就九二三战役言之，我们的抵抗力，不过是区区十三尊高射炮和有限的弹药而已。军舰本身的装甲又是非常薄弱，以视敌人来袭的飞机数达七十多架，投下重弹五百枚以上，亦感得相形见绌。可是我们弱小的海军凭着什么，能够使敌人的大海军逡巡不前，使大量的敌机无法完成它们的使命呢？我想大家都会承认，这是靠着我们的革命精神。在敌人心中，满以为我海军不经一吓便要退却，可是空有其表现的敌人海军不曾使我们畏缩，而大量的敌机也来［未］尝使我们气沮。在敌舰空炮的威胁下，在敌机实际的高压下，我为数四艘的军舰，却始终屹如山立，守着岗位。因此在我们的民族精神的照妖镜中，暴露了敌人的鬼相。所谓的武士道精神，已片片地溶解在中华民族抗战的火焰之中。

但敌人或许会闪闭［避］着它海军的畏缩心里［理］，倒过来说，江阴战役所以用飞机来对付我海军者，是它一种便宜手段。可是它所谓的便宜在那里，我们姑且不说，而它的畏缩心理，却有事实为其证明，举一个例罢，当锡常失陷之后，敌人曾以五舰进窥江阴，为我六助港海军炮队击中两只，其余则逡巡逃去，一直到了江阴失陷，敌舰惊魂未定还不敢溯江直上。这样狼狈情形，即使日本武士道精神不以为耻，我们却也替它难为情。因此从这一点，我们自有理由断定敌海军作战精神的消失。

总之九二三战役已足证明日本精神的失败，而物质方面，它也不曾得到何种的胜利。说到这里，我们虽未敢以此自豪，但我在意识上，确已坚定了守土的抱负。

三

九二三战役不但在抗战的过程中有显著的意义，即在世界海空战史上也占了重要的位置。飞机对海军的活动，在上次欧战仅属萌芽的阶段，那时除担负海岸巡弋、侦察与防潜外，实际还未达到能与舰队联合活动或用以攻击军舰的机能。战后，空军技术与飞机母舰建造的发展，掀起空前的海空能力问题的论战，但论战仅是论战而已；即使有的国家企图用试验方法证明空军对军舰的威力，但结果和实际的作战经验还相差太远，仍未能对这问题与［予］以完满的解决，不料为世界列强数十年来坚持不能解决的海空问题，却在远东武器落后的中国获得解决的曙光。说到这里，又不能不归功到九二三战役。

说切实点，九二三之役是展开了世界海空战史的第一页。这是一点没有虚夸的。虽然，这次欧战在去年九月初头就爆发了，但海空战却始于本年二月间；虽然“八一三”沪战中，我空军也曾数度轰炸黄浦江上的敌舰，但规模之大又不能不让“九二三”后来居上。

说到“九二三”这里还可以提出几个特征来。第一，沪战中的海空战，是以我方劣势空军对敌的优势海军作战，挪威战后的海空战最少可说是均等的海空力之交绥。可是“九二三”，却是以我劣势的海军对敌优势的空军之抵抗。第二，无论沪战或欧战，被炸的一方都是拥有掩护的空军部队，所以实际是空军与海空军作战，但“九二三”却又是纯粹的海军单独对空军之搏斗。为了这些，“九二三”情势实为现代海空战史上最单纯的表现。因此对于海空问题，实为最佳良的例子，其内容就非常明显了。

至“九二三”所给我们的经验是怎样的呢？它证明了空军投弹命中率较高射炮的命中为小。说到这个问题，我们自然会忘不了敌人作战精神的颓丧和技术的不够。不过大体说来，也可以在战术上得到一点暗示，即就“九二三”一役来说，敌机计在七十架以上，为了敌人深知我们海军没有航空队，在它机群里是不会有驱逐机的，以七十架的轰炸机言，最少可载一百四十吨以上的重弹，每弹以五百磅计算，则数量当在五百枚以上。当时我方平宁逸瑞四舰，因弹药的缺乏，与九二二战创之余，高射炮弹总共也不过在七百多颗。但结果我受敌机直接命中不过一枚，而敌机则被我击落七架，至受伤不在此数。因此比率最少当为七与一之比。

四

最后说到“九二三”，我们还不能不注意一点：我海军所以有这样作战精神，实关系到我们攸［悠］久的海军历史，和从这攸［悠］久历史所养成的善战习惯。一般不明了海军的人，往往以甲午战争，而抹杀了海军一般的精神，不知中国海军在过去社会影响非常重大，甲午之前我海军有着许多可歌可泣的光荣史迹。“海军太不行了”，这不过是甲午以后无常识之人的表面感叹罢。同时为了很少有人下过志愿来研究甲午前中国海军，以致数千年中国海军，只在上述一句话完全否定了。这不仅是中国海军的不幸，实为整个中华民族的损失。关于中国海军史的问题，自有专究的人。在这里我仅告诉大家，秦汉隋元明武功最盛的朝代，海军是尽过它的任务的，同时在南宋季明，海军也曾建过保卫的奇功。以甲午论之，如果认为是海军的失败不如说是整个陆海军的失败，如果认为军事不利，不如说是政治的崩溃，在我们，当然不能不自提出反省，但厚责海军的人，可曾明了当时海军处境的困难，可曾认识当时一般作战的忠勇，可曾证实过甲午战争的史料？这些一切，我想凡是中国人都该提出忠实的反省，因为中国的海军是大家的海军，不是海军人的海军！

上述各点，或许说得离题太远了。但几千年来的海军，它的一贯精神是服从与一致，关于这一点，殊不愿作多夸张之语，也不欲说是海军的特有精神。在这只请大家诉诸事实。“同舟共济”，是中国人最善用以描写一致精神的成语。不能否认这句成语，便不能蔑视了海军的作战精神，甲午以前为然，甲午以后又何莫不然，白江之战为然，甲午之役又何莫不然，以今日人看今日事，事实更属明显了。

说到“九二三”，未必便是中国海军作战精神的最高表现，但我可以告诉大家，站在中国民族的立场之一份［分］子的海军，确已秉承数千年累积的精神，在“如何而后可以保我祖宗遗留之广大土地，如何而后可以保我繁衍绵延生生不息后代之子孙，如何而后可以保我独立自主之国权”的训示下，尽过它的“无可旁贷之职责”了。但我们并不敢以此而即为后日建军的保证，我们只怀着以九二三的精神而为后日物质建设基础的抱负。为民族之前途计，我还希望大家对海军下一个建设的决心。

海军今日为民族而牺牲了，在未来，他将为着民族而建立起来。

海军总司令部编译处编：《海军抗战事迹汇编》，海军总司令部编译处 1941 年 12 月印行。

江阴抗战纪

陈宏泰

自二十六年七月七日芦沟桥燃起全面抗战火焰后，日本帝国主义之黩武军人，抱整个吞并中国之野心，以完成其独霸东亚迷梦。于是乎发生上海虹桥飞机场日人挑衅之事件，局势紧张，战事一触即发。我海军奉令防卫江阴国防线，宏泰忝长宁海，得与神圣抗战之役，殊有荣光。爰就八月十一日出发起，至九月二十三日止，此四十四天内重大事实，择要写成纪［记］录，藉以表现我海军抗战勇敢之精神，壮烈之牺牲，大中华民族浩然正气，昭昭不朽焉。

八月十一日，淞沪战云弥漫，局势紧张。宁海舰驻泊首都，正在捞寻所失之锚。下午四时三十分，突奉海部命令，备便开行，当即下令开火待发。晚十时平海舰由下关开行下驰，本舰起锚随行。全舰员兵异常兴奋，均抱卫国杀敌之心。夜色深沉，宁海满载全舰之热烈希望，而赴前敌，故此次航行殊可纪念也。

八月十二日拂晓到达江阴，晨曦初上中，望见通济、大同、自强、德胜、威胜五舰，并商轮十余艘，停泊于君山附近江面。本舰随平海驰至长山江面，抛锚于平海左舷，距离四百码处。八时升旗，海军部长之旗帜，飘然于平海主桅之上。咸悉陈部长亲临指挥填塞封锁线工作，全体员兵振跃非常。少焉通济悬少将司令旗，率各舰轮驶到福姜沙江面，各就指定部位，分成行列，抛下首尾锚。陈部长发出弃船旗令，各舰轮同时开放海底门，渐次下沉，筑成坚固之水中堡垒，以阻敌舰前进。第二舰队司令部移驻本舰，下午海容、海筹、应瑞、逸仙等舰，陆续由京开澄，同负保卫封锁线之责。入夜工作完成，部长乘平海舰回京。

八月十三日，上海我敌两军业已按［接］触。双方战事剧烈，当即下令各员兵小心戒备，各尽职守。上午十一时瞭望台电话报告，舰首发现飞机十架，由上游天空向本舰飞航，即以汽笛发出警报，旋得报告，系我国空军一队经此飞沪，此后不断有国机来往，飞越舰队上空。惟飞机航力强大，自发现转瞬即达舰队上空，无多时间以辨认国徽。为本身危险计，不得不予以驱逐，若系国机，恐滋误会，当由司令电请海部□商航□会，饬空军勿飞越上空，免生误会，幸得圆满解决。晚八时第一舰队陈司令乘平海到澄指挥。

八月十六日，风狂浪猛，上午十一时瞭望台电话报告，封锁线外发现敌机七架，当即发出紧急警报，令高射炮员兵各站炮位，敌机七架均高飞在高射炮射程之外，盘旋窥察，本舰高射炮备便开放，俟机瞄准射击。敌机知我有备，不敢迫近，乃于封锁线外掷弹两枚，均落水中，相率遁去。

八月十九日上午七时三十分，瞭望台报告发现敌水上侦察机一架，在左舷天空飞行，即令高射炮瞄准射击，该机即向北遁去。十一时瞭望台报告，黄山炮台悬警报符号，当即令各高射炮备便。旋敌机十二架在黄山炮台上空发现，炮台发炮轰击，各舰高射炮亦集中炮火，向该队敌机猛烈射击。鏖战十五分钟，该队敌机被我炮火威胁，不能维持队形，乃仓皇掷下炸弹两枚，均落于黄山山麓，黑烟弥漫，响如焦雷，纷纷溃散逃去。十一时半解除警报。

八月二十日，天气晴和，风日清爽，上午八时得防空警报，旋即解除。八时半炮台又发紧急警报，瞭望兵报告敌机七架于下游高空发现，少焉机声轧轧，渐迫近舰队上空，即下令高射炮瞄准射击。敌机见我有备，知不得逞，即转向下游驶去。本日二队司令部由本舰移驻勇胜开京。

八月二十二日下午四时，瞭望台报告炮台发空袭警报，四时五分发紧急警报，即见敌机十二架分两队袭我舰队，即下令各高射炮分头迎击，炮声隆隆中，瞥见炮台上空又有敌机三架，轮回用急降下方式投弹。平海舰锚位接近炮台，高射炮火密集向该队敌机射击。敌机一架突然命中发火，空中冒出浓黑长烟，坠于黄山山后。我军战士鼓舞精神，勇敢动作，集中炮火向该两队敌机射击，将敌机队形击散，掷下炸弹两枚，均落于平海舰左舷附近水中，水柱矗立，弹屑横飞，敌机两架受伤，摇摇欲坠，纷纷相率向南遁去。五时解除警报。

八月二十六日清晨六时半，平海旗令全军备战，当即令各主炮员兵，各就部位，无线电房得瞰日由通州急电报告，敌巡洋舰两艘由狼山上驶，旋得炮台旗号，通知敌舰三艘上驶，即令各员兵注意敌踪，勇敢杀敌。全舰员兵精神焕发，愤慨异常，均沉着等候。至十一时二十五分，得炮台通知，敌舰三艘驶到通州江面，发炮击毁天生港码头后，即转舵下驶。吾人不禁为瞰日忧虑。盖瞰日在通州担任毁灭白茆沙航路标志工作。因敌舰近在咫尺，须日夜秘密进行工作，揣其寄泊处，必在天生港码头，此次敌舰炮击该处，此舰必遭无幸矣。下午二时敌水上侦察机两架，由下游飞我舰队上空，盘旋侦察，各舰发炮驱逐，旋即飞去。三时十分，瞭望台报告，敌机四架由东来袭，即以汽笛发出紧急警报，敌机四架分两队向我舰队袭击，即下令高射枪炮分头猛烈迎击，炮台亦发炮轰击，敌机翱翔之声，与枪炮爆炸之声，杂然并作，敌机投弹五枚，均落在平海旗舰舰尾附近，浓烟水柱，矗立如山，我炮兵于敌弹爆炸声中，均奋不顾身，精神百倍。敌机知不得逞，乃转向下游飞去，于封锁线外，向我巡逻艇绥宁号掷弹八枚，均落水中。绥宁发炮八十余发，奋勇抵抗，敌机见不得手，斗志丧颓，乃向原路逸去。入夜续传警报两次，均无发现敌踪。

九月十九日，上午八时十五分钟，汽笛大鸣紧急警报，瞭望台报告下游发现大批敌机，高空向上游飞行，即令各炮备便。该队敌机共三十三架，均高空飞往南京。我军严阵以待，九时二十分该队敌机三五错落，溃不成军，沿江飞回，谅系被我空军击败，仓皇逃遁。经我舰队上空时，我军及炮台，均发炮截击，该机喘息未宁，不敢应战，均用高速率飞行，逃向下游而去。下午二时半又传警报，敌机二十余架袭京，复为我空军击溃，回窜时不敢沿江飞行，盖惧我军截击也。

九月二十日，上午七时十二分，瞭望兵报告，下游发现敌机，我军列阵以待。七时十五分，敌机两架飞我舰队上空盘旋，各舰开炮猛击。敌机见我炮火猛烈，时时窜入云中，藉为掩蔽，相持半小时，敌机见无隙可乘，乃仓皇掷弹四五枚，均落于平海与我舰之间，水中爆炸，声如闷雷。敌机离云中低飞窥察时，即令以高射枪应战，八时五分敌机乃相率遁去。下午三时半，海部陈部长乘中山舰到前线视察，中山舰下碇时，即前往进谒，部长慰勉有加，殊为感奋。夜十时忽传紧急警报，即下令各炮准备夜战。月色如银，微风不动，无何机声轧轧，发现于舰首上空，即令高射枪炮同时应战，一时江面高射炮及机枪之声大作，敌机知我有备，乃于上流容筹二舰碇泊处掷下一弹，又于应瑞舰尾附近掷下一弹，均落水中。卒因我军炮火猛烈，不敢飞越我舰上空，乃转向遁去，一幕月下夜战，于焉告终。

九月二十二日，天色阴云无风。上午十时二十分，瞭望台报炮台悬空袭警报符号，本舰各炮即时备便。二十五分传紧急警报，三十分发现敌机十五架，由下游向本舰舰尾左舷方向接近，我舰即发炮轰击，敌以小队集团水平轰炸方式，攻击我舰，弹群落于平海旗舰舰首，并左右舷近旁，及本舰舰尾，并左右舷近旁，又应瑞舰尾附近水中，计二十余弹。即令高射枪炮集中炮火，对敌机猛烈射击，击溃敌机阵容，相率向东南方飞去，我舰伤士兵两名。十一时三十分又传警报，敌机六架自舰首东向来袭我舰，我高射枪炮以密集火力迎击。敌仓皇掷弹三群而逃，一群落于平海旗舰舰首附近，二群落于本舰左右两舷近旁水中，我舰伤士兵四名，船皮并舱面钢板被爆片洞穿十余孔，是时即闻平海高舰长受伤，该舰阵亡员兵六人，轻重伤数人。下午四时二十分又传紧急警报，三十分敌机九架从东南方飞来，直指平宁两舰上空，即令高射炮以密集火力施行远距离射击，将敌队击散，敌不敢接近，乃隐匿云中，久之，飞宁海舰附近水中，并江阴城掷弹十余枚而去。五时半解除警报。是日我军员兵作战竟日，精神饱满，勇气百倍，发炮四百余炮，高射机枪八千余发，敌虽三次来袭，均未得逞。

九月廿三日，天气阴云，微风不动。上午十时三十分钟瞭望台报告，敌侦察机两架在左舷上空发现，远距离盘旋一周，即转向飞去。此乃昨日三次来袭，今日派此两机来侦察我军状况也。预料今日必有较恶剧之空袭，因令提前午膳，各员兵休养精神，准备决战。下午一时五十五分炮台发出空袭警报，二时五分紧急警报，各员兵均抖擞精神，待机杀敌。二时十分敌机十二架自后右方西来，距离颇远，似作待机姿势，同时左舷正面亦有敌机十二架发现，左后方则陆续有敌机廿余架飞来，而舰尾方向更有敌机九架直趋本舰上空，即令高射炮兵指向该队敌机猛烈射击。该队敌机到达本舰上空后，次第以急降下轰炸方式，向本舰投弹攻击，急令高射机枪对低空之敌，以密集火力猛烈迎击，即有敌机两架中弹，颠簸坠落。当时弹群纷纷落于本舰舰首，并望台左右舷水中，距离仅咫尺，爆炸时水柱爆烟，高蔽桅顶爆片横飞，前段左右舷被洞穿多处，据报告锚链舱首先进水，米舱、帆缆舱、十四生弹舱继续进水，即令塞漏队极力堵塞，其时舰身震撼甚剧，航海罗盘受震破碎，电报房报告无线电机件及各种仪器，受震破坏。航海员林人骥在望台被爆片破脑阵亡，二时左右两队敌机亦已接近投弹，我高射枪炮分头猛烈迎击，二时四十分平海旗舰升起锚令，我舰因起锚机受伤稍延，乃成敌机之鹄，分数小队，自四面八方接近，不断投弹，我高射枪炮分头迎击，炮火益烈，又有敌机两架中弹起火落水，敌投弹不下百枚，均未直接命中。是时前段船皮水线上下，被爆片洞穿无数，小者数分，大至三四寸不等，凉机舱一孔则为十余寸，至是全舰电话不通，纷纷报告电话交换所、鱼雷料件舱、凉机舱等处均同时进水，急令塞漏队分头堵塞，因水势汹涌，堵塞并关闭舱盖鲜效，转瞬间水入下士兵舱，而上中士兵舱忽告火警，即令救火队极力扑灭。旋二次起火，又经扑灭，我高射炮炮兵伤亡甚众，当令分别补充，三时三十分进水甚多，势愈危殆，不得已下令截断锚链行驶，轮机下士江铿惠于爆片横飞中，迅速截断锚链，动作敏捷，殊堪嘉尚。敌机不舍，继续掷弹围攻，前段进水甚多，速率锐减，运转欠灵，舰身欹侧，舰首下垂，勉强航行，敌机十余架跟踪掷弹，我高射枪炮继续猛烈抗战。约二十分钟炸弹一群落于本舰前桅右后方，毁前桅一足，下望台及海图房一角，水柜全部，舢舨四艘，烟囱一部，又伤右鱼雷炮一尊。轮机长报告炉舱、前后风机、后机舱均进水，枪炮副军士长陈耕炳正指挥发炮间，突中弹阵亡，抢［枪］炮上士陈永相面部重伤，仍死守炮位，奋勇抗战，至是我高射枪炮兵死伤过半，炮弹告竭。余正在驾驶台指挥间，左舷近旁又落下弹群，爆片飞溅，重伤左腿，乃裹创支撑。枪炮员刘崇端、枪炮军士长林树椿，沉着指挥，奋勇作战，士气为之大振，帆缆中士陈秉香万份［分］危急之中，仍能从容不迫，镇静操舵，诚有海人之风。时予创伤大发，力不能胜，经副长甘礼经苦劝，请离开望台，不得已将全责暂交甘副长指挥，予即由见习生孔繁均、一等兵施典和二人，扶送至救护室。时空际机声仍翱然大作，低飞以机枪扫射，我舰为保全舰体，减少死伤计，乃开入八圩港。四时三十分将舰驶搁北岸浅滩，敌机三架仍在空际以机枪扫射，我舰二等兵叶民南，奋勇发出最后一炮，敌始遁去。一幕最剧烈之海空战争，于焉告终。舰中死伤累累，威宁艇驶靠左舷救护，予奉令率轻重伤兵移驻威宁，开往南京。一切中……善后，交甘副长负责办理。翌日威宁抵京。予往南京海军医院施行临时手术后，即转往芜湖医院疗治。计此役敌以六七十架飞机攻击我舰队，掷弹二三百枚，我舰发炮七百余发，高射机枪万五千余百，击落敌机四架，我舰伤亡员兵六十二员名。抗战三小时，忠勇壮烈之精神，诚可日月同千古。兹乘海军杂志付刊之便，书此回忆录，藉以告诸同胞，发扬我正气已。

海军总司令部编译处编：《海军抗战事迹汇编》，海军总司令部编译处1941年12月印行。

海军抗战纪略（节录）

孟慕超

去岁芦沟桥事变发生，敌人灭亡我国之阴谋毕露，政府为求国家民族之独立生存起见，遂发动全面抗战。时海军部陈部长因春间奉明令为庆贺英皇加冕典礼副使，甫经藏［蒇］事，正在各国考察海军，并筹充我国海防军备，闻警星夜飞回，领导全军，参加抗战，对于沿江沿海之防务，加以精密之配备，抗战十阅月来，敌人之侵及本军防区者，只长江下游反黄浦江而已。故本文之作，只包有江阴防战，淞沪防战以及与此有关之各项材料，其他业已设防之地区工作，仍守秘密，不列入。

（一）江阴防战　敌人发动芦沟桥事变之时，本想不战而胜，后因我最高当局决心抗战，敌乃进兵上海，以破我金融之中心，并威胁首都，本军为拱卫首都担任江防起见，乃封锁江阴下游江面，同时毁除封锁线外之航行标志，俾敌舰无法深入。二十六年八月十一晚起，先就江阴下游一段水道，实施堵塞，陈部长亲率舰队驰往指挥，计沉船五万二千七百余吨，包有本军舰艇，招商局及各轮船公司商轮及沙市、汉口、九江、芜湖、镇江各地区之趸船等等，并以民用盐船若干艘，装载石子，以□罅隙，另于其左近，密布水雷，封铃［锁］至为巩固。故自沪战发生至于首都失陷数月之内，京澄间之水道，未受敌舰阻扰，便利军运，两岸驻军，亦不遭受威胁，厥后江阴城陷入敌手，要塞沦亡，而封锁线则完好如故。迨首都不守以后，方由敌人徐徐破一鸟道，但敌之巨舰□不能即时畅行，使我政府各机关及各部队得从容西移，实具有重大作用。

担任破坏封锁线外之航行标志者，为甘露、皦日、青天三测量舰及绥宁、威宁两炮艇，当八月二十六日拂晓，皦日舰于毁灭自狼山至四周灯桩工作完成后，驶经通州途次，遇敌舰三艘，跟踪追击，至芦泾港，第二舰随同急进与第一舰并列，其外一艘则在姚港随后缓驶，七时四十六分敌舰炮火，齐向皦日联合射击，该舰立时起火，敌机又踵至投弹，卒被击中，至二十七日下午全部毁沉，此为本军舰之第一殉职者，故应详加记述。

江阴堵塞工作完成后，为防催敌舰前来破坏起见，乃以大舰队防护之，以平海、宁海、应瑞、逸仙舰等主力军舰列最前线，其余各舰艇亦各严阵以待，以第一舰队司令陈季良、第二舰队司令曾以鼎先后分任指挥，陈部长则不时亲赴前方巡察防务并指示机宜。敌舰因我江阴港道封闭，视为一重大障碍，故不敢来犯，惟时遣飞机前来窥察，投弹肆扰，每当敌机来时，各舰辄发高射炮射击，间有一架被我击伤堕［坠］水。二十六年八月二十二日，敌机被平海击落一架，全军士气，因此益旺，与敌周旋匝月，敌卒未得逞，敌情急万分，乃集合大量空军实力，倾队来攻。九月二十二日，大队来袭，各舰员兵奋勇抗战，历六小时之久，是役我平海舰受伤，舰长高宪申于指挥全舰抗战之时，弹中腰部，伤势甚剧，高射炮指挥见习生孟汉霖、高昌衢接续炮击，奋不顾身，均被弹阵亡，其余员兵伤亡亦极惨烈，我舰虽有损失，敌机亦有五架受创，同时应瑞舰亦微有受伤。次日，敌机六十余架由四周来攻，以平海、宁海为轰炸目标，遂再度展开大战，海军员兵死守炮位奋勇抵抗，前仆后接，苦斗相持，宁海员兵伤亡尤多。当时旧勇力战，最为激烈者，除航海员林人骥等立时阵亡外，舰长陈宏泰腿部虽已重伤，仍在望台指挥作战，枪炮官陈嘉榉，军需员陈惠，枪炮员刘崇端等裹创抗战，迄不稍却，见习生孔繁均见炮兵受伤，冒险急进，自充射手，发弹甚多，而平海副长叶可钰，于舰长重伤后，执行指挥职务，继续抗战，机关枪指挥见习生刘馥，因高射机枪发射过多，在极度危险之露天炮位，且战且修，至枪架被敌击断纵轴，尚忍痛执赤热之无架机枪，向敌发射，均属难能可贵。当双方酣战之时，弹落如雨，水柱擎天，波涛搏面，全军官兵，并不稍稍畏却，反而再接再厉，奋勇杀敌。无如敌机麇集，实力悬殊，终以平宁两舰，先后炸中要害，逐渐倾斜，而至沉没，竟为壮烈之牺牲。是役敌机被我舰击落者计有四架，负伤之敌机，中有二机低飞，经我击中，其机体碎片，散堕［坠］于平海后望台上者十余片，是则敌方所付之代价，亦正靡轻也。两日鏖战，我军官兵，颇多伤亡，至殉职或负伤之地点，均在炮座之下，即未受伤者，亦未寸步离开其职守之处所，此种精神，惟军人魂三字可以表之。

平宁两舰被炸后，第一舰队司令陈季良，移驻逸仙舰继续指挥抗战，该舰员兵因敌机肆虐日甚，咸抱有敌无我、有我无敌之决心。九月二十五日该舰在江阴附近工作，敌机十六架更番来扑，弹片纷飞，该舰沉着应战，但以高射炮弹经迭次抗战，及前两日之巨量射击，此时复经猛烈发射，消耗殆尽，乃于存亡呼吸之交，突发舰首十五生炮两出，击落敌机二架，沉没江中，余机始遁去。该舰已被炸伤进水，堵塞用放，不得已驶搁浅处，是役阵亡士兵三人，伤六人，经此次抗战后，该舰仍时被敌机掷弹，卒至倒沉。

当逸仙舰被炸时，海军部赶派建康等舰驰往救护，并令第二舰队司令曾以鼎，率楚有赴江阴换防。建康途次龙稍港，突遇敌机十余架来袭，该舰以高射机枪及步枪猛烈抵御，敌机分前后队夹击，该舰被炸八弹，舰长齐粹英，副长严又彬，航海员孟维洸在望台上执行作战职务，均被炸伤，员兵阵亡七人，受伤者二十七人，该舰以各部损坏甚多，各舱同时进水，遂亦倾斜下沉。楚有抵澄后，于二十八日遭敌机分批来袭，虽经抵御，卒被炸中要害，并伤员兵十八人，该舰遂驶六圩港附近，一面抽水塞漏，一面御敌，但敌机仍不断前来轰炸，该舰乃于十月二日下沉。

十月间敌机在江阴一带，不断空袭，而海军各舰艇仍不避艰险，担负防守职务，并迭次击落敌机，予以重创，故为敌方所仇视，以致青天、湖鹏、湖鹗、江阴等舰艇，均因抗战甚力，先后被敌炸沉于目鱼沙、鲥鱼港、大沙圩等处，员兵均不惜牺牲，为国效命。绥宁亦于十月十三日在十二圩防地被炸烧毁，应瑞则因在采石矶折［拆］卸炮械，被敌机于十月二十三日炸沉，殉职员兵十五员名，受伤五十九员名。此外海军各舰艇，或任军事输送，或任特殊任务，随时往来江阴，遭敌机袭击，躬冒万险，达成任务，迄十二月一日敌军近抵江阴县城，江防总司令部后移，海部始令第二舰队司令曾以鼎率员兵于四月二日先后离澄。以上所述，均为海军舰队在江阴防战之经过大略情形，至于江阴及其附近各处所配备之海军炮队之工作，则于另节中述之。

……

海军总司令部编译处编：《海军抗战事迹汇编》，海军总司令部编译处1941年12月印行。

平宁逸瑞四舰战斗报告

江阴系长江要区，为战略所必争。欲御敌舰之侵犯长江，必先巩固江阴防线。当国难严重之际，海军部陈部长适因前奉令为庆贺英皇加冕典礼副使，甫经蒇事，正在各国考察海军，并筹充我国海防军备，闻警飞航回国，策划应战，即集中军舰力量，迨全面抗战开始，海部以保卫京畿，必须扼守江阴，于毁除标志堵塞水道之后，随派第一舰队司令陈季良，第二舰队司令曾以鼎，先后率舰驻守江阴，平海、宁海、应瑞、逸仙等主力舰列最前线，其余各舰艇亦各严阵以待，准备敌舰来袭，迎头痛击。陈部长随时亲赴前方，巡察防务，指示机宜。敌因我军江防严密，希图消灭我之舰队，空袭达数十次，我军奋力抗战，迭于敌以重创。二十六年八月十六日上午十时，敌机七架自东北来袭，各舰高射炮集合射击，敌舰急投弹北逸。十九晨七时三刻，敌机一架，自东向高飞侦察，上午十一时，又敌机多架，从东南飞来，趋向上空，投数弹均落水中，间有一架，被我击伤坠水。二十二日，敌机又被平海击落一架。我军士气益旺，与敌周旋四十余日，敌卒不得逞志，乃联合空军实力，倾队向我进攻，我军奋勇抗斗，而众寡悬殊，遂不免有壮烈之牺牲。兹将各舰艇作战情形，依战事经过之次序，分述如下：

（子）平海　平海驻防江阴，为一队司令旗舰，敌方攻击目标，首集于此。九月二十二日上午八时许，敌机三十余架，分队三面环攻，该舰员兵躬冒弹雨，用高射炮及高射机关枪猛射，第一批敌机投弹不中，防我反击，仓皇北遁。第二批又相继麇集，在该舰左舷纷投大量重弹，毁我击艇杆，前部米舱贯破进水，并有多弹在舰中舰尾爆发，员兵伤亡颇多。我舰长高宪申正指挥全舰作战，弹中腰部，伤势甚剧；第一高射炮指挥见习生孟汉霖，装弹御敌，突被敌弹击中脑部，立时阵亡；第二高射炮指挥见习生高昌衢、枪炮上士陈得贵，及二等兵郑礼湘，分任抗战工作，均遭炮毙；一等炮兵周兆发，虽被弹片穿入右胁，横贯左臂，仍复死守炮位，忍痛力战，直待补充兵加入后，始行倒地，旋经疗治无效，卒至殉难。时我舰尾三十节机机枪发射过多，致住阻碍，上士张玉成冒险修理，为敌弹所重伤，中士张阳冠在弹片飞洒之下，奋勇驰向枪位补充，复遭惨击殒命。此际敌弹纷集，死伤枕藉，而我舰忠勇员兵，前仆后继，与敌作殊死战，各炮及机枪火力，犹能驱散敌机，不使迫近，激战至午，第二批敌机方离去，但为时未及一刻，又有敌机十余架，从上游飞临高空投弹，我舰奋勇再战，敌始遁去。是日下午五时半，敌机九架来袭，并有驱逐机掩护，向该舰左舷投弹四枚，相持约二小时，我枪炮军士长任庆□，奋不顾身猛烈射击，终将敌机驱退。总计是日战役，该舰员兵抗战阵亡者五人，轻伤者二十余人，所发高射炮弹，计二百六十五发，机枪子弹计四千余发，我舰损毁固多，而敌机中亦有五架受创，该舰立时补足一炮位死伤人额，并将重伤员兵，分送医院治疗，一面修整军械，彻夜警戒。二十三日上午十一时许，敌侦察机两架，在我舰上空窥伺约半小时，下午二时许，敌机六七十架，分批先后向我舰队四周整队进攻。平海受击最烈，时舰长高宪申腰伤甚剧，副长叶可铨率领指挥官刘馥、汪炳炎、曾光荣、张国华、郑春香等分据炮位，继续抗战。各炮兵亦勇敢杀敌，遂再度展开极猛烈之海空战，但该舰炮弹匮乏，子母弹尤属不给，至弹药垂罄时，星弹亦取出发射，苦战不休，机枪射击后甚准确，敌机虽俯冲数十次，终未能伺隙攻入。未几我机枪以发射逾量，运转不灵，机指挥官刘馥，在极度危险之露天炮台，且战且修，上士款阳顺亦冒险协助，我员兵愈战愈勇，视死如归，敌机被我击落者，复有四架，其负伤者尤多，中有二机因飞度过低，击中下坠，机体碎片在我后望台上散开。相持过久，敌机陆续增援，该舰高射机枪一挺，突被敌弹击断枪架纵轴，其他三挺，因枪位距离关系，射击失败，敌机九架，乘隙由右舷掷弹，指挥官刘馥忍痛持赤热之无架机枪，向敌发射，敌机始退。各炮管则因炮击太猛，炮闩以至梆手，均熏灼发烫，我高射炮及机关枪人等，力御强敌，敌机散以聚，更番攻袭，舰尾受伤奇重，进水甚猛，而八生弹舱湍涌尤急，运药员兵任庆鎏景钰等，涉险迫前，将所有药弹运至舱面备战，最后该舰危势增剧，仍复并力抗御顽敌，敌机退后，该舰倾斜二十余度，由叶副长督率员兵，赶卸炮械及重要件，陆续运京，敌机连日仍来侦炸，堵塞无效，舰身斜度加增，旋即下沉。

（丑）宁海　该舰与平海为伯仲舰，于八月十二日随队驻守江阴，敌机屡来空袭，迭经击退。九月二十二日上午十时半，敌机十五架，由该舰尾左方，以小队集团水平轰炸阵形进攻，弹片纷落于该舰舰首，及左右舷近旁。我高射枪炮对敌猛烈射击，敌机向东南退却，该舰伤士兵二名。十一时半，敌机六架，又自舰首东向飞来，该舰仍密集火力迎击，敌弹一落舰侧，伤我士兵四名，舰舨及舱面铁板，被破片洞穿十余孔。下午四时半，敌机九架，紧逼该舰上空，因我高射炮火力猛烈，迄未得逞。二十三日，该舰因有敌机来澄侦察，准备抗战。下午二时许，敌机十二架，自后方进袭，同时左舷正面，亦发现十二架，左后方则有二十余架，陆续飞来，而舰尾方面，另有敌机九架，直趋上空，次第以急降下轰炸方式，分向该舰投弹。我高射炮员兵，激烈抵御，低空之敌机中有二架，被我高射机枪击中，颠簸降落，弹片爆炸，纷飞于舰首及望台左右舷，水中爆烟高蔽桅顶，前段左右舨洞穿多孔，锚链舱、米舱、帆缆舱、十四生炮弹舱同时进水，舰身震撼甚剧，航海员林人骥在望台执行抗战工作，被爆片穿脑阵亡。敌机各队分头投弹，我高射枪炮员兵伤亡虽多，仍各誓死力战，复有敌机二架，中弹落水，而该舰前段舨水线，亦被爆片洞穿无数孔径，电话交换所、鱼雷料件舱、凉机舱同时进水，士兵舱且受弹燃烧。该舰一面对敌激战，一面堵塞水道，扑灭火警，支持至三时半，战况益趋惨烈。陈舰长正在指挥抗战之际，忽被敌弹破片，炸伤腿部，仍令舰员兵，赓续奋斗，旋被敌弹炸中前桅右后方，并伤右鱼雷炮一尊，下望台及海图房一角，水柜全部，舢舨四艘，烟囱一部，同时毁坏。炉舱前后风机后机舱亦均进水。至是我高射枪炮士兵死伤过半，高射机枪全部毁坏，飞机亭旋告火警，副长甘礼经方率员兵灌救，敌机三架又低飞投弹，并以机枪扫射，该副长当饬炮兵发出最后一弹，敌机遁去，战事始告终了。是役敌机向该舰投弹百五十余枚，我发炮七百余发，高射机枪万五余发，击落敌机四架，该舰伤亡官兵，计达六十二员名之多。当时特别出力人员，除航海员林人骥，枪炮副军士长陈耕炳，上士陈金魁，下士任积兴，一等兵梁意和、郑迪柏、韩亨端，二等兵董小文、沈长雨、何礼育、张再裕，三等兵郑守钰、刘志成，均抗战阵亡外，如舰长陈宏泰腿部已受重伤，尚在望台，指挥作战，枪炮官陈嘉栋，跌伤腿部，裹疮［创］指挥，军需长陈惠，出入弹林，奋不顾身，致遭重伤，枪炮员刘崇端，枪炮军士长林树椿，拼命御敌，再接再厉，见习生孔繁均，于枪兵受伤后冒险疾进，自充射手，发弹甚多，忠勇足尚，枪炮上士陈永相发射机枪，伤复障碍，沉着勇敢，受伤后面部血肉模糊，犹大呼杀敌不已，帆缆中士陈香香，轮机下士江铿惠，在爆片横飞中，动作敏捷，一等兵林桂尧，足部重伤，始终奋战，二等兵叶民南，开炮抗敌，继续努力救火，尽瘁匪懈，勤务兵张其标，传运弹药，适值炮火负伤，自填炮位，洵属难能可贵。其余员兵亦各守方位，克尽厥职。该舰虽被炸下沉，而敌机受创亦巨，则敌方所付之代价正匪轻也。至舰中鱼雷高射炮枪支仪器及其他武器等等，则被欧阳格强行拆卸，甘副长于二十五晚，率在澄员兵来京，其受伤员兵，则于二十三夕离舰就医，阵亡者由该副长与海筹舰长林镜寰接洽收殓。

（寅）逸仙 平海海宁被炸后，第一舰队陈司令移驻逸仙舰指挥，该舰员兵因敌方肆虐日甚，咸抱抗战决心。二十五日上午九时，该舰在江阴附近工作，敌机十六架更番猛扑，掷弹二十余枚，均落在左右舷近旁，爆片纷飞，我舰沉着应战，相持一小时，惟该舰高射炮弹经迭次抗战，及二十二、二十三两日之巨量射击，各弹消耗殆尽，仅存碰炸炮弹九十九颗，此时复因敌机围攻，存亡呼吸，猛烈发射，存弹重罄，乃变更战略，突发舰首十五生炮两发，击落敌机两架，沉没江中，其余各机遁去。该舰亦被敌弹炸断机舱之左旋转轴机柱，并震坏电灯机、自动制汽门，舵舱行李舱登时进水，舰身向左倾斜，堵塞罔效。是役阵亡枪炮上士蔡国桢、勤务兵郑云梅、炊事员潘小喜三名，重伤一等兵郑福荣、二等兵谢学经二名，轻伤一等兵淡水泰，二等兵郑能深、郑车銮，二等轮机兵陈依平、高逸明及派驻该舰遗用之自强枪炮上士刘维和等六名。建康、青天、江元、仁胜、崇宁等舰艇，闻警驰援，该舰驶泊目鱼沙外港，赶速拆卸炮械，并设法疗治伤兵，而敌机仇视我军，力图扑灭，仍时来目鱼沙，向该舰先后掷弹，卒被炸坏倒沉。

（戍）应瑞 该舰奉令于八月十二日随队驻守江阴，敌机不时来袭，迭经击退。九月二十日下午十一时，敌机两架，迫近该舰右方，经用高射炮机关枪合力迎击，该机投弹两枚，落于舰之前段右旁水中，伤士兵二名，舱面铁板及前炉烟筒，被爆片穿破十余处。二十二日上午十时半，敌机十五架由东南飞来，弹群落于舰尾左右舷附近，该舰以高射炮机关枪猛烈射击，敌机飞去，伤员兵三员名，中炉舱重底炸震漏水，爆片洞穿左鱼雷炮及鱼雷一孔，又前桅并舨边暨舱面铁板等十余孔。十一时半，敌机六架，下午四时半，敌机九架，先后来袭。该舰枪炮密集扫射，敌机未敢逼近，高飞而去。二十三日下午二时十分，敌机十二架，飞向舰首，左舷亦发现十二架，同时舰尾九架，左后方二十余架，复来围攻，该舰枪炮员兵分头御敌，抗战益烈，敌弹纷落舰侧，伤员兵二员名，舨外及舱面铁板被爆片击伤甚多。旋二十五晨六时，开抵江阴堵塞线工作，八时半敌机六架，飞经该舰高空侦察，九时半工作告竣，装在沉塞该线之海圻海琛员兵赴京，沿途遇敌机拦击，且战且行，未受损失。至下午四时半，在高资江面，又过敌机九架，中有一架，折向该舰投弹二枚，均落舰尾右舷水中，舰身震动甚剧，车轮舱漏水，当晚抵京，嗣奉令驶赴大通驻防，十月十日，开泊采石矶拆卸炮械。二十三日九时二十分，忽得空袭警报，该舰准备抗战，至九时半敌机七架，迫近该舰掷弹，经用高射炮机枪猛击，敌弹十余枚共落附近水中，旋敌机潜飞投弹，并用机枪扫射，左前段煤舱近侧，先中一弹，继则前望台右边渣油柜亦被炸发火，正抢护间，保身台前向及其左侧又中三弹，炸透下舱，爆片横飞，燃烧多处，锚机传钟并舵齿轮同时震坏，电灯机及总保险线亦被震断，右前段且进水。该舰员兵奋不顾身，赓续抗战，一面堵塞漏水，情势危殆，前望台左侧及右前段，又各中一弹，总水管炸裂，火势愈炽，虽用摇手水龙抢救，并由甘露赶派舰兵来援，卒难扑灭，延及前药弹舱。敌机三架仍在该舰上空伺隙进袭，殆火焰稍杀，而进水益甚，舰身向右倾侧，下午五时半沉没。是役该舰以抗战激烈之故，员兵死伤甚多，计阵亡者，上尉枪炮官赵秉献，上尉代理鱼雷官许仁镐，帆缆副军士长谢如藻，枪炮上士郑一新，轮机簿记中士林鸿雄，轮机下士江依二，帆缆下士沈良科，信号下士柳瑞波，一等兵郑济禄，二等兵郑能通、廖得云、王贤，三等兵梁用斌、陈幼昌、林良平，轮机练兵林永庆，炊事兵江其淦等十七员名，受伤者五十九员名，而中士林鸿雄等，又因重伤殉难，牺牲极为惨烈。该舰在江阴防线，作战甚力，迭受损伤，此次折［拆］炮策画，系为装置炮位，巩固江防起见，于江阴镇江防线关系甚巨。

就以上抗战情形观之，海军虽损失甚巨，而其同仇敌忾破釜沉舟之气概，固足振士气而寒敌胆，此外海军各舰艇，或任军事运输，或任特殊工作，随时往江阴，屡遭敌机袭击，躬冒万险，达成任务，迨十二月一日敌军进薄江阴县城，江防总司令部后移，海军方面始令其第二舰队司令曾以鼎，率海员兵于是月二日先后离澄，此皆为海军在江阴防战之经过情形。至毁除标志，堵塞港道，敷布水雷，设立炮队，及巫山台海军炮队击中敌舰，并皦日舰毁灭灯桩被敌击沉各节，胥属江阴方面之海军防战策略，已散见于他项之中，兹不赘列。又江阴抗战，本军固受重大牺牲，而为奋斗，于抗战前途关系，殊非浅鲜，军委会曾下令慰问，原令见本编篇首。

海军总司令部编译处编：《海军抗战事迹汇编》，海军总司令部编译处 1941 年 12 月印行。

江阴的血与泪

兰　园

壮美的功绩随着它主人逝去了；只余下平凡人的故事侥幸的流传着。

在江阴海空激战以后的三周年，蒙编者先生的不弃，电嘱我对于当时奋战的情形追忆一二。虽然笔者平素是秉诸“往者逝矣”的观念，对于既过的事实喜存着缄默的态度，但对于当时伟大的壮烈的海空战况，尤其是许多英勇决斗的经过，和若干殉难的烈士的浩气，不忍不予以表彰，更扩大一步来说，我们全体海军将士的一部份［分］事迹必须设法公诸大众，以促进他们进一步的对于微小的中国海军，曾经怎样地打击强大的敌人的经过，和全体海军将士由海军领袖陈公厚甫一直到一个水兵在抗战期中尽瘁国防的精神加以深刻的理解，因而能毫不迟疑地把新的海防郑重建立起来，交给这些曾在抗战三年中有建立极多伟绩的海军将士们，使他们本以往的精神，用未来的新锐物质，终成为国家最可靠的一个捍卫者。

三年来的抗战，我国陆海空军最主要的武器是牺牲的精神，这种精神就是陷住东洋大盗的唯一元素，中国海军所以曾经颠蹶过许多战役中的敌方水面攻击的原故，亦即在此。在今日她的坚忍和果勇的水雷战要塞战，使敌人深深地感到控制水道的困难，及其所受损失的惨重。在已往他们的海军空军曾经领教过我海军抵抗力量的特殊强韧，并且即以敌人的狂妄也曾公然的表示钦服。至于海军每一次的最后撤退，和他们埋头实干的成绩，事实俱在，毋须再加赘述了。

深恨我们舞笔功夫的低下，自愧不能把这些殷然的事迹加以完全的述写，可是我仍然想大胆的尝试，好在读者不是在看我们的文艺而是鉴别我们的赤忱，不是欣赏我们美好的词藻却是触目惊心于这些鲜红血迹所写的无海防的教训：

这是以当时粗豪的参战日记搜集而成，征象着国防上具有一个缺点的悲剧。

征赴记（八月十二日）

灯光显得有些耀动，并且意外的黯淡。霖（故至友孟汉霖在三年前的昨天忠勇的战死）在试舵的骚声中瞪眼望着下关市街上萧条灯光，颇有所感，忽然间他反身对我说："说不定几小时以后我们就要跟日本巡洋舰炮战了；林大副刚才说（林夔先生）已有一个日本轻巡洋舰队赶到百节沙外边哪！……"我回答道："拼总是拼了，至少总要赚他几条船扳本。这回儿洽［恰］巧我们枪炮学校的几个（当枪炮学校毕业时孟居第一我第二）派在一船，正好联合起来先很［狠］命的乒乓日本船一顿再痛痛快的死去算了。"但我这句急不择言的牛话，被霖笑着用他Telscope指着我说一说："傻相！"所止住了。

部长踏上Gangwoy(梯盘),先回我们一个礼,继而四面环顾一次,便踱到Poop(舵部）上看我们卷天遮云倒船栏干的备战手续，他沉默的站在那里，对于我们似乎有一种鼓励的意味，我那时既赶忙作事，又不敢高声的指挥着，怕冲破了这静肃紧张的空气。

在起锚的前几分钟，我又跑到第一炮塔里面，把所有的发射电路重新检查了一番。并把炮闩开启向炮膛□细地看了一遍，因为要试一试发炮的驱烟装置起见也把吹膛的Compress Air（压缩空气）的气门开启，不料压榨空气，喳的一声喷射出来，反使眼睛受点酸酸的刺激。我想在几小时后这"喳"的一声或许还要夹着刺鼻的炮烟气味了，并且谁也说不定面前排着这一对炮弹是不是会钻进敌人舰里去呢?

船起锚开行后以极小的回旋圈绕过美国炮舰，这时他们船上的有声电影正在放着Continental的调子，这是我和霖最熟悉的音乐。美国水兵在暗中都拥到船边看我们以备战的姿态航进。这时霖以手敲敲我颇为自得的神情看着我，似乎在说我们的作战,连这些平素趾高气扬的Yinkee都敬重了。但我的感触与其说是自傲的,毋宁说是更悲壮的。我想起美国的海军格言有一句（不准弃舰Don't Give Up The

Ship）时，觉得它也是我们此去应遵守的宝训，今夜的这种热烈，我们此去越发应当最果敢的争斗，以我们作战的勇敢，争取中国海军在他们目中的地位。我继续幻想下去，渐渐的恍若自己是处身在一幅很熟悉的图画中。那是在一座炮傍［旁］，横坚［竖］的躺着许多垂死而想挣扎再斗的勇士，而自己则似乎正在执着发射扳机，忍受着可怕的痛苦继续发射下去。这幅图画看过去是凄惨，但是我们如果真能得到最大的代价，如此的死去，那是再适宜没有了……幻想被侟钟“格浪”的一响所冲碎了。

已经在征途之中了，是赶到那里去呢？哦！一定是送我们到为国牺牲的坟墓去吧？实际上为国家战死时究竟还是以在攻击时适宜，它比较防守时死去总显得光荣，但究竟什么是“光荣”，我们也不能有个解释。虽然我决不为“好战论”所醉麻［麻醉］，但对于此战仍存不惜一切的决心赴之。

前进哟，军舰！振作罢，平海的人们！

在急驶中，雄怒的江风由边门拥入驾驶台，它使我们非放下帽带不可。我们船正在以高速航进，似乎极为性急。她与后面的宁海等形成一个“暗夜奋进的舰队情景”，直悲壮极了。

部长整夜的站在驾驶台看着前方，他的脸被通信器的蓝色灯光反映着一种镇定，和神秘的色彩。恰巧高舰长也回头望我们一眼，于是我和霖都同时大吃一惊，因为他把日本式的小胡子剃光了。

一切动作皆浸在严肃的景况下，它并不使我恐惧，相反的却注入我们以决死的意志……下一点钟如何？……未知数（以 X 代表之）等于牺牲系数 X（决死精神——敌人优势）。

以上八月十三日。

国防封锁线是我们的血肉所构成（八月十三日）

在这阳光不甚耀然的下午，部长站在舰桥（驾驶台），旁边是舰兵等和我们，部长向宁海陈舰长（宏泰公）说：“如果有‘东洋’船上来，各舰立即开炮作战。”我听到这话，似乎心花都要喜欢得迸开，不自禁的与霖弟相顾作一会心微笑，这使我们自觉是身处Trefalgor的神气，但向桅一看，尚未升上“中国深望每人能尽其至责”的旗，不禁有些遗憾，我们为什么还不挂上这末一串旗哩？刚才和霖弟谈起这挂旗的事时他打趣我说：“如果是你作司令，我相信你准会挂起这末一串，卷起衣袖，把日本鬼子痛揍一顿。”这句话使我笑的肚子都发痛了，但立时反唇相讥道：“如果是你，挂的一串旗子将是：‘扬起网球拍，把日本舰队打一个□□ set'（空盘）。”于是两人又“活蟹”一番（以上八月十三日早上）。那时期我们心情由以下日记可得着一个□象。我日记中关于当时沉舟的一事拟下：

深信我们的生命是走到最后一着了。可是一个相信我们自己的能力与心理时时刻刻浮土思虑。我每曾想起我们击沉敌舰，和浴血奋斗的一回事。似乎实有□得收获的坚信。

关于江阴国防封锁线构筑的情形，也有一段纪［记］载：

那样一个下午是太值得纪念了，我们三个见习军官，随着舰长，站在舰尾。部长是立在最前的一个，看一艘一艘的军舰和商船逐渐浸水，倾斜，终至沉下江，最后我们亲爱的“老通济”渐渐下沉了，我心中虽无限伤感，可是仍然兴高采烈的笑着说：“真是痛快！”一面准备把当时情景用铅笔画写生，但昌衢（已故同学和至友高君在同一日与孟君殉国），听见我胆敢说“痛快”，就恶恨恨的以满眶盈泪的眼光向我说：“××！你难道在通济做学生好几年，看见那情形还是开心吗？”我便答他说：“谁会开心哩？我是喜欢国家有这种抗战决心呵！”

这时部长的表情是沉穆极了，是他带领着海军表现国家和我们全军不惜牺牲的决心。在这时我似乎忘记了他的金煌煌的帽沿和崇高的地位，只好像他是一个“斩子出征”的戚继光，把一种坚决不移的信心，由牺牲的媒介传到我们每一个的心里。他要把我们，他的人和他的船，甚至甘心把他自己投诸死地，而使国家得到复生。当我把这写生画完时，我又觉得每一个人却很伤怆的看着这艘在数十年来曾经训练过每一个海军士官的老船都倾斜到，那一枝常经我们爬登的桅盘都偏到水边去了。

心里很觉得糊涂，觉得这么一来，我们便较难开出去打敌人，可是不对怎样哩？最后才想，这是中枢一贯的计划。我们是得服从命令，不可轻易乱闯三关的。可是无论如何我们终以为失去了机会是太可惜了。

部长在平海驶回南京时便下船，离船时我做值更，一个官在船傍［旁］相送，心中微有点悲哀的冲动，似乎说：这是一个 WereFall 霖：感触点与我一般。

读了这几段日记我们痛感以仅仅不足五万吨的小海军，和当时日本的百余万吨的大海军以及千余架的空军相对抗。我们中国海军的每一个成员当然都会相信命运的最后一着终必是壮烈的。但看我们这种意外的奋发，确然离奇，尤其是国家并没有把以一个强有力的海军似乎交给我们。可是我们还仅希望以超乎敌人的以牺牲战意求取代价，来警醒同胞们说："弱小的海军是为你们生存壮烈的牺牲了，素来从未被重视的海军将士们，也抱着最大的决心，可敬但亦可哀的殉难了；可是你们还不能得到最大保障的原故，这并不在于其他，而是因为中国的海军太过于弱小了，但这是国民的责任；你们应当使他们日后臻于强大，使他们终将成为你们最确实可靠的保障呵！这一朵壮烈的成仁血花请不要抛弃它，须要培植它，使它终能结成一个国防的巨大果子。"

斗争的困难情形和结果

在四十天的惨烈决斗过程中，我们曾支持了八十架敌机一次攻击，曾光［先］后遭受过五百余架飞机的空袭。各种大小的炸弹和各种方式的投弹都被日本鬼子试遍了。我们平海舰以舰上所有三门炮，三百六十发高射炮弹（仅够八分钟的高速射击）奋斗，就是宁海逸仙舰全舰队也不过共有十三门高射炮和一千二百发的炮弹。况且所有的炮械也并未有很好的装备。但在成绩方面哩！七架飞机是被击落了，至少有八架以上受了重伤，另外〈若〉干架受伤了。另由这一次亘古未见的海空肉搏战的猛烈程度论或是以他所支持的日数，所遭受的攻击和所收获的战果，以及所完成任务而论，则所由［有］的数字纪录就已足表现当时的情境，和我们坚忍的撑持力，更不须用忠勇奋发、前仆后继等类的字眼来描写了。

当时曾经观战的德国顾问某曾对我军的艰苦奋斗，寄有几［极］大的同情。而战后根据我们成绩研究的美国防空专家，也认为这种支持只能以 Gallentry 表现之。在技术方面，我们当初因为装备不全的关系，射击敌机常感到很大的困难，但这种困难压迫我们创立一种特殊的射击法，叫作固定偏差阻止射击法，以这种方法可以辅助测算器材的放备之不及，在末几日的战斗中它虽对极大队的敌机也曾作有效的阻止。虽然，它在学理方面很简单，但在使用方面确是颇收功效哩。（原理因性质关机，将来著文发表。）

这一次的作战，更使我们得到许多极宝贵的经验，它的重要部份［分］不独可以作将来建军时的参考，并且曾经介绍到国外，而得到相当的影响。回忆当时在物质的种种限制下，我们在每一秒钟都在不幸的可能的恐吓下，拘束于斗室中埋头在炮表和计算中，寻求发挥效率的最好方法，它们有的在当时被应用了，有的不及被应用的还待来日的试验。这是一个伟大战役的结晶，它表现着新军人的一种应有的态度，时代的推进已使军人任务不仅限于提枪打仗的单纯任务了，他们除此外还负有同样重要的另一个任务，就是“设法集中思考，改进国防的实力”。这种进步更须依靠政府以及民众在财政等等方面来协助，可以凡是经过这次战役的战士，都同声发出一种迫切的呼声，那就是要求国家“给我们一个强大的海军，使我们以同样的打击还给可恶的敌人！给我们一个精锐的海军，我们决能同样的消灭敌人。”

精神侧写

江阴一战的精神若以我们的全舰为着眼来说，确是具有“遵守命令坚持到底，不畏强敌，不惜牺牲的这种精神”。但这是团体的精神，在个人方面它更活跃着丰富的时代精神，就是因了这原故，当时方能极力支持壮烈战斗，而达到预定的战果。有一段日记说：“读到曾文正公治兵语录的‘方今之世欲成一攘利不先，赴义恐后者殊不易得’时，曾发一种疑问。诚不知今日青年的赴战的这种踊跃情况，能否值得以“赴义恐后”表显［现］他，但至少我们所看见的作战情景是难得的，虽然不能认为十二分的满意，也当打以八十分。我认为如果国家再能把海军人才，不惜财力地加以训练，他们是绝对不弱于英国和日本的水兵的。”

从前看见杜校长在考察列强海军报告书中说：“日本海军虽在平时操炮时，亦是‘精神抖擞，如临大敌’。”我从来对于“抖擞”的解释甚不明了，至于“如临大敌”究是怎样的一种形势，更是想像［象］不出，但是现在就自然的明了了。因为我们高射炮兵今日所表现的，便的确符合那几个字，而拼命的程度，或许还要超过它。至于敌人不过是“慌慌张张，投弹逃走”而已，那些抖擞和临敌的精神到那里去哩？敌舰的警报是常常有的，惟独我们的准备却常常落空。优势的敌人为何不来哩？这确令人不可思议：他们尽可上来以海空同时上下夹击我们；可是我知道了，他们一定是怕我们拼命而受到较大的损失。据司令说，日本已由国内运来快艇似乎要用他袭击我们，由这句话后，我就没得好日子过了。日间防空，夜间防袭，睡是睡在炮位傍［旁］枪炮办公室，但每一夜总有好几点钟是在炮位上厮守，就是睡得好好的，若遇守岗的跑几步，便以为敌艇来了，拼命的狂奔到炮位，往往使守岗的士兵感觉莫明其妙。于是为解嘲起见，我常鼓励他们，要时刻的警醒，不可疏忽或者再度的检点一下兵器，在这几夜里一切的兵器都预备好好的，连机枪弹盒都下好了，这是因为我和士兵们既负了这样大的防卫被袭的责任，如果万一却因为糊涂和偷懒，竟使敌人接近，或伤害了我们，那时我虽万死亦不足赎责的。

但虽然警戒相当严密，素不赞成守势防御的我，终以为等到发见［现］敌艇时再打，那总不免太迟了，所以在这一观念之下，我和任炮手等许多的人，便决心组织一个敢死队，准备开到通州去攻击敌艇，以作较有效的攻击防御。这一次因为想参加人太多了，我便将不大合用的拒绝了。他们这个组织里边，如炮兵、机枪手、轮机、电机、通信兵、汽艇掌舵者等几乎各种部门都有。这时我忙着计划想能成行，先去打一顿敌艇，使他们莫梦想来破坏我们这唯一的几条船，最后我花了不少功夫慷慨痛快的写上了一篇计划，都希望送上去后能蒙批准，使我们能出发作战。就是在与敌人大战时自己被打死，亦是心愿满足的。

大尉傅啸宇（前是我们从前的同班）驾机击落三架敌机，但听说他当场战死了。他这种英勇，使我有些自惭形秽，虽然我们也有一点成绩，却总是觉得是太渺小了。但愿此行能邀批准，让我们有机会打他几个痛快战，来吐口气。

若说这次计划的周密和士气的奋发，我觉得很有些成功的可能。当时我们许多人无时不在详细研究地理和作战的可能性，疯狂的在希望这一个舰队能够因为我们，不致遭敌毒手。这一种的官兵一致的盛旺企图心，实是官兵素质的一个特点，是很值得予以注意的，但最后这一计划因为环境的原故，终未能成功。可是在江阴的沉闷生活中，这许多类似平淡的生活总算是一个微波。

关于作战的情形曾有这么一段纪［记］述：

今早敌机冲到跟前时，我指挥第三炮拼命的猛射了一阵，自己并且提着机关枪射完一盒子弹。（在飞机到达顶中时，防备他乘机冲下，所以先行压迫恐吓他），但因射击的计算，并不很准，所以炮火虽然很密集仍未打得到敌人。（敌人仅偏了一偏航向），虚耗了许多的子弹，这使我良心上受了很大的谴责。每一念起“你已白糟塌［蹋］了几百块钱了！”我不禁更愤恨自己起来。唉！下次如果再像这样不精细，一定会失去以往的好名誉了！所以为刻骨猛省起见，今日誓必自罚绝食二顿以志不忘。

连日来士兵作战的勇敢，很使我敬佩，所以遇着谁要以后再胡说他们怕死，我真要把他抓来让他在敌机之下发抖着领教我们作战。（按上语系愤江阴县政机关的酒言而发。）

耳朵让炮声震得半聋了，整天的防空，辛苦得使我们饭都没好吃足一顿，实际上也吃不下，因为胸膈似乎有一团气闷在里面，并且炮烟闻得太多，射击命令又在不停的发着。所以现在呛得时刻想咳嗽。我天天用铁制的飞机模型，或是纸上画的飞机形教练士兵高射瞄准器的瞄准法，每天反复练上几次，希望他们的射击术能够进步，又用四个扬声筒除几条橡皮管，通到两个耳塞，□□在夜间听飞机的声音，可是听来听去我听不到飞机在那里。

这些都是当初日记的片断，现在看起来颇觉亲切有趣，在它里面不独活跃着许多粗野可爱的军人气息，并且可以找出这时期中海军青年军人的一种普遍思想的倾向，和各等级官兵当时的努力。一段最有趣的是我们当初的日记，每写完了一天，便把簿子塞进一个 Shanger 牌的网球铁筒中，再把盖子关好，不放进屉里面是把他放在桌上，并且这个筒上用银漆写着：

平海军舰见习生 XX 日记。

并有一行小打油诗写在上面：

他是过去了！请你们要继续他！并纪念这一些微小的事迹！

这是预备有一日，我们与优势的敌人空战，而人舰俱殉时，能使这一卷小小的日记幸运的飘浮到水面，供人凭吊，当时这件不辞一死，具有破釜沉舟的精神可见一般。最后让我们把这一节决志与船同殉的壮烈事迹写下……这时船已歪得很厉害了，适才工作时反不觉得，但由灌水的舱中爬到舱面一看，才知道所补的缺漏才只是一那份 [部分] 的，其他处尚有不少的漏眼还未阻塞哩。

我的下半身是像水鬼一般的湿着，人似乎糊糊涂涂的，但毫无目的地顺着脚推动。有如受创的野兽一般，不知不觉的又爬上炮位眼前，战痕狼藉，凄凉万状，且我因指挥激战数小时，心血耗尽，脑中纷乱着飞机和射击的影子，杂以乱迸的火花，如疯狂似的涨痛欲裂，等到我再降下后望台时，双眼已完全发黑再也支持不住，就倒在上板上，半响始能恢复。

司令（陈公季良）决不愿离船，他准备要与船同殉，同时，我们这许多素来不计一死的人们，也互相决定至死要跟着司令和平海舰。虽然许多人拼命的想把我们拖走，但我冷酷的回答他们说："你不要拖我，我们来生再见好了！"平素跟惯我的兵听见我作这一语都涕泣不能仰面。我横心一想昨晨霖和昌衢，都能殉国，我又何必贪恋残生？并且目下船虽不可为但并未沉没。她仍然要我们援救她和保卫她，尽我们的职责，虽然不辞。如果敌人还想乘危来轰炸他，我们仍将不示弱到底，再度的轰击我们的枪炮，效法尤德兰海战中德舰勃鲁歇 Blucher（按该舰在船沈［沉］没水时仍发最后几炮）的精神，决不早怯的任敌人残虐的。如果真能如此，则我们虽然粉身骨碎，亦是值得的了。我由他们热水瓶中偷喝了一杯开水，便又强挣起创痛的心身，一面帮着操抽水机，一面因为须要塞上流入的江水，便约了几人脱去所有的衣服，再二再三的扑到汹汹的舱底，迎着那股急流，闷着气找出缺漏，并阻塞它。但地上的玻璃碎片把脚很厉害的割破，更倒霉的又在关闭堵门时，让他们把左手二姆［拇］指几乎压扁，手掌既已灼烧，还要再遭一厄，真是不幸之至。可是他并不是无代价的，因为现在水流终于因为这种努力是暂时地被止住了。我们赶紧爬到舱面，呕出喝进去的臭水，气咻咻地大声嚷道："船有救了！"忽然看见他们在分派手枪，我赶紧跑过去接了一把。总之这时心虽镇定，脑已糊涂，加之耳聋眼花，乱闯有如野兽，似乎人完全浸沉于愤激的思想内，只知道报仇，"揍敌人数事"而已。再若遇着几个闲着观望的人，更是恨不得以老拳饷之，战争可以使一个思想清醒的人一至于兽心，真是可怕呵。

不久一会，司令要我们把垂危的船勉强开上去。话还未完，我们几十双臂膀便一齐应着巨大的呼声"我去！"……而扬起。他们都是愿对平海尽忠到底的！

司令，真是我们的司令呵！他又带着司令部移到逸仙船去了，要贯彻他的非至全体覆没决不后退的誓言。这样的榜样我是要再三的记着的呵！至于我没有同去的原故，因为平海还有炮可打，但逸仙的炮，决不至于由我来射击。司令本要我同去但他最后才决定，不要我过去，虽然我已准备好了，再去决斗一次。

我的断守着平海，可是已经昏头倒脑，人事不清。在船再开行后不久，天就渐渐暗下去，我想躺在甲板上，苏息这苦透了的躯体。

我总不相信，亦不承认我们是被敌人所制服的。我们的苦痛是由于实力的过弱，是由于高射炮数量之少和种类的不齐。我们没有充份［分］的炮弹，也没有精良的器材，所有的只是人力和精神力。这种种的困难，使我们痛心疾首，将来如果一息尚存，决将献身海军，彻底地充实他在战略和战术上的力量，要锻炼最精良的人员，要改良最精良的器械，最后还要协同其他的国防军力，打击跋扈的敌人海军。以我们流血的经验，帮助创立国家可靠的保障——海军——虽环境至劣，我们亦决不渝此志的。

以上录九月二三号离船记的全部。

我们的记述将在此告止。这虽然平庸得可怜，但却寓有无数伤心的血泪语，因为空有勇气的海军将士，在实力薄弱的胁束下，都变成英雄无用武之地，但是他们在当时仍然壮烈的牺牲，不声不响的坚决撑持着斗争。由那一天起一直到今日，他们仍以这种精神前进，所创造的水上功绩毫无愧对全国同胞之处。

同胞诸君！你们如果要他们更伟大的干下去，就要一致起来赞助它，也请你们把真正必需的新海上实力交给他们！

最后让我把中国海军领袖陈部长在乘飞机赶回参战时对海军官兵训词摘录一段，以示我们全军上下一致的牺牲决心：

我此来决与诸君共赴国难！牺牲未至最后关头，我们决不轻言牺牲；如果牺牲到最后关头，则我们全军实力虽小亦当不计一切牺牲到底，愿全军将士勉之！

海军总司令部编译处编：《海军抗战事迹汇编》，海军总司令部编译处1941年12月印行。

宁海作战身历记——钢是锻炼出来的

孟汉钟

八月十六日敌机的空袭爆发了民族的哮声，驻江阴的舰队从此一天天劳动、警备、防卫国防的最前线。挺起胸背做真正国防的斗士，敌机不断的来江阴空袭，而舰队也不停地执行任务，海军是国家主力之一部，由是更得了进一步的证明：每逢敌机来袭，全船立刻动员战炮位哪，运子弹哪，各种工作的特务队纷纷出来服务；不多久满天飞起一朵朵灰云——高射炮弹所炸的火花——织成不可轻犯的火网！两岸间老百姓，更欣然跃喜来欢迎这付［幅］伟大的创作，他们多知道我们总会将敌机击溃给他们至上安慰的！

八月二十日晨，发现一架敌水上侦察机来袭，驻澄各舰遵照海军部节省弹药的命令，将炮火有效而节俭地向敌机发射，水上机本来转动不灵，亦受准确炮火包围，始终不敢在舰队上空飞越，只在附近江面的上空绕了数匝而东窜去。待至傍午，要塞忽传来紧急报告云，七架敌机西飞已过常熟了，我们听了立刻准备起来，过了一刻钟紧急警报响了，东南方发现敌机，正是七架，舰队炮火集中迎击它，立刻敌机的队形便被击散，匆匆地投下几颗炸弹便东窜，这是重磅炸弹呢！在水中炸起七八丈高的水柱，然而离宁海近有一千公尺之远，我们一无损伤，敌人则虚耗汽油及炸弹了！

我们当高射指挥官的人最怕在晴天无云时指挥，因为向着天空看去根本眼睛无从瞄看，Focusing极难，而且敌人银灰色机身受了日光反射，也难寻找标定它们，最好天空有层笼机□，像鳞片似的微飘在高空，飞机不能飞越它，（因为那是太高不合瞄准了），若在云下飞呢，那顶容易寻出它的踪迹来，且可永保目标！这时视界更是清晰——八月二十三日那天正是合此项规定，偏偏就有十五架敌机来犯，敌人即送礼上门，当然舰队也用炮火去欢迎。望见遥远的一群共分三队进攻，前两队各六架，后一队三架，第一队转到要塞上空即刻作急降轰炸法，一架架自高空关了油门降下对炮台投弹，忽然开足马力上升逃走，舰队的轻重机关火力不停地向它射击，高射炮则对准第二三两队敌机……只见第三架降下的敌机忽然被子弹击中，轰隆的一声着起火来，烧成一团红球，更拖着又长又浓的黑烟焰，好像水龙在舞着，配着蔚蓝色带云的天空，这付［副］惊心醒目的奇景，安慰了疲劳的战士——格外兴奋，有的炮兵竟拍起巴掌大声喝好。我见第二队敌机正鼓其盲勇向舰队进攻，第一队其他数机匆匆投弹他窜。

我此刻尚忆起那狂号的机声与那丑恶的白日旗，一步步向舰队上空接近，被那机声扰的神经系全跃动了，赶快镇定一下，仍以常态指挥，炮火相当猛烈，敌机在弹群中穿过，扶摇地到了舰队上空投下十几枚重磅炸弹。哦！瞧那高耸的水柱，激起不平凡的哮声，渐渐地又降下去，这一队敌机也回窜去了！第三队敌机忽又由另一方向进攻，可是舰队的炮火又多又凶，照样有效向它抵抗着，他们照样投弹，我们照样射击，炸弹群又落水中，这一队有两架敌机受了很重的伤。瞧，那扶摇欲坠的样子大概要葬身在中国的大地上了。

辛苦了一天大家都很累的，在官厅休息的时候，忽然平海旗舰汽艇送来一封信，原来霖弟写信来告诉我，今天击落那架敌机是他所指挥的船首炮所击中的，我知霖的枪炮学识极好，如今果有特殊成绩发挥，真特别安慰呢！立刻写封信并购了几瓶啤酒，一边贺他一边慰劳他同他的战士们！

敌机常常单架飞来侦察，多半高高地飞在舰队上空绕数匝后即飞去封锁线上视察（距舰队千公尺），当我们知道仅是侦察机来，数目又少的话，我们便稍放一两颗警戒弹，敌机也知趣即刻到封锁线那边去匝了。每次侦察都有照相，因为我们常在《字林西报》，及《大陆报》上见到舰队鸟瞰的相片同封锁线的情形，敌人是极会暗算，干练特务人才自必对于这种侦察情报工作刺探得最热心了，他们也知金汤巩固的澄江是不易侵犯，因此累次先打听虚实次再进犯，差不多已成惯例，我们并不畏惧倭寇的侦察及轰炸，让他来侦来炸吧；我们总是本着责任向他抗斗，生死久已置之度外了。

所以当八月二十七日下午来袭的敌机虽用极凶猛阵势进攻，掷下多数重磅炸弹，并未威胁我们半毫分，炸弹片击在船板碰碰的响，焰火的射击那曾停？敌机开机关铊［枪］扫射，我们也用机枪去射击它们，泄光弹将敌机□□□□□。敌机散开了，一队逃回去，一队又溜到封锁线上侦察，适绥宁炮艇在监视封锁线，敌机以为它既小又失群可欺，便轮流急降投弹，绥宁本着抗战的正义感急忙以炮弹送上去，迎接敌机，敌机猝不及防吃了败仗赶紧收队，敷衍了事回去报账了！

九月初期中空击警报常常发着，凡是敌机由上海附近西飞，过不了好久要塞中或防空监视哨即报告舰队，空袭警报一发出，全舰人员立刻站炮位赴职位，紧张的工作转瞬间布置妥当。敌机并不一定都袭江阴，它们自沪西飞或许侵犯京镇一带甚至去汉口芜湖扰乱，但多半经过江阴，但舰队那能预测宅［它］们是过境或者专门袭舰队，既不能预测当然对一切警戒手续总要做周全，免的临时仓惶忙手措足不能应付了！是以有了警报即刻站炮位，准备作战，不停地用望远镜搜索敌机的踪迹，提起十足精神，在那时神经的刺激达到饱和点，紧张的生活将整个人生观改变了，贡献整个人给国家，听凭国家命运支配去，一天三五次警报，送接数十架敌机简直算为家常便饭一类的事了！

瞭望队在先因为工作尚未老练，每发现飞机即发警［紧］急警报，有时等用望远镜看清楚，始知是中国机，它们出动去轰炸上海敌舰、敌阵地及助我陆军作战呢！中国机飞经舰队上空给我们至不便利，因为飞机速度极快自发现后瞬即飞临上空，并无多时可从容判断敌友，稍为不察，误中国机为敌机加以射击即是妨碍抗战力量，而且使海空军易生误会，如误敌机为友机则本身感受危险。所以就由舰队报告海军部向空军总指挥部接洽，设法使我空军出动时不再翔越舰队天空，必需时则预先特别通知，这样圆满的解决使舰队同人在此后确认目标得到很大的便利，瞭望队困难也大大的减少了。

几次的夜袭引起将士们广大的兴趣，有时敌机在暗而无月的夜中来袭，并放照明弹借探舰队的踪迹，可惜他们航空人员技术太差，舰队虽被他们发现，累次的投弹丝毫无效果，我们因为发现不到敌机，为节省子弹计，也未曾射击，可恶的汉奸累次发放信号，引起我们极大愤怒，倒饱飨他们以机关枪子弹呢！曾有一次夜间中国机来澄视察，我们以为是敌机恰巧有微微月亮光及白云，很简便将它找到，正将射击，忽然指挥台上传下不准射击的命令！是以只好看住它，奇怪极了！汉奸的信号也不放了；事后我们知道来的中国机，不禁深叹为什么汉奸的消息那样灵通？

忆起年幼时在东南大学附属小学求学，先生们常以大自然的乐趣及美丽唤醒我们注意保卫国家江山，大自然是由造物主去操纵，变化万千，自必美丽异常，然而战争的场面配上自然的情景，那更是伟观吧！九月二十日夜间，月色不淡不浓，天空散有鳞片云，江岸、山城及舰队的轮廓微微地显出来，在这初秋的月夜间，我们看到一付［幅］海空战的伟大图画，深刻的印象划入脑海之中，若不是战争又何观到这伟壮的场面呢！——在那幽静的时候，我从甜蜜的梦中，被悠长的警报声唤醒，急急披衣穿鞋跑到第二高射炮去指挥，看见曾总大副在驾驶台上轻声唤道："汉钟！好好干一下！"我笑面报告他："老师，请你放心。"这时只听见飞机的沉重声音在黄山江面绕着，一会儿绕到江阴城方面，忽然向海筹海容上空投了两颗弹，于是黑色轮廓中忽然添上数耸红光及黑烟焰，配了轰轰隆的声音，水柱的威风到［倒］不明显了。海筹海容等舰所发射的炮弹像一颗颗明亮的星儿迎了上去，这付［幅］交杂的美景使我看的也忘了秋寒，深深地感觉它的壮观。可是一转瞬间敌机即飞来宁海上空，舰队左右各一架（听声音判断的），飞的很低，可看见敌机的黑影在云上斜洒着。它投炸弹，我们开高射炮及机关枪，灯光、火焰、流星、水柱及炸弹声同炮声在美如银漾的月光下极不调和地表演，这幕海空军夜战的伟大气派，令参与是役的人们领略到它的兴趣同价值。伟大的战争，伟大的海军驱走无耻的倭寇！敌机飞走后，我身上才感微寒，始记得并未穿呢衣，只披了单衣便跑出来，但忽然看见炮旁有一件呢军衣，取它过来一看就是我的，不禁奇怪之至。我问炮兵这军衣从那里来的，他说："先生，这不是你的勤务兵看您穿单衣作战怕您受凉替您将呢衣拿来，您接过来没穿在放［放在］此地，因为那时敌机正从海筹的上〈空〉飞到此地来，您注意指挥，怎么便忘了哪！"我一想，果然不错，纷杂的战斗及战景的伟大使我忘了寒冷，现在敌机负伤逃去，解除警报也响了，便欣然发令收炮，提了呢衣，回舱中安眠去！

或许有人要批评我所纪［记］载的事实太零碎了，但是我是在江阴参战的一份［分］子，还负着实际责任，每次敌机来袭或是看更期间所尝受的滋味太深刻，看事比一般人总稍稍锐敏，我所写的全是事实，丝毫未加渲染，说到下面的事情还要格外惊人呢！在江阴的海军舰队的确曾用浓笔在历史的一页，隆重写了一篇海军坚决而忠勇抗战的记载则是千真万实的事，任何人都不能抹杀这重要事实，我们描写诚以不能达其实况而惭愧呢！

倭寇长谷川在沪发出无理照会，强迫各国人员退出南京让他好逞兽性大轰大炸。倭寇也不知以何项资格，就取得如此发照会狂权，我国抗战已属固定方针，不管敌人如何蛮干，我们总要打出中国土地而后已！在江阴的舰队更加紧工作警戒那残暴的敌人……九月十九日发现多架飞机沿铁路线西飞，因距离太远未曾开炮，未几他们陆续东飞，数一下比原来的数目减少十架，而且机种是五花八门样样皆有，好比重轰炸、轻轰炸、双翼机、单翼机、水上机、陆上机，大大小小〈不〉一而足，这类胡凑乱拼而成的空军，难怪受我防空部队稍一邀击马上狼狙[狈]而窜，大败东逃了！

九月二十二日上午十时要塞方面报告敌机十余架将犯江阴，宁海军舰在舰长陈宏泰氏副长甘礼经氏领导之下，早已完成应付敌人大规模轰炸的准备，铊[枪]炮方面由总枪炮官曾万里氏指导检查及布置，也满足高速度作战及火力散布的需要……此时全舰员兵部位站好，镇定而英勇地守候敌机来临，只祈望有好机会尽量击毁它们，以泄我们心中之积忿。果然，机会来了——十五架敌机于十时半发现，双翼的重轰炸机，带的炸弹很多吧！不管它，不怕它，瞧敌机用高狂的速率自舰尾方向硬冲过来，测高仪迅测高度及距离，指挥官们勇敢指挥，高射炮朝目标用精锐的炮火迎来，陈泰华炮长俯首细心看准瞄镜，一秒钟都不敢疏忽，要塞也开炮协助我们抵抗！敌机受不住这猛烈炮火网的包围，立刻散成两队，一队自东南向西北，另一队自北飞南横越舰队进攻，这倒给舰队的每尊炮皆有发挥效力之可能，敌机守了固定航线冒险飞近投弹角，我们所发的高射炮弹也加速度迎击它，沉重的机声轰隆地一步步迫近，每个人怀了愤怒，忘了威胁，忘了头顶所感受的危险。

第一队敌机投了弹即飞越高射炮射程外高空盘旋，第二队敌机又换个方向进攻，这次前一队用集体投弹（以前都是个别投弹），所有的炸弹落在平海宁海中间的水中，激起水柱，相连成一座间高无比的水屏风，烟光水汽如是地凝结，竟将平海全部船影遮住了，真伟观！第二队所投的炸弹杂落在平海宁海左右舷及应瑞舰前后的水中，四飞的弹片击伤英勇将士们，因我们均无护身板钢盔保护也，惟舰体并未受任何损伤……敌机受我炮火猛击后即扶摇东窜，据观测台报告云有三架敌机尾曳白烟落后直堕[坠]下地，这是我们优良炮火控制的成绩呢！

敌机才逃走，我们即忙了补充、整理全舰炮械弹药，及料理救治受伤员兵，忽又听得警[紧]急警报，六架敌机自电雷学校方面飞回舰队，单翼的重轰炸机，是不是“木更津”的遗产？过电雷学校时掷下多枚炸弹，轰起满天的灰土……进一步又袭舰队，敌机受炮火的威胁被迫时改航向，蛇航的结果，所投弹之命中率因此也减小，然而所投的重磅炸弹落在舰队中间具有极大的轰炸力，四散的破片飞向各舰，平海及本舰几位工作的战士遂因此受伤，船舷也穿了十几个洞……我们已将这几架敌机击伤，因为瞧着他们勉强支持摇摇摆摆飞回去，要是舰队中多几尊重机关炮，必能将此数机全数击落下来呢！可惜！可惜！

下午三时在满船火药味道中勉强吃了午饭，全舰战士们知道敌人还有大规模的进攻，因此赶紧办补充接济各事，心中有了牵挂，即刻大家奔忙地完成各项任务。下午四时又见九架敌机从东南方直向平海宁海上空进袭，舰长下令用密集炮火施行长距离的射击，指挥台上曾总大副遵令指挥，将炮战诸元素慎密推测给各炮应用，机关枪亦拍拍地响个不停，如是击溃了敌机的队形。他们四散而隐入云中用机关枪扫射我英勇将士，嗣后飞到海容海筹上空胡乱地投下十数颗炸弹，全落在水中，我军毫无损失，敌机便急急飞到江阴城内轰炸，从那个方向逃回根据地去了！

九二二一天，全体将士们自晨九时工作到夜晚九时，粗粗地用了午膳晚膳，整日在极紧张的心情中度着，上下一心，合力一致地勇敢应战，受了曾总大副平日极有秩序的训练，应战时的精神，遂特别焕发，于是成绩很优良，总共发射四百多发炮弹，机关枪弹八千多发，甲板上尽是子弹壳同炸弹碎片，战况的猛烈于以想见了！我们能用精锐炮火将敌人击退，私心很是安慰与镇定；然而下午平海军舰忽传来一个噩耗，说是派在平海军舰见习的同学孟君汉霖同高君后衢却在今日的英勇抗战中报了杀敌决心，与猛攻舰队之敌机群作战，奋力指挥卒能将敌机击落，敌机队形击溃，然而二君亦在此期间，虽已建了大功，本身却受敌炸弹破片击伤脑部，以身殉国，阵亡在所指挥之炮位旁。啊！这消息传来后，我心中悲痛无以复加，暂时失了知觉，已悲晕过去不知人事呢！

我在前几段中已报告过孟君汉霖是我的同胞弟弟，而且自幼年到海军专科学校毕业为止，我俩都在一起求学，不管在家庭或是在学校，我俩总是在一起行走，许多人都羡慕我俩的合作及努力，霖弟年十二岁半即赴遥远的福建求学，奋斗五年出来后身体练壮，在鱼雷及舰课都以前茅毕业，而最后的枪炮科还被提拔作为榜首！于以见各位长官及老师对他的厚爱了！霖弟的志向很远大，总希望国家的积弱能消除，国耻能雪清，更斤斤提倡复兴海军建设海军的灼见，自己努力锻炼身体，研究功课，使德智体三育并进，他常常规劝我，勉我上进，我每受他的诚恳言语所感动！像这般要好的兄弟，一旦分别，而是永久的分别，雁行折翼，怎不令我又悲又痛呢！

霖弟前两天有信给我，说到在此抗战争民族生存之际，每人皆应把决心为国牺牲，如全国人士皆同此心，敌人必不得逞，他说一般人士气太沉寂，他将用热血去唤醒他们，是以预书遗嘱涕泣告别父母师长和同胞，誓以热血遍洒平海及江阴……我接信后还未三天，而霖弟却以事实证明他的志向了！唉！他今天见倭寇的机群逐渐迫近舰队上空，敌人的凶残引起他正义的愤怒；加紧指挥平海军舰第一高射炮向敌发射，更因炮兵发弹过久精神不继，于是奋然亲自装弹，用他熟练的技术加增弹的劳填，当然发射的速度也增加了！炮长们仔细瞄准的功装，两架敌机被击中而曳退了，队伍滚向大地之野了！霖在此成功之时，忽然受到炸弹片的影响，便殉难于平海军舰第一高射炮旁边静静地合闭着眼睛，嘴角带了微笑，他竟成仁了！痛哉！霖身上正义的血流在甲板附近，留下他的光荣遗迹，好比一个人卧在那里一般，这是霖弟精诚所化，殉国后犹欲唤醒同胞共赴国难呢！伟大的霖弟做了新海军的先驱者，为海军抗战后就率先殉难之人，我们做烈士家属的人们自必悲感之至；但是念到“烈士之血，主义之花”，霖已在民族战争中负了军人最大责任则不禁破涕为笑呢！

谨祝忠孝双全的烈士霖弟早升天堂，恳求英灵昭示指点我服务之南针啊！

高君昌衢的学问非常之好，且是本班总毕业的榜首，他为人素寡言笑，牲［性］温和，对他人咸彬彬有礼，但是在足球场上却是最勇敢、最爱冲锋陷阵的一员健将，他同霖弟极为知己，担任平海军舰第二高射炮指挥官之职，英勇地抗战，不幸也被敌弹片击伤而殉国了！二位烈士的亡去，不仅是本班的重大损失，即国家亦受顶大摧折，长才未展，雄志未售，二烈士在天之灵当不无遗憾！——“出师未捷身先死，长使英雄泪满襟！”唉！感觉得太悲痛了！

九月二十二日的夜间在迷惘而惊心梦境中勉强混过了，心情是那么不安定，许许多多复杂的思维将我的注意力全牵动了，好像睡在无绳的吊铺中，身子时上时下，时而摇摆，而疼念手足的情分更不时由心底蓦然跃上来，反而忘了白日鏖战的辛累了。等到次日清晨三时许即起床，取出日记在看更桌旁静心的写，将二十二日的抗战经过同霖弟殉国的情形全记上去，等日记记好，我的眼泪也将日记浸透了！伤心哉！

二十三日五时许，忽然报有十艘敌舰已过南通，步步迫近江阴，下游各监视哨不断地将此消息报上来，于是防敌舰的站炮位警报更壮［庄］严地出发［发出］，播音机中不停地发布命令声，大炮在转动，扬弹机在拖子弹了！我的炮位是第三炮塔的指挥官，早就跑到里面指挥，仔细地点清每个炮兵细动作，只有依次安然而无纷乱，炮兵们很安静，很壮烈做着应做的事，我们第三主炮在不久的时间便准备清楚了。

指挥台发出射击的命令——各别射击，就是由指挥台供给射击诸元素，然后各炮瞄准目标，各炮自行开放，这是在窄狭水道中的指挥，在宽阔的海面便不是这般办法了！各别射击可给各炮的指挥官以审判自己指挥的能力，同时加强本身的信念。当时我们第三炮赶紧向下游的江面瞄准，我以不断用望远镜搜索，可恶的敌舰始终不敢将丑形露出，虽然我们的炮弹已装入膛内，只待一扣板［扳］机就可射出……嗣后敌舰驶到离长山二十英里附近又驶下去，我们也就收炮，各人去做早晨应做的事去！

甘副长知道今天的情势必很紧张，因为昨日敌机目的未达，同时今早敌舰又知难而退，最经济而最便当的侵略自然是用空袭为佳，并且天气又不热，阴云散布满天，微微而平静的江水上面却浮着几万吨的大军舰，更集着团结一致，歼灭敌人的战士们之决心。胆小如鼠的敌人啊！你来吧！我们已准备热血与正义与你作生死战呢！十时后发现两架单翼侦察机，在高空环绕很久，然后飞返东方，甘副长同曾总枪炮官商量一会便下令提早午膳，赶快将各项准备作妥，前后段药弹舱的容量也调整过，机关枪弹都新上了枪膛，炮膛与枪膛都擦拭洁净，各处受伤员兵的位置也在生力军补上去，全船各处皆听到“与敌人拼”“不让东洋鬼子回去”的雄哮声。

午后二时，要塞出空袭警报，过了一刻钟发现十三架敌机自左舷正面飞来，东方也有十二架敌机远袭，于是当面的海空战便展开，对左舷的敌机用较快炮火，对东方的远敌则用远距离炮火很精确地迎击它，战至正酣之际，忽听瞭望队报告东南方又有三大队敌机进袭，数一下，一共二十七架，这算是来江阴后最大的空袭了，大家除了兴奋之外更沈［沉］毅地、踊跃地干这放高射炮，开机关枪的事体！忽然瞭望队又报东北面又发现三十七架敌机，分二大队进袭。好！敌人今天倾巢来犯作孤注之一掷，我们已立志保土，难道还怕这个么？

敌机虽众，所操的战术也很到地，他们分成许多小队中队，三、六、九架不等自各方向进袭，敌人想分散我们的注意力，使我们炮火不能应付，实在我们的炮火很充足，他们分开，我们正可专心瞄准呢！这时第一次发现的敌机已投下几群弹，全落在平海宁海及逸仙舰的当中水中，炸激起满天的烟、水，暂时地各舰均被这烟及水雾迷漫住了，我们却未曾受伤！舰尾的敌机用急降下轰炸方式次第由高空下降，嗡嗡声忽停忽起，炸弹声时作时歇，惟有高射炮及机关枪的声音则响个不停……急降的敌机受了机关枪弹的阻挡一时忍不住劲，就陪那子弹一阵到水中去，一时又一架敌机也学他，两架中弹而起火而堕［坠］的敌机创出新的画面，炮兵们见了咸欢欣不止，精神更兴奋了！

抬头向四面看一次，喝！飞机似蚊蝇一般在头顶绕着，我们各舰及要塞所发射的高射炮弹也爆成成千盈万的云朵儿满天飞舞，机关枪弹更接成细而长的火龙满天游动着（因用泄光弹）……稍一瞬间又有两架敌机被射中，在天空爆炸，炸时细碎的东西由空中纷纷落下，平海宁海各舰上均落了很多，有一个弹药兵捡了一块破铁片放在炮旁，炮长看见，就问他什么用，他回答："恐怕你们各位专心开炮没看见射下的敌机，因此我特捡一片让你们看了可兴奋一点！"炮兵笑着说："快去取药弹吧！我在望远镜内看的比你们还清楚呢！"话还未说完，前面士兵舱内报告传出，前段各舱受炸弹力炸震，已有多处破裂进水……副长立刻令塞漏队去工作，自己也去视察，原来接续而落的炸弹太凶，本舰的锚链舱、帆缆舱、米舱、十星炮弹舱等处都震破好多洞进水，水势虽凶，堵塞队员兵也特别卖力奋身工作……舱面上的抗斗也愈变愈猛烈了，敌机环绕平海及宁海反复投弹，左右舷旁全是炸弹的水柱树立降落，排山倒海般雄势响着，驾驶台上的官员们守着部位努力尽职，林航海员人骥在执行任务时被弹片击中而殉职，这格外激奋其他的官员抗战意识，默怒而沈［沉］着作每个人的责任！

陈司令在平海舰见我军各舰抛锚作战甚为不便利，便下令起锚作战，烟雾中见了旗令，赶紧派起锚队去工作，那时前段舱面上炸弹片四飞五射，成了极大的危险界，起锚机也受了伤，好几个工作人也受了伤，因此起锚稍迟便成众矢之的，四面八方的敌机迫近来投弹，这轰炸的声音将耳朵都震袭了，他们投弹，弹落如雨；我开炮，炮炸似云，战斗的情况愈趋愈激烈，子弹堆在甲板上也愈聚愈厚；锚尚未绞起，舰长赶紧下令，截断锚链，轮机下士江铿惠冒了万险匍匐到船头将锚截断，船脱了羁绊，就可自由行动，舰长将船驶转湾［弯］，尾随平海舰向西蛇航，因为受伤太利［厉］害，前进的速度是很缓的……驾驶台下层的机关枪平台由刘枪炮员崇端及孔同学繁均二人指挥，枪炮上士陈永相则担任修理机关枪的工作，因为平海上驶很远，宁海落后的原因，敌机想从宁海将它们的损失找回本去，就特别集中炸宁海，刘枪炮员及孔同学的责任格外加重了！高射机关枪从来未停断地发射，因为露天的炮位又无掩体的保护，受弹片及敌机关枪扫射而伤的兵很多，每有缺额刘君即先补上，使开放不断，孔君自始至终管理发射，共发弹千余发，击溃顽强敌人，实有大功焉！曾总枪炮官在指挥台用极忠勇及勉励命令时刻唤起大家累疲的精神，果然不负所托又有三架高飞的敌机中弹烧成红火团落下水去了，战士们更得许多安慰！加增我们勇气吧！袍泽们努力！努力！瞧这孤军的三千吨轻巡洋舰能和七十余架敌机作战，我们的战绩已很可观！加倍努力求胜利吧！

我们船用蛇航法，ZigZag上驶，舰长们利用好的机会使船避开敌弹命中。一刻转左，一刻转右，一刻加速度，一刻又减速度，这真难为引港某君的勋绩，他指挥着河川水道的详状，利用最敏捷手段，冒着极大的危险，使船勿搁浅勿触礁，然而也是帆缆中士陈秉香舵操镇定，转角迅速，极安静服务的成绩呢！船头此时进水很汹涌，高射炮弹舱中也陆续进了尺许的水，药弹兵没拿他当回事，依然站在水中，很有趣味地在搬弹，他说："我们是海军军人，是不怕水的，管它水不水，炮弹总要搬上去才对！"……船头水既多，加速度前进依然无效仍是迟缓的很，炮兵们受伤的很多，除了依照秩序有替补的以外，勤务兵们均自动填入炮位，多难得啊！受伤的射手及炮兵均不愿离开职位，勉强挣扎瞄准与发放，机关枪修理者陈上士受了伤，眼睛被打伤，满脸血汗，一边称打打打，一边拭血仍去工作，同炮兵们忘却炙乎苦疼，在折机关枪管，整机件之作用实可大称功劳也！有几个炮兵抱弹送至炮位，中途受伤倒在甲板上，他们连痛都不踱，抱住弹滚到炮位旁……如是一般的忠勇故事，太多了，很难一一描写出来，……不过这时敌人投弹更凶，两群炸弹在船左舷水中，无情的弹片将我宁海忠勇陈舰长之腿部击伤，血流了满驾驶台，他看了看腿仍旧抬起头来指挥，甘副长见这情势不对，极劝船长赴医药室治疗，舰长方挥泪别了驾驶台由看护兵扶到舱下去治。舰长受伤的消息瞬间传遍全船，战士们格外怀恨无耻的敌人残暴，加紧射击，敌机也在天空逞意乱投弹，舰身受弹的威力所影响进水洞也变大，舰身倾侧愈甚，舰首也下垂，正在此紧急之时忽然后段高射炮指挥官陈嘉榕因从指挥台下来助战，被炸弹所震，失手跌下将腰部跌伤，前段高射炮指挥官陈惠亦于此时受伤，炮兵挂彩的更多不可胜计，自然激励战士们抗战热诚，再接再厉地杀敌。又有三架敌机中弹，一架堕［坠］落江中，两架堕［坠］于芦柴洲中，受伤逃去的敌机更多而不计其数，敌机的弹已逐渐投完，仍环飞天空作侦察举动，据瞭望台的报告共有八十余架敌机来袭，比以前所发现的又多出十余架了。投完弹的敌机在天空向被击落的敌机施了祭礼便扶摇东返，剩下十数架仍在投弹，士兵舱也被炸起火，辛［幸］而火势逐渐被救火队救熄，所损亦有限的！忽然又一群弹由急降下的敌机投下，这群弹落在本舰机舱前面、望台后面的地方，下望台及海图房全炸毁，前三足桅亦去一足，左边高射炮及舢舨全炸飞掉，机器舱受损很重，水也涌涌地流进来，前进速度更减，迫不得已只桅好个地方搁浅，俾足保全舰体尚可替国家节省许多物力。可是舰中进水太多，舵已不灵，船更失去控制性，等不及选择好地方，甘副长言情势太迫，遂下令驶进八圩港搁浅，可是到了北岸已无能为力，只好就搁在那浅滩上，忠勇的宁海军舰今日已由抗战中得到他所牺牲的代价，宁海便这样安然而静寂地歇在澄江了。

在这时期我们船上的高射炮弹及枪弹已因大规模的抗战用去了，炮兵们受伤的，辛劳的全已疲倦了，可是万恶的敌机乘这危险时忽又来三架进袭，嗡嗡的轰隆声刺动战士们的注意力，大家想已无炮弹如何抵抗呢？正在踌躇之间，忽然叶名南炮兵从弹箱中取出最后一弹，独自装好，转炮向敌，瞄准好即开放，瞬息间在敌机群前爆发，敌知我舰尚有准备，□力仍在，是以只好掉头逃去，不敢再犯，叶民南此弹的功劳殊非小可呢！

倭寇不独用炸弹乱炸，还用机关枪扫射，即我舰被炸震落水的士兵也不能免这酷难，向毫无武力的人们进攻及残杀正是国际公法所禁止，倭寇如是的举动代表窄狭成性的东洋岛民心理，不人道之至！且太野蛮了！

黄昏之幕已逐渐降下，宁海的抗战也告一段落，这雄冠世界有名的江阴之役，代表着海军抗战之决心与成绩，八十多架敌机环绕爆击这三千吨的轻巡洋舰，作战在三小时以上，发出七百多发炮弹同一万五千多发机枪弹，共击落七架敌机，伤者更多不可胜计。我们虽受了伤，但若有船坞可去处理，宁海的创伤必在短期中恢复原状再可上战场杀敌呢！宁海舰上下一致地努力，合群的成绩，卒能将顽敌击退，此皆舱面、机舱及特务，电讯各方面官佐官兵密切连［联］络，互相合作的结果，尤其陈宏泰舰长领导有方，甘礼经副官长，曾万里枪炮官素日训练得法，黄以燕轮机长的热诚合作，领导各部分努力之勋绩，难怪在江阴要塞观战的德国顾问看到这热烈的战况也钦佩不止，认为自一九一四世界大战后以至西班牙内战均无此勋烈战绩呢！敌机□□□□□□□□□□此而见了！

果宁海有优良的防空设施，或者江阴有防空的战斗机辅助我们抗战，再或者宁海早些起锚上驶……恐怕还有更大的战果呢！宁海或不致牺牲吧！然而宁海终于牺牲在血战之中，最前线岗位之旁。挥泪洒别了它，祝它的精神永生，祝它的精神逐渐布散出来，而永远存在，传之不朽！九二三是宁海抗战纪念日，九二三的精神现已传遍全军，敌人的轰炸徒徒激起我们一致抗斗，前仆后继的伟大精神呢！我再郑重喊一句口号：“宁海永生，海军万岁！”

海军总司令部编译处编：《海军抗战事迹汇编》，海军总司令部编译处1941年12月印行。

依然在古国上空自由招展——忆江阴空海大战

张浑么

青白的旗帜，下沿一道红边——海军的中将司令旗——主旗舰，平海的桅墙顶端，临风招展！她负着神圣的使命，在京畿外围的大江门户——江阴——担任封锁，指挥着他统率的舰队，对侵略者作严密的监视，海阔天空的江面，艨艟筑成功了一座钢铁的长城！

这一幅令人起敬的将旗，她高悬在桅端，不顾暴风，不畏狂雨，不怕烈日，英勇刚毅地，庄严雄壮地在招展，等待着一个机会，给侵略者以严重的打击！

大江的水滔滔不断地东去，季节已是八月，还是酷暑迫人！暴敌侵凌的火焰，也随着凶狠了！古国的大地，到处都闻到血腥的气味，江阴的澄水，也起着战争的漩涡！

八月十五日——

舰队的上空突然发现暴敌狰狞的面目！嘈嚣的声响震荡了这里的空气，厉鬼一群找着旗舰为目标，大显其武士道的作风！高射炮声，乱弹爆炸声，就混成紧张的一幕。敌人的技术却出乎意外的恶劣，除激起几座壮观的水柱外，舰队竟然毫无损伤，同时我高射炮准确瞄射，主兽机俯冲投弹的刹那间，无情的爆裂片吻着它的一架，立即熊火顿发，一个火龙疾趋下来，投入大江的怀抱！

精彩的表演，激动了全舰队的每个份［分］子的雄心，欢欣鼓舞！尤其对那崇高庄严，依然临风招展，不受虚惊的司令旗更是觉得无限的敬仰！

第一次的教训，余机狼狈在猛烈的火网上空逃窜。

以后，我们的司令旗，和她的舰队就不断地火药气氛里奋斗！同时我们的旗舰也就成了敌机群轰炸的主要目标！可是为着表示坚强的性格，不屈不挠的精神，中华魂的伟大和民族的气节，这面鲜美的旗帜，始终明显地飘扬高空！

这样的过去，约有四十天，到了九月二十二日——

新秋的时节，凉爽宜人，袅袅的晓风，飘动着舰队的将旗，影映着在水中荡漾！天空，蔚蓝色的，没有什么浮云，唯有东方天际的几朵卷着远山！

警报！汽笛在怒吼，打破了大江的岑寂？

在东方白云深处，发现了斑斑点点的一群，鸟一般地在飞动！嗡嗡的声音，逐渐接近了！于是舰队的高射炮弹齐发，织成了密集的火网，火花和白烟迎着敌机群在飞舞！

一群、二群、三群……一批、二批、三批……敌机整天在轮流投弹，主要的目标还是我们的旗舰！水中爆炸激起的水花和炸药的浓烟，烟幕似的湮遮了我们的司令旗！这一天可遭遇到有史以来的光荣事迹了！敌机整天的活跃的约有八十架，所投的五百公斤的弹数，很惊人，我们以较低的估计，每架装载四枚，那末，就该有三百二十个吧！

然而敌人的消耗可也不少！弹药汽油之外，有八架敌机毁灭在中华的大江深处，而我们舰队所受的损害还很轻微，这由不得使我们的那个高倨天空的司令旗，沉着地表现着骄傲的笑靥。

这一天，世界上空前的海空大战，告诉我们明天将有更进一步的恶战啊！

九月二十三日——

上午，来了一只敌侦察机，也许是看看他们昨天的战迹吧！哈！出它意料之外，钢铁的长城仍然屹立在水面，一个也没有少，司令旗也依旧高高地临风招展！敌机侦察后，我们早知道将有一幅更壮烈忠勇的画图在我们眼前展开！为着正义，为着效忠，全舰队的同志们，都兴奋起来，提早膳，充份［分］准备，来一场精彩的撕杀！

果然，警报声中，敌机群在东方天涯发现！一大群后面还有一大群，还有……大概又是八十架吧！逐渐迫近在舰队的上空！

血战不断地展开，在整个的下半天！

敌机群盘旋在舰队上空，重磅的炸弹，雨一般地倾盆而下！各舰的高射炮弹密如联珠！天空满是爆弹的残片在飞舞，水面起着无数的水花！爆音震耳欲聋！不幸得很，我们的高射炮的开花弹为着几次剧烈的战斗，消耗到相当的数量，这一天又是这么剧烈的血战，在战场中实无法补充，只得用碰炸弹，发光弹……来射击，而最后却只剩了高射机关枪在继续着怒吼！只剩下我们英勇战士的热血在沸腾——这一场海空大恶战，在抗战史上写着血红的一页，吾人将永远留着无限的愤慨啊！

因为舰队之中，平海和宁海两舰比较防空力优厚，敌人就找着它们做最大的目标，因而所受的损害较烈，牺牲亦大，但是敌机的技术毕竟是低劣，百余个机群中，直接命中的只是一个！在宁海的前桅与烟囱间爆发了，没有穿透甲板！但是弹群在水中爆炸，震坏或弹片贯穿船壳的伤害较为严重！虽经抢救堵塞，可是漏孔太多，进水过猛，致无法挽救！要是在水面有相当的活动范围，以特殊技术避免机群在水中爆炸的震动，那就可以多换些暴敌的代价！

宁海全部开始下沉了，员兵独死守在岗位上，个个以必死之心，誓与母舰共存亡，共壮烈奋勇的精神诚可惊天地而泣鬼神！后经威宁炮艇冒弹雨不顾一切地靠拢着，将全舰员兵及受伤的抢救过船！而他们之中很多仍是不肯离开他们的岗位，他们的母舰，这的确使我们肃然起敬的啊！

平海旗舰也渐渐地沉重了，司令舰队的旗子，他得换个逸仙舰来继续指挥他未竟的使命，于是平海桅墙上的将旗，改至逸仙舰的桅墙上继续招展！哈！海空大恶战，布伤不了我们敬爱的司令旗，而这一场撕杀的血腥和烽火，反而染得我们的将旗，更鲜明，更皎洁！光荣地存在着！

两天之后的清晨，细雨迷蒙，天空阴沉沉地把视野缩小了！嗡嗡的机声又扰动了这静寂的空气！十八架敌机在云隙里翱翔，渐渐迫近，在舰队的上空盘旋！它们又找着这江面高悬将旗的军舰做标的，疯狂地轰炸，我们逸仙旗舰上头最仅存的一些高射炮弹，只得尽最大的努力，作最后的奋斗，直到最后的一颗！舰身进水了，她依然在怒吼，争取相当的代价！

敌机卸弹完毕，率队归航，可想不到竟走上了毁灭的路途，旗舰的高射炮弹已是弹尽了，可是十五生的大炮却来显它的神威！我们官兵眼看着敌机群的密集低飞，毫无忌惮，真是气愤填胸！于是敏捷地将十五生的大炮准备完妥，对准敌机群轰了一炮，嘘——炮弹响处，一矢双雕，两架敌机竟应声而落，意外的收获，真是一种奇迹啊！于是余机窜入云里消失了！

天空是灰白色的，江面的空气转入静寂的状态，大江的水依然不断地东去流着，旗舰桅端的司令旗胜利地在招展，经过火药的薰冶，血与汗的洗涤，她更显得鲜明美丽，在古国的上空，她将永远担负着重大的责任而临风飘扬！自由招展！

海军总司令部编译处编：《海军抗战事迹汇编》，海军总司令部编译处1941年12月印行。

海军光荣战史的一页——“九二三”血战之回忆

务　实

已经是初秋的气候了，万里长空，布满了灰褐色的卷层云，微风拂衣，有点凉意，甲板上凝聚的露水，还未大干，早晨的太阳，才从水平线上，露出一张橘红色的面庞，不久迅速地被乌云遮蔽了，暗淡无光！这似乎象征着正在新生中的祖国，又被侵略者所制造的战云笼罩了，冲呀！我们要冲破了这一层层的阴霾，去争取亿万代儿孙的光明幸福与自由！

中华民国二十六年九月二十三日的上午八时在江阴江面，一片雁行鱼贯阵，排列着平海宁海应瑞逸仙海容海筹等我国主力舰队，及许多辅助舰艇，黑压压的阵容，雄伟非凡，几十面雄伟的国旗，随着升旗号及立正敬礼的口号令声，徐徐升上了各舰桅顶，飘荡在自由的空气中。舰上的水手们，一个摩拳擦掌，敌忾同仇，为了争取国家民族的自由与安全，他们抛弃了父母妻儿——个人的一切的一切，来到这国防第一线上，负起了防守江阴封锁线，阻遏敌舰进攻，以拱卫首都的伟大使命，已经有四十多天了。

自从芦沟桥事变，燃起全面抗战烽火以后，上海又发生虹桥事件，京沪局势紧张，我海军奉令防守江阴国防线，集全军之精锐，在陈部长领导之下，于八月十一日晚十时整队离京下驶，翌日在江阴江面即迅速完成了坚强封锁线，施行敌前紧急封锁，其后为了用实力监视敌舰行动，确保封锁线之永久安全，使敌人无法破坏起见，第一舰队主力便从那天起，站上了国防第一线，战士们抱定必死的决心，每一条军舰的主炮上，随时都装了弹药，站好了炮手，准备敌舰一冲上来，马上给他一个迎头痛击，好泄一泄燃烧在每一个人心头的怒火。

战士们日夜盼望着敌舰上驶，好与敌人拼命，虽然黄山炮台也曾几度的悬起敌舰上驶“备便迎战”的警旗，但是敌舰却始终不敢在我们的封锁线外一露丑形，只是天天派大量的飞机，来袭击我们的防守舰队，因为我们要塞的上空，没有驱逐机守护，舰队碇泊的两岸，也没有掩护的高射炮火，所以敌人才敢屡次用空军来袭，尤其是九二三这一天，集六十余架敌机，合袭我宁海军舰，造成历史上空前的海空大战。

上午十时半江阴上空，发现敌巨型侦察机二架，飞翔极高，盘旋舰队数周而去，这表示了即刻就要有一场恶战，我舰队的全体员兵，莫不兴奋异常，特提前午膳，一致沉着地准备把万恶的敌人，杀他一个落花流水。

果然，下午二时甫过，呜呜呜……的警报声音响了。瞭望台的报告，封锁线上发现敌机，三架、九架、十二架、二十四架，还有……高射炮兵们听了，一个个奋起精神，准确地把炮火向敌机群加速射出，敌机乃遁入高空，分队轮流用急降下轰炸的方式，向宁海平海集中投弹，当其俯冲之时，我高射机枪大显神威，把二架敌机击中，颠簸堕［坠］入水中，一时轰……坪……哒……轧……诸声并作，震耳欲聋！

宁海舰艇首及左右舷水中，弹落甚多，距离咫尺，舰体受损甚烈，锚链舱、米舱、帆缆舱、弹药舱等先后进水，乃一面堵塞，一面以密集火力向头敌索取补偿，航海员林人骥在望台指挥作战，中弹破脑阵亡，更因起锚机受伤，未能随队起锚，变成群矢之的，敌机从四面八方齐向宁海进攻，逐陷于苦力撑持之局面。

此时弹落如雨，爆片横飞，宁海舰上高射枪炮兵死伤过半，炮弹将竭，舰体各部份［分］进水盆急，堵塞鲜效，舰首逐渐下沉，然作战员兵，仍各死守炮位，奋力抗战，船长陈宏泰在驾驶台指挥间，中弹重伤左腿，犹竭力忍痛，裹创再战，士气为之大振，见习生孔繁均奉令指挥高射机枪，危急时自充射手，发弹千余发，又击落敌机二架，军需员陈惠遍体鳞伤，枪炮上士陈永相面部血肉模糊，但犹呼杀敌不已，轮机上士江铿惠迅速截断锚链，奋不顾身，副长甘礼经，枪炮官曾万里，枪炮员刘崇端等沉着指挥，从容不迫，是皆我海军军人魂之最高表现也。

四时三十分，宁海舰船身欹侧，转动不灵，驶搁江阴北岸浅滩，时大队敌机已弹竭东遁，天空中仅余三架，频频以机枪向下扫射，二等兵叶民南，奋勇发出最后一炮，敌机见我舰仍有防务，乃亦迅速逃去，一幕惊天动地而泣鬼神之海空剧战，遂于暮色苍茫中，宣告闭幕。

海空大战历三小时，造成世界海军史上之空前纪录，可歌可泣，亦壮亦烈，革命的海军军人之头颅热血，是为着民族解放的战争而掷而流，“人生自古谁无死，留得丹心照汗青”，此种精神，永将照耀人寰，彪炳史册矣。

海军总司令部编译处编：《海军抗战事迹汇编》，海军总司令部编译处1941年12月印行。

江阴海空战的回忆

陈　惠

芦沟桥事发，本军各舰艇即集中南京候命，二十六年八月十一晚，突奉紧急命令，宁平及各舰艇星夜相率向江阴出发，次日到达，即将已征集之商船，及本军通济德威胜等舰艇，计数十艘，列成雁行阵，到达预定的准确位置，同时进水下沉，完成江阴之伟大的国防封锁线。

其后八一三沪战爆发，驻澄各舰艇即奉令负起了防守封锁线的警戒任务，总计前后四十天，每日均在空袭警报中随时准备着撕［厮］杀，盖因我海军同仁，早抱定以身许国，有敌无我，有我无的［敌］的决心，故不特毫无畏惧，而且怡然自得，中间曾击落敌机数架，各战友互相称庆，引以为快。时余任宁海军需员，奉派指挥前后高射炮。九月二十二日敌大队机群三十余架来袭，投弹数十枚，本军将士，毫不示弱，枪炮之声，不绝于耳，结果有敌机数架，受创甚剧，摇摇欲坠，急速向下游遁去，而我方只平海舰上死伤数人，而各舰舰体仍完好如故。

翌晨（九二三）敌巨型侦察机一架，出现于舰队上空，盘旋窥探其昨日轰炸效果，及我船队队形，约历半小时始翱翔向东飞去，各舰乃特加戒备，提前午膳，预料下午当更有一番激烈之海空大战。果然不出所料，午后二时警报复发，旋得炮台报告，谓有大批敌机，离沪向江阴前进，遂下令各炮装弹，备便迎击，未几即发现敌机，各炮得从容瞄准射击，然敌机愈战愈多，在天空中成一圆周形，用各个急降投弹的战术，与我军作空前的海空大战，于是机声炮声与灰弹声，交织成循环回响，未尝有一分钟或息也。

宁海舰虽未遭命中，但已受破片重伤，舵机舱进水，船体倾侧，余遂疾趋驾驶台，向船长报告进水情况，见驾驶台中鲜血淋漓，脑浆四溅！其时我任务在身，无暇细察，急剧间仍退回原炮位，第默念今日死伤必重，初不料我最敬爱的同学林君人骥，已于此时作壮烈牺牲矣！舰长见船体倾侧过甚，恐有沉没可能，为防万一乃下令起锚，而起锚机不灵，不得已断锚航行，且战且航时，见敌机数架应弹堕［坠］落江心，船众大为血［兴］奋，此时陈舰长正在驾驶台指挥，适逢破片飞来，腿部受重创，乃由甘副长继指挥，战斗乃极猛烈，枪炮上士某请示于余曰："开花弹将次告罄，可否留若干，备下次迎击之用，而以子母弹代之！"余应之曰："舰体已受伤过甚，此后恐再无战斗机会，为本舰先死者复仇，机会不应错过，无论开花子母，尽量还击，但求弹不虚发可也。"

于是激战一时半，敌机渐减，忽有一机向本舰急降直下，余见其目标准确，知必命中，顷刻间轰然一声，余但见狂风猛扑的一阵昏迷，便已不省人事，乃至醒来，船已搁浅八圩沟，残留一二敌机犹翱翔天空徘徊未去，此时亦不审何部受伤，但是满身血迹，两腿上军裤脚已化为乌有，因一二敌机尚在继续投弹，故伤处亦忘其痛，勉强尚能作轻步行动，其时舰上未伤人员，以余身受重伤强余先行登陆，予拒之："余盖与母舰共存亡也。"

迨后敌机全去，威宁奉令前来救援，所有受伤员兵，悉登该艇，向南京回航，余神志渐定，方觉创痛，盖掌心为弹片贯穿，两腿受伤达十余处，流血不止。次日抵南京，在本军医院，略事包扎后即随同陈舰长仍乘威宁上驶芜湖，入弋矶山美国教会医院。平海高舰长前一日腰部受伤，亦来此治疗，故已先余而在，抵院后足不能行，手指僵硬，遂施用手术，两掌内取出弹片两枚，其余腿上破片，只先就浅处取出数枚，其较深者，因流血过多，不能同时割治，如是经过三十六天，创口渐复，随即出院，重派舰队服务。后因腿上破片，作痛甚剧，曾两度回闽割治，先后在左右两腿复取出弹片三枚，现已全［痊］愈，奉令暂派在闽工作，希望在近的将来，能够在战场上，重与诸君相见。

海军总司令部编译处编：《海军抗战事迹汇编》，海军总司令部编译处 1941 年 12 月印行。

海军抗战的机密故事

梁翊周

从最近的《救亡日报》中，看见有特关的“通信网”一栏，从这一栏里，我连续读到了多样的十篇通讯：有从兵工厂来的，从寺院来的，从工厂来的，从教育界来的，从音乐界来的，从无线电台有线电台来的，从部队来的，还有从特务机关来的，可见此通信网范围之广。但是，我相信，无论他们通讯员的分布是怎样的周密，范围是怎样的宽，反映方面是怎样的多，报导的事实是怎样的深入，但对于有一个工作部门——关于这一部门的通讯，在他们确定的计划中——我想，一定不会有。

这一个部门，它们的工作，最为一般社会所不理解，但却非一般人所不欲采知。同时却也最为昨日的中国所忽视，但对于明日的中国，客观上却断然为祖国的生存所必需。（这绝不是说我们今天就并不需用，是无奈我们早已失去了昨日的准备时候？）而我，一个为周树人（鲁迅）伍光建先生们的影响所启迪的后辈，虽然至今都还深心向往于他们昔日所“改”之“行”，然自己却至今都还守着在，为周伍二老所久经离弃了的岗位上。

我曾经是海上生活多年的海军 × 长，直到抗战第一期结束之前日；而现在仍是服务于海军 ×× 部 ×× 处的一个海军军人，我的岗位是海军，我不敢写我所不知道的事，甚至是我所知道的事。但今天的报上，你们不是说起过，要尽量发掘出两年来各个岗位上一切和敌人搏斗经验？那末的我的，及我所见的海军在抗战中，如何失败地执行着它的作战任务，如何胜利地打击过它的强大敌人，我想，把可能公布的描画出一些来，纵或说不上是经验的话，也未始不是某种民族血肉的教训吧。

“中国也有海军么？”或许简直不免有人会这样问。我从一个海军军人的意识，即使听到这样的话，也决不以为忤。因为中国的海军之不成军，早已是历史的事实，就此表面的数十条破铁以观之，岂足以语中国一万二千余里海岸之防？更岂足以语“制海”。但是决不是说，海军在抗战中，就没有尽它的一点力量，反之，倒可以说，在它的基础之上所能尽的，它表现了它的最高的英勇。

我且分做两方面来说一说。首先我要说到我们歼灭敌人长江以内的海军大计划，为什么会大失败，让我来举一个例罢，请原谅我忽然用到了这被国贼所用过的字眼，其实这是极其自然的，因为我写到这里，没有法子能不想到他。我要说到第一个方面，为什么我们肯承认是大失败，这就不免和“举一个例”的国贼大有关系。当时若不是朝中有蓄心“举例”之秦桧，试问黄秋岳（濬）何由进身为行政院（中央政治会议）之秘书？更何从列席于二十六年八月十日前——特别是六日——在南京举行的最高机密会议，如果不因为黄秋岳担任着敌人的耳报，把我们最高的军事机密卖给敌人，我们对长江以内的敌舰大封锁计划，又何至败于垂成？中国海军又何止只收今天这一点战果？

当时——二十六年的八月七日，我们有几艘兵舰，是在拱卫京畿的江防，有的则是从上海江南造船厂赶修完竣驶京待命。突然我们奉到紧急命令，开达湖口集中。当时的湖口，已经集中有“江贞”“江元”“楚同”“楚泰”“楚有”“楚观”“湖鹏”“湖隼”等舰，指挥舰是“江贞”（舰长 ×××）。其后八日，九日，陆续开到的又有“中山”“永绩”和“建康”，而唯一口径最大的炮舰——“逸仙”也已经开到。“逸仙”到后，指挥更改属于“逸仙”（舰长 ×××）。“逸仙”的炮口径是六英寸，射程可达二万码以上，其他各舰，则大部为四寸七，此时的江上，真可说是战云密集了。在月黑风高之夜，我们的炮手，都通通紧张地各站在他们的炮位上。自七号起，集中在湖口的海军，全体将士的心情，是不必我来描绘的。他们没有第二个心思，他们所有的，只是孤臣孽子般，在极度紧张中，等待着后命来给敌人以打击。因为这不但可一吐中华民族几十年来的沉仇积怨，正也是中国海军几十年来难得的报仇雪耻机会。我们谁都是这样想着，最多十天半个月，我们便一定可以奉到歼敌的命令了。这次的部署，是这样的机密，又这样的迅速。

谁知道在九日的夜间，即十日的黎明前，敌方所有停泊在长江上游的兵舰——包括近万吨的旗舰“八重山”，满载着仓皇而遁的汉口侨民，便驶过了湖口我们的警戒线，而所有长江以内的敌舰，总数大约近二十艘，都在八·二，江阴方面封锁之前完全驶出了长江，全都逃脱了他们最大破灭的悲运。读者当然不免要问：“湖口的江面不正是有着舰队吗？你们何以会让它通过的呢？”是的！但是我们在湖口的舰队，虽然是已经奉到集中之命，在湖口江面警备，但因为那是八·一三之前，距日寇在江南发动隔着四五日，自然还没有奉到向敌人开火邀击敌方军舰的命令，而且谁也不会料到，我方如此机密的决定，敌人会迅速得知。所以在九日之夜，我们舰上的官兵，即突然发现了上游居然有敌舰开来，而且是全部熄灯灭火，放倒栏杆——这就说明他们是已经有了作战的准备的，迅速地向下游开驶，就感觉到出乎意外了。然而，我们没有奉命，我们当然不能自由攻击。我们只有惊异，惊异于敌舰的行动，何以如是之速，难道已经知道了我们要封锁长江了么？这不能不说是极其奇怪的事。在我们——海军舰队里尚没有了然于自己的任务之时，而他们却已经行动——偷出了长江，而且他们已经是确然作了作战的准备的。当然，凡在我们驻泊之区，见有外舰驶行，是例有报告的。我们不晓得当时南京的海军最高当局接到湖口的报告时，其惊异为何如！而最高统帅部得到我们海军当局转呈上去的报告时，其惊异又为何如！大概也许还是因为湖口这个报告，才发觉机密的泄露，才开始侦查黄濬的嫌疑的。

我们最后知道，汉口敌侨的撤退，是极其仓皇极其狼狈的。据讯，有一个居留民的大宴会上，领事馆官员和海军的军官们突然在欢饮中临时退席，即刻就决定了撤退留汉全体侨民的。这大约就是黄濬的报告，由南京的日领馆转到了汉口了！这能说不是我们的大失败么！这能说不是我们民族血肉的教训么？

第二个方面，我要说到一点我们的成功了。如大家所知道，我国海军是久不成军的。所以我们的最高统帅蒋委员长，当国民政府在南京奠都之后，一方面因海军有协助完成北伐，瓦解北洋政府的大功，另方面，委员长以其高瞻远瞩的眼光，明了我国水上国防之不可废，便定下了一个十年建设六十万吨（相当于当时的假想敌国——日本——之海军实际总吨数的三分之一强，并相当于日本可能开来中国领海作战之海军力的全部）海军的大计，到日本武力侵略我们战事的爆发，时间是十年了。但十年间，卒因许多复杂的人事关系，没有能够实现。今天我们有机会来讲这两年中的海军抗战故事，当然决不是在这里来夸耀总吨数不足五万的“几十条破铁”的什么威力，而是说在贫弱的设备和落后的技术上，我们总算未负国家付托之重责，别动地在若干方面发挥了一些海军军人的报国精神。

头一件，我们不妨接下去讲江阴封锁。当中枢觉察到歼灭长江敌舰机密泄露后，封锁之计划便成更不能不加紧进行的工作了。否则，我们的首都南京，就可能立即受到敌方的海军攻击，所及他们的反封锁。在敌舰逃出长江之后的当日下午三点钟，海军部的当局，当即接得最高统帅的电话命令，命立即开赴江阴，施行江面紧急封锁，要在最迅速的时间内将工事完成，避免敌人派舰骚扰。海军部的陈部长奉命后，当即率舰亲往执行。全部封锁工程，是在从奉到命令之时起的二十四小时之内完成的，总计当时击沉下去的船，有“威胜”“德胜”“大同”“自强”“通济”“武胜”“宿字”“辰字”等，外加商船，一共是二十二艘（其后加上，又凿沉八艘）。每一艘都装满石子，沉没于江底。这工程，显然是以突击的精神从事的，一夜一日间，将深度一百英尺左右的封锁工事顺利地完成了，完成的时间是“八・一三”的前一日，十一号下午三点钟。这封锁虽然没有能够收到预期的战果，但在战略的意味上，究仍然是有力地防御了封锁线外来的敌方海上攻击，同时它确也有效地延长了首都保卫的时间。而且在敌方已经知道了我们的封锁计划以后来封锁，也争取到了必须争取的工作时间。

后来，在这江阴封锁线前，便展开了在世界史上无其前例的四十天海空对战。许多特许观战的友邦武官，从江阴之役，也获得了不少我们海陆将士以血肉换来的经验了，这四十天中的许多英勇事迹和特殊战例，当然不是这篇短文所能写，当然也不是我一个人的力量所能写。只说“宁海”一舰止［上］，二十七年九月二十三日那一天，上士炮手陈永相，因为发炮太多，自己的眼睛瞎了，还不肯退出炮位，二等兵叶民南，在“宁海”中弹后，一面救着火，还一面去开炮，这是我永远不能忘记的事。

还有关于巫山的炮战，在江阴要塞临到危急之前的数日，二十七年的十一月底，江阴及巫山的电讯联络已经因故障不通，而巫山是一个突出的部份［分］，且孤立于封锁线之外，在战略上亟应撤退，但是急切间已没有办法，而恰逢两艘敌舰驱逐舰已经驶来攻击，当时情形是与我是十分不利的，不仅因为守地的地形，而且山上的炮，亦是临时由舰上撤来，匆促间炮位的布置也未能十分妥善，但是大敌既已当前，只有奋勇应战。据我所知道，我方的第四炮即已正确地命中了敌舰之一，立即发生漏水的现象，当时敌方的两舰便集中火力，并向巫山攻击；我们的战士马上机动地藏入了掩蔽部，置敌方这时的攻击于不理，他们发射了两百炮以后，看看我们这边是完全沉默了，以为一定是连人带炮都完了，于是大胆驶近，企图登陆。这一霎时，不客气，完全沉默了的巫山却再度发出了它惊人的怒吼，我们以十分有效的射击，在这一役中完全葬送了来犯的敌驱逐舰二艘，眼见是他们在烈焰中陈尸于江上；而我们的将士，在歼敌后却安然退出了。

这所说的，都不是我们最大的战果：我们所取最大的战果，在对付优势的敌方海军来说，实在是收在去留攻击的方面。我们且不用自己的统计，这里根据英国海军武官二十七年七月的记载，敌舰被我击沉的，计有：扫雷舰 NO.2，运输舰某号，鱼雷舰 KARI，扫雷艇 KAMON1，炮艇 SAGA，鱼雷舰 SAGI，驱逐舰 FUMITANI 等，都是触雷沈［沉］没。其余被我水雷炸伤一部未全沉没而拖沪修理的，还有一百多艘。此外根据同人来源的资料，敌攻武汉时，在葛店沉没一艘，在九江武穴间之新州沉没一艘，在白螺矶沉没一艘，这些战果，即敌人向来虚伪的廉价报道中，也自认说：二十七年份触雷舰艇总数，为十八艘。我们除开去年二十八年份敌方更大的海军损失不计，拿我们造雷费的总值，如果和上述敌舰的损失来比较一下，已经是一与二十之比了。在消耗敌人的意义上，倒［到］底谁是“够本”的呢？这虽说不上是我们海军的成功，但这却实在是给我们海军在抗战中建军的一个有力的路向指示——用本少利大的办法来制胜却敌。

其他关于还没有成为过去的事，恕我不能够说。总之在进入二期抗战的今天，我们在川江、西江，在洞庭，在鄱阳，在辽阔的闽浙沿海，在所有的港口，都有我们的工作在！我们要给敌人以一个更大的打击，保障我们民族的生存！同时我们也要社会给我们以声援、以督责、以注意、以指示，使海军也能在正确的路向下积极地顺利地建军消灭敌人，驱逐敌人出我们的领海！

海军总司令部编译处编：《海军抗战事迹汇编》，海军总司令部编译处 1941 年 12 月印行。

摘下来的日记——在平海军舰参加江阴抗战的片段

刘　馥

在一年前的今日，有一队飘扬着青天白日的舰队，巍然的在江阴把守着长江的咽喉。

二千那炸不退的战士，死守着江防的最前线。

我们“海军抗日前锋队”！是海军领袖陈部长，所训练的是最精锐海军战士，和他一手建设的舰队，由最英勇的陈季良司令所统率的。

国家所付托的一件最艰难、重大的工作“去守江阴口子”！

四十年来中国海军第一次在怒吼了！

在那一次我们随了司令，和日本的航空队拼头颅、洒热血，支持了一月多最猛烈的攻击，并且在九月廿三日以我方极小的舰队在八十余架敌机狙击下，作了有史以来最大的“海空之战”。

十三门小小的高射炮和炮后的为中华民族争气的决死斗士，与布满天空的敌机殊死的奋斗，表现了不屈不挠的军人魂，更粉碎了敌人妄想屈膝中国的野心。

这是当时一个炮后人员载在他日记里的一个片段，是他所窥看的一个角落一个指挥官竭尽心力于他所负责的炮只看见了这些。

有许多比这里所写的，更伟大悲壮的事实，有无数比这里更勇敢的斗士，他不得看见，却只记下他自己所看见的这些。

请致敬，请默念！当时奋战而死的勇士，他们为了国家，为了海军而光荣地牺牲了，我们要继起先烈的精神向敌人去拼命，去挽救在危亡中的国家！

当时的情况太伟大了，我的日记实不足以表现之，但当时我非常细心琐碎地把他记下，因为我的目的，就是留给自己凭吊的一个详细记录，现在展露在读者之时，是非常惭愧的！这摘下的三日的纪事，是作者认为可以代表江阴抗战期中最重要的三日，可是以前说过，这不过是“自己所看到的一个角落”，并不是概括性的，因有或许在这以外，更有无数可值得凭吊的故事！我希望多看到些。

八月二十二日

是十五点。

我正在枪炮办公室检取“八生高射炮弹道图”，室中俏［悄］静极了，只闻得几个瞭望兵在甲板上踱步的声音，像这般静寂的下午，确是我设计一张“引信弧线图”的最好的时间了。

我把柜里属于H的一匣的打开了盖，刚把一张棕色的透明纸抽出了一半，嗯！不对！舱面上跑起一遍声！急剧而又纷沓的脚步声！显然是表示有事故发生了。

“警报！”我暗地自忖，一面顺手把图抽出，仍然关了匣盖，把他推入柜里，“呜——呜，呜”，我们的汽笛突的放出他悲壮的吼声，我冲出房门，一直向炮位赶去。

我的部位是平海旗舰高耸的后望台，从那里我管制着那一门“第三高射炮”和四挺威力最猛的高射机关枪，那里有各种的测远镜、搜索镜、探视镜，是舰后部的心脏，是攻击敌人的大本营。

亮晶晶的枪管，灿烂的挺起在日光中，他怒瞧着天空傲然的要寻求喷泄的机会，可是他们的射击手比他们更急的装上饱满的弹仓，为他们挂起精致的瞄准器，他们急于要把几百发锁在钢链里的子弹，找一个钻入敌人心脏的机会，所有的船员奔跑着搬运炮弹，在那测远镜塔傍［旁］的两尊搜索镜分向四面探索敌踪，紧张的情绪传遍了全舰。

我发出“备战”的命令！台下的炮兵雄壮的几声呼应，我第三炮洁亮的炮口，渐渐的摇起，高傲的仰在秋阳下反射着闪烁的光辉，炮下站的是六个劲壮的炮兵，他们都已准备完成，只向碧蓝的天际翘首瞭望，精神抖擞的只等着一声“开放”的命令，就可“隆”的放出大炮。

这印象因为今日的成功，委实在我脑中印下极深刻的印象，我们再也梦想不到再过些时候，我们会完成那样一件的杰作，我立在后望台上，默看那主力炮塔粗大的黑影映在明爽的甲板上，那笔直整齐一条条的甲板线，网着那一具高耸魔王似的高射炮影，宛若一幅美术的黑白摄影杰作，呵！我们现在是在这种明亮美丽的境界中幻想，谁知不久以后我们是弥漫在朦胧的炮烟，向着长空吼啸着战之歌了！

等了好久，仍未发现敌踪，我就坐下把携来的“弹道图”展开，要乘这时候研究一些问题。

“敌机发现！敌机发现！敌机发现！”连接三声急促的呼声尖锐的撕破了澄静的空气，我骤然如被一声暴雷所震，本能的跃起。

“方位左舷一二零——视角三四十度——敌机向我飞进”，瞭望兵尖利的在一声声的报告，我紧急的发出“第三炮预备发射！”“炮便！”第一炮兵立刻紧接着命令应声回报。

奔到搜索镜傍［旁］，我从瞭望兵手里接过观测镜，按照方向看过去，果真的六架编队的双翼机，由黄山顶上对我们急进，由镜中的情况，我默默的在估量射击的修正量。

“目标敌人的领队机！偏差 ×× 上，左右零，高度 × 千 ×！”决然的我发出估空的射击量。

“引信 ××！”铛！达！炮闩跃起把后膛闭锁，一颗满心想杀敌的炮弹已送入炮膛，我等不及下面吹“开放”号，就独断的发出“开放！”的命令！

下面寂静无声，射手在瞄准目标，可是这发射前一秒钟，紧张和内心砰动的印象是无可描写的，我心急的只等着！

“目标对正——放！”炮兵第一所呼声音的漾荡未及止，我们眼前闪起一阵红光在“砰轰轰”声中，炮身兀的向后一退，膛内的子弹以每秒六百八十公尺的高速，转出了来复线的束缚迎击敌人了。

“引信 ××”达，便！放！“引信 ××”达，便！放！

镜里显的是一圈明澈的天空，和一队嵌在分划线上的魔机，我把镜子摹一摹，使镜心的十点对正了领队的一架，就这样也跟定了他不放。倏的，在领队敌机的下方——第一发弹着——恰进裂在镜里 10 分划线稍下，展开小小一朵的白云花。

我立刻便呼“过上十！放！”下面的掌尺手同样的也从着回报。

“砰轰——砰轰——砰轰”“嗡——嗡——嗡”，炮声和轰动着的机声合奏着“海空之门”。

我偶尔离镜向下一瞥，隐约的见到朦胧在白烟下，一双闪亮的铜壳向后一跃，两条粗膀子向前一扣，就在这“达”的一声中，炮又刹的后拥，新装进去的铜壳子又夹在一团白烟中掷了出来。

弹着果然近目标，敌机被一朵白烟一遮又幸运的冲出了，我不免有些失望，但老天！我真不敢相信是打中了他——机身上霎然闪着一点火光——我也真狐疑这是回什么事，因为从来从未看见过飞机被打中的情形，更想不到就是自己这一着，就会干下一只敌机？可是眼还未及瞧一瞧，机身已明明白白的迸炸开，机身上面爆起一朵新炸的白烟，是次一发的爆裂烟，我慌的由座子上立起，用力的扬手的大叫“命中了！呵打着了，打下来啦！”“打下来！”这一叫鼓尽了我所有的力气，把许多人叫得如梦初醒，狐疑不信的仰着头竭尽他们的目力要想去发见［现］一些东西，但事实究竟放在眼前！

片给的东西已由机尾炸得四散纷飞。通体像火球般的被火焰绕着狂焚，他拖着一缕的黑烟盘转的自向下坠，初秋的晴空他挂着一幅悼丧的黑纱了。

“哈！中华民国万岁！”猛的被想起这一句，我便激越的狂呼。

“中华民国万岁！万岁！万万岁！”万岁声如春雷般的由四面八方爆发，每个人都在狂欢，反复地叫着这“万岁！”的呼声，我再也想不到这是真的事实？

又鼓起了一阵掌声，是机舱里的人冲上来看热闹，可是这时只有一缕浓黑的烟，袅袅的悬在天空，敌机早已轰的一声坠落在山的背面。

谁能预料到我们的愤怒能如愿的化成狂焚敌机的火焰？谁会想到我们会代那死于炸弹下的千百同胞吐一口怨气？更谁会想到是我们开了海军第一次击敌的纪录？

这光荣的一击，不但擂碎那凶残的铁鸟，也使“平海”三百几十个胸膺里充满了坚决的自信，使三百几十只口里发出了为“祖国祝捷”的万岁声。

镇住沸腾的心，我又用镜子看过去，敌机的附近满布着破裂浓烟，在我们猛力狙击之下，可怜的敌机经了这一击，已震碎了他们行凶的胆量，几架飞机争先恐后，急不择路的以高速力东逃西散。其中一架似亦受伤，慌慌张张的在破裂烟中困难的飞行，竟幸运的被他穿过一团团的弹云，偕着另二架友伴不要命的向东突去，其余的二架呢，老早溜得老远了，所谓“堂堂的帝国航空队”？原是这般的面目啊！

“嗡嗡——”“呜汪——”倏然这奇怪的机声尖锐刺入耳鼓，六架敌机由白云中倏然潜溜下来，几乎全队以最高的速率垂直冲下。

我本能地向第四高射机关枪扑过去，一手推开射手，一手抢过枪柄，凝定了神，在霎那一秒时间紧紧的瞄定了敌人。

这是一生再忘不了的景象了，静静的碧空，衬着几道椭圆的瞄准环，一颗滴圆的黑钢珠，被置在环心，又凑在六架疾冲飞机之前。

“机关枪发射！”一面我关照了其余的枪手，气一沉，心一横，轻微微的我手指一钩［勾］，一线火流奔驰上去，把心里的焦急带走了一半，我吐松一口气的跟着曳光痕摹正了枪，咬紧了牙关，把食指紧逼住机子，一口气去了他半盒子弹，只看见曳光弹簇簇的在敌机的前后左右穿梭，一颗颗窜动的繁星尽把他的目标紧紧匝住，继而我们几挺枪跟着我的声音，也扫上了他们的子弹，在那一刹那三条奔腾的火线，齐在蔚蓝的天空搅动着，扫荡着织成密密一层火网，对于我的射手们，活动而又真实的敌机，比起平常训练时瞄我为他们所制的铁片飞机或是绘图的飞机，更确实而又逼真得多少，而子弹由他们亲手放出，比起模拟的空中叫几声要真实得多了。

在密盛火力的包缠下，敌人恐已感觉到机枪的可畏，机头在火线的交流中忙的向上一吊，好几颗小黑点撒了下来，“炸弹！炸弹！”

大概他们心里想：未死于支那射手狙击中已是万幸，还深深求什么准确哩！索兴［性］送光了完事。

瞿——丝——瞿丝——轰！轰！轰！右舷倏的奔腾起六七股水柱，搅着浓厚的黑烟，翻激着暗灰的泡沫，尽向上冲，冲到了尽端便如雪山般的奔塌，随后又接了几弹几股密接的水柱在江面搅起一座“水帘山”，待消散只余一片薄霭朦胧在江面上。

在这时我的发射暂止，因为一盒子弹被我放完，我又装上另一盒。

“嗡汪——”，失敬得很，我实在未想到末尾一机是这样富于“日本武士道”精神的，他单独的撇开队，向我们蛮悍的直冲。

“故障！故障！”

机枪兵官本华原是向他射击，忽然间枪发生了“故障”，他的射击中断，他看见敌机仍不住的冲下，急促间只得呼“故障”向我求援助。

我猛觉另一种机枪的声音“戛哒哒——”啸过耳边，回身一望，老大的一架已降到这样低，霎的我掉过枪头一瞄“格格——”猛的一阵急袭，“哒哒哒——”由飞机头上也吐出长长的一条火舌，他的机弹也向我们急骤的扫射，但我毫不顾他，惟一答复的方法，便是还击，所以我尽力以高速的发射支架着他的攻击，还要教训他使他知道这一挺有稳定架十而且每分钟放一千发的著名麦德森机关枪和伏在瞄准环下的一双老于放枪的眼睛，比他那安在颤抖机枪上的机枪要强悍得多多。

我一身的精神，已全贯注在扫起这挺火柱子，去兜他的飞机，一霎那间他的周围丛射着我的曳光弹（比起前几月打轻气球时，还似乎容易些），酷似一架玩具的飞机，孤悬在金丝网内。

在激烈的争持中，官本华的枪又“彪”了上去，到这时全舰所处的危境，几被解救了。靠得住敌机吃了几处亏，他猝然的来个峻峭的急转，由交叉的火线中挣脱出去，从他这猝然的斜升腾，机内的人头和翼下的炸弹都清楚的显露，“咳！没丢弹，倒怪哩”我们倒提防他下这凶很［狠］的一着，而怎地他竟连这一着都没施展，否则对于我们也是很讨厌的。所以因此有人说他机里的轰炸手被我们打死了，我虽不敢十分确定这事，但深信这是极其可能的，比起他们所说的“今天有天后庇佑，他炸弹丢不下”，总要有意识得多。今天的作战便是这般了结，我等敌机嗡嗡的声都听不见了以后，躺下身在地下舒舒我周身的紧张和疲劳，眼一闭，恍若机枪声仍在耳边，即飞机的击落声、炮声、炸弹声一齐涌入思潮，我便猛然爬起来，极力要屏绝这一切的思潮，底下的人看见我站起了，许多的人都向我扬手，带了些昏惘和高兴爬下望台，迎着每一个笑脸，我愉快地跑向船尾。

舰长、副长、总大副都望着微笑，我跑过去大声的报告:“第三炮击落飞机一架”，他们微微的点头，仍在笑！站在舰尾的司令吩咐下面拍发这一通告捷的电报。

整个舰喧着、闹着庆祝。这伟大的胜利，我仍如做梦的沿路走，沿路哼起在这时最得意的一段：

“你听林中小鸟，在我们这边真是唱得好；你的祖国，你的祖国，你的祖国真是好；你的祖国，你的祖国，你的祖国真是好！”

我请求去寻觅被击落的飞机，司令因为防地的问题，怕我们发生意外的纠纷，所以不准去。

炮台上打过旗来报告这消息，并且庆贺这微妙的一击。

飞机的残骸落在江阴电雷学校，碎散成一堆废铁，这是一架九四型的轻轰炸机，机内约三个敌人，一个不留的被烧成焦炭，佝曲焦枯已不成形，可怜他们的尸骸，不值一文的远曝在异国的烈日下，再无重归“樱岛”的日子了，是我们结束了他们的生命！我们为了责任，为了他屠杀江阴的同胞，为了保卫我们的同胞而把这三个凶残的屠手消灭，但同样的基于人类的同情心，我极其悲怜他们，更因以前看过一篇报载的“敏子写给斧田”的信，写得那般幽怨缠绵，使我想到另几个“敏子式”的幸福被破坏了，另几处甜蜜的家庭被摧毁了，想起他们老父母、妻儿以及亲人们悲痛的情境，不竟为之凄然，尤有抱憾的，便是无法知道他们家庭的住址，因为人机都成焦炭，又如何能写封信去安慰他们的亲人哩？

可怜你们的亲人啊——我只写在这里谨示歉意了！

夜深了！异国的人们，不知已悉这凶惨的消息未？

深夜于学生舱

九月二十二日

晨餐未进竟，便为警报声逐上炮位，急促间从了霖的劝告，从他那里取了几块饼干储在袋里，原想腹饥时暂充食粮的，于今——至爱的霖弟已为祖国战死，知己的衢也壮烈牺牲，眼睁睁对这块渍血的饼干，霖弟的影子恍惚涌入眼前，流泪罢！壮士泪重于血，忍痛吗！悲惨在刺激我的泪泉，唉！

霖、衢以及战死的各战友，我是怎样的忍受这钻心的悲痛哟！泪珠滴在纸上，滴在渍了你圣血的饼干上，和你的血溶成一片，我的心似乎要触到你的心！

我把你所赐给的圣血，你赐给的那块含着无穷关切、友爱的食粮，润着我悲悼之泪，咽下去！使你永远地保存在我的心灵——使我决心为你报仇，你如有灵，请指示我那个敌人，让我把他击得粉身碎骨，以慰你的英灵，人说事过如梦境，确实今朝的事如梦般的飞驰过去，偶一深思战死的英灵，不由的涌入思潮，依稀一步步的走向我。

勇与血的故事，生与死的关头，这是日记吗？

飞机未来以前满江疾驰着许多在演习的快艇，他们鼓勇的破浪冲进，如果是这样的攻击日舰，那是如何的兴奋。

不一时，紧急警报，一江的船都驶去，静寂的江面，只除［余］有我们守卫江阴的舰队，只剩下海军的战士守卫着江阴之空。

敌人的攻击，全是有计划的，以我们平海旗舰作主要的目标。

九点左右，我们发现四十几架一大集团的敌机，由上游向我们疾进，我知道非是激烈奋斗不能挽救的了。

把着搜索镜看见上下分为两层的集团，已编成投弹的队形，对我们迎面冲来，一声命令，我的炮送上五响都炸在敌左翼分队的附近，那小队便立刻向侧方回航，但其余的敌机愈发近了，从镜看上去在阳光下一闪一架一闪一架比翼接翅的排空而来，三架一队、六架一列大规模的涌过来，这时候决不是精细发射的时候，非用弹幕射击去阻止不可。

“偏差 ×× 用自动装置，快放！”砰轰，砰轰，砰轰，炮风拂过我面颊，我那尊无锋不辟［劈］的“啼丧炮”笼在雾霭里，怒愤着攻击的火焰，子弹由一个手换到另一个手，强壮的臂膀在甩前又甩后，烟中的人们闪动着，忙碌着，一响复一响的把炮打出去。

我们的心只全注意右炮上面，一响一响的轰上处，天上就碰炸着一朵朵连续的白花，联成遮拦飞机的一条帘，渐渐的弹云愈增愈多，愈战愈密，看着他们先头的机队挣出了一群弹云，又冲入另一群弹云，恐惶的，在其中梭巡回转寻求生路，后面的大队，为避免炮火的袭击起见，就分成多队，由四面八方的钻进来。他们冲到那里，弹幕便追到那里，密密的遮在前面。

四面的瞭望兵，不住的，甚至几个同时的报着“×× 方面敌机冲近了”，我便令炮倏的转过去“砰轰！砰轰！”射击，因此自己有时不得不放弃将猎中的目标，只求救这舰了，敌机纷至沓来，已使我不得不离开观测镜，竭尽我的目力向四方梭巡。

命令的下达，不知是若干起，疯了的炮的东啊！西啊，不停的转，无休止的瞄放，转，瞄放——构成保卫的弹幕，我恨不能化了几百个分身，更恨我的炮没有几百条管子，一个个对他们瞄射，一管管对他们轰击，像八月二十二日一般的打下他几架。

威胁，惶急，应付的困难，一齐无情的锤钻我，保卫的重担承在我肩，我的右手标示向天际的仇敌的左手举起拳头在狂舞，我的一脚在地下顿，催促着发射，加强他们的胆量。

这台上高高站的是我，激声呼唤的是我，生存在我，破灭也在我。

我得知敌人从四面齐来攻击，我们终必有穷于应付的一时，只得去拼最大的敌人，碰到下面炮发射稍慢时，我的责骂便如冰雹般的擂下去，只在这短短的紧张的片间，我的心已焦够了。

我奔去通知第二炮，专对左方打，虽用尽力叫他们，他们仍置若罔闻，炮火不住的轰击。所有的人都疯了，聋了，我哑了的嗓音已震不动他们的耳膜，我重望回奔，敌人愈加迫近，我望着我的机枪兵，用手指指天空，四挺麦德森陡的竖上去，他们知道要肉搏了，打开保险，倚好肩托，他们注视着那一些敌人敢要冲下。

炮在遮拦洪水般的攻击，如波浪的敌人一层退下去，又一层层的又继续冲击过来。

“哒……哒哒……”一小队驱逐机由左前方倏的低翔过来扫射我们的炮兵。

“嘎……格格格格……”两条火线迸上去拦住，是麦德森机枪冲杀过去了。

“砰砰砰……”三十节机枪也跟着冲过去，弹火线从他们射向我们，又从我们射向他们，对驰……敌人的弹密密的打头上扫过，望台上被击了许多的孔。

嗡嗡……砰哒……砰轰……嘎……格格格……哒哒哒哒……砰砰砰砰……轰轰轰……一切的战声合奏了。

呒汪……呒汪……呒汪……敌人乘我们交迫间，一架一架的俯冲而下，狂旋的螺桨烁着日光对我们发狂的掩下。

“敌机下潜，机关枪开放！”所有的枪一齐转竖上去，“格格格……砰砰砰”近十挺的火力扫杀过去，自然哪！敌人不等被打着，老早便撤下弹转头飞上去了。

云端上也发现十八架极大的重轰炸机，约以八千尺左右的高度平飞着对我们轰炸，又斜叉的飞来另一队，在更低一层的高度夹叉着也向我们同施轰炸，可恨极了，这群敌人都乘我们应付不及，弹药不济的时候，不疾不徐的由舰首向我和第二炮的死角上，压迫过来，我知道第一炮穷于应付，便不顾他桅不桅，开炮轰过去，桅傍［旁］的几条 stays 眼看着在炮锋下被截断下来。

“暂停！”我这时几于恨不得把这碍事的桅拆下来，又恨这炮死在那里不能向前放，后来我又不管他又轰了上去，可是几炮以后，生怕打中了自己的 Yard arm，又只得忍痛停放，看着敌机悠然的飞过来，悠然的投弹，我们切齿咀恨对这般狂东西无法可施，如果我们能变大刀队，在那时我们各人忿激的成份［分］，一定使会［会使］我们不顾一切的冲过去，大劈大砍一阵。

嗡嗡飞机已临在头顶上，机关枪兵火起，要把机关枪开上去，我把他压制住，不许他放，因为飞机飞得太高了，徒然白费子弹。

在我的“啼丧炮”的威名下，敌人也休想由后面冲过来，我的蛮干的打法一次次打退他，急起时我用大偏差连放四五炮，在他们前面遮拦住。这种打法是屡次最收效的法子，几乎没有一次失败过。

几个机关枪兵大叫“炸弹降落了！”一看，哈！天上小黑点几十几十一小群，好多好多！就在这下落中，我看见群弹必会掷中我们。

“卧倒！”我急智的发下命令，所有我的炮兵和台上的机关枪兵立刻扑伏下去，我自己动作稍迟，刚要扑下的时候，看见前面冲上一阵红光，继以“天崩地塌”

的一声爆炸，浓黑的烟和水花一齐向舰上扑过来，这舰就像碎了的震跳，我以为舰中弹了，不管他一切，我爬起来看看究竟是怎样，刚爬起又“乒乓”几下更猛烈的爆炸，一道热风扫过面颊，三步前的测远镜的钢护管，立即陷进去几处大洞，舰身摇动使我又坐跌下去，仓卒间我不知如何又爬起，一看，舰仍是好好的，仅是左舷正退下去一座巨大的皱水，这时又有几声爆炸，可是我都无心去理会。

在这刹那，全舰的炮寂然停住，只余那打得烧红的炮管，在溶着焦漆，颤起的跟［根］跟着舰还在摇抖，我急忙对伏下地下的人疾呼“颤来打呀！”

炮兵也跟我跃起，他们知道危险已过，以后无数的危险只靠着炮的奋斗，第一炮兵窜到描镜后，把着轮子转几转，手一扣原在膛里的一颗炮弹，“砰轰……”一声打下去了，第三炮兵（装弹手）连滚带爬的抱着他的炮弹，跪在地上就把它塞进膛去。

在巨炸后显得十分的沉寂，只有我这几响疏疏的炮声，我知道不妙，一个机关枪兵跑过来掣住我的后衣报告说：“第二炮完了！”

可是敌人又想飞回来投弹，有几队已在转头，我问炮兵：“储备柜里的弹药，还余多少？”下面叫上来：“只有 × 颗了。”我急疯了连叫：“去搬呵！快些去呵！”下面几个声音又叫上来：“到了呀！炮弹到了呀！请放心！不要急了！”好几个运弹兵连续的都掏下炮弹跑到我们这炮：“为什么没有送到别炮去的哩？”这一时全舰好似就是这一个炮位生动着，有工作着，跑动着的活人，转动着正准备射发的炮，和紧张凑急的人声，和这里比起来，其余的地方，更显得寂寞无声。

我看见敌人的大队又在回头，单凭这一炮的搏斗是决不行的，我乘机走到后望台的前部向下面一看，软软的倒在围栏上的不是昌衢吗？“他完了”，我自己告诉自己。

地下一滩的血泊中横七竖八的，辗转反复卧着几个血人，英勇的汪炮手还无恙，那是第二炮兵换上去作了第一不是？

受着极重伤，半个臂部炸飞了的周绍发，双手悬在找准器转柄上，向老汪哀号说：“我完了！痛极了！”老汪无情的对他说：“再等一等，等补充的到了再说。”他痛得身子一弯，转了眼一翻一下子正瞧到我，好似看见了什么奇异东西的，尽盯了我不放，惊奇的神情像在说：“你还活着？”我惨痛极了，无言可说，只以手指着他的瞄准器，意思说：“职务！责任！”他也明白了我的心语，挣扎着移过眼线到溅满了血肉的瞄准盘上。

我再回到自己的炮位去，他们因我离去了，都显得迟疑、不安和惊诧的神性，又似在等待我，直至我重现到他们的前面时，他们方始不约而同的振了精神埋头于他们的镜里、盘里，和门上的工作去。

两队敌机有一队被打回头，可是另一队愈冲愈近，我对这单狂的一队毫不在乎，修正了命令，炮加紧轰了几发，他们的航向方向左斜，爆云一朵朵都遗落在他们的右方，我立即换个偏差，又开上两炮去，打不中，多落在他们的后下方，可是他们也跑走了！

下面一堆人拥上来，由前面争着向这一边跑来，我疑是什么地方起了火，有人上来救火，我转过去看见这堆人都向第二炮，一面跑，一面望，我惊奇的凭着栏板看第二炮发生了什么事？

周绍发痛得弯下身去，像在要呕吐，可怜，这忠勇的战友的手，仍握在转把上不放，他受不住炮的震动，这使他糜烂的伤口更痛，可是他们仍坚守着岗位，要使炮再放，炮一震他的手便在炮盾上一撑，生怕那不可收拾的伤口再撞到那防盾的钢板上去。

补充兵先把衢抬了去，他们攀上血梯，踏过战友的躯体，眼睛睁得直直的向炮位抢过去。

周绍安发一声惨呼倒下去了，半个身体横在脚蹬上，另一个兵一把一拖，拉了便去，那地下被他的血扫成一条血路，他的职守是由别人去作了，他永远别再想回到这里来了。

头被扰昏了，又是一队冲过来，我们的人都已战疲，炮只在弛缓的攻击，我竭尽仅有的力量，继续的嘶着：“右舷！目标，用 × × 高度，偏差 × ×，瞄放三发！”“过上二十！”“砰轰——砰轰”在焦急的心中愈发感到炮发射太疲慢了。

“杀呀！和日本鬼子拼命啦！打！快放！”我把最后一口勇气鼓出，血都要吐出了。

炮兵听了，斗的兴奋起来，他们齐叫一声“拍打！”也拼起命来干，这时，“达轰！达轰！达轰！”炮口的火方连着不住闪亮。

一架敌机躲进云里去，继而全部全都钻进去，我急得无法，再得下令：“炮向云头快放，挡住他！”

一架敌机冲出云，两架，三架……我们炮都错挡在另一点去。

一架俯冲下来，后面又斜着翼冲着一架，再一架，“迎上去机关枪！”只有两挺枪打上去，其余的打出了毛病——小小的一冲，敌人的机身看过去还不过是黑蛾子那般大小，他们便不再下冲，安全的在机枪不能及的高空，打个转弯而去，弹是撒下来，一共十来颗，“轰”的在舰尾爆发，我们的战友都已预先卧倒了。

怎的舰尾的人哩？剪形镜倒塌在地上，三十节机枪炸翻过来，枪旁横着两个人。

机关枪兵中本无郑礼湘的，他平时是在汽艇拿舵的，那个运动和篮球都很好的大个子中士，平时我每一次下汽艇，拿舵的都碰他当值，不是常常他和我说：“拿舵的功夫，全在平时慢慢的练好的！”那个家伙，我真可惜他，他的死，据人说，是在这次炸时，那个张炮手因为机关枪坏了，不敢离开职守，回避一下，尽在修理枪机，被丢在舰舷附近水里的炸弹炸倒了，遍身是伤，郑礼湘望到情形，奋勇的冲过去想放枪，还不知机关枪已坏了，才跑不了几步路，斗的几个炸弹又在舰舷附近爆发，他翻一个滚身整个腿肚给炸弹片削去了，但他这蛮子，虽去了腿，仍想爬到枪那里去，哒哒……敌机扫下来的机关枪恰又打穿了他的胸膛，在他手刚摸到枪柄的霎那，他才感到痛苦，撒开握枪的手，仰天倒翻过去，他睁目对着天际，若含有无限的恨意和仇恨，想看打死他的敌人是谁。

由这些痛苦的记忆里，我回想我们在这些战斗中，次次都是处在敌人的包围攻击之下，他们占了数量上的优势，对于他们的攻击精神，我早就看透了，他们极少冲进我们炮火的有效射程，或是我们机关枪的狙击圈内，更瞄准些投弹或是向我们扫射，只凭着四面八方同时进攻的威势和数量，使我们的炮火不及应付，尤其苦的，便是当敌人来自我们射击的死角时，我这炮全无一些办法。

他们虽丢下了几百枚炸弹，但我们毕竟争口气未为他们直接命中，他们用狠毒的方法，每一次撒下大数量的炸弹群，以全队掷弹所散布的大面积来掩盖我们，因我们的防护不良，所以几十个忠勇的战友，为炸弹片惨酷的杀伤了，但这竟不能达到日本鬼子理想中的目的“消灭我平海军舰”。

虽则我们防空的火力过于薄弱，但我们凭着这“拼命死干”的精神永远的保护着我们的舰，三门的炮，竭尽所有的力量和四十几架敌机对仗是毫无愧色的。

身为指挥官的汉霖和昌衢，他们为了职守，为了奋战而殉职阵亡了，几十个忠勇的炮兵，亦在他们的炮位上壮烈的牺牲了生命，平海的三门炮，和十艇机关枪，第一次展开这种伟大的奋斗，和壮烈的牺牲的一页于抗日的海军史上，他们对得住他们的舰，对得住在悲悼他们的中华民国！

这是海军第一页最光荣的历史！是用他们的血写成的，是用平海三门高射炮叫换出来的。

我增加了先死的战友们所遗下的责任，“去复仇！去奋斗！”要坚苦的负担着，要于明天、后天，终有一天，为他们达到愿望！

鬼子们所用的战术，狡猾、奸诈至于极点，他们常以一二队伪作攻击，以分化我们的炮火和注意力，同时乘我们射击当中，满载炸弹的几队主力，悄悄的乘隙冲过来猛施轰炸，而在这时间内伪装的一队也乘机逃脱，所以在第二次受愚后，我便分派几个人对假装轰炸队严密的跟踪，监视真的敌人，一俟被发觉了，这门炮便猛烈的攻上去，甚至始终不停的追着，作战达两小时以后，敌机才舍开我们远扬，这时辉耀的天空上已散布着无数的白点，我们的炮管打得赤热了，每一个人也疲绝的躺在地下喘息。

仰天躺在后望台上，躺在一堆机关枪弹壳上，以弹箱为枕头，我四肢发软，口里干渴得焦，心在跳动，想说话，失声的哑喉，一句也挣不出。

我十分疑惑霖怎样了，不敢再休息，便困苦的爬下高巍巍的后望台，跃到第一炮位去，我几乎要叫出来！看见炮后面一滩鲜洁的热血——可是叫不出声，我挣出声来问。

“孟先生？”他们悲肃的回答道：“他在自己帮忙炮兵装弹时受了伤。”我的心几乎冷了：“怎样？重不重？”“不重，恐是耳震破出血。”这回答使我稍安了心，这时我又鼓起作战的精力四处跑去找他。

我到学生舱一问，关得漆黑的舱房，一个躯体放在平时我们读书的长棹上。

是不是昌衢？果然是的，由层层包扎的绷带下露出的是他铁青的脸，他脑已炸坏，我也再不忍描写他惨痛的模样了。

死寂的学生舱，阴黑深邃如一处墓窟，生者与死者相对，彼此黯无一言，我原是悲惨得说不出话，他呢？已离开人世，再也不能说话。我悲惜他这振作有为的青年，为国家而死的海上战士，更和我同学八年多的深厚友谊，记得在中秋的皓月下，我们举酒对饮，今日你这样早的牺牲了，我抚着他冰冷的脸，永别了！亲爱的同学，伟大的同学。

我焦心的找下水兵舱，许多伤了和殉了职的战友都一个个放在长柜子上，我昏乱的四处找，几度几次已找过了，愿还未看见霖弟在那里，最后方看见我至爱的汉霖弟静静的卧在一个长木柜上，宛若平日午睡那般的微笑着，耳朵里果然挂下一线血痕，但他仍是那般生动。

“汉霖！汉霖！”我叫他摇他。“汉霖！”他不答应。摸过去他的胸仍有微温，我仍相信他不过是耳膜震破了，受了剧痛昏过去，我不相信他是死，因为他太不像死过去。

“汉霖！汉霖！汉霖！”我猛的摇撼他，希望他能从昏迷中醒过来答应我一声。

寂然！我心想，还是给他休息会，他自然会醒转来，我坐在他身旁心在剧跳，一刻也不能安。

“刘先生啊！刘先生啊！”惨绝人寰的呼声是谁在唤我。

××挣扎在血泊里，抽动着，翻着滚着在和苦痛搏斗，他是一个最激烈的爱国者，那般强壮的一个水兵，现在都只能挣起头来对着我叫。

我走过去，脸凑紧他，他用他的手围住我颈子，用将死的力量紧匝着我，然狂叫着要求我：“我痛呵！我将死去了，刘先生！只有你能！我要你代我报仇呀！我就要死了，你——代我报仇罢！——代我们中国的同胞报仇罢！可恨我不能跟，去打了！”我安慰他说：“不要紧，你别闹，别急，你的伤一两个礼拜就会好的。”

“你不知道！”他抽搐的用手指着腰的伤口说：“完了！”

气渐渐在喘，汗珠流满额上，他抽搐着，突然用力匝一下，手松下去，他就这样死去了，我跪下去，跪到血里，碎了的药瓶刺入我膝，我的心发了横，我希望敌再打来！我要为他们死的伤的复仇！

“喔……”警报，我爬起抢着路向炮位跑，刚跑又想回头再看汉霖。

人都在切着齿咀［诅］咒着跑，我刚想回头，一个机舱兵正向舱里去，他惊慌的对我叫：“上去吧！刘先生！快上去啊！到炮上去啊，一切只靠你们了。”

我又重复回头跑，哪！复仇的时机！我爬上炮位，暴戾的“杀”字横在我心头。敌机来了，高空，十八架一起，蜂拥的向我们进攻，“开炮！”我愤激的舞起拳头。

偏差××，高度××……

炮激烈的打上去，我的欲望和愤恨太大了，但是一炮炮打上去天空极少发见［现］爆裂烟，这使我惊诧到了极点，急向下面察询时，他们方报告说“空炸榴弹”已将放完，现在仅余有极少数，所以不得已将破甲弹渗［掺］入应用。

我只得用阻止敌人到投弹点的弹幕发射，猛轰上去，一阵炸弹雨，落在我们与宁海舰的前方，江面突涌起一座大极的“水帘”，日本飞机毕竟受不住打而提前投弹了。

“水帘”塌的褪下来，整个江阴的舰队朦胧在炮烟里，无恙的傲立在一片澄黄色波纹之上，我感动得几乎要流下泪。

再下去探看汉霖醒来未？下了舱，他仍辗然微笑的卧在那里，从来就不知如何去验人生死的我，惶急的用耳去听他的胸膛，可是纷乱极了，自己的心又跳得极厉害，我简直不知道听些什么，用手去搭脉，又找不着脉门在那里，我仍不信他是为国死去了！只是推他呼唤他。

几个围观的兵见了，不由的泪如雨下，苍军士长惨然告诉我："他一抬下来，只叹口气便过去了。"

我的心如被劈开的悲伤，昏乱急促的我不知如何是好，我翻动他身子，要找出他在那里受到与［至］命的一击，我仍不信他是过去了。

右脑侧方有一缕血流出，我想掏出手巾为他拭去，昏乱极了，怎的会掏出一块饼干，我也就用这饼干，他赐给我的礼物，轻轻的为他擦去一些血，我过度的疲劳，加上我的忧急，使我要昏倒下去，我抚着他极惨的呼唤，为什么你的命运如此的短促啊？国家正需要你，你却早为祖国牺牲？你忠诚前进的青年，勇敢无畏的民族斗士，我用尽了我的话也写不完人们对你的惋惜。

是敌人！是万恶的日本飞机！是那想灭绝我们生路的日本帝国主义！起来！为你们和民族的仇恨！我宁愿牺牲了一切！拼了命为你们复仇！

日记是血写的！

夏日深夜追记

九月二十三日

在补记廿三这一天日记的时候，我的笔异常的沉重，心虽然兴奋，但是要命的创伤的剧痛，使我断断续续的写下去，我只想快快的写好它，因为这是我们生命里多么重大的一天呵？

廿七日晨

每个舰员都深知今日敌人决不惜以大规模的空中轰炸来报复昨日的失败。

昨宵夜未成寐，彻夜被亡友的追忆所苦，当清晨刚露朝曦时，我已步上舱面，沐润清新的朝风，秋夜多露，到处都见一片清光，间有几处未洗净的血迹，比着湿水还要深刻，最令我见了感动的，便是泊在江阴的全个舰队，朦胧的仍然矗立在朝雾中，使我格外的感到深切，今日更不知会有多少烈士将要为她牺牲。

炮兵御着雨衣孑孑在炮的附近，我一走过去便被他们围拢起来，一双双静默的眼睛，都期待着听我说话。

"今天务必要先解决几个敌人才行，这是最要紧的，如果最初一着被我们占了上风，我们便不必愁以后，就是炸死，我们也当，你我一齐死在炮位上！"

"都在于你啊！先生！"忠实的射手凝视着我说道。

"我们总跟定了你，无论如何总为你尽力到底。"其余的附和说。

“这是我们一致努力的事，最要紧的，便是要耐得住一切的痛苦，今日如能耐得住痛苦，如果能不断的奋斗，就对得住祖国，和死去的战友们，日本鬼对付了我们已有一个多月，还对付不下，今日我们的舰队仍赫然的守在此地，他们今日决不惜大规模的攻击我们，要记住我们是大中华民国的丈夫，死生事小，国家的荣誉却大，我准备和你们一齐拼死命打，为我们的亡友们复仇，为我们中国保守着这平海舰，不能成功就是成仁，无论如何不许有一人退缩！”

“谁会退缩？决没有一个的。”一个炮闩手怒冲冲的质问我。

士气是可用的了！

“呜！呜！呜”汽笛忽然长鸣，“敌舰！”我一面大呼，一面排开了他们赶先奔到部位去，“快到部位去！”我回头向他们挥挥手。

“打打笛，打打笛！”壮烈的备战号，幽咽着，舱里士兵一齐从舱口奔驰出来，争向部位跑去。

我先登上后三米半测远镜台上，用它搜索敌踪，继而又赶到第一炮塔去巡视。

舰尾四尊主炮高高仰起，极端雄武的对着长江的入口，药弹输出口的机械也开动了，灿然的练带不住的循环，把黄色的穿甲弹和褐色的药包筒逐个的从容在机中流出，一个个被防焰扉外的炮兵接了出去，人与机械都在忙碌，抱了这些炮弹的炮兵们，是如何的愉快啊！快！快！另一方面在炮塔里面，周身穿了防焰衣的装弹兵，狰狞的执着送弹棍，等待着吧！机会马上就到了，瘦瘦的炮闩手，他也弯身在明亮得如镜般的炮闩后面检查发火孔，身上束紧了一皮带的如同赴狩的猎人，猎人啊！你所猎取的不是鸟兽，而是妄想冲进去的敌舰，这就是我们万恶的敌人，日本鬼子呀！电发火管，戴了耳机的传令兵，他眼中注视着号令收信器的指针口，尽向电话筒叫到——第一炮塔发令所——

一个个炮兵肃静而紧张的工作着，电动机嗡嗡然的交鸣着作战的前奏曲，炮塔跟着白针转来转去在跃跃欲动，干罢！一切都准备好了，不要让我们再等待下去吧！

炮第一第二两个射手，把手按在挪机上，一面旋转着制动轮，他们的眼睛已就在瞄准镜口，极力的在搜索敌踪，一面脚微微的踏住开关，他们的脸上，露着坚忍的表情和待战的精神，我想到我们期待已久的作战机会，一个我们生活中的大时代，就要到了。

各电路的导通线，千头万绪的由电箱通到炮上去，这一条的黑线衬托着地毯上列就的［是］一对子弹和药包，就是当时的主角，那东西，无论谁都深望能把它们送进敌舰腹里去爆炸，试想吧！当这一对漆着美丽的鹅黄，加上一道宝蓝彩带的子弹，钻进了那丑恶的钢甲，炸碎了那蓄满了野心和罪恶的敌舰时，我们将要怎样的得意，怎样的庆幸哩？

让我们打吧！让我们冲出去吧！给我们这一次机会，使我们落后的海军怒吼，使我们争一口气，我们守候得已久了，我们的愤怒再也耐不住了。

冲出去？不可能的，没有奉到命令也没有任何的使命。

现在只等候着敌人来了，任你来的是日本强大的舰队，任你有的是巨炮、飞机，我们决将不顾一切的选择“奋斗”作我们的路，虽然我们也必将走到“牺牲”的路上去，但是这有何“可憾”哩？我们虽葬送了自己，也要使敌人同归于尽，看着我们青天白日翻飞灿烂的海军旗光荣的悬在桅顶上飘扬，永远的飘扬，看见凶残的敌舰一艘艘的沉在水里，这不是满足了我一生的愿望了么？

我重登上后三米半测望镜用它去搜索敌人踪迹，渐渐的发现有一抹淡烟，微雾在水平线上，那当是敌舰所发出的吧？

“后测远镜发令所！左舷一二零度发现煤烟”，听到话管里同样回答后，猛的发现各炮已迅速的指向那点去了。

我让出测远镜给测远手，自己又换到左弹着观测镜去侦察动静，眼见发现的确是煤烟，心里不竟溢出一阵兴奋的喜意，周身的血液突如涨潮般的涌上，片刻间传遍了周身，我的两颊不觉泛出一片红光。

和我一道惯的士兵，他们总知道这是我准备作战的一种表情，这绯红的双颊也算是战争的一段佳话。

“距离二七零”，测手已用煤烟作目标动手测算。

各部份［分］亦开始了紧张的工作，但我渐渐的有些怀疑，静候好久后，只见水线上首先露出的是一枝独桅，随后一条黑色的细长烟囱又露出了水平线，这显然的在告诉必定不是敌舰，再等一会，当它全身显出一半时，我们便完全失望，因为那仅是一艘鬼模样的拖船，因此我们对于这一条拖船非常的痛恨，因为就是她打破了我们的希望的。于是敌舰的警报就解除了，炮位简单防护，也经我们加设了，昨日又运来一百发的空炸榴弹，这一排生力军真是我们所最需要的东西，自昨天作战以来，我们的空炸榴弹已将用罄，连破甲弹也参入射击了。

十一点半左右两架敌机在远远的窥探我们，现在剧战是不可避免的了。

十四点警报，十分钟后“敌机发现”，先后共来了八十余架。仅就第一批来的已在五十架以上。这时满空全遍布满着飞机，轰轰的音由四面八方响澈［彻］，这全是拿来对付我们区区三条小军舰的吗？当防空哨报出“敌机发现”的当初，我正立在后望台上面临着我最亲爱的第三炮，用目光扫过要跟我共生死的炮兵们，我无言的向他们，坚决冷峻的只发出一个“打”字，而故意不说“开放”，下面所有的炮兵听见了也齐声狂呼“打”字，我更把手用力一挥，又大叫一声：“大家乘今天去报仇雪耻。”这时士兵比喝了酒还兴奋，鼓动的效力真是大极了。

没有阳光的下午，在那灰云笼罩的天气下，山光水色黯然都显着愁容，只有我这红了漆色的炮，和一群蓬勃生动的壮士，在燃着复仇的火焰，他们抢来抢去的动作着，活跃着，在准备死战到底！

炮上的偏差盘，仍是如往常般的灿烂，喂！美丽的老友！我们不知要再合作多久了！

“死守住炮位呀！”“死守住炮位，死守到底！”我与炮兵彼此相誓，坚守到底。

四五十架的敌机分了四个方向围攻过来，铁翅遮黑了惨淡的天空，砰，砰，砰，我的两门炮得了“打”的命令，如狂般的发射起来，立刻敌机的前面开了一朵朵云花。

“偏差 × 下！”“射击要沉着！”

砰！砰！砰！士兵飞快的装弹发射，每作一个动作时就咬牙切齿的恶声咀［诅］咒敌人。

一架敌机在我们的 Pot Quarter（斜左方）被击中，便如一颗流星的坠落下来，在天空中划成一线长黑烟，那时如有摄影机摄下，当时景况那才极有价值，可惜我们正缺着这家伙。

右舷的一队已向我舰俯冲，我抢到机枪上，为我亲爱的同学报仇，我要取偿于今日啊！拍！拍拍拍，一阵迎头痛击，使敌队的头一架敌机，再也不敢倚冲，掉首便向上逃避，这时我的机枪便换向，其余的各架，拼命的打，这条枪喷出的火线，立时扫退了队头的几架，余下的多架老早已经飞开，更不敢下冲了，敌人的飞机队只要被火力驱除了为首的几架，他们整队的企图便无异被撕成粉碎，他们的投弹也多半草草的完了事。

我为自己准备了两挺机枪，由欧阳顺炮手代我装好弹药，当一挺的子弹打完后，我立即奔到另一挺去，这样互相交替的装弹和射击，除非因了故障以外，我机枪回爆的声音总是激荡在空间的。

大概一般日本飞机的攻击多是非常持重的，他们战斗的精神也很脆弱，但也例外的有一架飞机确实勇敢，某一次有一队飞机冲下想轰炸我们，头一架领队飞机的攻击精神是可惊的坚毅，任我的曳光弹在它的翼间窜来窜去，这位队长总是沉着的俯冲下来，丝毫不顾忌我的射击是如何有害，可是到冲到很低的时候，我便着急地紧扣住我的擎铁，向它不停的狂射，在那时期他便被击中数发，但不行，他还是仍然如故的投下四颗重量炸弹，并且用机枪向下狂扫，在我瞄准他的时候，我清楚的看见一排机枪从他机头喷出，带着火光的枪弹，都打我左近啸过，他打不中我，倒被我打中了它自己的飞机，使它一时支持不过，几乎冲下水里去，但勇敢的敌人终于然一声重复摇着双翼挣扎上去了，他这一次的掷弹，若不是受我扰乱，一定会命中我舰，就是当我看见这四颗炸弹一同落下时，我想这一次必会命中，例外的只觉得炸弹下落得好久，那弹顶的旋叶也好像尽在噝噝的旋转不止，那时我们的心理都期望它快快落下的好。

这四颗炸弹差不多将要掠过我舰的后桅斜刺入水，在我舰左舷二十公尺以外，起了极猛烈的爆炸，眼前一片亮光闪过，暴雷似的炸声，震倒了我自己，我耳虽塞了药棉，但是为爆声过猛，我的两耳觉得像被针插入的剧痛，刹时间神智几失，等到恢复过来以后，除二架敌机已经潜下，可恨我机枪突生故障，一时无法能攻击阻止它，可是幸而这机的驾驶手是个馁夫，只高高的投了弹在离舰几十公尺以外炸开。

当我修理好机枪以后，敌队的第三机洽［恰］好由上面冲下，供我开刀，因为那次自己格外专心的射击，所以发弹虽少，但是每次都极精确，这恐怕是一时气愤，加了屡次射击的惯性所促成的吧，这敌机不知当时是过于勇敢，或是技术过差，他直下冲到我前面二百公尺左右的低空，经我一路的射击也未避让过去，等到被击中了要害才开始拼命挣扎，想挽回它悲惨的命运，可是已迟了，突然的我见他横闪了双翼直栽到水里，大约因为一时浮船的关系，当他轰然的溅起水花时便立刻撞反了身，它的推进器还继续的旋转搅起老高的浪花。

当我击中该死的一架敌机时，在它后面那架已在我无法应付中投下炸弹，猛然我看见前方是四颗炸弹，刹那间我舰已被炸得跳起来，我被惊人的震动和霹雳的炸声掀得摔倒，后脑在地板上猛撞一下，自己不知是生是死，只觉周身的骨节要被他震得碎了，拼命的爬起来，手臂是痛得几如折断，可是一听到又是砰然的一声时，我又本能的执着枪柄了。

在极度紧张的射击中，震耳欲聋的炮声，一次次的从耳边响过，我第二炮差不多用极限射击去驱逐由舰尾来的飞机，炮口喷出的火焰灼过我的左颊，带过一阵剧风，我眼内忽闪过一片火光，然后一阵发黑，似乎迸散着无数的火花，我的腿一软几乎要昏倒，也不知是怎样的又重见［现］了，猛见第二炮炮口正当着我的前面，袅袅的流出一缕细烟，炮兵向我挥手要我让开这里，我怒哮着答道“不能！机枪是一刻不能停的”，从此我便被震伤了头脑，当飞机来袭时，我的头脑尚能清清楚楚的辨明它的距离是多少，瞄在外环还是内环，飞行的方向经不经过环心，这一切都极清楚的呈显着，我神智仍是水一般的澄明，可是当飞机远远的去后，我便感到昏眩想要仆倒。

有一次一架形式颜色都现［显］得特别的敌机，正在平平飞得离水并不多高，似乎是去攻击我们后面的宁海舰的，当我见了这良好的机会，可笑他还飞得高兴，你快快的把他瞄在外环和平线的交点试射，我一次便钩［勾］发挪机向他猛射，他猛的受了狙击，不知有未受伤便扇了扇翅，如一只水鸟般一溜，一个斜升腾去了，老实说，我那惊诧他竟能这般敏捷的避过射击，这个人一定是一个劲敌。

在上次被震倒的时候，右舷的第三机枪的枪架便在那时被炸断，但枪仍是完好可用的，其余一架因了故障，枪管已经退出，短时内一定不及修好，所以在敌队已经来攻时，我终于不顾一切的，把它用臂支架在钢板上强行射击，枪巨大的挫力，令我射击极度困难，枪口也颤跳得过分厉害，我简直是无法施行。可是当数百发的子弹放出去后，敌机已在回转，我们的危机虽得解救，猛的觉得左手被烫痛极，不竟跳了起来，用右手极力的搓着，伸来一看掌皮已是几道的烙痕，因为经过百数发的射击，钢管已如烙铁般的赤热，我握在枪管上的左手掌也就被它所炙伤，虽然我随即把手浸入一桶水中，但是痛苦反而更加剧烈，去你的！不管这些！

这时因了这桶水使我重复意识到它的用途，于是我把它提起，拿去冷却枪管，水一泼到枪管上便嗞的化成蒸气，这样怎怪我手掌不受炮烙之刑哩？我把各枪管冷却以后，自己已是精疲方［力］尽，头发涨的痛，心也不住的跳，口唇和喉干得发焦，于是桶中的余沥也被牛饮入腹，冰凉的水这一刺激倒使我神智暂时清醒了。

好啊！一架敌机又被友军击中，大家一齐嘈哄起来了，我手中还提着水桶也在兴奋，当第二次我重复想用这断架的机枪时，已知从家具箱中取出一大卷清油的棉纱，握在左手护着烫，想向一些不关紧要的敌机射击，可是手指一钩［勾］不响了，这又是机枪发生了故障，于是我重新把它放在地上修理，自己因为过度的射击，已经失去清楚的理智，忘了第一步，关了保险钮的手续，所以解开枪闩时，碰的一声，一粒子弹走了火，把前面的薄钢板打穿一个孔，好幸运的我呀，假若是钢板稍厚时，这粒子弹将要反跳回来打死了自己，这真算是我的大幸运，这个弹孔如今还留在平海军舰后望台的右舷钢板上作为我抗战的纪念。

在一次猛烈的射击当中，猝然的有一件东西射到我的胸膛，我默想自己是中了枪弹，可是想起早晨和士兵所共勉的话，多忍一分痛苦，多杀一个敌人，就多对祖国尽一分责任，所以我想射击到我最后，叮当，奇怪！这件东西竟落在地下了，只须一看才知仅是枪机的退力簧（Return Spring）和簧筒，因为发射时过度的涨缩，渐渐的松转而脱离了螺丝，被簧力一拽遂向后猛射，但无论如何对于一个坚忍的人之纵使真的有一粒子弹穿过他的胸膛，他也将负了伤支撑着苦战到底决不退让的，到放下枪的时候，便是他进入天国的时候了。

船早已斩断锚链向前开行，飞机现在只在老远转着，我乘着这闲暇走到下临第二炮的地点，用大声激励炮兵“打得真好，你们真勇敢”，炮第一、第二两个射手听了高兴得张开口微笑，第二炮兵犹［尤］其兴奋的翘起姆［拇］指向我迎送，还叫道：“机关枪打得妙极了！先生，看你越打脸越红，真是了不起的高兴咧，我就多打几炮上去，装弹兵上来说前舱的人，都道你倒在地上战死了，恭喜恭喜！你未受伤。”

我走到后望台的后面向我的第三炮炮兵说：“好啊！真打得好！现在慢着射击，飞机已经去远了，我们的子弹最要节省啊！”可是第一射手头仍埋在镜上，一面瞄一面叫：“刘先生，刘先生，刚才受了伤没有？”砰的又放出一炮，郑春香炮长看见了我，口吃吃的说道，“我！我！我们都在这里了。”

炮的附近满堆着弹壳，炮管的灰漆都烧成焦黄色，当他们滑润油倾注炮闩时油都立刻呲呲的起泡，炮兵操作过多，热得打起赤膊，看见他们飞舞起双臂尽管把弹药装填，真不愧是忠勇绝伦的健儿，到这时候中华民族的精神，才十足的表显［现］出来，中华民族永无屈服的一日啊！这“九月二十三日”一天的下午，这是最值得纪念的一个时期。

船上一时不作战就显得静寂，只有机器以全速进行的推进声，炮位上的各人皆已疲绝，有的竟席地而坐，稍苏喘息的。

不久又有两个飞机编队绕来攻击我们，于是炮又开始狂吼，我所指挥的这两门炮，经战既久，射击的能力也大有增进，一炮一炮的仅在敌人附近爆开，可是我前后作战已达四小时多之久，整个肢体已战得声嘶力竭，每传出一声命令，不知要鼓起多少气力，但是我深知最后的五分钟，就是胜败的关键，所以无论自己是如何困顿，终必坚持到底的。

忽然一个遍身水淋淋的运弹兵，抱了个子弹狂奔，上来向我报告：“八生药弹舱进水了，这里所搬上来的是照明弹。”我说：“照明弹就拿去放，叫他们拼死把所有的高射炮弹搬上舱面，快！快！”

他回答道：“是，我们正在拼命的搬哪，高景铨炮手因为搬弹差不多要淹死在舱内。”“不管！快去搬！”

他们和冲进的水奋斗，救出了一大半子弹。

天上刹然一亮，一个降落伞火留在空中，这是照明弹放出了，汪炮手说：“不坏，再放！”

水手怒骂道：“烧死这些日本鬼子。”

子弹非常欠乏，我们把空炸榴弹、穿甲弹和照明弹三种混合着发射，由右舷来的一队敌机师被第二炮驱去走了。

第三炮是分配去射击左舷的敌机队，因为一时弹药不继，发时稍疏，便被九架列成整齐队伍的大型轰炸机（后面还跟着驱逐机）闯近，幸而弹药重复到达，我们赶紧高速的发射，想挽回这已迫近的危机，可是已感不及，眼见领队的敌机发出一道信号弹，于是六架敌机一齐投下轰弹，稍间歇了一会，敌又发出一道信号弹，于是全队又作第二次的一齐投下。

几十以上的黑点，一刹时由那些铁鸟的翼下，密簇簇的向下播散了，一颗颗死亡的种子渐渐的化成巨型的大炸弹，成群结队的密布了半个天空，无情的向我们笼罩下来。

我们都看惯了这些，也不介意现在是否就是我们的归宿，也并没感到一些被震慑的意味，却在炸弹嗞嗞的下落的声中，以最高的速度尽其所有的向敌人射击，准备作我们“死”的取偿。

家！爱人！生命！什么也不足留恋！仅是变了色的祖国，将少去了一批海上的健儿去为她奋夺！仅是我们那炮和枪将停止了宝贵的射击！

亲爱的祖国呵！不要离别了我们啊！我们还想为你去斗夺去报复一切的仇恨啊！

我最亲爱的炮来呵！机关枪也来呵！跟了我们去殉葬吧！

我们死也不瞑目的，让那些跋扈的敌机飞翔在我们的头上，这是我们的天空，让我们在最后的关头保卫着他吧，几颗巨大的炸弹，突然打我眼帘前插下去了。

轰！轰！轰！天崩地塌的在四周炸□，我们的前后左右密丛丛的布着水的山岭，我们恰被包围在山谷的中心，这里的山景也有沸腾的白沫，征象着覆顶的白雪，也有刹然的一亮红光，使你想到夕照的红霞，并且也有挣出的黑烟，几成一片连绵的松岭。战的美景！死的歌声！□□扶在台边的我，觉得船马上就要崩塌了，舰舷在急剧的一落，当着眼前沸腾着汹涌的江水，等着我们陷下，舰向下倒了，咦！又上升了！我们的平海舰又重新摆正了！万岁！万岁的平海舰，万岁万岁坚持到底的战斗员！

船仅差一点就被直接命中，这真是过分的幸运。

几颗炸弹较迟的又零零落落的在四周爆炸。可是到这时候，我们每人都纸［只］有一种轻松的感觉，惊诧着如何又挣出了这不可避免的命运？真是奇迹！

我鼻孔和口角挂下了鲜血，虽把衣服拭去了，仍在流着。

“偏差 ×× 下”，命令与口血一齐迸出欢愉的口中，现在我们开马后炮，追！打！

敌人全部飞远了，只有一架亡命的又在这次攻击中，不知是被我们还是被友舰胡［糊］涂的送了下来，留作“取偿”的代价。

舰重伤了，水向舱中直涌，下去到水里去救人去！我脱了皮鞋，打赤了足，奔下后朝台，现在是如何的开心啊，毁灭过了去，血仇也亲手报了！我叫唤着，嚷着跑向后面。

我们相信这些战斗可说是够危险，够剧烈的了，他们的投弹因了战线的疏开，决不会齐集于一点，所以它的破坏力是分化的，但我们是摆在水面的一个显著目标，尤其平海是全队的旗舰，所以大量的炸弹全向这一点集中，这时我们只有去拼，因为我们既不能如陆军的可以疏开也无法避让得及，只得尽力去攻击敌人以解救自己的危机，但是要以我们的三门炮和机关枪去应付四面八方来的飞机，实在是困难极了，幸而我们大家都以死志报国，用惊不洁的胆量去和占有数量上、地位上绝对优势的敌人去奋斗，我们只能以猛烈的射击使敌人的飞机无法准确投弹，使攻击精神脆弱的敌人终为我们所震慑，这是一次最伟大的斗争，像这种大规模的空海战斗截至目前止，还是有史以来的第一次。

同队的宁海舰被敌机多次炸中快沉了，遂奋勇的向岸上冲去，他们作战的坚强，是惊人的，这便是那天轰炸敌人所仅得的代价，以这样大规模攻击获得这种结果，决不能算是一种成功。

今日八十余架的敌机在完全无制空的状态下，向仅有十三门中型高射炮，约三艘较有力的轻巡洋舰，用大量的重炸弹去轰炸，还得损失四架飞机，由这里便可以认清我们的战斗是如何的成功，当时我们如能得到我们英勇空军飞来援助，便可以上下夹攻，使敌人的攻击必将全归失败。

平海舰现在拼着死命在将沉的状态下，想把舰勉力支持，驶到安全地点修理后再打，舰一面进水一面前进，外面的江水冲入如瀑布里面的，人群策力去抵抗，为了要阻止这滔滔的急流，我们上下一心的一面堵塞，一面抽水，抽水机不住的摇动着，棉被、木材，一切可用的东西都抱了去堵塞，冲呀！冲上去堵住这股瀑布呀！虽被狂流冲了回头再上前冲呀！堵呀！抽呀！这一部悲壮的进行曲，要教训我们全民族应当为伟大中华民国去抵抗这妄想断绝我们生存的疯狂之日本帝国主义！

午夜我们海军的领袖陈部长赶到，指示一切，延至次晨拂晓风雨凄楚的天气下，舰因进水过多，渐渐不支，舰尾下沉，我们流泪的吻别了“光荣的平海舰”。

“平海精神不死！”“平海阵亡将士精神不死！”

二十九日下午写完于十二圩

海军总司令部编译处编：《海军抗战事迹汇编》，海军总司令部编译处 1941 年 12 月印行。

南京后卫线的皖南

镇　东

东战场形势的转变，敌骑便过了太湖泽地，而侵略到皖，如今抵达芜南繁边境，即遭遇了黄山山脉所构成的深沟高垒，阻断去路而按兵不动，同时在环境上亦不容许其深入。现在沦为战区的芜当宣郎广一带县镇和村庄，统统被炸成一片血腥。彻底的坚壁清野，老农连耕牛都牵着跑，挥泪别了祖宗相传的家园，走上流亡之途，一间草棚不给留下，一个壮丁亦不留下。那屯在芜湖的十八万多石的白米，是安徽全省人民心血的积蓄，没法运走，不惜付之一炬，大家下了最后的决心，让所余的只是块“焦土”，成为东战线的决斗场。

皖南山地是鄂赣的屏蔽，在作战形势上看，现今是跨入第二个阶段了，敌人的主力，一定要丧失在这山地战里。在第一个阶段里，大家都认定保皖南，便须守广德，固东坝（安徽当涂与江苏高淳交界处）。从上月杪起，一直到本月初，广德阵地战黏着于天目山之麓，屡进屡退，川军师长饶国华氏于此激战殉国，经了重大的牺牲，算是以血肉重新筑成了一座广德城。但不料江苏高淳县长，为伤兵两下耳光，打出了县城，敌军便衣队便溜了进去，于是东坝不守，中了敌军侧击的诡计。自水阳扑攻芜宣交界的湾沚镇切断了江南铁路，和芜屯公路东战线为一发牵动全身，所有湾沚以上通芜湖的桥梁，赶忙在六日早晨毁掉，决心保卫芜湖，宣宁一带也厚大军，准备东战线的大决斗。

因此，皖南各县镇便成了敌机轰炸的目标，由广德、宣城、郎溪、芜湖、当涂而南陵、繁昌。被炸的地段逐渐的扩大，硫磺味也掩不住血腥，芜湖自五日起，连炸三天，甚至拿迫击炮弹当炸弹，轰炸机平着屋脊飞，在没有空防的城市里，尽量扫射平民，徒逞一时之兽性，飞机上，除掷下谎谬的传单外，并一把一把的丢去“冥国银行”纸币，那是烧化给死人的，无聊的敌人竟以此恶作剧，其中更含一层卑劣的作用。虽然电灯电话都被破坏了，电讯断绝了，十七万住民挂着难民条逃亡了，水无处买，饭无处烧，但驻军仍然坚决的固守着。三天三夜的大火，政训处长伍德鉴督率士兵分头扑灭，大家干得反比平常起劲。其中连带遭殃的，有英国蜜蜂号兵舰，怡和虿［趸］船，德和商轮，长沙商轮，法国天主堂的内思中学。德和轮是炸沉了，几千具死尸飘在江心。敌焰猖獗到了极点，以至于和县江面停泊的美舰巴纳号和美孚油船三条，也炸沉了。敌军的行动真像疯犬，张着嘴乱咬，若不把他杀了，谁都有被咬的危险！

流亡呵，流亡呵，自芜湖西去的路上挤满了难民群，芜青路是黑压压的结成一条线，向西蠕动着，伤兵和落伍兵也夹在中间，无声无息赶着渺茫的前程。长途的流亡，到底流亡到那里去？那沿路用红纸写的：“无路可奔的难民，赶快到西去垦荒！”署名是战区难民移赣垦殖团，指示难民的出路是在那里。是的，江西宁都一带需要大批人口移过去。但这样漫无组织的一群，到了江西以后又怎样，目前逃命要紧，顾不了那些。记者是最后走出芜湖的，沿路经过繁昌铜陵一带山中，到大通以后，才绕江北桐城县境而至安庆，转轮来汉。只见那重山叠岭中，五六岁的小孩被父母抛散了，在荒野里掘萝卜充饥。老妪们撑着根竹杆［竿］一步一跛，裹了小包袱，跟着大队前进。这样颠沛流离，那之才能走得到江西，何况家破人亡，处境也太惨了。

高淳不守，是为县长给伤兵打跑了，是这个活的教训，大家不可不注意。关于伤兵、难民、退伍兵的招待，本来是抗敌后援会工作之一，直接影响地方治安，间接即牵动大局。皖南各县，因财力不一，所以供应就有分别。在宣城、广德对难民及伤兵，是每名发给养，对伤兵另外赠荣誉章。芜湖因为存米太多，无船运走，凡有伤兵和难民过境，除了给养路费而外，还发米五斗，让他们挑走，所以有吃有用。在铜陵繁昌虽只招待一顿稀饭，总算对付过去。不过大通荻港两地，因为负责无人，所以招致许多麻烦，连当地的老百姓也不能存身了。还有差役问题，如果办得不得当，也是一团糟，征草派伕，到了缓不济急的时候，只好抓了。繁昌、铜陵、贵池一带大路上，随时可听到冷枪声音。乡下人逃散了，威胁既无对象，其结果自等于零。长江里的民船朝内河里躲，有的拖到墟埂上晒太阳。“物不畅其流，人不尽其用”，这显然是下层政治组织尚欠调整的结果！

现在再谈民众组织，虽说是“临时抱佛脚”，但看一看目前的事实，确乎非常切要，到底总比没有组织的好。桐城白荡湖，周围有三十里开阔，四面临山，水不扬波，这是天然的水机场。两星期前，曾落了一架水上飞机，机上的人不说一句话，拿着枪不许乡下人近前。等到上城报告，飞机已经飞走了，于是地方上论断，那一定是敌机，民众有扑灭的责任。那地方的民众，在政府督导下，是武装起来了。此外，芜湖等县是也成了义勇队，将所有的壮丁都编制完成，武装和给养亦有相当把握，在皖南大决斗场合里，或许配合在军队中去完成卫乡保国的任务，将血腥涂遍黄山山脉每一寸的土地上！

《十日文摘》第1卷第2期，1938年。

三　城垣保卫战

南京之围

庚　天

“在我们手中失去的土地，要由我们手中夺回来！使一篇血账永远没有透支。”

首都失陷，很快的一个月了，往事的创痕，沉重地压在我底心头。为了纪念这伟大的抗战，我不得不将当时所知道的情形，忠实地呈现给读者底面前。

——作者

一　战前姿态

写南京之围，应当简略地从上海撤退说起。上海的撤退，是受了乍浦的影响。所谓一点突破，全局受挫。我个人认为上海的撤退，确是我们相当的损失。然而，那些话已经不必谈了。

从上海到南京，沿途除了江阴、望亭、无锡之国防工事（按：国防工事系自江阴起到乍浦止依实地地形筑有据点）外，一直要退到南京，所以当时一面是节节抵抗，一面是抽调前方比较精锐的几个师卫戍首都，赶筑工事。

卫戍首都的部队，分作江南、江北两部份［分］，江北是两个师，江南又分作内线和外线，外线从龙潭、汤水、淳化、湖熟到秣陵关，守军是第 × 军等，计六个师，内线是守城，为 ×× 师、宪兵、警察等，统受卫戍司令长官唐生智先生节制，在十二月一日，唐先生召集了各军师的参谋长、参谋处长会议，对于作战的详细部份［分］，都有规定。军事计划是决定了，不幸的管理国防工事图表的职员，并不全在首都，临时发掘，反而得向附近居民探询，以致时间、人力都不经济。

国防工事大致发掘完了，可是，它只是据点，关于据点间的连［联］系，是有待于作战部队完成的。好在上海抗战的结果，用血肉换来的教训，是做工为第一要着。因此，士兵们虽然由上海退到南京，他的工作器具——圆锹、十字镐，还是背在身上。

工事刚在预期中完成了，同时敌骑也到了我们的面前。

敌人到达天王寺后，一路沿京沪路西进，攻镇江之新丰镇，大部沿京杭国道到了句容，又分作三路，左翼沿国道攻汤水，直趋中山门，中央沿土石路攻淳化镇直趋高桥门、光华门。右翼攻湖熟镇直趋秣陵关。这样，十二月四日，首都保卫战便开始了。

从十二月一日起，敌机便不断地到首都上空轰炸。在二日的正午，曾发生一次激烈的空战，进攻的敌机是十二架，我们应战的是新式的驱逐机十八架。遭遇在京郊附近，天空晴朗，看得非常清晰。在青龙山附近，击落敌机二架，那时，笔者恰在上方镇和一些友人们，忘记了危险与恐怖，翘首而望。那被击落的敌机，在空中起先是一缕火光像电也似的一闪后，白色的降落伞，马上便在空中飘摇，而我们的空军，便不断地用机枪向它扫射。等待那位俘虏降落到一家茅屋时，已经满身血迹，快要死了。这一幕伟大的空战，真是生平第一次目击，友人们还派兵去拿来一块残铁，送给我作纪念，这些情形，到现在还像一幅清晰的图画，张挂在我心灵的面前。

二　血战经过

敌人一贯进攻的策略，是步、炮、空连［联］合动作。首先用飞机轰炸，炮火集中火力射击，战车冲锋，步兵跟进。

从四日到六日，两天的恶战，湖熟镇、汤水镇相继沦陷了。正面的淳化镇，形成突出，守这里的是 ×× 师王耀武部主力，他们本着在罗店三月的经验，始终沉着应战，上下咸抱与阵地共存亡的决心。敌人便由汤水攻淳化之左，湖熟攻淳化之右，这样，淳化镇便成战事的重心了。

同时，敌之后援部队由汤水攻中山门，由湖熟攻秣陵关，以期截断京芜铁路。

这时，我们的空军，因光华门外的飞机场邻近火线，起飞不便，不得不先行撤走，而敌机便更形活跃了。

七日的下午，淳化镇便成了焦土，飞机轮流轰炸（附属该处的高射炮都被炸坏二门），炮声的稠密简直和我们机关枪声一般。战士们的脸上、身上都是土，守军团长张灵甫，团副纪鸿儒等负重伤。全团牺牲到剩二、三百人，于是，淳化镇一度陷落了。王耀武先生因为淳化镇的重要，马上再增兵一团，用附属他们的三辆中型战车掩护，一个反攻，当天便恢复原有阵地，毙敌甚众。于是，敌人改变策略，从青龙山附近突破，进入上方镇，以致淳化镇背腹受敌，不得不于九日的晚间，奉令忍痛撤退，这次我们固然有相当的损失，可是敌人却付更高的代价。

上方镇不守，敌人中央、左翼都连成一线，立刻进攻高桥门、光华门、中山门。中山门曾一次突破，经守军的努力，马上恢复了。这时，敌人的炮兵，已经延伸射击到城下，城门附近的屋宇，立刻在燃烧着。

右翼敌军以全力攻陷秣陵关后，便北攻牛首山和雨花台。这时，龙潭南京间也消息不明，战况是紧张到万分。

雨花台于十一日不守，守军 ×× 师，不无一点责任，因雨花台沦陷，中华门的守兵便受了瞰射。敌人便一面进攻中华门，另由雨花台、牛首山两路攻赛公桥、水西门，拟直趋下关，与京沪路西进之敌相呼应。这样，南京包围的姿态始完成了。可是防守该处的恰巧又是 ×× 师，那位团长程智，他抱着必死的决心，他知赛公桥的失守，是南京的致命伤，在两天争夺的结果，赛公桥还是没有失守。而我们这位年青英勇的程团长，却实践他的诺言——阵亡了。（他是中央军校五期生，湖南醴陵人，年三十岁，奉任陆军步兵中校，他之死守赛公桥，使在下关的军民能够渡江，完全是他的力量，在这里应当特予表扬的——笔者）

中华门既然受了瞰射，不久便被敌人突破了。这时，紫金山和新街口的银行大厦，都相继起火了——中了敌人的烧夷弹。到处电话不通，城里的情形，已陷入混战的阶段。大概各军在这时便奉到撤退的命令，向敌人反攻，冲出重围。城内的部队，多数经中山北路出挹江门。

三　流亡生活

这时，笔者正在城里，而且手伤未愈（笔者在镇江为敌机炸伤，容在《追战江阴》一文中叙述之）。到鼓楼难民区去做难民，那简直是可耻，而且是死路，（按南京经外侨建议，得我方之允许，敌方之默认，在城内设置难民区，仿上海南市的例子，双方不得攻击，我方当允将军车设备解除。乃首都陷落后，敌竟在难民区大肆屠杀，并掳掠外侨财物，其兽行如此！）只好光着身子，带着最宝贵的一本日记，跟着大众北走，中山路再宽，也挤满了行人，快到铁道部，前面停了许多汽车，从流线型的小包车到破旧的卡车，连接成了一条直线。人行道上，有军队、民众，少许的高射炮和小型战车。前后都有枪声，究不知敌在何方，几经探询，才知道挹江门的守军第三十 × 师不许人通过。

人是越聚越多了，稀疏制止前进的枪声，已抵制不住群众的高潮。不知谁的引导，一声呐喊，马上将守兵冲散了，人便像潮水一般涌出了城。

挹江门已经闭了二个，剩了一个又只开了一半，还堆了许多沙包。有几辆人力车倒在地下，一个不留神，人便跌倒了。后面的马上从他身上走过。这样，城门里的缺陷，立刻用人来填平了！走在上面，软绵绵的好像在沙发上走着。

从人潮中挤出了城，又是惭愧，又是悲愤。下关也在起火，人是各走各的，码头上都站满了人。可是都没有船，大家在“望江而叹”，那胆大一点的，立刻去扎木牌，北［背］门板，甚至一张桌子，跳在上面慢慢地划着走了，马上传来的反映是一片救命呼号，于是，其他剩下的便将趸船开走，几十个竹篙在飞舞着。

正在徘徊的时候，遇着 ×× 军部的一位副官，他说，他们有一只船，叫我跟着他走，这真是说不尽的欣慰。到了他们的码头，门是关着的，许多卫兵把守着，到了里面，趸船上的人已经满了，一只轮船在离码头二百公尺远近地方停泊，不时冒出无力的青烟。

船刚靠拢，许多人抢着上，船上对天开枪也没有效果，立刻开走了，本来可以装八百至一千人的，只装了三五百人便开走了。岸上的咒骂和船上的呼叱，夹杂成了一片。这样，船往返了三次，月亮已西沉了，笔者才上了船。快到北岸的时候，岸上的守兵突然用机枪向我们扫射。经过了一阵叫喊，总算停止了。可是船上不知那一位士兵，又朝天放了一排子弹，什么用意也不明了，岸上立刻再来一次，使我们饱受了半小时虚惊。

几经辗转，船靠在浦口上游五里许的江边上，恰好这里有一只民船，做了我们的临时码头，而在更上游一点，有一只子弹船正在烧着，步弹、信号弹，夹在一块，红的、白的，像流星般四射，火光熊熊，附近几百公尺内都通明了。回看下关和城里，一处处的火光，真是伤心极了。

大地上一片漆黑，盲然地跟着人走。在浦镇附近，不幸遇到守兵检查，将所有的旅费都检查去了，眼睁睁地敢说什么？

天明了，到花旗营，右侧又发现枪声，只好继续地北行。可是，一些军人，因不堪疲惫，便在路旁的村落中休息，鸡啼犬吠的声音，冲破了早之寂寥。

浑身给霖露浸湿了，棉衣增加了他的重量，压得肩上发痛。

人是疲乏到万分，可是不能不走，为了什么呢？“是要活下去，继续反抗下去！”自己在回答自己。

到了东葛，幸运地遇到一列车北上，好容易挤上了，这样便到了滁州。

同伴，没有了，钱，棉裤里还剩下没有查出的八毛，伤口在发痛，只好咬着牙。

敌人是不会放松我们一步的，当天，滁州被炸了。我正在一家茅屋里面喝水，相隔不到九十公尺的客栈炸倒了，硫磺味冲进鼻管，茅屋大门震倒，土灰不住地下坠，真是危险之极了。

第二天，北上到蚌埠，找到一个同学，借了五块钱，住了两天，因为敌机的肆虐，街市闭户，无法立足，这样，又搭车到徐州。

徐州也因敌机的轰炸，陷入恐慌的境域，在这全面抗战的时候，那有前后方之分，富裕一点的，远走了，留下来的都是抱着苟安的心理——过一天算一天。守土的 × 司令长官慷慨的说与土共存亡，并委下不少的游击司令，组织民众积极活动，徐海大概不致令人失望吧！

津浦南北两线都成战场，二天的行程，车子送我到开封，这里有不少的故旧，承情他们的照顾得到暂时的安息。

从东葛到开封，这遥远的长途，我不曾化费一文车费，经验告诉我，搭车的诀窍，是迅速、敏捷。看到那列车要快开了，立刻上去。可是，白天，有太阳，只有煤烟难受点；夜里衣单风寒，可难受了。

在开封遇到不少继续流亡的人们，他们告诉我几件故事，都是可歌可泣的。

第一，十三日上午，敌舰已到下关，敌人战车也由城内冲到下关，这时，我们还有千余官兵在那儿固守着，敌人派汉奸来游说缴枪，他们将汉奸杀了，结果，这一千多人终因粮竭弹尽殉国。

第二，一个趸船上装满了人，大概有六七百吧，因为船无法靠岸，始终泊在北岸附近，敌舰开炮射击，只一发便将船身击成一个大洞，血肉横飞，人便死了一半。随后，汉奸和几个善说国语的敌人架着小艇来了，将他们未死的分为两起，军人在一边，民众在一边，旅行个别检查，当他们正在检查的时俱［候］，不知那一位战士将那个敌人，推到江心去了，大家跟着将这几位皇军（？）打死。随后的人跳水的，泅水的，没有谁愿意偷生。

至于他们，是由难民区逃出来。当他们搬进难民区的时候，化了七块钱才租到一间门房，可是房东霎时又嫌他们是光身汉。同时，敌人正在大肆搜查，凡是换了便衣的军人，以及青年壮丁，都是乱杀。妇女被拉走了，银钱被掠夺了，他们装做拉洋车的逃到燕子矶，用木船过江，经六合，到滁州，情形是比我还狼狈。

开封表面上比从前进步了，其实，一点也不紧张，旅馆、茶寮天天客满。防空壕一点不合实际，我在那儿的时候，敌机光顾过两次，可是没有投弹。

个人一切愈趋正常了，奉令搭车南来，由孝感步行八天，到这山里来工作，继续训练一批战士。这里表面上和外面像隔绝了，可是我们每个人心里都充满着怒火，我们知道，在我们手中失去的土地，要从我们手中夺回来，使一篇血账上永远没有透支，我们要一点也不气馁，学曾国藩的屡败屡战，抗战到底，直流到我们最后的一滴血。那么，才能把握住最后的胜利。

二七，一，十三，于建阳驿

《抗战（汉口）》第 1 卷第 20 期，1938 年。

中山陵前血战追记

佚　名

从本月六日起，剧烈的京郊之战，已经开始发生。京市情形，严肃而冷落，除了巡查队的铁甲车外，可说已经没有旁的汽车行走了。若果有，就是还有疏落的走兵灾的贫穷的市民，把自已担不起的行装，放在包车上，自己帮了车大的忙，缓慢地推。有时也有一辆两辆的马车，曳着一堆人，在马路上匆匆地走过，京市情形严肃而冷落。

本日的晚上，炮声更加响亮而密接，这可以知道京郊之战是更逼进了，而且更剧烈了。七日早晨，从各方面调查探访所得消息，敌军有三十万左右，向南京的三方面蔓延而进。淳化地方，三个三角地带，成为敌军一部份［分］集结的所在，而作为他们所倚重的左右翼，我们当即用了一部份［分］的别动队，抄袭过去。此外敌军的左翼从樟桥铺沿着京沪线栖霞山，推向我总理陵墓的所在紫金山而来。中路是从句容推进汤水镇。从六日的上午到七日晚上，我们的军队调动很忙，城内的空气也十二分严重，一队队绑着黄色背章的敢死队，像衔枚似的一声不响的疾走而过。南京成为沈［沉］着而坚定的大城，如在地震中的山绕城中的人——兵士，似已经早知此一座火山将要爆发，心情难免紧张，但绝无彷徨惊惶之意。

七日的深夜，城里城外的炮声无一刻的停歇，流弹在满天乱飞，随处可以看到，全城的民众，虽然沈［沉］着，但相信没有一个的血脉不在紧张跳动之中，睡眠固然说不到，吃饭的心情恐怕也没有了，但是民众们每看看我们的军队走过时候，都肃然而立。他们知道兵士们的勇敢，又知道这新都的命运。他们尤其敬仰兵士们拿自己的血肉去争持新都，用自己的生命去博取民族的光荣，民众们因此都对他们发生异常的敬爱。

八日晨知道紫金山在敌机械化的整个师团的力量之下，被占据了。他们用他们自己兄弟的尸身，填满了我们的堑壕，而践踏着他们自己的骨肉，越过紫金山脚，渐而及于顶点，并向中山门推进。最初我们沈［沉］着不响，最后我们大发神威，城垣附近的大炮齐发，经四小时的剧烈攻守战，就是机械化的师团也惨败，于是他们又踏着他们自己的兄弟的尸身退了回去，我军出城追占紫金山的中段。

这一回的陵园附近的战争，除了炮兵的力量以外，我们两营敢死队都在总理陵前全体成仁了。当敌的机械化部队以巨炮为掩护，以坦克车十多辆为先导步［部］队，像豹狼般要破我中山门的时候，形势非常危险。一排密炮攻击之后，我们发现城墙崩缺，而敌之坦克车锐进，端赖这两营敢死队飞前迎杀，平炮在城之缺口猛射，敢死队把自己看作手溜［榴］弹一般，不顾痛苦，与炸弹齐向机械敌阵投去。敌军发生惊惧迟疑，因以被我乘虚击退。

但结果这两营套了黄臂章的敢死队，是一个不留地被牺牲了。当然战争是一靠勇敢，二靠武器的。我们以勇敢击杀敌人，敌人的机械兵团亦因此而失利，则敌人损失之浩大，可想而知。

九日零时以还的战况，不知何故略为宽弛，所谓宽弛乃是比较的，实则亦甚厉害。飞机的轰炸和大炮巨响，并未有较久一点的停歇。记者因种种内在外在的重大原因，不能不即日离开此震动中的首都，到另一个地方去。遂于临行前的三小时，加入一个小集团，着［并］随集团行动，离开震撼着的京畿以后，记者于第三天的白昼，得以酣睡了九个钟头。此非谓记者之身边小事足为天下读者告，欲使读者深悉者，为京中空气紧张，与近京地之带严重程度耳。比记者之苦者更有千万人也。

此次京畿之战，决为我暂别京畿之纪念。南京不是一个军事必守之区，是一般人所承认者。然而当局以三数万勇敢军士守此孤城，以御三十万敌兵，固守七天（即至叙稿时止）尚无放弃之意，则当局只想给敌人以一点利害看，事至显明。我们的三数万雄兵，都是钢铁一般坚硬的敢死队。我以少数兵士守孤城以御敌兵，即所以告于天下：（一）南京非军事必争之地，（二）我军之英勇足以一敌百，（三）必要时在敌军以生命和弹药给与满足之代价时，即当放弃此地点，于必要时亦可调集后援军与敌争持若干时日，然南京驻军倘若较多，则无关的牺牲，至为容易。包围南京敌军，倘添军舰，冲破江阴之封锁线，直袭下关，则南京已成为孤岛，四面像被水围，所以南京驻军，既然全是敢死队，而后防援军，亦可隔江相应，续予补充。

“世界上没有绝对相同的一粒砂”，世界上亦无绝对相同的一座城。我们若果把马德里和南京比拟，则甚错误。故马德里如果失掉，西战就快结束；但南京倘如失掉，我们的战争更利于延长。南京终有放弃的一天，只看敌人所付的代价怎样。

（《中山日报》）

长江等著：《名城要塞陷落记》，战时出版社1938年刊行。

光华门歼敌记

雷焜灼

光华门位于南京城东南，是敌人进攻南京之主力方向，敌之第八，九两师团，拟从此门以夺取南京的。

据守光华门的部队为教导总队，亦即我精锐之生力军，在此与敌争持，已有多日。

十二月十日，敌以全力向光华门进犯，至下午四时，敌人将光华门攻陷了，步兵七百余人，洋洋得意地直进城内。

敌人已进城了，全城的空气都紧张起来。守城的司令长官就命我一五六师负责将敌人驱逐出城，收复光华门。——我师原在麒麟门掩护友军退却，至十日晨任务完毕后才进城，当时即奉命为全城的总预备队。

梁师长受命后，就跑步到励志社来，对我们 ××× 团许团长说：

"光华门被陷，敌步兵七百余名已进城，你们能否即将城门克复？"

"尽我们的能力将城门克复。"英勇的许团长爽直的回答。

"那么你即率队出发！"这是师长的命令。

这时，进城的敌人已达明故宫，将迫近励志社来了。我们 ××× 团的健儿们受命后，就开始向敌人反攻了。

冲锋！杀啊！杀啊！

不到一小时的肉搏混战，把进门的敌人，全数歼灭了，遍地的兽尸和枪械，我们还没有时间去捡获，因为我们把城门克复后，就奉命接守城门。

敌人第一次攻城失败后，至十一日拂晓，即以大炮不断地向城门轰击。城门被击破了，敌人第八、九两师团便挑选敢死队二千余人，在大炮掩护之下，又向城冲来，当时许团长已明了敌人的企图，遂令城墙上的部队移开两旁，并饬谕未奉命令，一律不准放枪。因此城墙上的阵线，就沉寂下来。敌见我阵线寂然无声，以为他们的大炮收了神效，已将我城上的守兵都歼灭了，乃从容地冲进城来。这时，已进城者约八九百人，还未进城者约千余人，正在他们得意长驱直入之际，意外地，我们一声号令，机关枪，手溜［榴］弹，飞跃怒号，敌人那里应付得及呢？

又是一阵的杀啊！杀啊！不多时，进城的敌人又被我们全数歼灭了，其未进城的敌人，亦被我们射杀了数百，敌人第二次攻城又告失败了。

敌人溃败了，可是城门洞内尚留着五十余人，据洞顽抗，待机再图进攻。敌人两次进攻，伤亡奇重，乃老羞成怒，乘墙洞内之敌尚未退出，遂以大炮数十门，整日向我阵地轰击，企图完成目的。岂料我官军奋不顾身，敌将城门轰破，我即以沙包在敌炮火威胁下，即行补塞：敌炮火虽猛烈，但亦莫奈我何。

是日下午三时四十分，敌再以敢死队十余人，藉炮火之掩护，向我作第三次之进攻。但我们早已明了敌之企图，遂将事前集束之手榴弹装置于敌人入城必经之处，待其到达，则机枪与手榴弹齐发，当时兽兵被我杀得血肉横飞，死了五六百名。敌兵畏死不前，又狼狈地退去了。可惜我们当时系奉命守城，未能出击，不然的话，定能一鼓将敌人歼灭个干净。

顽据城门洞内的敌人，不断地用机关枪向我们扫射，我们屡派出敢死队拟将此残敌歼灭，但未收效。至黄昏后，许团长即饬工兵以沙包将城洞之两口堆塞，把敌人困于洞内，继命步兵十余人，各备手榴弹，下城投进洞内去，当时洞内残敌，虽有机关枪数挺，但因洞口已塞，无从发挥其威力。

一会儿，城门洞内发出一种悲惨的呻吟声和可怜的求救声，同时沙包的空隙处流出不少鲜红的血。啊！这是危害我们民族，残杀我们同胞的东洋鬼子的末路，亦就是我们给予侵略者的答礼。

顽据城门洞内的敌人给我们完全歼灭了，在五十具兽尸里，发现一个是第九师团的大队长一郎：从他的身上捡出军用地图和他的家人送给他的护身灵符，还有他的夫人的像［相］片。我们把他的头颅割下来，和许多战利品呈送到司令部去。

敌人在光华门经过一二次冲城的惨败，就丧志绥气，不敢再向光华门进攻了。

十二日拂晓后，乃将主力移向中华门方面，仅留一部残敌在光华门外牵制我军的活动。虽然整日以大炮向我阵地轰击，但步兵却始终未敢越雷池一步。

十二日下午十时，我们奉到守城司令长官的命令：

“放弃光华门，向太平门退却。”

当时我们守城的健儿，均不愿退下，有的很惊奇而奋慨地向长官询问：

“我们未尝打败仗，我们现在正是打胜仗的时候，为什么要退却呢？”

“为了战略的关系，不一定等打败仗才退却，长官的命令只有服从”！

“我们退到什么地方去？”

“到太平门外冲锋去！”

“为什么？”

“不要多说，跑罢！到太平门外冲锋去，才有我们的生路！”

为了遵从长官的命令，我们守城的健儿们，只好离开光华门，怀着奋慨的心情，到太平门外冲锋去。

《我们的战士》，广州战士出版社 1939 年。

宪兵与南京保卫战

南京为六朝故都，北滨长江，扼津浦京沪两线交点，交通便利，地势雄伟。自国民政府定都以后，更形成军事政治中心。抗战军兴，敌即倾全力进攻淞沪，企图沿京沪路直迫京畿，俾摧毁此抗战司令塔，迫订城下之盟。我政府洞烛奸谋，故于敌陷淞沪，寇渐西渐之时，毅然宣布迁都重庆，以昭示抗战到底之决心；一面调集重兵，部署会战。本部为适应战局需要，除将司令部一部人员，遵令迁湘办公，俾指挥全国宪兵服行勤务外，其余官兵，就由副司令萧山令率领，首都警察，亦归其统帅，并动员宪兵五团之众，俾配合友军，保卫京畿。计自二十六年十一月十八日起，至同年十二月二十日止，历时二十六日，诸凡督修工事，维持治安，参战防谍，其忠勇奋发之精神，为宪兵部队留下光辉之一页！今抗战已获胜利，建国积极展开，形见三民主义中国，将永远屹立于世界，追维十年前诸先烈保卫京畿之壮烈情形，益增无线钦敬之忱。爰将宪兵参加南京保卫战之经过，择要追记，以为我后死诸同志之矜式焉。

一　兵力部署

敌自沪战佯达，遂分兵西进，企图一鼓攻略南京。二十六年十一月，苏、锡、常、镇相继失守，敌对南京乃采大包围态势：一部进据芜湖，断我后路；一部偷渡长江，进扰和县江浦，击我仰背；正面陷句容，占汤山、淳化、牛首山、大胜关，进迫马群、紫金山、大教［校］场、雨花台等地，京畿形势益紧。我军采二线配备，以野战军分守外围各据点，宪兵各团营及教导总队控制城郊要卫。

十一月十八日，萧副司令即以在京之宪兵第二团罗友胜部，宪兵教导团周竞人部，宪兵练习团吴志勋部为基干，指挥民工，构筑雨花台一带野战工事，吴志勋并负构筑工事总责；宪兵第十团陈烈林部，宪兵重机关枪营王西团部，加紧巡察及城防勤务，以防敌间之活动；宪兵第五团与宪兵特务营之各一部，负护卫长官监护运输之责。全体官兵，均能振奋精神，克尽厥职。尤以督导构筑工事之官兵，闻前方战局紧张，工作情绪更为振奋，日以继夜，不眠不休，盖深悉所筑工事完成之迟早与夫坚度之强弱，于首都存亡，国家荣辱，关系至巨。幸赖上下一心，卒能如期完成。事后各报曾誉为远东惟一坚强堡垒，此实我宪兵与数十万民工血汗之结晶！

十一月二十六日，战火迫近京畿，城郊部队进入作战态势。经首都卫戍司令官授命：宪兵第二团、宪兵教导团、宪兵重机关枪营、宪兵通讯教导队及宪兵特务营、宪兵第五团之各一部为清凉山守备队，并将雨花台一带工事交陆军八十八师接收；宪兵第十团撤收郊外宪兵队，宪兵练习团于构筑工事完毕交代后，撤收郊外警备勤务，分别担任明故宫飞机场，至三十四标一带守备任务。经将全部兵力，重作如下部署：

（一）清凉山守备队：以宪兵第二团少将团长罗友胜为清凉山地区指挥官，统帅宪兵第二团、宪兵教导团及宪兵重机关枪营、宪兵第五团、宪兵通信教导队、宪兵特务营之各一部。以宪兵教导团附宪兵第五团、宪兵重机关枪营之各一部，占领上新河棉花堤之阵地；其余各部配备于水西门，汉中门至清凉山二十八号机枪掩体之线；以宪兵第二团及宪兵重机关枪营之另一部，配备于清凉山、草场门、定淮门至老虎涧阵地之线；其余各部配备于水佐岗、古林寺之线；以宪兵通讯教导队、宪兵特务营为预备队。

（二）明故宫守备队：以宪兵第十团上校团长陈烈林，为明故宫地区指挥官，统帅该团与宪兵练习团，及宪兵重机关枪营一部。以宪兵第十团及练习团一部，附重机关枪一排，配备于明故宫、复成桥与三十四标附近，以练习团一部为预备队。

各部队统限于三日内加强各地工事，配备完成。

二 战斗经过

十二月九日七时，由方山前进敌约数百名，坦克车三十余辆，进占光华门外防空学校，并开始向我光华门至通济门之线攻击。守备该处之友军教导总队之一部，兵力较少，势甚危急，我清凉山守备队奉命派兵一营，驰往增援，当由宪兵教导团周团长竞人，亲往部署。时敌机十余架，分向该地轮流轰炸，掩护步兵前进，其炮兵亦集中向光华门我军阵地轰击，卒因我增援部队之沉着应战，及友军教导总队迫击炮命中精确，终将突进至光华门外护城河之敌击退。十六时，友军教导总队之后续部队到达，我以任务完毕，一部退还清凉山原防。

时我明故宫守备队之当面，亦遭受由中山门进迫之敌之猛攻，几经激战，双方俱有伤亡，我以众寡悬殊，奉令缩短防线，退守淮清河、逸仙桥至竺桥之线，力阻顽敌前进。

是晚，我清凉山守备队即进入阵地，并派排长一员，率兵一班，破坏水西门汉西门外之桥梁。

十二月十日十二时，我派出至上新河棉花堤之部队，被优势之骑兵及便衣队二百名之敌猛烈进攻，卒以我官兵之誓死抵抗，敌未得逞。同日我光华门增援部队之一部，又协助友军，将突破光华门之敌予以歼灭。我防守逸仙桥之守备队，于同日十五时，奉令退据古林寺、五台山一带，严阵以待。

十一日拂晓，有步骑炮联合之敌大举进犯我棉花堤阵地，来势凶猛，我官兵咸抱必死决心，前仆后继，屡予敌以严重打击，阵地讫无变化。敌以正面受阻，乃改采侧击战术，乘隙进迫江东门，致使我棉花堤之阵地，顿形突出。不得已，乃退据棉花堤稍后之线抵抗。至十一时许，敌机数十架，轮流轰炸我城内之各守备队阵地。至十四时许，枪声密集，敌我距离益近，几经冲击，我虽伤亡惨重，然阵地屹然未动。

十二日拂晓，南京城外附近之敌，纷纷向我固守腹廓阵地之友军猛攻。斯时我城郊部队，竭力协助友军作战。八时许，敌炮兵开始射击我水西门清凉山一带阵地，我虽伤亡甚重，然犹坚守不退。十一时，奉令在京部队，须有与南京共存亡之决心，并饬增筑巷战工事，准备决战。全部开命，士气益壮。十六时，奉令将水西门一带之阵地交友军五十一师。交接尚未完毕，而情况突变。敌藉装甲部队为前导，配合飞机大炮，突破南门阵地，步兵纷纷涌入，城中秩序，顿形纷乱，我派出与各部联络之官兵，均失联络，弃守态势已成。然我犹整肃部队，备作最后决战。忽奉首都卫戍司令长官命令，向花旗营集中待命。晚六时，遵令集结下关江边渡江。时萧副司令以一身兼警察厅长，并代南京市长，殿后出发。所有在京部队，先由宪兵第二团少将团长罗友胜指挥。当令宪兵教导员派兵二营，占领蛇山、龙蟠里、五台山一带阵地，掩护所属部队转进，并限于晚十时前到达江边。部队即以雄壮之行列，循中山路出挹江门，沿途不扰撤退民众，莫不含泪神随。时以后撤军民过多，车辆拥塞通道，部队行进，障碍重重，比达江边，船只缺乏，江水滔滔，天堑难渡！不得已，乃令所属分别以木筏渡江。而敌骑骤至，水陆夹击，无辜同胞，同遭枪杀，天地为昏，江水尽亦。时萧副司令亦至，目睹敌骑嚣张，义愤填膺，决与南京共存亡，当即指挥未渡宪兵，辗转冲杀，终以众寡悬殊，弹尽援绝，壮烈殉职！宪兵殉难者数百人。

综计此次战役，我宪兵动员官兵六千四百五十二员名，增援光华门、确守清凉山、明故宫诸阵地，血战四昼夜，大小数十战，均能忠勇奋发，杀敌致果。其因参战殉难经查有确据者，自萧副司令以下计官兵一千二百十员名，受伤官兵五十六员名，生死不明者二千五百八十四员名，亦云烈矣！

宪兵司令部编：《宪兵忠烈纪要》，宪兵司令部 1946 年 12 月印行。

首都警察抗战实录

汪业洪

抗战前之准备

首都为全国政治中心，在国际战争时，系敌人必争之地。二十三年秋间，敌人曾造成藏本案件，欲派兵占据南京，控制我国政治，幸藏本天良发现，其谋未遂，始消患于无形。我国军政当局，有鉴于此，早经戒备，警察人员以领导民众，维护治安为职志，自藏本事件发生后，即着手训练警长警士，造成干部人才，并首先协助自治，办理社会军训。二十五年以后，更发动组织防护团及义勇壮丁队，将南京市所有壮丁，悉加组织，施以军事训练及防空训练。此两年中，在首都之警察人员，兢兢业业，于克尽本职外，更须训练防护团员及义勇壮丁队，此外如义务教育，妇女军训，及看护训练班等，其召集与督促亦莫不警察是赖，因此警察人员，虽极度劳苦，但鉴于民众之乐于受训，瞻念民族前族之光明，亦觉精神振作，乐于从事。

防空之实施

自芦沟桥事件发生后，首都民众抗战之情绪，顿形紧张，沪战爆发，逆料敌人空军，必袭击首都，正拟准备防空大演习时，八月十五日即发生首次空袭，幸警察人员，准备有素，一闻警报即全体出动，召集全市防护团团员，依平昔之训练，各任其职。敌人见我国空防有备，空军与高射炮亦奋勇迎击，始仓惶败窜，嗣后除阴雨之时外，敌机之来，无日无之，少则每日一次，多者日达五六次，遇月明之夜，更有夜袭。综计自八月十五日起至十二月十二日止，发生空袭约一百六十余次。惟首都民众，多数已受防护团训练，防空设备亦较完备，仅就防空壕地下室而言，由防护团团员所筑之公共防空壕，达一百七十余处，其他各机关团体及私人之防空壕地下室，亦有四千余处，足以容纳十余万人，他如消防器具救火机等，亦由防护团置备六十余处。且遇有空袭时，警察人员、宪兵、防护团团员，均全体出动，管理交通，指导民众避难，警厅长官如：王厅长固磐，督察处长乐干，以及各局队长官，莫不以身作则，躬亲指导，故敌机空袭虽多，而市民所受之损失甚微，良有以也。

抗战之前夕

自十一月九日敌人由金山卫登陆，窜扰苏嘉路后，袭击首都之心愈切，政府当局因表示抗战决心，先期疏散人口，凡老弱妇孺及在京无任务之人，均劝令迁居他处。同时国府决定迁都，由是火车轮船不敷运输，下关江边以及浦口车站中华门外车站，候车船之人，拥挤不堪，而挹江门中华门一带，携老扶幼背负箱笼者，仍络绎于途，甚至有在车站守候二三日之久，仍未上车者，幸警察人员事前早有布置，举凡车辆之通行，购票之秩序，乘车登船之先后，老弱妇孺之保护，均井井有条，使多数民众安然离京。

是时因欲加强首都防御工事，由警察征集壮丁，从事工役，远如淳化镇牛首山，近如孝陵卫、雨花台、红土山，莫不朝征夕至，漏夜赶筑，他如城防工事及桥梁公路，亦均由警察人员征工修筑。十一月二十九日以后，南京市政府马市长率属离京，市政府乏人主持，即由警察人员代为兼顾。是时防护团总团部、义勇壮丁队总队部，虽因政府关系，无形停顿，而警察人员则率领防护团团员、义勇壮丁队队员，更加紧工作。

首都警察平时编制，在警察厅之下，分设警察局九处，巡逻队三处，保安队特务队各一大队，水上警察一中队，局之下尚有分驻所派出所，其配备采散在制，于战时运用，颇嫌迟缓，于是决议将各局警士，改编为八个大队；特务队及巡逻队则并入保安队，并扩充保安警察为三大队，以战时建制，作统一之指挥，无形中增加抗战之实力。十一月廿六日蒋委员长曾召集全厅各单位长官，在陵园训话，略谓："此次我国因维持世界正义，保障民族生存而抗战，军警人员，宜明斯旨，首都为总理陵寝所在，凡属国民党党员，均宜效忠卫护，现时敌人欲进袭首都，守斯土者，更应尽职抗御，警察人员虽与军队性质不同，但维护后方治安，保护全市民众，实为职责所在，在此时期，尤须协助军队，坚守勿屈，是所厚望。"恭聆训言后，全厅员警，益加奋励，咸有枕戈待旦灭此朝食之慨。

抗战之经过

自十一月二十九日广德宜兴沦陷后，敌人猛扑句容，首都战事，迫于眉睫，南京卫戍司令长官唐生智氏，因欲宪警联合动作，易于指挥，派宪兵副司令萧山令兼长警厅，并擢升第一警察局局长方超为副厅长。所有员警，亦全体动员：派保安警察第一大队第三中队，守太平门及小营，第二四中队守中山门紫金山附近，保安警察第二大队第六中队守金川门，第七中队守中央门外近郊，第八中队守飞机场及光华门，保安警察第三大队第九中队守通济门，并另派其他队警，分守水西门汉西门三叉［汊］河燕子矶。各局所编之警察大队，除第七局仍守下关，第八局仍守浦口，其余各局则扼守清凉山及各城关之内线，水上警察则游弋江面。是时旅京外侨发起组织国际委员会，划定中山北路以西，汉中路与山西路之间，为市民避难区域，请警厅派员担任警卫，复由各局挑选一部份［分］员警，组织难民区警卫组，劝令留京之市民，迁入难民区，四周均派遣警卫，并选派消防队警，担任救护，以策安全。十二月七日起，敌人由汤山，淳化镇秣陵关，会攻首都，时在京之作战部队，为教导总队，税警团，第五十八师，八十八师，一百零五师，宪兵第二团第十团，暨驻浦口之第一军与原有之江宁要塞部队等，在附郭坚守阵地，沉着应战。并因贯彻焦土抗战策略，由警察护送近郊人民渡江避难，然后纵火焚居，实行坚壁清野之计。敌人进攻光华门，以密集炮火，猛烈射击，城垣崩圮。我驻防该处之保安第八中队员警，躬负畚钟沙袋，于硝烟弹雨中，冒死填筑，修缮略备，复随军作战，因兵力单薄，更调第六中队第七中队增援。十二月十一二日，敌人在飞机掩护下，以坦克车骑兵侵入光华门，我保安队警即协同作战部队及宪兵奋勇击退，然我忠勇之保安队官警，亦伤亡甚重矣。是时敌欲举行大包围之策，分兵由采石渡江，进窥和县江浦，冀断我后路，幸驻浦之第一军，奋勇抵抗，敌未得逞，我驻防浦口下关之员警，即在浦口协同防守。十二日下午，雨花台沦陷，紫金山继之，混战至夜，大部分军队，纷向挹江门撤退，我警察人员虽于十二日下午奉唐司令命令，撤赴下关，因多数员警，仍欲坚守待援，迟至午夜，尚守原地。十三日清晨，光华门中华门水西门相继陷，敌人骑兵坦克车队循雨花路进城，步兵由升州路窜入。是时虽守军尽撤，而我警察人员，尚在小营汉西门挹江门附近，与敌作殊死战，因众寡悬殊，孤立无援，只得且战且退。抵下关时，见退军尚众，复分赴三叉［汊］河燕子矶，准备作备城借一之举，与敌军作遭遇战者累日，终以械弹粮食不继，伤亡殆尽，仅少数员警，于作战时失散，始随军退却。

转进之情形

首都抗战之始，原期以十万之众，坚守金陵。接战后，敌人挟其重炮利器以机械化部队为攻击之具，佐以飞机轰炸，以助其威。我国军队则以步枪手溜［榴］弹为唯一之武器，甚至以血肉之躯，与敌人之炮弹相搏击，优劣之势悬殊，胜败之端立见，而我国军人忠义奋发，仍坚强抵抗，誓死不屈。敌乃运用其迂回战术，由宜兴而广德溧水，进扑宣城芜湖，拊我之背，分□江北，进窥和县江浦，断我后路。至十二月十日，镇江沦陷，江阴封锁线突破，敌之军舰，将直抵石头城下。于是因战略关系，不得不作转进之计，以减少无谓之牺牲。况自中央政府西迁后，在军事地理上言，首都已失其重心，原无坚守之必要。军事当局，遂于十二月十二日下午下令退却。南京卫戍司令长官唐司令，率部先行过江，各部队闻讯，纷向下关移动，初如增援之兵，含枚疾走，秩序颇整，抵挹江门时，守城之三十六师，因未奉明令，不允放行，双方以机枪互射，各有伤亡。至下午八时，退军愈众，守军见势不敌，亦向下关撤退，退军争先出城，于是枪声杂作，秩序混乱。挹江门原有三门，抗战之初，封堵其二，仅留西边之一门，又以沙袋堵塞其半，所开之门，又仅容二三人进出，以数万之众，经此窄狭之门，势如潮涌，挤轧不堪，其中践踏跳越而死者，不知凡几。城内自山西路以北，沿途遗弃之辎重车辆被服，更难悉数。出城后，咸向下关江边觅渡，除少数部队，早经准备船只外，其余未准备者，则群集江滨，彷徨无策，偶见一舟则抢先争渡，终至不胜载重而覆。乃相率以门板桌椅，结筏而渡；江深水急，中途为波涛所浸没，或绳断筏解，随波漂流者，又不知若干人，回望城南，则房屋中弹被焚，烟焰四起，火光烛天，壮丽都城，遭斯浩劫，此情此景，诚不堪回首矣。斯时中华门光华门水西门附近，抗战正殷，我警察人员因不忍以形胜之区，沦入敌手，故仍坚守待援；迟至翌日，因械缺无援，只得且战且退，随军作转进之计，然全体员警，作壮烈牺牲者，达十之六七矣。

警察人员之原驻浦口下关者，因于十二日下午赴江浦附近助战，故退却时损失较轻，其余各局队员警，因坚守原地，与敌作殊死战，伤亡颇甚。光华门水西门两处，抗战最烈，牺牲尤巨，保安队警几全部成仁，迨且战且退时，因下关无舟可渡，分赴三叉［汊］河燕子矶，复与敌作遭遇战，损失殆尽。仅少数员警随同退军，束芦编筏或由燕子矶经八卦洲，或由三叉［汊］河经江心洲，转辗渡至北岸，中间不为波涛所浸没，而能安抵北岸者者，才一百余人耳。此二百余之员警，渡江后，无所依归，幸警厅副厅长方超，第六警察局长任建鹏等，于十三日上午，随军转进时，遇第四局所雇代运军需品之船，安然渡江，循津浦线北行，沿途收编，复于乌衣及蚌埠招集原驻浦口下关之员警，经津浦陇海各路，转辗而达汉皋。是时由京退出之员警，先后达汉，保安警察队原有一千七百余人，抗战后，仅存一百余人，亦由总队长赵世瑞率领来汉，编队整理后，由方副厅长将抗战经过及转进情形，向上峰报告，于一月十四日奉内政部明令改编为内政部警察总队调驻重庆。

当时不及退出之员警，则被陷都门，或遭遇残杀，或迫于无奈，化装避入难民区，在难民区内者，虽被陷重围，然耿耿之心，固时以复仇为念，屡拟联合民众，起义反攻，终以缺乏器械外援而罢。守候两月，计不得逞，乃设计偕遁，或化装菜贩，或乔作佣工，先后出水西门，由棉花地渡江，经桥林乌江，脱离重围，惟化装逃出之员警，因被陷日久，资斧已绝，不得已投身难民收容所，由各地慈善团体，沿途资送，或乞助友人，长途跋涉，而抵武汉，其颠连困顿之状，非楮墨所能形容。然能设计脱险来归者，亦仅百余人耳，其余被陷都中无计脱身者，迄今尚有一千余人。

壮烈之牺牲

首都警察参加抗战，虽因变更战略，作战部队奉命退却，未能达保全守土之任务，惟员警作壮烈之牺牲者，实较任何各处为多。在作战之前，因敌机轰炸而亡者，约十余名，光华门通济门作战时，保安警察等六中队长沈迪祥，第七中队长王轩韶，第六中队长王中坚，第九中队长黄莘，率领所属奋勇抗战，几全部牺牲，保安第二四中队则于中山门紫金山附近作战时伤亡过半，保安第三中队于小营附近被敌围攻，中队长蔡志阵亡，员警死伤者，十之六七，仅就保安警察队一部份［分］而言，伤亡达千余名，其他局队员警，则于汉西门挹江门附近抗战，及在城内各处与敌人接战而亡伤者，约五百余人；于燕子矶三叉［汊］河乌龙山等处，与敌人作战及被机枪扫射而死者约五六百人，渡江之员警中途为敌舰击沉，登岸后为敌机轰炸扫射，行军时于江浦乌衣等处为敌人拦击而伤亡者，各数十人，其未能退出之员警，遭敌人屠杀者，复数百人，其情形最惨者，为派驻司法院及最高法院保护难民区之员警百余人，因该处储有军服及弃枪，被敌人指为溃军，用卡车载赴下关江边，以机枪射杀，投之江流，其残酷之状，实不堪想像［象］。其他因秉持正义杀身成仁，与夫不甘受辱自投清流者，又百余人，即幸而未遭残杀，匿身难民区者，亦朝夕受敌人之鞭笞凌辱，备受惨痛，幸而未遭凌虐者，亦啼饥号寒，无以为生，其困苦之状，已可想见。现据调查所得，被陷都中之官长，达一百余人，长警达一千余人，彼等处水深火热之中，望中央之拯救，何异大旱之望云霓。员警之殉难及失踪者，一时尚无从查悉，仅就访问所知者而言，警厅长萧山令于下关指挥宪警时失散，迄今生死不明，督察长李蕃青，于挹江门率警作战，饮弹而亡，中队长蔡志在小营受敌围攻阵亡，第二局局长贺如涛，被执不屈，闻已被害，督察处长竺莘翘，被敌监禁，第五局局长祝维平，被敌押解沪上，情况不明。保安警察第三队长邵增，中队长王中坚，沈迪祥，王轩韶，黄荦，分队长祝宝三，曹志平，黄清，特务刘席长珍，录事李道生，或则身受重伤，或则杳无消息，巡官郑宗正、郭云昙、徐虬，办事员汪森彩、李其臻，户籍员熊春隆、董宝鑫等，于燕子矶作战后，生死不明，其他员警之为国牲者，更仆难数。首都警厅原有员警，约六千人，抗战后安然退出者，仅百分之十四；被陷都门，未能脱险者，约百之二十；其余十之六七，尽作壮烈之牺牲。嗟乎，仇雠未灭，寇患益深，血溅金陵者，其浩然正气，常存于紫金山头，复仇雪恨，责在后人，所望警界同志，急起直追，驱除倭寇，还我河山，他日重奠首都，建塔钟山，庶可扬伟绩于千秋安忠汉于泉坏耳。

《警察向导》第 1 卷创刊号，1938 年。

南京撤退——祝玉魁纪念排长和弟兄们

祝玉魁

一

从大场失守以后，前线的部队，就像潮水般退了下来。镇江、无锡都也紧跟着相继沦陷。刹那间，首当其冲的南京城内的空气，陡然紧张起来了，接着城内各大小商店，都忙着搬家，下关的码头上，忙乱得像乡下人赶集一样，由南京开往汉口的轮船票价，平空涨了几倍。

此后，消息一天比一天坏。南京城内，仅剩下的一家小报馆，也终于停刊了，人们像瞎子，胡乱地猜着敌人的行踪。有的说，敌人已到广德，更有人说敌人已到了溧水，于是用惊慌的目光，互相望着，种种可怕的谣言，从各人的嘴里传出来，像霍乱病菌一样，到处流布。

有一天，我奉了排长的命令，想到市区内，买一些医药品。我所经过的每一条街口，都堆起来沙袋和拒马，而在沙袋和拒马旁边，都站着带钢盔持枪而立的哨兵，仿佛身临战场。街上大部分的商店，都早已闭门搬家了，有些没有搬的，也只开了半扇门。广阔的马路上，冷冷清清走着几个行人，你可以很清晰的听到那行人脚步的声音。

在另一方面，穿黑制服的警察，天天挨门挨户，催促着老百姓到“难民区”去，而那里是保了险的，于是，男的、女的、老的、少的、担箱子的、卷铺盖的，匆忙着，惊慌着，杂乱地往来于到难民区去的路上，构成一幅凄惨的图画。

过了几天，说也奇怪，南京城经过一番扰乱之后，人们的心，像有人在平静的湖水里，投下一块大石头，起初是剧烈的波动着，但到后来，也很自然的慢慢地平静下来了。

二

十二月初，我所属的部队，由城外调到城内，是奉命卫戍首都，担任城垣守备的任务。我们这一排的阵地在清凉门，是本连的左第一线排，右边连接第二排，左边和第六连相连，全排的防御，正面有二百六十公尺。我们就要开始在城墙上构筑工事，城墙内面做掩蔽部，城门洞里面，本来是空的，只有两头被砖砌着。为使城防巩固，我们要用沙包去顷满整个空虚的城门洞；同时，在洞里面再筑一个大掩蔽部，使全部阵地，成为强固的据点。

这里的城墙，弯曲得如一条带子似的，向两边蜿蜒着，清凉门就默默地，站在这一带城墙的后面，沉静如一个不语的巨人，满山长满了枯黄的野草，足足有一人多深，人行其中，仅可看头影的活动。我们夜里放哨的时候，从那里面钻来钻去，仰头望着漆黑的天空，听着野草尖上走过的风声，就如同进到鬼域一般。

城外是一片平洋的水田，稻子在秋天里已经收割了。现在田里只长着绿油油的蔬菜，远处有疏疏落落的村庄，可是我们连一些鸡犬的声音，也听不到，城下的护城河，绕着城墙缓缓地流过去，一直流到水光接天的长江，沿河靠城墙的这边，是一带茅草盖的房子，住着一些贫寒的渔户，两三只木船，无声的泊在清凉门下。这种凄清的景象，正象征着一种大变动将要来到的光景。

这正寒冬腊月的时节，早晨洗过脸的水，泼在地下，隔不了一会，便会结成一层薄薄的冰，山上的树木，早就秃了头，就是一些没有完全秃的，也只剩下几片枯黄的叶子，无力地迎风抖着。

天空，时常为一层灰色的云雾遮蔽着，四周的景物，因而显得异常的沉静，给人们一种抑郁的感觉。

清晨，当我们出发去作工的路上，晨风如刀子般打在脸上，十个手指头，冻得像棒锤一样。

“这么冷的天气，手都冻僵了，还要这么早就作工去！”

胖子赵鸿亮，河南洛阳人，傻里傻气的，平时却爱说几句俏皮话儿，弟兄们给他起了个外号，叫“神经病”。他现在把枪挂在肩上，两手合拢在胸前，用嘴向上哈了两口气，一面搓着，一面唧咕。

“神经病，你又发表什么谈话啦？”一个班长打趣的声音。

“报告班长，冷噢！”

“怕冷，就不要当兵，你这个饭桶！”赵鸿亮的后邻兵，故意踏脱了他的鞋，一面逗他。

神经病一面弯腰拔鞋子，一面撅起嘴来反问：

“眼睛瞎啦？谁是饭桶？”

“你是饭桶。”

“老子怎么是饭桶？”神经病脸一红，恼了。“神经病，你不要随便骂人，饭桶就是饭桶，一顿饭你吃七八碗，作起工来你又偷懒，问问人家，看谁是饭桶？”赵鸿亮的邻兵，还是笑着逗他。

“卖膏药的，你不要笑，老子报告你！”卖膏药的，是赵鸿亮后邻兵的外号。

“老子在跟你开玩笑，你吃不起就恼了，要报告就去报告，那个还怕你报告不成！”

神经病口拙，脸上更红了，他高声的说：“报告排长，卖膏药的欺侮我！”

“什么卖膏药的……”走在前面的排长，蔡子甫，他听了神经病的报告，扭回头来说。他个儿不高，脸上微微发黄，有一双黑而清秀的眉毛，一对黄的眼珠，闪闪发光。他是浙江人，却说着一口极流利的国语。

“赵鸿亮、杨逢春，你们两个又吵甚么。都这么大的人了，还是那样的孩子气。过两天，还要你们一块儿作战呢。看你们好意思不？不准吵了，再吵，中午人家休息的时候，要罚你们两个去做工！”

我们这一排有三个班：第一班班长叫傅克定，是个实干不多说话的湖南骡子，他班里有十四个弟兄；第二班班长熊钦，精明强干，人家没主见时他会生出主意，带着十一个弟兄；第三班班长陈仁，管理严厉，内务整理得很好，他这班有十二个弟兄。一般地说来，这些班长，都是非常年青、能干、努力的小伙子，并且都是受过军士队的训练，才升起来的。全排士兵，整整是四十个，这批弟兄，是南京刚训练的新兵，过去大都是青年的学生，从天南地北的家乡出来的，虽说是受满了一年的训练，但多少都是带着老百姓的气概。

我们转过了一个山坡，清凉山、清凉门已能看见了。一条公路沿着城下，从山腰里穿过去，伸向山顶那边的天际，冷清清的公路上，躺着一片片枯黄的落叶，有时被风卷起，哗啦哗啦地响着。

三

沉寂了不知有多少年月的清凉门，现在热闹起来了，工作场上，响着各种声音：搬运木材的、砍草的、挖土的。弟兄们来来往往的忙碌着，一袋袋的麻布袋，装满了土以后，又一袋袋的搬到城门洞去，每一个人的头上，都冒着热气，在冷静的空气里，围绕着每一个人的头顶，一堆一堆地，像是太阳晒在潮湿的地面上，被蒸发出来的水蒸气。

神经病，把头上带［戴］的灰军帽，向上一掀，用手从额上又抹，低声说道："出汗啦！"他微微地笑了。

"咦！神经病，这会子不怕冷啦？"

"别打哈哈了，又要老子骂你不是？"

"那回老子和你开一句玩笑，你就吃不起恼了，这会子可是又充起好汉来啦。"

"笑话，充好汉？你走着瞧好了，你再讲，老子给你一十字镐！"

"瞧甚么？我看你还是报告排长的好，省的日本鬼子了，吓的你把尿溺在裤子里。"

"非得老子捶你一顿，你才甘心，好小子，你不要跑！"

"你饭桶，还敢捶人？"

那一个笑着跑开了，神经病拿着十字镐，紧追在后面。

"哈哈！神经病，小心点，看摔倒了，碰落了牙啰！"有几个弟兄趁势凑合着笑起来。

从城门后的山嘴里，出现了第一班的几个弟兄，他们肩上抬着一根又长又方的大木头，喉瞎喉瞎地向城门洞里走来，后面跟着的是第一班班长，他一手提着一大串的板鸭烧鸡，另外一只手提着几瓶啤酒，面上笑嘻嘻地走着。

"从那儿弄来的这么大的木头呀？"弟兄们问。

"从一个水泥厂里弄来的，那儿多着哩！"抬木头的弟兄们，一面喘气，一面答着。

"人家就让你抬吗？"

"不让抬，可要他们肯守着呀！那儿连一个人影子都跑光了。不抬，还留着给日本人用吗？赶快报告排长去，这倒是作掩蔽部的好材料哩！”

抬木头的，说着抬过去了。

“班长，今天买这么多的鸭子鸡子，敢是要请客了。”

“别做梦了，这也是从板鸭店、酒店里，随便拿来的，商店的老板，全跑光了！”

兄弟们欢乐着，工作得特别起劲。

这时，早晨的太阳，从东方慢慢地升起，透过浓厚的云雾，在野草上，山坡上，抹下一派橙黄色的阳光，使人觉得清新明媚，还是吃早饭的时候了，弟兄们的工作停止下来。

饭后，有一段休息的时间，弟兄们在太阳地里，蹲的蹲，坐的坐，有的靠在麻包上，双手托着腮，两眼呆呆地望着空中的浮云，有的蹲在墙根下，手里拿着枯树枝，在地面，不知所以的划着，不过从他们沉思的目光里，可以想到他们在寻思这次守城战后的命运吧？

“听说这里至少要守三个月哩！”

“你信不信？”

这是两个年纪较轻的弟兄戴齐林和蒋处、绳祖在一低声的谈话。

“怎么不信？这部里，不是把米、油、盐都准备很多吗？而且还有团长的命令说，连渡江的船，都不预先搜集，你想，这不是准备死守吗？”

“那么，你是不是有点怕？”

“反正怕也得守，不怕也得守。难道你怕，敌人就不打了吗？”

“你可打过仗？”

“没有。”

“那你又扯谎了，没作过战的人，会不怕？”

“你说怕，又该怎么样？”

“……”

二人相对笑了。

休息的时间一过去，工作又在紧张的心情中继续下去，一直等到夕阳下山，眼看快要落了，弟兄们收拾好工作器具，准备休息，那送饭的伙伕，便开始工作场上摆设碗筷，碗筷碰在一起，叮当地响着。

一会儿，夕阳下去了，夜色从远处悄然走来，弟兄们便踏上了归营的路。

入晚，窗外黑得更加利［厉］害，空中连一颗星也没有，不知在什么时候起了风，把窗棂上破碎的窗纸，吹得呼呼地响着，并且还吹进来了一些雨丝，过了一会，雨愈来愈大，从屋檐边滴落下来。

屋里，点起了蜡烛，烛光显得异常的黯淡，人的影子，在墙壁上晃来晃去，窗外的雨，还是凄凄地下个不住。

弟兄们有的从被窝里，坐起半截身子，把背靠在墙上，独自个想心事，没有睡的，便三个五个，坐在铺上，团作一堆，把白天找来的板鸭和啤酒，边吃边喝，一面又细细地谈着战争的情况，那些还不曾上过火线的弟兄，便张大眼睛，出神地听着。

酒菜吃完，疲乏便把他们拖入了梦乡。

四

早晨，我刚从车边洗脸回来，忽见傅班长很兴奋地走来问我：

“祝班长，你知道熊班长今天一早跟排长出城，干什么去了？”

“不大清楚，你说说看。”我摇摇头说。

“烧房子去了。”

“那里的房子？”

“还不是靠城墙外边，那些穷人的！”

“那又为了什么？那些穷人，都可怜见儿的。”

“亏你还是班长，怎么连扫清射界，都忘记了么？”

扫清射界，是我们在打野外的时候，构筑工作中，所必须经过的一种动作，今天却真的实施起来了。

“鬼子到了什么地方呢？”我紧追着反问。

“到了秣陵关了。”

正说着，忽见城外一团团地黑烟，直往上冲，同时隐约地那火烧房子壁卜壁卜的声音，而那黑烟继续上升，便逐渐发白，和空中的浮云混成一色，慢慢地向四空散开，最后便看不清了。

隔着城，城外又反映出一片火光，在火影里的清凉山，分外显得庄严。

过后，在［再］爬上城墙去看，那两个钟头以前，沿着城墙一带的茅草房子，现在已成了一片黑烬的地面，突然从东南方，远远地传来了一阵炮声：“哄隆——咚咚——哄铜——隆冬！”

弟兄们都站起身来，你看着我，我看着你的愣了半晌。

“炮战开始了！”

“这大概是在汤山附近吧！”弟兄们东一句西一句的说着。

排长，他只愣了一愣，脸上便闪过了一层兴奋的光彩，他点点头，低声而沉重的说道：

“来啦，好，大家准备着干吧！”他刚说完这一句，便又向大家看一眼，似笑非笑的说：“呆在那里干吗？工作开始呀！”

炮声，像是给每一个弟兄打了一次兴奋针，工作得特别起劲。当晚，传令兵果然带来了团长的命令说：“敌人已在汤山，和我炮兵阵地接触，从今夜起，一律进入阵地，假眠，不卸武装。”

第二天，清晨一起，远远地时断时续的炮声，便不绝于耳，敌人的飞机，也整日在南京的上空，缠绕侦察，而距我们的阵地没有好远的五台山上的高射炮阵地，跟踪着敌机，整日的怒吼着。一朵一朵的高射炮火，围绕在敌机的左右，像是空中一朵一朵的白云。

这时，南京城内，已没有了警报器的设置，虽然有时也听到呜呜的警报声音，那却是从下关对岸的浦口发出来的，不管怎样，对这些弟兄，已经没有丝毫感觉，反正嗡嗡的机声，和投弹时炸弹在空气中所激起的嘘嘘声，简直像家常便饭一样听惯了，除了敌机正从顶上飞过去以外，连一眼都懒得去看。

然而，在工作场上的情形，却很热烈，差不多要到白热化了。弟兄们不需要任何长官的监督，一个那么大的空城门洞，眼看就要填得与城墙一般了。午后，炮声仍在远处的空气里，继续振动着，等到黄昏时，便逐渐松弛下来，到夜晚更显得静寂。

一夜过去，天一明，炮声又起，而且愈来愈近，敌机又开始活动，炸弹的声音，时常在耳边响着。

在工作场上，传令兵不歇腿地传达着团营连部的命令，而且有种种不同的消息，也从他们的身上带来。大家的情绪，忽然严肃起来，弟兄们有时擦擦自己的武器，排长除了摸摸腰间的手枪以外，面部表情，也愈显沉静。

中午，刚在饭后休息的时候，传令兵陈梓泽气喘喘地跑来说：

“我要报告排长去，上面的命令，除了本身所有的武器外，每人只准留一件棉大衣，其他用不着的东西，预先处置！”

他刚说完，弟兄们便一起跑来，将他围在里面了。

“这是什么意思？”

“又发生了什么事情啦？”

弟兄们七嘴八舌的问。

"大概是要准备突围吧，汤山的阵地已经撤退了，又是汉奸捣鬼！"

"汉奸捣的什么鬼？"

"汉奸领着敌人的便衣队，从我们部队的空隙里钻进来了。听说敌人已经到了安德门附近的石子岗了。"

提起汉奸大家骂着、恨着，有的气得直跺脚。

从东南角上传来的炮声，不但愈来愈近，而且愈来愈密，那炮声是借着山谷的回音，一阵阵地哄隆哄隆的，向远处传播着，听来简直和连续不断的雷声一般。

听着这样的炮声，我们知道南京的保卫战斗开始了，从炮声来推测这战斗发生的地点，大概在安德门和紫金山一带进行着。

几个传令兵，仍然忙碌着，来回地传达着命令，弟兄们的心情，好像拉满了弓弦的紧张。

一到晚上，炮声照例又疏松下来，最后像是病了似的，半天半天响一声，这时候，茫茫的夜空里，却清晰的传来了机枪声，那好像有节奏地，配合着这慢吞吞的炮声"咕咕咕……哄铜！"隔一会又"咕咕咕……哄咚……咕咕咕……哄隆！"

这样一直响过通夜。

到了深夜，原野中的甚么都看不见了，我们疲乏了的身体，也只好抱着冰冷的枪，在掩蔽部的墙上靠一靠了。

在这夜色朦胧里，似乎听到城外有部队经过的足步声音，细小的说话声，和刺刀的锵锵，紧跟着，又听到哨兵喊"口令！"的声音，和对方模糊的答语，之后，便又归于静寂了。

第二天，天一亮，清凉山的炮台，就像晴天霹雳一样，"东、东！"地开炮了。

清凉山的炮台一连向安德门的方向放了几十发，听着"东东！"的炮声，弟兄们的脸上都感到兴奋，可是不久，敌人的还击也来了！

"嘘……嘘！"

"炮弹！卧倒！"

刚一卧倒下去，炮声"嘘"的一声越过城墙，从我们的头上飞了过去，跟着是一声剧烈的爆炸，一缕缕黑烟，从清凉山后面探出头来。

"打到那里去了，像这样就多来几次吧！"

弟兄们一边骂着，一边站起来，拍拍身上的尘土。这时，忽听见排长在城门洞的掩蔽部口，用一种命令的口气说道："赶快跑到这里来，看，炮弹又来了！"

大家一窝蜂似的，跑进去以后，空气里果然又传来了一阵接连一阵地“嘘……嘘……”的声音，我们都站在掩蔽部里，停止了呼吸似的，静待着意外的发展。

“通……通……通……”

“通……通……通……”

炮声正好落在清凉山的山顶和山腹上，那高地距清凉门只有百多公尺，所以，我们听得清清楚楚的，那炮弹落下的地方，平地便涌起了一堆堆的黑烟，接着是一阵惊天动地的爆炸声，而且在黑烟里面，闪烁着闪电般的火光，一块块的泥土，也随着火光飞扬起来，又在黑烟中落下了。

炮弹继续着飞来，一会儿，整个的山头，便蒙在浓厚的黑烟里面，山上的枯草，在黑烟笼照［罩］中，也就燃烧起来，随着风势，像无数条的火龙，向四下里蔓延着，满山遍野，都披上了一件熊熊的火衣，火药的气息，也就很快的被风送到我们的鼻子里来。

这时候，排长不知从那里来的那么大的兴致，他从腰里拿出一个袖珍的照相机，按在眼上，拍的一照，又拿了下来，高兴地向弟兄们说道：“嘿，看，今天我们可以参观炮兵的实弹射击了。”

我们随着是一阵轻快的笑声，有的还说：

“哼！他们炮兵的威力，也不过如此，损坏不了咱们的一根汗毛，还是出去作工去吧！”

敌人的炮弹一间断，我们又从掩蔽部里跑了出来，继续我们未完的工作，等到空中再传来“嘘嘘”的声音时，我们又跑了进去，一天之内，这样竟闹了几十次，敌人白费了炮弹二百多发，但由这里，我们知道战局已到严重的阶段了。

傍晚，新的消息，又传来了。

一个轻快的部队，用十分急促的步子，从我们阵地后面的马路上，冲了过去，于是哨兵赶紧上前，大声问道：“口令！”

“增援的！”对方极短促地答道。

“到那里增援的？”

“雨花台！”

那个队伍，一面回答，一面已经走远了。

雨花台是中华门外最紧要的要塞，这里若失守了，整个南京城，便要受到敌人的瞰制，守城便也因此会感到十分的困难。

这消息一传来，在我们心里，都起了一层波澜般的激动。

果然，黄昏过去，来了一个命令：

“工作暂停，队伍在原地停止待命！”

不一会，命令又来了说：

“一律轻装，准备突围！”

但过一会，又来了一个命令：

“固守原阵地，加强工事！”

这时，我都兴奋起来，忙着做准备的工作。然而，在天色全黑的时候，背进江的命令却又下来了：“队伍轻装，沿上新河经过三汊河到下关挹江门前集合！”

我们很快的收拾了武装，向着下关出发了，排长走在我们的先头。

我们这一排，这时已留陈梓泽在连部任联络，各班的轻机枪弹药兵杨庚生、宋道龄、张汝南、郭光文等四人，也留在后面，跟连部一同走，想不到，就因此失了连［联］络，以后就一直没有见着他们了！

五

这是一个连一颗星都没有的黑夜，除了在我们旁边的护城河的水面上，反映出一点微弱的白光以外，远处的天际，已经和地面黑成一片了。一切的树木、山岭、城墙都隐隐地躲在黑暗的后面，直到我们走过时，才能看出它的模糊的轮廓。

我们这时只是用着一种急促的步子，一直沿着三汊河前进，深一脚，浅一脚的，每一个人都放大了眼睛，注视着前面一个人的头影，紧紧跟在后面。

路上，我们走着，走着，便时常不断的听到城墙上，友军的哨兵发出来的口令，但我们只是答应着，却看不到人。

在安静的四郊里，也时常响着零星的枪声，一颗颗的子弹在空中穿梭似的响着，像呼哨一般。

我们默默地前进，谁也没说一句话，不久，绕过一个城墙角，挹江门就看到了。这时，挹江门开着半扇门，没有一点声息，两个带手榴弹的哨兵，悄然在城门里站着。

我们的队伍，走过了挹江门，便踏上广阔的马路。这里是命令集合的地点。我们把枪放下来，松了口气。

不久，从各方面退下来的部队，都向城门口涌来，愈来愈多，黑压压的一片，真成了人山人海。

这时，我们的排长，用手向前一挥，指着江边的方向说道：“前进！”

于是，我们的队伍，又向着江边前进了，夜色仍如从前一般的黑，而挹江门右边的幕府山炮台，这时候，向着地方“哄隆哄隆”射击着，有时我们猛然偏过头望去，那炮口在茫茫的夜空里，划着一圈一圈的，一闪一闪的，像闪电般的火光。

到了江边，长江仍和往日一样的流着，平时这里是热闹的码头，这时江面上却看不到一个黑色的点子，我们便急忙一个右转弯，又沿着江边向煤炭港进发，沿江的马路上，零乱的摆着许多新的汽车，摩托卡［车］，脚踏车之类的东西。

我们跨过了车站不久，就听见煤炭港已在一片人声嘈杂中咆哮着，满江边站的都是人。在港中仅有一只小火轮，轮上已有人夹着机关枪，不准人随便上船去。

但是挤在岸边的人，不管这些，等不到小火轮靠岸，便一齐向船上跳去，把船撞开了，等到小火轮慢慢的靠拢来的时候，一下子，又被跳上船的人撞开。有些人因此被挤到了水中。

我们在这里停了一会，知道要想过江的希望，很是渺茫，只好急忙折回来，向刚才走过的江边前进。我们走遍了江边，仍是没有船，因为身体过度的疲劳，不得不在一个背静的地方歇下来。

排长，他坐下之后，用手抚么［摸］着腰中的枪，沉思了起来，我们都默默的坐着，一声不响的。

过了一会，他忽然把头一抬，站起来说道：“不管人家是怎样，我们这一排，是不能再分散的，我们的精神和力量，要在这时表现出来！”

“就是死，也要死在一块儿！”几个弟兄激昂地回答！

“要这样就好，没有船，我们还可以扎木筏子，现在我们且到惠民河边看看去。”

我们穿过了几条满街都是长铁丝网和残瓦断柱的街道，惠民河就到了，但是我们找了一遍，依然是没有船，大家只好瞪着眼，相互的望着。

忽然，意外地，从惠民河的那头，一个黑色的点子，向我们这边慢慢地飘来。

“船！”

“船？”

“是船，是船！”

“来了，要先靠这边来！”

一股莫名的，一丝光明的喜悦，浮在我们的心头，我们静静的等着这船的到来。

那黑色的点子，慢慢从模糊中看清楚了，走近了，原来是一只住家用的小木船，船上黑洞洞的，坐了几个人。

“同志！靠这边来！”

我们三十六人一齐上了船，那小木船便格吱吱的响了起来，用手一摸，船舷快与水面平了。

在船上，排长命令着说道："把机枪架在船头上，只管开出去！"

这只小船安静的沿着河边前进，到了煤炭港口，前面忽然开朗起来，一片水光的长江，就摆在面前。

煤炭港附近的岸上，站了不知有多少人，从这边望到那边，黑压压的一阵，像是一道城墙，吵杂的人声，在人群里喧哗着。

"砰"的一枪！

"把船靠到这边来呀！"这边的人喊。

"碰"的又一枪！

"把船靠到这边来呀！"那边的人喊。

排长坐在船头上，低声说道："不管，不管！"说着流水已把船冲到惠民河和长江汇合的地方。岸上，不知道是那一个，咕咚一声，跳入水中，向我们的船极力游来，不久，那人便从后面爬了上来，一身淋淋的水，只冻的发抖。

进了大江，奇怪的江水，却没有一点波浪，江上的天空，在两岸黑沉沉的夜色里，显著比较明朗，却望不着对岸的一星灯火。船是随江水一直向下流着。我们用圆锹和木板，当做船桨来划，后面支起一块舱板，当做船舵，希望把船不致向燕子矶方面冲去，但尽很大的力量，要想开往浦口去的愿望，还是没有把握。

忽然在江的下游，腾起了一片火光，照耀得天空通明，仿佛一只油船着火的样子，于是四周的景物，都逐渐由黑暗中露出面孔来，那里是山，那里是房子，那里是树林，历历如在目前。那火光一射到水中，便在江面上，洒下了一层特有的色调，而远处近处，漂浮着的黑色点子，满江都是的，一片呼救的声音，由江风吹上船来。

小船濒临火势，□□□□，□□□□□火光愈远，两岸又逐渐黑暗下来。

"漏水！漏水！洞！"船舱里忽然有人在喊。

"洞！洞！"又有人在叫。

"堵住！拿手电来！快！快！"

"不行！不行！"

"拿木板盖在上面，用脚踩住！"

这时，在船舱里，忽然发现了一个漏洞，江水如涌泉般的直往上冒，一时，大众手脚忙乱起来，小船向左右晃了两晃，险些翻了过去。

“坐好！坐好！不要乱动，听到了没有？”一个班长在里面指挥的声音：“蒯文进你踩住木板，王佩轩和那边几个人，就用钢盔把里面的水舀出去！”

小船又继续晃摇了几下，打了几个圈子，居然慢慢地平稳了，船舱里不断地响着，哗啦哗啦的戽水的声音。

望着眼前这白茫茫地一片江水，再看看这破烂的小船，每个人都怀疑着它是否能渡过江去。大家的心情，都紧张到了极点。

约摸在下一点的时候，船忽的停了，坐在船头的刘坤，用圆锹向着船下一戳，一楞［愣］，随即高兴地叫道：“见底啦！”

“是真的吗？”弟兄们七嘴八舌地问。

“真的，真的！”

一颗似有千金重的心，猛的一下落了下来，全身觉得无限的轻松。

“怎么看不见江边呢？”又有人问。

“那就是的，不就是沙滩吗？”

小船是靠在沙滩上了，但江岸却仍沉沉地□在□□里，看不清楚。

下了船，踏过了一段约五十多公尺远的水面，就到了沙滩，在那里整顿了一次队伍，人数和服装、武器，仍是完整的。走过了沙滩，前面忽然显出一片黑漆漆的东西，挡住去路，走近一看，原来是一片望不见边的芦苇，大约有一丈多高，在风吹□□□，芦苇瑟瑟地响着。

穿过芦苇，前面又忽然出现了一条和芦苇林平行的小河，河床都是黑漆漆泥沼，只有河心，有一片白色的水光，向左右延伸着。

我们沿着小河，走了两趟，没有见一座桥，又不知道河水有好［多］深，队伍只好在河边停了。排长向四周望了望，沉思了一会，于是下命令道：“今晚就在苇林内露营，到天亮再讲！”

我们正忙乱着，整理露宿的芦苇林，忽然在芦苇的外面，沙沙地响起了人的脚步声音，两三个人向芦苇里走了进来。

“口令！”哨兵端起枪作“预备放”的姿势。

“同志，自家人！”那几个人说着走了进来。

“站住，那一部分的。”

“教导总队！”

排长听到了口令，向着那走进来的人，迎了前去。

“请问同志，贵部是那一部分？”那走进来的人向排长问。

“教导团。”

“噢，一家人，一家人。”

那个人向我们看了几眼，内有一个人说道：“你们想在这里过夜吗？听说附近的风声，很不好哦！”那个说着又用手向空中一指道：“你们看！”

这时，在我们四周的天空中，一串串的，红红绿绿的信号枪，往上直攒，同时，从小河对岸的那边，也传来了零星的枪声，再仔细听时，又似乎有嗡嗡的飞机声音。

“我看我们还是过河的好，那小河的水，没有多深，并且有许多在这里靠岸的人，都已过河去了。”那人继续说。

排长听了这话，便开始判断这四周的情况，一个人呆呆地站在那里，过后，他忽然用坚定的语调说道：“大家注意，准备过河！”

命令一下，我们便一齐跳下河去，可是，还没有走两步的时候，心里便知道这一下糟了。

从小河靠芦苇的这边，到河的中心，约有五十多公尺宽的地方，都是稀松的烂泥，好像浆糊一般，一只脚踩下去，还没有蹬到底，稀泥已经过了膝盖，这只脚还没有拔出来，那只脚又陷下去了。你若是想用手按住稀泥的上面，想借一点泥的反抗力，来挪动你的身体时，那手就如同按在水上一样，反把手也陷了下去，说不定还会把你们的身体，猛的向前一倾，给你一嘴巴泥吃。我们于是被困在稀泥之中。

那岸上的苇尖，仍在瑟瑟地响着，红绿的信号枪，也仍然一串串地往上攒着，四周的大地，依然躺在黑暗里。

我们陷在稀泥中，已到齐胸口的位置，两只脚已很难为力，仅仅一双手和一个头露出泥面，对着这情景，一股像临死前的感觉，突然袭上心头：心想：“临死前的情景，莫非就这样？”

但是，排长忽然提起精神，大声的说道：“大家努力，那么宽的长江，都被我们渡过来了，难道还怕这条小河吗？困难是要拿勇气来克服的！”

克服一切困难，忍受人家所不能忍的苦，这该是我们军人的特质。其实，那时候的排长，也和我们一样，陷在稀泥之中的。弟兄们听了排长的话，便都鼓起了勇气，也顾不得天气冷不冷，有的竟把身上的灰棉军服都脱掉，以减轻泥的牵制力量，有的把上衣或裤子，作成一个简单的浮袋，放在泥上，用手按着，一步一挪地向前爬。但泥是冷的，粘到皮肤上，一下子便由脚跟冷到心底，不由不打起一阵阵的寒战。

经过了几小时的苦斗，泥河算是渡过来了，可是每一个人从头到脚，都是一身的泥巴，有许多人的鞋子，也都送给小河，作了纪念。

上了岸，东方的天边，已经渐渐发亮，我们在河边的岸上，找到了一个人家。这只是两间茅草房子，里面住了一个中年的渔夫，我们暂时在里面歇了下来。

渡过了大江，又爬过了小河，最大的危险，总算已过去了，但以后又怎么办呢?摆在面前的，只是一片陌生的原野，同时，饥寒又猛的爬上心来，两只脚不知在什么时候，也冻得失去了知觉了。

寒冷压迫着我们，使我们在草房里，生起一堆熊熊的稻草火，弟兄们围站在火的四周，烘着身上泥湿的衣服，那中年渔夫，睁着一双惊慌的眼睛，站在一边，呆望着我们。

排长从图囊里，拿出一张地图，一面透着火光看着，一面又抬起头来问渔夫："这里是什么地方？"

"六合县！"

排长从地图上找到了六合县的位置，便道："想不到昨夜一个夜晚，竟冲到这个地方，这里离浦口是很远□□。"

排长的话还没有说完，那渔夫却低声向我们说："山那边就有鬼子兵呢，不瞒你们说！"

"不管有没有敌人，我们现在还是决定就走，碰到敌人，就干一场！"

排长又下命令了，一面从地面上指示了我们现在要去的方向——滁州，津浦路上的一个车站。

离开了草房，天已快亮了。不久，一轮红日，慢慢地从东方升起，在远处有一堆堆的黑烟，在云中缭绕着，那也许是我军所做的坚壁清野的工作呢?

我们原按着预定计划，是沿着一条叫滁水的小河前进的，但走了还不上一里，肚子已饿的胡卢胡卢的叫，因为我们还是昨天早上在清凉门阵地吃过早饭的，只好在路傍［旁］停下，从一个老太婆手里，买到了半斗米，没有油，没有盐，就这样，也只吃了个半饱，便没有了。虽然只吃了半饱，但精神却强了很多，于是再走前路。

因为决定要赶到滁州，于是，我们又不得不连夜赶着路走，夜，仍然是无边的黑，伸出手来，看不见五个指头，沿途家家户户，都关闭着，一点灯火也看不见，偶然听见一两声犬吠，陡觉得十分恐怖凄凉!

走到半夜，过分疲乏的身体，使得两只脚，实在不愿意再前进了。但摆在前面的，仍然是漫漫的路，不走，又怎么办呢？于是，一边走着，一边打瞌睡，步伐也一路歪斜了，走着，走着，猛的一脚踏空了，一惊，人醒了过来，睁开眼一看，原来是一脚踏在河坡上，差一些儿没有掉到河里去；然后就接着刚才惊出来的一点精神，勉强把身体移到路中来，但走不上几步，两个眼皮儿，又往一块儿凑，脚步又歪斜了。

我们正朦胧地走着，前面忽然传来了一阵火车叹气的声音："嘘……嘘……"

"火车！"

"大家赶火车去！"

"走呀，加油！"

我们已经疲乏了身心，这时又振作起来，眼前展着新的希望，一鼓气，就赶到了车站，刚巧这是开往滁县去的最后一次车，从站上黯淡的灯光中，认清了那车站的牌子——乌衣。

车上已挤满了人，车顶上，车头上，到处都是，吵杂的人声，如一锅开水，我们费了九牛二虎之力，才挤上了一辆装煤的车厢，一上了车，身体便向车皮上一靠，就不知道东西南北了。

此后，我们又乘车经蚌埠，徐州，赶到汉口，在这里又看到繁华的市容，仿佛进入了另一个世界，但是，炮声似乎依稀在耳边响着。

卅一，十一，于成都军次

《士兵月刊》第11—17期，1943年。

南京难民区九十四日记（节录）

杨　权

余自二十六年十二月十二日夜十时半在南京从最高法院入难民区，至本年（二十七年）三月十七日晨六时化装出水西门，得渡江西行，脱离虎口，在沦亡区生活者九十四日。此九十四日中，己身之所经过及耳闻目睹之事，极人世之惨酷与丑恶。敌人所施于吾同胞者，虽如《黑奴吁天录》之善于刻画，亦难描写其万一。又往昔闻诸故老所述捻匪惨无人道之事，以较敌人今日之兽行，亦不及其十一，使捻匪犹有存者，见敌人今日之所为，以惨酷为游戏，其烧杀淫掳之能别出心裁，亦当自叹勿如也。每见一出乎人情以外之事，往往以两指助张其目，或以指甲自掐其指，以测眼前所遭究竟是真是梦。又往往发生“日本人是否还是人类”之疑问，又疑此世是否尚是人世。在难民区中怀此疑问及此幻想者，亦不特余一人，每当夜深人静私相诉语之时，又往往同疑为梦中人共语。直至三月十七日上午既得渡过西江口，返顾充满惨毒愁苦之南京城依然踞峙江南，又顾己身确然尚在，方如噩梦初醒，此九十四日中之所遭遇，的的是真，非假非梦也。嗣后沿已破坏之公路徒步西行，抵舒城后，始有车船代步，而后抵安庆，而九江，而汉口，而重庆，骨肉复得重逢，长官同僚复得相见，咸能慰藉有加，尔时心绪，则不知是喜是悲是愤是怨，忆杜诗“妻孥怪我在，惊定还拭泪”及“生还今日事，问道暂时人”等句，诚不啻为我此行写照也。余今已在青天白日旗之下，未死之身，犹及加入全民抗战之大团结从事抗战工作，犹及见举国一心歼此丑虏还我河山之盛事，则已往之所遭不足悲更不足怨愤，余之能脱险归来，纯乎一可喜之事也。而陡忆尚陷在京之袍泽与民众，犹在敌人铁蹄之下过非人生活，又不禁潸然泪下矣。

余于十二月十二日夜逃入难民区时，将所有未及埋藏之公私文件悉付一炬，不留片纸只字。到难民区以后，亦无纸笔作日记，此篇之叙述，皆出自到渝以后之回忆，故某事不能确记为某日发生者，只能以“一月中旬之某一日”等字样记载。若为行文便利计，原可易编年体为传记体，仿绎《左传》为左事纬之法，析九十四日中之遭遇见闻为若干事类，如军警抗战牺牲情形，敌军入城情形，敌人焚烧情形，残杀情形，奸淫情形，掳掠情形，伪组织之成立及其设施，沦陷后之工商业，难民生活，沦陷后之社会一般状况等，归纳为数篇叙述之。但为引读者眼光能令同入沦陷后之南京城计，则宜如放映电影然，一幕一幕顺序演出，观者方能亲切领会。至其中包含若干事类，可任读者自行分析归纳，故余仍用编年体叙述。为令读者能完全了解难民之心理及尚有多数公务员至今不能自拔来归之理由，并能寻绎正陷落时及陷落后种种惨剧之因果起见，则作者脚色，亦应自行表明，而南京陷落以前作者逃出以后之情事，亦应补叙于前后，以完足本篇之神理。兹分为“南京陷落以前”“难民区九十四日记”“逃出以后”三节述之。

一、南京陷落以前

我是首都警察厅保安科的一个老主任，在南京将要陷落时做了十五天代理科长的这么一个脚色。十一月二十七日，厅长王固磐交卸，卫戍司令长官唐委宪兵副司令萧山令兼任厅长，厅里头有几部分的主管官被军事机关调去了，萧厅长便委我兼代了保安科长。那时候我们的上级机关内政部已和各院部会一同迁往重庆了，警察厅成了南京卫戍司令长官司令部的直属机关，它的任务，是偏重在协助军事了。那时候，南京鼎足般三个管理地面的机关：南京市政府、首都警察厅、宪兵司令部，内市政府的一部分已携带了重要的卷宗迁往武汉，随去后市长和大部分也离京了，只留下自来水厂的人员和清洁队及其他各部分三五个人在京保管不甚重要的卷宗，警察厅在军事倥偬之中，便还要兼管一部分的市政。那时候，我们的官警除了自己的勤务外，对于兼管的工作也颇能克尽厥职，和宪兵也合作得非常好，南京地面的秩序，直到陷落的最后一夜，还是维持得好好的。

警察厅原在鼓楼保泰街，因为和敌人轰炸目标北极阁太邻近，又没有良好地下室的设备，于十二月五日，奉命迁到中山北路最高法院办公，占用了靠南面的一幢三层楼。厅长室、秘书室、保安科设在三楼，督察处、总务科设在二楼，医务室设在平地一层。司法科、特警课、侦察队仍在白下路原址办公。厅长是不常来厅的，除十二月八日夜间因召集内外各部分主管官讲话来过一次外，他和秘书常在宪兵司令部办公，厅中公事、速件用电话传达办理，要件由各主管官携往宪兵司令部核阅。

我们的生活，是公私分不清的了。我在十一月二十三日将家眷遣走以后，便将铺盖搬到厅里头去住。迨警察厅迁到最高法院以后，因为该院的职员宿舍间数很多，同事们都搬来住了。他们起先也都携有家眷的，也都和我一样的部署遣走了，只剩一个人在京，所以都搬来同住了。我们是办公在厅里头，饮食起居也在厅里头。我们办公时间是没有限制了，除了吃饭睡眠和大小便以外，总是在办公厅。例行公事不办了，速件却多的多，都是要立刻执行的。便在夜间，每一办公室都有一个人值夜，等候着电话命令和其他速件的来到。我们是没有家庭生活的了。同事便是相互的眷属。我们每一个人的生活和整个警察厅的生活已凝成一片了。再推广一点说，便是和十多万的防守军队，疏散胜［剩］余的二十几万民众的生活也凝成一片了，整个南京城的人，成了一条共同的生命。

我们处在警察的地位，原没有计划到做守城工作的。我们以为大部份［分］不负作战任务的员警是不应当无代价牺牲的，以为到最紧急时一定先行撤退的，我们也做过这个计划，做过这个请求，但目的是没有达到。结果是第七第八两局上新河巡逻队水警队员警约五百余人，保安总队及其他各单位残余部队二百余人，因为地理上的关系，能够冲出战线，得保存了员警总数十分之一的七百余人外，多数的员警是在南京做最后抗战者而成仁了，一千多员警是沦入难民区受尽了敌人的搜查残杀和耻辱。倘使因为警察的最后抗战而能掩护大军过江，我们虽然牺牲很多，我此时的回忆，倒不是悲伤而是快乐。但是十二那天的下半夜正当保安队警察在各城门拼命抗战和十三日清晨各警察和敌人作巷战的时候，退到下关江边的各部队，除少数得到船只渡过江去外，多数的都自己集成一组一组的将惠民河内的木头扎成不结实的木排，还有搜罗了许多台凳铺板等扎成一大块，自己划向江心，多数被浪头冲毁沉没了。一部分的士兵是麇集在江边呆等，等到十三日上午警察巷战不敌也退出挹江门时，他们还没有走掉，终于敌人机关枪队到了，他们虽还用步枪抵抗，终于不敌而被扫射死或挤入江中死了。一部分军警沿江向下游退却的在乌龙山与敌遭遇，一部分沿江向上游退却的在三叉［汊］河与敌遭遇，也都抗战成仁了。警察最后抗战的结果，除也击杀不少敌人先头的步骑兵外，再也找不到其他更大一些的代价。已死了的人，也不要多说他了，那些还活着沦入难民区的员警呢！有些是到敌人随营商店去贩些纸烟托着盘子在街上叫卖，有些是每日清早到水西门去接了农民的菜蔬在难民区摆个菜摊，这些同志是有办法的，在难民区中还会自谋生活。那编入难民区国际委员会警卫处的员警，是由国际委员会发给每人每日米四合，可以煮两顿稀粥。那些巷战不敌后化装易服逃入难民区的员警，就好比一群没了娘的孩子，无人管理；只好天天挤到金陵大学去吃施粥，都过着那种不生不死的日子，衣服呢，褴褛得就同乞丐一样，还要时时受敌兵的搜查和侮辱，和担心着那不可预防的猝然的被敌人捕去枪毙。我自己现在虽然逃出来了，但每一回想到他们，便一阵心酸。

我是警察厅的一个人员，对于这非必然的部署——令警察做掩护部队！结果是大军并没有多少能渡过江去，而警察却死得这么多，我的心理是怎样，读者自会领会得，更不用我自己来表白。但我对于厅长萧山令是丝毫也不怨恨，因为他没有违背他自己的诺言，他是始终领导着宪兵警察，直到南京陷落前最后一刻，他并没有弃了我们而一个人先自逃走。我以为将军们在作战中未算胜先算败是应当的，向后撤退的计划和向前推进的计划，有一样的重要。遇到在战略上有把这块地方放弃的必要时，我们的军队应当怎样撤退，撤退到什么地方，各部队先后的次序，分几路撤退，需要多少车船马匹；这些事，我以为非但不是不应当计划，并且很应当及时计划好的。这种前进或后退的计划，我以为对于几个共生死的人，也毋庸严守秘密——详细的计划，当然事前不能宣布的——因为这样才能使大家好整以暇地安心工作。我以为不论前方的战士或后方的工作人员，都需要有一个镇定的心神，是在作战中第一个条件。况且警察厅的一班内勤职员们，多数没有经过战阵，现在整日整夜在敌机的威胁之下，和猛烈的枪声炮声中过生活，当然有些不惯，有几个口直的便把这个问题来问我，却是我对于这些计划，一点也不晓得。我很想安定他们的心神，于是在八日那天的上午，我因为有件公事送到厅长那边去核阅，顺便请问萧厅长道：

“倘到十分紧急时，我们警察厅应当有怎样的部署？”

他毫不犹豫地回答道：

“到必要时，我走，带你们同走，生死与共。”

这几句话，是我和督察处长竺莘翘，秘书金国书一同听见的，至今犹历历在耳。我回厅时，便把这几句话告诉了大家，果然一个个都安定下来了。到底，萧厅长是没有走，当然也不能带我们走，虽然他现在还生死不明，他的内心大概是做了“死与共”的一面，而我现在还活着，所以我对于他非但没有怨恨，还应当有些惭愧。

为了迫迁市民入难民区，各局警察忙了好几天，大约是十二月七日罢，把这件事方才办完。在南京划出一个难民区，并组织一个南京难民区国际委员会来管理，这事是由几个外国教会和在京各国侨民所发起，得到我们当局的许可和敌人的同意而组织的。难民区的范围，是划定在汉中门以北，山西路以南，中山门以西，西康路以东的一块。国际委员会会长是美国人葛氏。有一个委员是德国人名叫司班令，他是最热心最能仗义，后来最肯和敌军抬杠的一个人。委员中有几个是中国人，后来都成了伪组织的自治委员。委员会之下，设秘书处、警卫处、救济组、卫生组、纠察组、房舍组等各部份［分］，分任各事。各部份［分］干部，大都由红卍字会职员担任。警卫处员警，国际委员会要求由警察厅调派担任，萧厅长便请准了唐司令长官挑各局较老弱些的长警五百名，职员二十余人，并指定第六局局长任建鹏可兼任警卫处长，开了名单送给国际委员会。当时任局长和各员都不肯担任，无奈我们当局已答应了国际委员会的请求，不准推辞。任局长仍一再和萧厅长说“倘使难民区警卫处果然发生作用的时候，这任务我一定担不了，不要误了难民的事！”意思便是说“万一大军要撤退时，我一定顾着率领自己的警察，不会为了这个任务而不随军撤退的。”萧厅长也明白他的意思，便再请准了唐司令长官加送了消防队队长王济一份名单给国际委员会，并且说明王济可兼任警卫处副处长——因为王济是南京人，并且他还有眷属在南京，以为他到了不得已的时候，也许肯勉为其难的。这样警卫处的员警名单便算决定了，国际委员会便把它组织起来，设在山西路第六警察局里头。

孝陵卫、上新河、燕子矶各镇的居民，已令他疏散到乡里去住，南京城里疏散胜［剩］余的居民，已令迁入难民区去住，警察厅对于地面上的事没得办了，一方面为着容易控制起见，便把各局各分驻所、派出所撤掉，把各局警察，依照原队局的次第，编为第一至第八八个警察队，原来的局长便任来［队］长。第九局警察并入第一队，上新河、燕子矶、八卦洲三个巡逻队的警察并入保安警察队成立了一个第三大队，以上改编是在八日办妥的。

城内各街巷的住民迁入难民区以后，各街巷店面和人家的大门都封钉起来，街上也绝少行人，仿佛成了旧历年初一的样子。难民区里头却拥挤不堪，五台山、金银街一带和金大各部份［分］房屋的空隙，平添了不少的棚屋，还有些油盐杂货店、米店、小饭馆，本来国际委员会叫他们搬进去后仍旧开张的，还忙着预备开张。

但是敌人并没有遵守他的诺言。本来国际委员会和敌人约定难民区里头是不轰炸的，却是八日那天的中午汉口路落了一个大炮弹，炸起来了，在中山路行走的人们，还拼命的向难民区跑。在难民区靠边的人们，又拼命的向难民区中心跑，经过了这一场骚乱，那些准备开张的小店便不开了。

厅里头的饭食坏极了，一桌菜便有两碗同样的炒咸菜，两碗同样的包菜炒肉丝，又是一碗包菜肉丝汤。但这不能怪厨房，因为各城门已不许人民自由进出，城外的菜蔬猪肉鸡鸭蛋类都不能进城，卖咸肉咸鸭咸蛋等类的店铺又都关了，连食盐都不容易买到。在我军没有推进，城门没有准许自由出入以前，城里二十多万人只好就城里的几片菜园地和仅有的几头猪做菜吃。八日的夜里，督察处长竺莘翘，督察长王肇龙，督察处服务员前燕子矶巡逻队长计斌，医务所长吴麟孙和我都有些嘴馋，想到福昌饭店去吃一顿并且洗一个澡。福昌饭店是德国人开的，地点在难民区的边上，它现在是南京惟一的一家饭馆，而城内其他的澡堂也早都停业了。竺处长并电话约了一个朋友卫戍司令部 ×× 组主任 ×××，问他如抽得出一刻功夫，请他一同去吃饭，他电话里答应了，我们各自叮嘱了值日官，告诉了我们去的地址，便一同到了福昌，先开了一个房间，泡了一壶茶喝着。不久 ××× 来了，我们问他前线的战况。他说："昨天 ×× 兵担任的 ×× 地点出了些毛病，当时派教导队立刻上去接防，阵地是没有失掉，但是队伍分配不过来，所以今天起已退守附郭。"我们听了他的话，都很不自然，但是大家也没有话接谈下去。他坐了一回便走了，我们知道他有事，也不留他。我们各人都洗了一个澡，十多天没有洗澡了，身子得到了水，非常舒服。我洗完了到餐厅时，他们已吃得差不多了，有人吃到一份面包、一味菜、一杯咖啡，有人只吃到两样，我只吃到一味鸡丝汤，因为我最后一个去，什么都卖完了，大约这家惟一的饭馆明天也做不起买卖了。

首都警察厅各种警察，除保安警察队已编为作战部队，分别开往派定地区担任作战外，水警队是协同军队警戒江面，惟各局警察虽已编为八个队，但卫戍司令长官并无派遣加入作战之命令；而南京地面除难民区外，各街巷已胜［剩］了空屋，街上也绝少行人，行政警察无事可做，大家都觉得无聊，我们想，首都行政警察素质是很好的，许是唐长官舍不得用违其长，所以不派遣作战，到必要时，许是要先遣撤退。我们都这么想，可并不相谈，各人都静候着命令。

八日早晨，督察长李蕃青看见保安科的女职员还在办公，他便约我到他房里去谈话。他道："我们撤退时，许要步行，你们的女职员跟得上吗？"我被他提醒了，便立刻回科处置。当时保安科还有四个女职员，一个户籍员盛玉华是已调派给难民区警卫处的，她俄延着不肯去，要随同警察厅团体行动；我向她陈说利害，叫她收拾行装到警卫处报到去了。一个办事员俞美荪，我请准了萧厅长把她同一个总务科女办事员张宝全两人派到第八局去待命，在八日上午派人送她们过江去了。一个户籍生周礼和，恰巧她哥哥来给她请假，说他们全家要迁到武汉去，不便将他妹妹一个人留在南京，我也请准了萧厅长准她长假走了，我打发了三个女同志走后，觉得轻松得多。只有一个办事员张兆华本在产假中间，她到下午才来销假；我问他为什么这时候才来，她道："我假期还没有满呢！"我告诉她并非驳她的假期，为的是要先遣她们过江。她听见女同志都走了，很是坦然。我很佩服她的勇敢，她后来知我们一同陷入难民区了。

九日，炮火越迫越紧了，整日在炮火声中。敌机是整日在京市上空轰炸，空袭警报也不放了。最高法院虽然有一个很好的地下室，我们也不进去躲，不过看见敌机线路快要到头顶上时，从三楼跑到底层，避一避它的机关枪罢了。

把局警改编的八个队究竟应担任些什么任务，卫戍司令长官还没有命令下来，我们都很心焦，以为要担任作战，就应该赶速编为作战部队，发给械弹，开出去作战；若要保全这一项警力，便应当索性撤到后方去；这样在炮火中间闲住，终不是事。我们几个人商量了一回，公推竺处长去向萧厅长请示。到晚，竺处长回来，向大家报告萧厅长转述唐司令长官的意思，除保安警察队已令担任作战外，其他行政警察暂在难民区四周警卫，不要他们加入作战，但令准备着随时可以奉令出动。

夜八时，接奉卫戍司令长官速件一件，令厅速将惠民河内船只及浮木移到三汊河去，如不可能，即便烧毁等因；余即以电话报告厅长，厅长正在和别处接着话，我恐误事，便将电话挂了，再接上第七局电话，通知局长汪弼照命令所开办理。汪局长在电话中答我道："船只可以遣走；浮木主人一时那里找得着，无法移动。"我道："你不必通知浮木的主人，便令我们弟兄运去不好吗？"汪道："如许大木材，又未扎成排，要一时运走，非千数人不可，我们弟兄又不会弄木排，哪里办得了呢？"我道："你不可以征集壮丁帮同办理么？"汪道："下关还有壮丁吗？你何不亲来下关一趟，协助我办理这件事呢？"我道："那么，你便把它烧了。"汪道："没处找火油。"我道："好啦！你先把船只押令移去，浮木如何处置，等我报告了厅长再通知你罢。"我随即又接上了厅长的电话，报告奉到命令及处理经过。萧厅长道："你处分到这样就行了，惠民河浮木的移运或焚毁，现在还不是很急迫的事，等我将情形报告了司令部，再把办法告诉你。"我当时听到汪局长的电话，晓得惠民河里有着许多大木，心上一动，但终于没有和任何一个人讲一句话，这时候，南京的东南西三面统统给敌人围住了！

到十时左右，我有些困倦上来，吩咐了值日官小心等着电话，便到宿舍去睡了。到十一时左右，被一个大炮声音惊醒了。这样的大炮声，我还是第一次听见，仿佛从西北角地上起，直冲霄汉，声音散满了半天，窗户玻璃震动得好一刻才停息。我坐了起来，叫醒了同房间的吴舜臣、孙履元二人，我道："我们准备些罢，不要尽睡了！"吴舜臣并不坐起来，仍睡着答道："没有事，这不是敌人的炮，是我们的号炮，我们开始要向敌人炮攻了。"他又告诉我野炮的声音是怎样，小钢炮的声音是怎样，迫击炮的声音是怎样，各种炸弹的声音是怎样。他在二十六军当过二年多军需，经过几次战阵，有相当经验的，我信他的话，便在不断的猛烈炮火声中沉沉睡着了。后来晓得那个声音并不是炮，是我军用大量炸药在毁水西门外的那座大石桥，但当时我只当它是我军的号炮，不知吴舜臣是否听错了还是故作此说来安慰我睡的。

十日上午，把要带的公物都装订捆扎好了，卡车也预备着；总务科又发给各员警每人一个水壶、一个干粮袋，个人自己盛满了水，装满了炒米；各人自己的包裹也打好了，准备随时可以出发。以前科长徐为彬曾给我们讲过随军行动时合适的装备，衣服要穿短衣，里头最好着卫生衣、毛线衫之类薄而能保暖的衣服；脚上最好着布鞋或草鞋；头上最好准备着一顶露卧时可以带着挡风的毡帽；包裹内最好放一条毯子，一件雨衣，几身替换小衫裤，几双洋袜，几条手巾毛巾等，一只搪磁碗，一双筷，一个电筒，不是路上必需的物件不可带，要估量着自己的体力，能背着它行几十里才行；我们早就得了这种知识，所以整理私人行装时，一点也不费踌躇，很从容地准备好了。

上午十时左右，谣传光华门被敌人攻破了，很起了一阵慌乱；我到督察处办公室去打听军用电话的报告，晓得城是没有攻破，不过敌炮和敌机轰炸得太厉害了，城墙炸坏好几处，死了不少守兵，但不久便补充好了，敌人没有能攻进来。

今天一天就整日在猛烈的炮火声和敌机炸弹声中度过去了。夜晚睡后，又被那个大炮声惊醒一次，今晚我可一点也不慌，那大声一过，我便又睡着了。后来晓得，因为水西门外那座大桥太结实，昨晚只炸毁一部，所以今晚再去炸。

十一日早晨，我还没有起床，听见勤务兵只闹着"水"。我起来查问，晓得自来水断了。有的说水厂被敌人炸坏了，有的说是在城外保护抽水管子的两连兵和工人都撤进城来了；到督察处去打听，他们也未得实信。幸而最高法院有一眼井，但是我们人多，不够用，整日的戽着，还只好都省着用。今天的战况很不好，听说我们保安警察队在紫金山附近担任作战的有两中队在阵云中全没了，又有一中队在雨花台全没了，各城门都有保安队协同军队作战。又听说我们把外线全放弃了，只守着城圈作战。

上午十一时半光景又传光华门被敌人攻破了。这一次却不是谣传，真的被一百多名敌军从炸毁的缺口冲进城来，但结果多数仍被我们消灭了，逃出去的没有几个，光华门仍给我们守住的。但是敌人的炮火飞机轰炸，比昨日更厉害了，炮弹直打到城中。萧厅长本来已从道署街宪兵司令部搬到北极阁防空司令部办公；今天一天北极阁落了无数的炮弹，把地面上的电线电杆木都打毁了，虽然地下室很坚固，并没有炸坏。但电话线断了，不能和外界通话，炮弹密集的程度，在地面上一步也不能移动，也无法派工匠修理，到夜间趁炮火稍稀的一刻，很急速地把文件和应用的物件从地下室搬出来，迁到人和街谷司令公馆办公。

今天的情形，可算很紧急了。大家这么想，警察恐终有参加巷战的日子，而现在所用的都是些杂牌旧步枪，有一些好的，也已掉［调］给军队了，至于内勤职员多数连手枪都没有，械弹是须要求发给的。若一定不令行政警察参加作战，那么也要相机撤退了。各部分职员都要求各主管官去要求萧厅长“对于各员警应为的工作，要有一个更显明的部署”，使得各员警到最危急的时候，对于当前的事实，晓得应如何处分。各主管官都接受了同仁的请求，先互相商谈了一回，晓得这个问题，完全要凭唐司令长官的主见解决，决定明早去见了萧厅长再定办法。这样，今天一天又在密集的炮火声和炸弹声中过去了。

夜十一时半左右，那西北角上的大声又响了一下，我今天已晓得是在炸那石桥。那石桥的工程真好，这样炸了三次，直到我三月十七日出水西门时，看那桥两岸剩余的桥基，还是整齐得很。我被这大声惊醒了，见院子里很亮，便跑出去到办公室三楼屋顶凭着栏杆看看，看见星斗满天，火光遍地，城外东南西三面有十余处大火，夹杂着闪烁的炮火，景象好不惨厉；这景象要在望气家的眼中，大约便叫“杀气”了。

十二日上午十时，各部份［分］主管官在督察处办公室集合，由副厅长方超率领，到了谷司令公馆的会客室，萧厅长以身体微感不适，令方副厅长到卧室去谈话，萧厅长主张：各局行政警察宜先渡江待命，看战况如何，再定进止；命我们做一个书面签呈，于呈尾附签“拟令方副厅长率领渡江”字样，交由方副厅长，持往见唐司令长官请示。方副厅长当命我等仍回最高法院待命，他自己一人去见唐司令长官。在正午十二时光景，方副厅长回到最高法院向各主管官报告前往请示的经过，并出示唐司令长官的手谕。那手谕，是裁开的半张十行纸，字是用自来水笔写的，内开“派行政警察开赴下关维持秩序。”下面是他老人家的签名盖章。在签名的后一行又加注道：“保安警察队派有任务者，不得出城。”方副厅长吩咐到：“我们现在马上吃饭，饭后，我先拿了司令长官的手谕去和挹江门的督战部队交涉好，然后同竺处长，周科长（总务科长周昭敬）出城去看好驻扎的房屋。你们内部各主管官各自准备好大小行李，大行李统统交给督察处装卡车，小行李自己带；职员都不许离开，到下午六点钟听督察处指挥一同出挹江门，各队长——即各局长——各自回去整理队伍，下午四点钟以后，陆续开赴挹江门，在海军部门口集合，六点钟出城。”我们答应了“是”。饭毕，方副厅长和竺处长、周科长先坐了汽车去了，各局长也各自去了，内部份［分］各主管官也各自分头去办各人的事。

我读了唐司令长官的手谕，明白：一、不发械弹，是不令行政警察加入作战，也不准备教他们巷战；二、不即令渡江而令其在下关维持秩序，大约在大军撤退时，令警察担任维持秩序和警戒的任务；三、警察要在大军撤退后撤退，因为南京城的东南西三面都被敌人包围了，要撤退时，只有出挹江门北渡长江的一条路。军队中的事，只有“服从命令”四个字，不容你自己做些什么考虑或混说些什么话，只应当照命令表面说明的事项去做，至于命令上没有明白说出的地方，不容你有所猜测或者有所怀疑；像我这样把司令长官的命令来分析解剖是不对的。但我是一个文官，其职责不像带兵的官长一样地简单，在自己职责以内的事，不能没有一个妥当的处置，而不奉命令又不能各自处置，所以不能没有一个考虑。我估计着出了挹江门以后，不见得再会重新进城，虽然命令上并没有说到教我们从此便渡江或重新进城的话，而我在出城以前，却不能不把要在城里做的事先做了，譬如户口册籍，要人口片，特种口片等东西，断不能落到敌人手里去，但不奉命令，却不能便把它烧毁。我在吃饭时间问方副厅长道：“保安科已将重要卷宗装订好了五个大木箱，前经签奉厅长批示‘交总务科连同各部份［分］重要卷宗先运赴安全地区’，但总务科因津浦路和上驶轮船都停了，无法运出。此项木箱甚笨重，路上恐不好携带，应如何处置？”方副厅长道：“烧了好吗？”我道：“不重要的文卷已烧了，这些，将来都要应用而无法找到副本的。我有一个很隐秘的地方，把它埋起来，行不行？”方副厅长道：“行。”我又问道：“各局队的户口表片，前于将局改编为队时，已请准厅长把它烧了，但本厅的一部份［分］还完全保存着，应如何处置？”方副厅长道：“烧。”我得了副厅长这两件命令，晓得时间很充裕，便从容地吃了饭，令管卷员殷彝带了几个人把保安科装订好的五大木箱连同总务科四大木箱的卷宗埋藏起来。埋藏得很隐秘，直到我三月十七离开南京时，始终没有被人发觉。我盼望着将来回到南京时，我亲自带了人去发掘，我相信我这个希望，一定能实现的。我又带了两个户籍员，两个勤务兵到保泰街办公厅，把所有从前很小心谨慎调查编制好的户片、口片、要人口片、特种口片，以及一切有关户口的记载，统统搬到督察处前面空场上，付之一炬，我眼看它烧完了，便回到最高法院。我又把手边的卷宗文卷交给殷彝，并令他检几付［副］文具带些空白纸张装了两个洋铁箱，交给督察处装车；再开始检查各同人自己带的行李。他们都已经各自打好了一个很灵巧包裹，自己背得动的，我自己便也检点了几件路上必需要的衣物打了一个包裹。我思量着渡江后要轮不到火车坐呢？中途跟不上大军行进呢？恐必有步行的时候，也不无落单的危险；那么，怎样可以使同人不致走散又怎样来自卫？我和大家商量了一下，便把保安科三十四个人编作三组，派徐民新、汪森彩、熊春隆二人各带一组，约定同人在途中有大小便或购买东西等事要暂离大队时，须向自己的组长报明；我又向督察处去领了三支手枪，交给各组长随身携带，徐民新因不善使用，把枪交给他一组的吴舜臣使用。我自己以为一切都布置停妥了，便和同人在办公厅坐着等待出发。一些事也没得做了，也无须计划什么了，从下午两点钟起，便度着一小时的悠闲岁月，觉得从两点三点，这一小时的时间不知有多么长。其实这一天是枪炮声和炸弹声最热闹的一天，大炮不时打进城来，炸弹的爆炸是更不用说，但我们都没有把它们放在心上。

下午三点钟，督察处传知内勤职员先行出发，行李卡车也开走了，于是大家便与最高法院作别，一路向挹江门走去。过了山西路广场没有多少路，见竺处长坐了汽车迎面而来，伸出一只手臂，作势教我们回去；我们莫明所以，又跟着回到最高法院。原来我们守城部队因为扩清视线的关系，已把下关的房屋大部份［分］烧了；第七局员警因协同某一部队担任浦口警戒，已经渡江，第七局房屋也烧了；要在下关找二千多人的驻扎的房屋已不可能，故竺处长赶回来制止我们出城的。于是各部份［分］行李又从车上搬下来各自保管，各人仍回到自己的办公室待命。隔不多时候，开到海军部门前集合的队伍也被挹江门督战部队赶了回来，据报：督战部队奉到唐司令长官令，不论军警百姓，一概不准出入城门；于是各队警察只能又开回原驻地去，不一会，又一个警察来报告：科长汽车被阻在挹江门外不得进城，隔城门洞说着话，教请竺处长去求一手令准放他进来；结果，手令没有请到，他当然没有能进来；我在难民区的时候，传闻他在乱军中殉难了，实在他后来会到了方副厅长找着了第四局为军需处准备的船得渡江的。四点半钟，督察处以口头传达唐司令长官的命令："警察全体撤入难民区。"大家都爆起来了，公推竺处长去见萧厅长，要求唐司令长官发给械弹巷战，不然，就跟着大军撤退，决不愿退入难民区。竺处长坐了汽车飞速地去了。这时已有三三五五的溃兵沿着中山北路陆续向挹江门走，挹江门督战部队的机关枪响了。唐司令长官这道命令，实是最仁慈不过的了，退却的准备，他老人家心里有数，所准备的只船既没有警察厅乘的分［份］儿，则何必令其跟在大军中损失，何如且入难民区，尚能在敌人占有地中保存着我们一股子实力呢？结果，跟随大军退出挹江门的警察死的多，退入难民区的警察死的少，可惜命令到的时候，内城交通已很不便，不能统统传到，他们还做了一番巷战而后弃装退入难民区的，倘使径自退入难民区，还可保存得多些；他老人家的眼光是一点也没有看错，但是同人当时听到这一道命令，却都愤气得了不得。

竺处长去后，我吩咐同人包裹不要解除，人也不要离开，仍然准备着随时可以出发；我自己到竺处长房内去坐候。那时候，竺处长房内共有四个人：一个我，一个督察李蕃青，一个上新河巡逻队长吴谦，一个侦探队组长 Z 君（注：本日记里说到的人，有好多至今尚未脱离南京，不便将他们姓名发表，我起先用 ××× 来代表，但这种符号太多了，在我固一目了然，晓得某段文中的 ××× 便是某人，而读者却何从辨别呢？所以兹后把他们各人英文姓名的第一字母来代表，以便有所区别）；督察长王肇龙在办公室等候电话；督察处同人都整装着在二楼待命；总务组同人因他们的科长没有回城，彷徨得很，也整装坐在办公室等待。那时候，外边的声音热闹极了，各城的炮声，挹江门和下关督战部队的机关枪声，中山北路的步枪声；最高法院里面却静得很，几乎没有一个人讲话，我们四人相对无言地坐在室里，觉静到太静了，静到有点难受，我便开始和他们讲话，晓得：吴队长是因为进城来领周转费，昨天回队，没有走到上新河便教驻军挡住了，驻军说前面已有敌人便衣队，我们已把上新河放弃了，不让过去；吴队长说明一定要过去的原因，驻军道："你的队伍一定已过江了，不然，便已沉没了，你去也是白去。"吴队长没法，只得回城；所以他是和自己的队伍失了联络，要和督察处取同一进止。Z 组长是在承办着一件事的时候，他本队不及通知他而渡江了，他也是与本队失掉联络，要和督察处同进止。天渐渐夜下来了，电灯居然还来火，竺处长还不见回来。八点半钟时候，门外一阵脚步响，有人推门进来，我一看，是保安总队长赵世瑞；我问他："怎样了？"他道："奉令保安队接防水西门、汉西门，我马上要和各大队长、中队长讲话，出发。樵夫（竺处长字）呢？"我道："去见萧厅长，还没有回来。”他匆忙得很，只把头探入门内讲话，脚都没有跨进来，“嘎”了一声，便走向间壁总务科办公室，同跟在他后面的杨大队长、邵大队长、李中队长等讲话去了，很激昂慷慨的声调，话句是听不清。李蕃青从椅子上立了起来，对我们道：“通甫（我的字），事情已到这个地步，我是死也不进难民区的。樵夫还不回来。我想加入保安队作战，战死了，也就算了；不死，还有跟着大队冲出去的希望！你看怎样？”我道：“到这时候，究竟走那一条路是对，谁也不能判定，便是樵夫回来，恐怕也不能替你决断。我还带着保安科一班同人，只能等候樵夫回来，再定行止。在这时候，我以为只好各行其是。”蕃青道：“我一定加入保安队！”他便叫了他的勤务兵一同步入间壁房间去了。他本来身材很高，面色很红活，穿着全身武装，挂着一个盒子炮，他的勤务兵也全武装挂着盒子炮，他向我告辞而步出室门的时候，很神气；他就在明日清晨在挹江门外战死了。不一会，一阵脚步响下楼去；接着听见楼下几句口令，又一大群脚步声音走出最高法院。仅余的一两个中队，人数少得可怜的保安警察，要教他们担任两个城门的城防，然而我们赵总队长和全体官警很激昂慷慨地接防去了！

吴队长，Z组长随后也不知道那里去了，室内剩了我一个人。十点钟的时候，王肇龙的勤务兵进入室来，搬取竺处长床上的铺盖。我奇怪道：“你怎么搬掉竺处长的铺盖？”他道：“竺处长不回来了。这铺盖是我的，我搬去睡。”我觉得此话可疑，便跟他走。在二楼过道等着的同人有一个拉住我，问我到那里去。我道：“我马上回来，你们不要动。”我跟这勤务兵下楼，到了他的卧室，问他道：“你怎么知道竺处长不回来了？”他道：“竺处长派人送了一个字条来给王督察长，王督察长叫我跟定他走，到中山北路在黑影里一闪，失散了……”他以后说些什么，我不再听，便飞步奔到督察处办公室，王肇龙果不在那里了，我拿过电话来，自己和萧厅长打电话，只听见铃响，没有人接，足有一刻钟工［功］夫，还没有人接。我晓得不好了，放了电话，走出房间，只见几十个人在过道上站了一长条，保安科全体、督察处、总务科的同人，还有几个司法科长，几十对眼睛望着我一对眼睛，他们似乎已放弃自己的理智，专靠我来决定大家的行动。那时候，电灯已不亮了，在满城大炮声和机关枪声中间听得最亲切的是大门外中山北路密集的步枪声和大众的脚步声，我无意识地向左边望了一望，又向右边望了一望，叹了一口气道：“唉，跟我走。”大家便无意识地跟我走，我到自己的办公室取了我的包裹，顺着楼梯望［往］下走，走到靠西边的网球场上，有两位同事发觉了，在后面问我道：“杨科长，你带我们望［往］那里去？”我道：“进难民区。”这两位同事还在说话，似在反对我，我不听他说什么话，把包裹望[往]篱笆那边一掷，取了一条板望[往]篱笆上一搁，步上去到了板梢，望[往]那边一跳；这样地跟我跳过来的有二十几个人。我们便这样地进了难民区，从此便变了难民！

《警察向导》第1卷创刊号至第1卷第3期，1938年。

一个首都警察的自述

匡　愚

我是一个首都的警察，在铁作坊分所服务已有五年之久，每日除我的勤务而外，我最爱的就是各种运动，如打篮球、掷铁弹、太极拳、达摩剑，尤其是撑高跳远，踢毽竞争，天天练习如恒，藉以增进心身健康。自日寇侵我领土，占据我淞沪，敌机到处飞行，轰炸肆虐，首都是敌人最大目标，所以受害更深，我的日常运动随之而停，这时我和一般弟兄的任务，就是领导民众，作广大的防空运动，家家户户指导他们赶筑避难室，防空壕，以及救护防毒消防等等的常识，并且告诉他们，如敌机来袭，无论怎样的轰炸，切勿惊慌乱跑，镇静地坐在防空壕里，不要说话，这就是一个消极防空的妙法。此外又要注意户口的清查，防止汉奸的活跃，调查粮食油煤等等的数量，以及种种安定地方的工作，完全系在警察身上，这不是说警察万能而是警察必须具着不眠不休的精神，以完成其本身的任务。去年十二月初，首都的情形一天紧张一天，敌机的轰炸，汉奸的活动，民众的搬家，防军的索要伕役，搅得寝食不安，可是恶劣的空气忽而浓厚起来，不好的消息逐渐传来，甚么电灯厂被炸，甚么自来水管爆裂，某处已发现敌军，某地又遭敌机掷弹，情况是如此紧张，可是保卫大南京的决心，我们是只有更坚固，这龙蟠［盘］虎踞的首都，将由卫国勇士的鲜血来煊染出更大的光荣，这时警察的职务更加重大。我在白天任勤容易过去，一到夜间，情形就显然有些不同，电灯复灭，全市黑暗，死寂的街道，行人似乎已是绝迹，往日卖零食的小贩，本是都市之夜的点缀，今也不复可得，只有虫鸣唧唧，闻之令人凄冷万状，就在白天，也因为商店住房户十室九空，凄楚情绪，令人毋任伤感，街巷来往的人，除军队警察而外，就是一般贫民也在搬运其必不可少的东西，预备迁往所划的难民区内，意图避免寇兵的残杀。此外，人民已搬走一空，警察亦无勤务可服，就将各局的警察集中起来，编为战时警察大队，负守士的责任，作抗战的勇士。到十二日的午后防军奉命撤退，不及撤退的警察，尚在和敌人浴血拼命，在新街口一带增加防线两道，以防汉奸的暴动，难民区的抢劫。就在此处与敌前哨接触，巷战终日，但敌人的火力实在太猛烈了，我们只有再战再退，至下关江边，前面长江横隔，舟渡全无，枪闻四起，火光烛天，至此无路可行，我的同伴有的被敌弹所伤，有的多被冲散，手中所持的枪已发热不可复用，袋中所装的弹亦完，我从朝至暮，滴水未尝，只有鼓荡我的勇气，抱必死的决心，流最后的鲜血，愿作断头将军，不为亡国大夫，以求民族的生存，争取革命警察的人格。此时天将发白，毫无犹豫地抱木投江，顺水漂流，意在葬身鱼腹，初不作生还之望，我是一个胖子，又生在云岭，长在平原，不知水性，我抱木漂流的时候，骑木作马，随波逐浪，顺流而下，苟得死于江中，即葬于鱼腹，亦还我清白之躯，这痛快的死，就是我的光荣，也是我的人格。我在江中足足十个钟头，直到翌日正午，漂流到八卦洲口，得船家之救护，承村人的赐食。身上的衣服浸水湿透，我的两腿已麻木不能行动，站立尤感痛苦，行走诸多艰难，幸得行人的搀扶，用芦苇来烘干衣裳，九死一生，艰苦备尝。至十六日七里洲前亦荆棘蒲地，处处有敌，行程日走百里，三夜未曾安眠，登高涉水终得道出明光，由津浦而转陇海，而平汉，到达汉皋，留得此身，只有本既往精神，奋斗到底，以搏最后的胜利。

《警察向导》第 1 卷创刊号，1938 年。

四　撤离南京

我怎样退出南京的？——记排长武××的谈话

倪受乾

我与我的弟兄们都有一个坚确的信念：死守南京！

两年前，当我们担任南京防务的时候，这新兴首都给了我们不少难得泯灭的回忆，现在那些温暖的回忆都一一变成失望和忏悔的酸果了，因为，那耻辱的日子来得太快——一九三七年的十二月十二日！

我们辜负了一切已失和未失的土地上底人民底期望，一切为祖国牺牲了的灵魂都将感觉不安，而最可痛恨的是在这毫无计划的撤退中，损失了无算的财产（军火和给养），成万的未发一弹的弟兄们都成了瓮中物！

从中央路、中山东路、丁家桥……涌来的人群汇集成一条泛滥的洪流，随着暮色的渐深，这洪流是逐渐逐渐的在汹涌起来，督战队的枪声阻止着这条洪流的推进，硫磺味的火花，在凝固的骚乱的夜色中闪着光彩，庞大的军用卡车，流线型的私人汽车……涌集着，减少了道路的宽度，公文箱、军毯、自行车、枪枝[支]……在人们的脚下阻碍着每一步的移动。

空际交织着一切人类所制造的器物发出的繁响，震动着人们刺耳的忘形的叫喊、叱喝、唠息和谩骂……

战争还在城外进行着。

一个大得出奇的脑袋，在我的眼前晃动，这个脑袋上没有帽子。他背负的小木箱，抵着我的胸口，同时我的颈项上正接受着另一个的急促的呼吸。我每移动一步，必得把腿抬得高高的，否则便不能前进。有一次，当我把腿抬高而又放下去的时候，踩在一个圆圆的东西上，几乎滑跌下去，用脚仔细一探摸，竟是一个人头！要不是迅速的抓住大脑袋的小木箱，别人也许会踩上我的头了。想着想着，我闭上了眼睛。

这时，我们是在挹江门的城楼下。

睁开眼睛，已经在城外了。大脑袋在我的眼前消失了，抚拍着疼痛的胸部，我把一股淡淡的哀愁，吐向寒冷的空气，我不知道自己和一切旁的似乎着了魔的人们，正在进行着一件甚么事。如果说这就是退却，这退却未免太突兀，太离奇！

远大的炮声沉寂了，然而那缓慢的点射的机关枪的鸣响，这一忽，反而更为清晰。

我未曾注意到身旁杂踏的步声，或是慌急的招呼，一道红色的光芒迷惑了我的双眼，紫金山的半腰正蜿蜒着一条灿烂的火龙，敌人在开始破坏我们的障碍物。同时，在城垣里外的各处，腾起了可怕的火焰与浓烟，那些用血和汗凝成的我们人民底财产，都在贪婪的火舌的吞噬中毁灭了，消失了。

在码头上，在宽阔的江边马路上，人流像沸腾的水一样激荡着，天上满布云翳，淡淡的月色透过云层抚拂着呜咽长流的江水，平时熙来攘往的江面，这会儿变得如此的冷寂了，该有千万只贪婪的求生的眼，在这冷寂的江面上搜索着吧。

偶然的一瞥里，看见了我们的团长，特务排胜［剩］下二十人左右跟在他的后面。特务排的后面，就是我的那些纯朴的、憨态可掬的弟兄们。他们热烈而高兴的招呼我，似乎当前的情况并不足以使他们踌躇或惊骇，大约是只要不离开团长，每个人都有一份燃烧着的希望。

团长派出一部分人去分头搜寻民船和本师专备的小汽船，剩下的人便焦急的期待着，当然，很快的大家便失望了，民船没有了，小汽船因为江水低落的原故，在江边搁住浅。虽然是搁住浅的船，竟也挤满了人，恰似一群蚂蚁聚附着一只死蝇一样，因而船也就越发难以入水了。这是一个严重的场面，团长沉默的听取了各人的报告，扬起了忧郁的眼，向江边眺望了一下，忽然大声的吼着：“每个人都去找船，不然，我们只有向回冲！”而他自己呢？就在群众扰攘纷纷中，悄悄的带着两个卫士走了，我看得很清楚，然而我没有转告任何别的人。

从城里涌出的人流，继续不断的增涨着，码头上有承受不了的样子。各种声调的方言啊，各种情绪的呼喊啊，而枪声又到处毫无忌惮的响着，粘附着这痉挛的大城市的一切，喧杂而综合的响声，散布得辽远而广阔，好像某些对兽群的可怕的怒吼，人们都丢弃了一切其它的意念和良心——只挣扎着力求把自己的生命带向扬子〈江〉的彼岸去！

当弟兄们发见［现］团长已经独自离去，便像断线之珠似的坏开了。他们狂喊、叫骂，埋怨，甚至我还听到低声的呜泣，□□和悲愤咬嚼着我的心，使我禁不住吼叫起来："跟我来，要活命的跟我来！"

海军码头左二百公尺的地方，我们散乱的行列停止下来。一些广东弟兄们正从别的地方肩来些木板，整齐而崭新的，破碎而发霉的，解除了身上的负载，抱起他们唯一的生命的寄托，从沙岸上缓慢的滑向辽阔的江流里去。

一座燃烧起来的汽油库底烛天的火光，映照着江面上起伏的人头，哀惋的呼救声，刺心的飘送到岸上人们的耳边来，而湍急的江流贪婪的将那些起伏的人头和呼声一个个的吞灭了。

"现在船只是没有的了，一定要过江的话，我们得赶快找木板，找木板！"

环绕着我的弟兄们沉寂着，为眼前的情景所慑，没有一个人敢于回答，更没有一个人移动。

"既然不愿这样干，那我们只有冲，冲出去！"

手臂如林似的竖立起来。

于是开始点验人数和枪支：人四十八个，步枪三十二枝，弹壳三十二枝，轻机枪一挺。整齐了行列，沿着江岸，穿过人群，一直向西去。我们的企图是突破敌人最弱的一环，把芜湖作为我们的目的地（我们不知道芜湖先南京失陷）。

当嘈杂的人声在我们的耳里变成了一片模糊的海啸的时候，这四十八个的行列便停止下来，我镇静而严厉的发出最后的命令："把刺刀上起来，子弹压上膛！"

出乎我的意料之外，回答我的是一片沉默。四十八双可耻而懦怯的膝头零零落落的屈向地面。

他们中的一个颤抖着嗓子：

"报告排长，为什么我们要冲出去呢，多少万人并不……！"

好像一个响雷振破了我的耳膜，全身的血液无节制的奔腾起来。

退后几步，我颤抖的手卸下肩上的轻机枪，将它架放在地面上，描向那屈膝的四十八个：

"解决了你们这四十八个！"

像触了电似的，那四十八个歇斯底里的齐声哞叫起来：

“呀，啊，排长，请……请……”

…………

一个意念倏地刺到我的脑海里，“啊，训练不够，中国人！”

我的按着扳机的手松落下来了！

现在，我置身于一个半圮的搁［阁］楼上，破碎的窗门面对着一条宽阔的马路。远处的火光和沸腾的人声从窗口扑进来，不时的把我从半睡的状态带回到一种极度不安的情绪中。

疲乏了，可是我不能静静的睡一下。

坐在窗下的地板上，将头埋在双膝中，完全成了一个临命待决的人。

“啊，我的寄托给兄弟、姐妹、友朋、伴侣与祖国的热情什么地方去了？”

回答我的是这死去了的楼房的空洞的回声。

在微光中，看到手表上的短针正指着三点三分，一九三七年的十二月十二日的夜快要完结了。

一阵连续的手榴弹的爆烈声，把我从朦胧中惊醒过来。

杀戮和流血正迎接着十三日黎明的到来！

人群如水似的从街道的南端向北倾泻下去，又从北端冲激回来。敌人的轻骑兵昂然的跃过障碍物，把子弹毫无标的的从短短的马枪中放射出去。七五的榴霞弹在空中炸烈，弹片如雨似的散落下来。从各个角落里，子弹飞跃出来，在人们的头上呼啸着，织成一道繁密的火网……

敌人的弹丸穿过敌人的胸膛！

我们的弹丸穿过我们的胸膛！

一个永世未有的混乱的巷战！

这一切没有给我以丝毫恐怖，我希望一颗无情的子弹来了结我的生命，或是让火焰把我的躯体整个吞卷去！

当我正将驳壳向一个佩着指挥刀的野兽描射着的时候，街道对面的楼层下涌出一群我们的弟兄，三个人迎接着弹雨倒了下去，其余的便与南来的敌人肉搏相遇了。

不知从什么地方，手榴弹抛掷出来，扰乱着敌人的尾端，刺刀上的血滴向四下里飞溅开去，我的注意力全盘给一个年青而红黑的脸庞吸收了去。在极短暂的时间里，这年青的脸庞解决了八个。八个！

但是最后显然的他受伤了，痛苦的蹒跚着没入一条小巷里去。

为一股同情和兴奋所激动，我从狭窄的扶梯上冲跌下去，在那小巷中的垃圾桶旁，我发见［现］了他。手抚着创口，大而明敏的眼，向远天凝望着。

“同志，让我扶着你走吧，这儿可不能久留！”

“不，我自己能走，只要休息一会，你还可以去拼一下，拼一下啊！”

他的坚决的拒绝，使我感到悲愤和自惭，泪水沿着两颊流下来了。

我回到江边。

江边依旧是惨淡而扰攘的，仍然有些贪求着生命的人抱着木板滑向江流中去，好像他们情愿将生命埋藏在波涛里面。

从脚边拾起一枝配有刺刀的中正式步枪，加入到一股向前冲击的散乱的行列里去，现在，付出我的生命的时机已经来到了。

敌机在低低的黯空中怪声的上下翻飞，可是始终没有一只炸弹伤害及我们，轻机枪子弹底尖声的鸣叫，迫得每一个人屈着腰前进。

这不是一场战争，而是仇□相遇的恶斗。

只要发见［现］敌人，我们就不顾一切的把他们扑灭，同时，敌人对于我们也是一样。

我们散乱的行列，忽而急疾的跃进，忽而又停止下来。

在市轮渡码头的近边，我和另外一个人爬进一辆小型的坦克车里，企图利用它冲向城里去，而让它成为我们的坟墓。

但是即刻我们便失望了。机关枪的子弹没有了，同时我们又不知道怎样才能使这怪物前进一步，原来我的陌生的同伴也只是一个步兵上士啊！

步兵上士徐金奎同我默默的坐在一间宽敞而暗黑的店堂里，两人拼命的抽着烟卷，时而用指头在满布灰尘的矮桌上划一个数目字——计算结局在我们刀尖上的敌人，时而倾听着屋外底战斗的音响。

数目字一个个的增加起来，八小时的格斗，完全在我们的记忆中重现了一次，最后，我们相互来一个总结：37——□，两人相对会心的笑了。

这时疲乏和饥饿开始紧紧的纠缠着我们。可是谁也没有起来去找一点食物。在甚么地方可以找到我们的食物呢，世界是整个的陷在恐怖和死亡之中！

徐金奎现在显然为某种情绪苦恼着，他坐一会又站起来走几步，然后又重新坐下。在垂暮的微光中，我看到他的眼中闪着一种光芒，那光芒透示了无尽的仇恨和愤怒。

“现在我们只有两件事：吃饭和杀人！”

抓起涂血的枪枝［支］，一阵卷风样的他窜出去了。于是，我沉入了更深的孤独。

一小时以后，徐金奎带着新的血迹回来了。

当我迎过去的时候，他递给我一包米和一罐已经打开的凤尾鱼。

他独个儿守在门边，我在黑暗中摸索着走进店堂后身的狭隘的厨房，开始做我们的晚餐。

就着余烬的微光我们两人贪饕的将半熟的米饭一碗一碗的填进辘辘的肚肠里，当我说："这恐怕是我们最后一次的晚餐了。"徐金奎苦笑着。

将筷子放下的时候，他抬起右脚给我看，腥血侵透了他的鞋底。

"生平第一次看到成渠的血，嘿嘿，血的南京，南京的血！"

十四日的早晨，我同徐金奎坐在栖霞山的一棵树下。现在我们已经换上便衣了。

山后一千尺的高空中，升起敌人的观测气球，敌舰在江中来回巡逻着，机关枪如沸水似的向岸边扫射。

某些地方飘荡着血色的太阳旗！血的色彩给予我们不可忍受的刺激，我们站起身来。

朝南的山腰里三个敌人纵情的谈笑着，循山径向我们走来，我们两人迅速的掩蔽起来，同时从身后拔出我们的驳壳枪。

"左边的一个你干，其余的让我来！"

我的话声未落，徐金奎的枪声响了，同时我的十颗子弹也迅速的喷射出去。敌人应声翻下山去。五分钟内我们越过了三个山头！

收容着一万余难民的栖霞寺，显得异常喧杂而份［纷］乱。难民们听到敌人已经入城的消息，急得如热锅上的蚂蚁，各处飞来的关于日军暴行的传言，使得寺僧们的安慰和饰词，不复能解除他们的焦急和恐惧了。

我和徐金奎现在也同其他难民一样，接受每天三餐稀饭的施与，晚上我们便宿在山顶上一个小小的破庙里。

日子在期待和焦急中一天天飞了过去。

十七日的夜晚，寒冷而凄凉，天上朦胧的月色，从破碎的瓦片中筛落在满布灰尘的神龛上，小庙底破碎的墙，透进来尖利的风，并且断续的吹进栖霞寺底夜深的钟声。这凄凉的景象使得偎依在干草中的我和徐金奎久久不能入睡。

一个黑影，倏地从门外闯进来，他手上执着一柄闪光的刀：

"喂，拿出你们的钞票来，奉大日本皇军司令的命令，中国的钞票现在一概不准通用，要调换大日本的！"

对面墙角里的几个难民，都被这个夜半的不速之客底威胁吓呆了，相率从草丛中坐起来。

“快，不拿出来的，看家伙！”

这威胁的吼声，激起了另外几个扮作难民的伤兵的不平，而低声的窃骂着。徐金奎悄悄的从我的身边爬向前去，把驳壳猛的举起，描对着那不速客的胸膛：

“把刀放下来！”

那家伙受了这意外的反击，疯狂似的大声号叫求救起来，但是一次、二次、三次，他总不愿丢开他的刀，这过制不住我的同伴的恼怒，而将扳机扣动了，震耳的枪声，惊哭了母亲怀里的孩子们，这古怪而顽强的家伙应着枪声，尖嚎着蹲下地去，终于在地上痛苦的游动着而不声不响了。

所有的人们似乎都为这痛苦的应惩感激着。

“打死个把趁火打劫的汉奸，不算什么！”

“干得好，干得好！”

第二天早晨，我和徐金奎把那个汉奸的尸体拖出去掩埋了，一个老者犹豫的走近我们的身边，向四下里瞭看了一周，低声的说：

“要过江吗，五只洋一个人？”

“过江，在什么地方？”

“过去两里路。”他指着偏东方向。

于是我们走回夜宿的破庙里，将两只手枪埋入盛米的锅中，系在老者的扁担上，跟着他走下山去。

敌舰傲岸的在江面上来来去去，显得很匆忙。远处有几只小小的木船摇摆着，大约也是装载着与我们同样命运的人。有时敌舰上的机关枪会对这些木船来一阵突然的扫射，甚至迫令停止检查，或不准通过，当我们的船渡过二分之一的航程的时候，正有一只小型巡洋舰从西向东去，舰上的敌人用望远镜向我们瞭望，急得摇船的老人直跺脚，叫我们把身子缩到船舷的下面去，好让敌人以为这是一只空船，焦急和恐惧就这样压抑着每个人的心……

终于，小船一步步的挨近北岸了，全船人的脸色也开始变得明朗起来。

愈近北岸，血的国都，被蹂躏的国都也就离我们愈远了。我们胸中蓄着一腔急待发泄的羞辱、愤怒和仇恨……

踏上北岸的土地，回首遥望，早晨的南京笼在一片茫茫的薄雾里面。

二七，四，九日重抄

《七月》第3卷第5期，1938年。

记最后退出南京的叶肇将军——一篇含有戏剧意味的故事

屠仰慈

这是意外，我得知了一个紧张、危险、悲壮，同时又令人感觉得无限兴奋的故事。这样有意思的故事，在中国民族抗战史上诚然是不可多得的。“还是一个奇迹啊！”归途上，我不禁再反复地这么想。

南京失陷那一天，城里还留着不少守军，四面全被日军包围了，于是他们不能不拼着性命，杀出重围；结果据说被守军达到目的，安全地度［渡］过长江，退往江北。当时，各地方的报纸都这么说，我们自然也深信不疑。谁知我在香港见到那位亲身经历这场恶战，历尽许多艰苦才从日军包围之下逃出来的军长——叶肇将军，知道最后一批人的退出南京，并不那么简单，也不那么“安全”，大多数的士兵与长官，都在日人的炮火下悲壮的牺牲了，能够“安全”生还的不到十分之一。当时报纸上所载的新闻，恐怕并非真是最后撤退的那一批人，那一批为国家民族争最后一息生存的几千个壮士！

在一间布置得相当精致的房间里，我同几个朋友会见了这位最后退出南京的唯一高级将领——叶肇将军。他是桂军方面的一员勇将，这次到香港又到广州，他自己也有点不相信。

“在不多天前，我那里想得到今天还能好好地活在世上，准备再和敌人拼命啊！”

他不禁又惊又喜地对着访问他的人说。

叶将军是个年纪不老，但是头发已经斑白了的人，从他言谈的朴质和举止的文雅上看过去，真不相信他是一个调兵遣将、身经百战的“纠［赳］纠［赳］武夫”。我们集居在一间屋子里，一边抽烟，一边就听他讲述退出南京的曲折故事，一边又提心地不时为他出冷汗。

据叶将军说，在南京未被日军包围之前，他就带三千个弟兄，驻守汤山防线。这条防线足足有四十多里长，三千个兵士，实在不够分配，再加日军的炮火非常猛烈，飞机又轰炸得日夜不停，这样单薄的兵力，实在抵挡不住日军的进攻，不论白天或晚上，常常有下级军官跑来对他说：

“军长，我们的兵力太单薄了，实在守不住战壕了啊！”

其实叶将军何尝不晓得自己力量的单薄呢！但是他知道力量单薄也得拼，敌人要占领南京，总得向他们讨回一笔相当的代价，壮［庄］严的首都，难道可以白白给人占领吗？何况上级的命令又是那么严厉，常常要他们对于那一据点，必须死守到某日某时，那一个山峰，死守到某日某时，在这样重要的命令下，叶将军明知力量太单薄，也是无可奈何，所以只能这样回答他的部下：

“你们率领着弟兄们拼命去好了，弟兄们牺牲完了，我姓叶的不死，就算没有人格！”

这样，他的部下都很兴奋很勇敢地乐于就死，往往一两团人从战壕里退下来，只剩一两个连排长，七八个弟兄。

十二月十日，叶肇将军率领他的部下，退到城里去休息，但到十二日的下午两点钟，雨花台被日军占领了。这时对南京城不啻是个致命的打击，纵然想死守也无从守起了。就在这时候，唐生智将军接到命令，要死守南京的队伍完全撤退。叶将军接到唐的命令，已经是当天下午五点钟，他便立即召集他的部下会议，最后决定：以团为单位，不管如何困难，也要突破重围，各走各的路，到安徽某地集合。

会议散了，天空已经黑暗得可怕，猛烈的北风在空中怒吼，刮到身上来像刀割一样疼痛。整个的南京，已沉没在黑暗的深渊里。因为叶将军是军长，是他们的最高将领，所以他不能不亲自率领一团人先打头阵。他们撤除了城门口中的障碍物，在黑暗里冲出太平门，走不多远，就和敌人猛烈地接触了。叶将军一边指挥战争，一边率领一批人马继续前进，想不到前面路上横满了炮车，是日军用来堵塞他们的去路的。叶将军一转瞬间，就第一个翻上炮车，爬了过去，于是跟在后面的士兵，也一个一个爬过车去。但是，受了这么一个阻碍，一团人死的死了，伤的伤了，被打散的打散了，叶将军自己，也跌伤了左足。跟在他背后的弟兄，数数不满二十个，而且一半还是受伤的。然而，在这时候除了忍着一切创痛拼命向前还有什么办法呢，所以他们依旧曲曲折折朝前跑，走了好一阵，才到汤山附近的空山。这时候，天上已经发白，凛冽的北风，刮得更紧。

不消说，他们的周围已经全是日军的世界，天一亮就难免被日军发现，那时候才无法对付了。于是叶将军便带领十多个弟兄，在山下找一个有茅屋的小土坑躲下，看看空山顶上已有日军，他便叫弟兄们伏在坑底，自己冒险爬出来走到对面那座山上，看看有没有可以掩藏的地方。

不料一离开空山，他就给几个便衣队发见［现］了，他只好飞快地奔跑，那知道对面一条大路上又有十多个日军经过，幸而他们不曾看见，所以叶将军能跑进一个松林。

在松林里，叶将军以为这个地方总不会再遇见敌人了。那知正在这么想，远远地出来了两个人，提高着嗓子对他喊道：

“老乡，那里去？”

他知道一定是“伪满”军，便不睬他们，只顾向前跑，那几个伪军也并不追赶。

走了一阵，快要穿出松林，看见对面有着战壕，战壕边还有三四匹敌马。于是他换一个方向跑到荒田里，又走好一程，发觉左右都有敌人，并且还有几个敌军官在那里指手划脚。他想这两边都不好走，只有往前冲，可是天啊，前面横着一条河，那里有可走的道路呢！

想了一想，叶将军咬紧牙齿，拼死渡过河去。河是给他渡过了，但是身上的衣服，湿得快要结冰。他忍着忍着，但终于受不住刮骨的寒风，瑟瑟发抖了。

前面没有出路，也没有可以躲藏的地方，他便打算回空山，因为那里还伏着十多个弟兄。走了许久，空山已在眼前了，但看见空山顶上有两个举枪将射的人，他才不得不回头就跑，将十多个生死与共的弟兄，丢下在那个小坑里了。

跑了半天，又饿又冷，加以一夜不曾合眼，精神疲乏得再也不能支持，叶将军便来到一个松林，躲了进去，在那里脱开衣服，晒一晒太阳。可是，太阳不曾晒暖衣服和身子，又有二十多个敌人赶来了，他便爬起身来就逃，转过方向，到了东流镇。

时候已近黄昏，受过炮火的洗礼的东流镇，自然满地瓦砾，满目凄凉。居民早已逃完了，好不容易在镇外一间破屋里碰到一个人，那个人很慌张地对他说：

“你不要在这里，快些逃命，快些逃命！”

叶将军自然只好答应，但口渴得要命，便向那个人讨开水喝，那人答应了，给他在灶里烧开水，他也烧燃一堆柴火，烤烤自己身上的湿衣服。但是随即又来一个人要他赶快逃走，他才等不到衣服烘干，喝了两碗开水，离开了东流镇。

可怕的黑夜，又笼罩了大地，叶将军一个人在无边的黑暗里摸索着，脚下高低不平，一步一跌地怪难走，身上又包满冷风，全身的肌肉都冻得麻木了。他实在想不出到底走到那里，只有再回到空山，在一间茅屋里躺下了。

第二天，他知四面都是敌人，很不容易逃出去，只好暂躲在这间茅屋里。但又怕敌人到来搜索，便将屋子里的破家具搬动了一下，爬在床主的床底下。躲到下午，这间茅屋的主人忽然回来了，他们是一夫一妻，似乎早晓得晚上家里来了一个避难的人，所以男的跑进屋子就对女的说：

“走了！”

“还没走吧，你看床底下的东西都搬开了！”到底女人比男人细心。但是他们依然很镇静，管自又走了。这样，叶将军就在那个床底下过了一夜。

第三天早晨，他想再不能躲在这里了，便不声不响到外边去看看动静，恰巧碰到几个受了伤的中国兵士问路，他指示了方向，还是回进茅屋。这是十二月十五日的上午，离南京陷落已有两天了。

在茅屋里躲了一回，忽然来了几个凶狠狠的壮年人，他们似乎做了什么工回来。叶将军恐怕他们不是善类，不等他们进门就闯出去跑了。那晓得一闯反把几个人骇得四散飞奔，于是他断定这些人身上不会有凶器，也不一定会害他，便赶紧上去招呼他们回来，给他们一点钱，告诉他们：

“我是从南京逃出来的，现在没处走了，希望你们能容够我在这里住一下。”

但是他们不答应。拿出一碗锅巴泡饭来给他吃，并且告诉他：

“你还是快些逃的好，逃到东流那面去！”

叶将军喝了一点锅巴汤，才无可奈何地离开了这间茅屋，再向东流去。

一路上，他冒着冷风，踏着人畜的尸体和瓦砾，看着被火烧毁的农家，心酸得不住满泪。虽然太阳照着大地，但是叶将军并不觉得有丝毫暖意。

还不到东流镇，他实在饿得不能动弹，便走进一个老太婆的家里，给她一些钱，要点水喝。那老太婆答应去烧开水，叶将军看见地上堆着一些冻坏的山芋，便拿几个到灶肚里去煨一煨，啃吃一点芋等皮。

休息一回，他又离开那个老太婆，那知走不上半里路，就给一小队日军抓着了。他们先搜查他的身子，把他所有的钱都搜了去，然后把子弹袋一个一个卸下来套在他的身上，要他背着走。他想这一下是不好了，便指着脚上的伤痕对日军表示走不动，那几个日军就狠狠地用枪柄敲了他几下，还是逼他走，并且要他快走。当然，他怎么能够快步走呢，于是一步一步向前挨，背上的枪柄像雨点一般下来。

走不上多少路，前面来了一对男女，带着三个小孩，当然他们都是逃难的人。日军看见了那个男人，并上前去把他捉来代替了叶将军，那男人不肯，女人和孩子，哭叫得十分伤心。然而到底有什么办法呢，那男人终被代替了叶将军，叶将军就上前去安慰那个女人，并且要三个孩子叫他父亲，一同向前逃。但是，走了一阵，又遇见了敌人，叶将军没法，只好丢下她们一个人跑开了。

独自一人走在漫无边际的荒途上，四野里没有人声，也没有鸡啼与犬吠，叶将军真像一匹迷途在荒漠里的羔羊。他走着走着，忽然遇见一个和尚，于是便问那和尚前面有什么路好走？和尚告诉他再过去有条公路，从那公路上便可走到拜经台。叶将军依照和尚的指示，跑到了拜经台的山腰上。

在一个疏疏落落的树木里，他实在再没有力气可以挣扎了，于是躺在地上，闭着眼睛等待死的来临。足足睡了一天两晚，到第三天早晨（十二月十七日）醒来，肚子饿得使他两眼发昏，脚痛得不能移动，他想死是免不了的！但是，他立刻又想："我为什么就是这样白白地死去呢，我要活，我要活下去，还有我的任务呢！"想到这里，精神振足了不少，便勉强爬了起来，想想上山去不行，还是下山去讨点饭来吃吃吧。

山脚下，叶将军遇到一个姓夏的农人，他要求那农人留他住几天，但是那农人不答应，给他吃了一碗半稀饭，便劝他赶快离开，还是向宝华山那方面去，叶将军才又向他讨了两把蚕豆，预备在路上充饥，那农夫就很慷慨地送了他两大把，并且又给他许多生的和熟的山芋。

夜色朦胧，北风刮得更加厉害，天上又下起大雪来了。叶将军一个人在荒野里匆匆奔走，忽然有一群乡人拿了标枪一类的武器，向他赶来，他想这一下总是不能活命了，索性站定脚跟，大胆地向他们说明了自己的来历。这么着，那群乡人就放过了他，管自走了。他也恐怕走漏风声，便冒着漫天大雪，踏着寒冷泥泞的道路，胡乱向前奔。

"现在总不会有什么希望了！"

叶将军一边走，一边这么想，但是他还要死中求生，所以不停留地翻过三个山岭，天已亮了，宝华山也给他走到了。

路上，又碰到一队日军。但是叶将军这次已经不再奔逃，横竖免不掉一个死。自然也不问日军不日军了。辛［幸］而日军在不远的地方转了弯，他才走进宝华山下的一个小林。在那里，碰到他的部属——一个姓梁的团长，和团部的一个军需，于是他们三个人度［渡］过长江到镇江，再想从镇江渡江到瓜州。

可是到瓜州已经没有渡船，幸亏那个度［渡］他们到镇江的船夫，替他们设法在镇江住几天，才冒险坐船到丹阳，从丹阳渡江到南通，再趁［乘］船到上海，叶将军才算逃出了虎口。当他到达上海的那一天，已经是民国二十七年的一月十四日，离开南京失陷已有一个月零两天了。

叶将军到了上海，原想在上海休息几天，可是他闹了两次笑话，便决心立即离沪南下了。原来他从通州来的船上起来，就雇人力车一直拉到先施公司，进先施买一点日用品。不料先施公司里的人看他衣衫这么褴褛，神色又极难看，挤在“都市人物”的堆里，东张张，西看看，也许不是好东西，竟有一个人跟在他背后实行监视，生怕他偷东西。他发觉自己已被别人疑信是坏蛋，不觉又气又好笑地走了出来，跑到东亚去开房间。谁知东亚的茶房，看他这副模样，不准他趁［乘］电梯，他碰了这么两个钉子，便反身就跑，决定离开上海了。

到香港，叶将军原想住他几天，可是广州和桂林都已得到叶将军脱险归来的消息，广州就派人来欢迎他回去，所以住了一晚，第二天就到广州去了。（一月廿日）

《上海人》第 1 卷第 7 期，1938 年。

抗敌英雄访问记——叶肇将军遇险经过

李爵元

在南京未失陷以前，同时奉命保卫大南京的守土将士，总共有〇〇军〇〇师人。后来因改变战略，〇〇军奉命掩护主力部队退却，等到我主力部队照预定步骤退入新阵线以后，而最后留守南京城的，尚有〇〇军，但被敌人四面包围，〇〇军军长叶肇，为欲冲出重围，把自己指挥刀擎起，身先士卒，踏上火线，奋勇冲锋，果然于十二日晚上十点钟在仙鹤门杀开一条血路，其余在城里的部队跟着一齐冲出，集中〇〇地。

当叶将军冲出仙鹤门时，后面跟随的士兵，仅十二人，在月色朦胧的夜里，将军单骑从敌人左翼直冲，向东走了一里多路，那时回头一顾，十二个士兵，都不知下落了，结果在〇〇地被敌兵掳去，现在已脱险从〇〇地无恙归来。

为了要访问民族英雄——叶将军，记者奔走了好几天，东探西询，昨天才在〇〇处会见他。将军穿的是黑绒中山装，他今年不过四十多岁，发鬓斑白，比较未北上以前的时候，似乎苍老得多！也许他为了国事多愁多想而致发眉斑白，可是，他的精神非常健爽，一对金睛火眼，显示出他刚毅的魄力。

握手寒暄后，他和记者座谈了一点多钟，那时来拜访将军的客人，在厅里坐着有五六位，个个人都聚精会神地静听将军讲述遇险经过的情形，下面就是他口述的遇险的经过。

当月明之夜，北风虎虎，雪花纷飞，南京仙鹤门附近，“轰隆……轰隆……”的炮声，和冲锋叫杀的声音，不断地刺入耳鼓。同时敌人放出的光弹，像太阳般的光辉普照着天地，和中华民族溅在地上的血光相映，那种恐怖的景象，真能令人心寒胆栗！

他在这光芒之下从仙鹤门冲出来时，只有十二个勇士跟随他，直向东行，跑了一里多路，才走到空山的地方，那时十二个勇士，已不知下落了，其余继续冲出的 ×× 团，则在 ×× 地集合。

因为勇敢的缘故，每一次向敌阵冲锋，他必站在士兵的前面，这一次仙鹤门之役，他身先士卒，杀出重团，一冲就冲出了仙鹤门，所以会脱离部队。

他到空山的时候，天还没有亮，刚刚落到山脚，就遇着敌人的便衣队，在前面包围着他，他立即转向河边走，不料在河边，又与敌哨兵相遇，只得从旁的一条小径奔跑，足足行了四五里路，也不知道这是什么地方，沿途只闻乒乒乓乓的步枪声。那时候东方已渐渐现白，没一会儿，四面枪声，忽然密如串炮，他偷偷地爬入一个地穴，把茅草掩盖在地穴上面。这地穴也许是敌人的哨兵所掘的，在穴里面仍可听见隐隐约约的炮声。

十三日，晨光曦微的时候，他从地穴里爬出来，举头望一望天色，不见阳光出现，不能辨别何处是东方，于是见着有路就跑，走不到五里路，遇了一个乡老，他就向那位乡老问道：“老伯，我是从南京逃出来的难民，现在我想出关，去找我的儿子，但不知那一条路可以出得去的，请你告诉我，谢谢你！”

那个〈乡〉老一边摇指，一边答：“那条小道可以通得出去的，但是你要当心，日本鬼子是没有良心的，到处杀人放火，奸淫掳掠，无恶不作，如果在路上望见他们的时候，你就要回头，免受他的害。”

他心里想想，这位乡老到［倒］很好，他摸摸袋里，送几角钱给乡老，叫乡老带路，而那位乡老也乐意为之，于是，他就从那条小路走去，行了半点钟，便到了东流镇地方，再行几里路，就是东洋镇，这时候已近黄昏，他看见一间茅舍，就走进去问问一个老大［太］婆。

“我是难民，一连跑了几天路，不单饭没有吃，就一点水也没有饮过，好想在这里煲一点水饮饮，救救我一条老命吧！”

老大［太］婆答：“大家都是逃难人，你可在这里煲水，不要客气。”

他又说：“老大［太］婆，你真好，我很困倦了，今晚想在这里住一宵，好不好？”

她说：“可以，没有什么问题。”

那晚他就住在这茅寮里，自己煲水，自己烧饭，他烧饭的时候，恐怕火光泄漏，用许多禾草盖着，免为敌机发觉目标，安然地过了一夜。

十四日，他仍在茅寮里大睡一场。

将近黄昏的时候，雪片又散开了，一线黯淡的阳光照在村里，田园景象荒凉。一会儿月亮徐徐的从云窝中走出，这时周围都被神秘的黑幕笼罩着。他像偷儿一样从破烂的茅舍中爬行出来，和附近的乡老谈天，他想试探乡村抗敌情形，他首先说："我从南京逃难出来，走了数十里路，沿途看见庐舍化为灰烬，田园生满野草，并看见许多壮丁尸首，在路旁，或山坑，无人埋葬，他们死得真可怜！"

一个六十多岁的乡老含泪而答："是的，日本鬼是很狠毒的，我有两个儿子和三个孙儿，都被日本鬼杀死了。还有两个孙女，一个是十五岁，一个是十七岁，同时被日本鬼带去了，生死未卜。我家里养蓄的牛羊猪狗，均葬在日本鬼的肚子里去了，现在留下老命一条，实在也不中用。"

他听了又问："日本鬼这样暴行，这村里老百姓，有没有抵抗呢？"

"我们梦想不到，日本鬼会灭绝天良，在前几天，日本兽兵经过这村时，我们村里的人家，把太阳旗挂在门品，并张贴欢迎 ×× 标语，在他们以为这一家可以幸免，殊不知日本鬼的暴行到处都是一样。门口所挂的太阳旗，反为好像是欢迎日本鬼到他家里去屠杀无异，结果全家灭亡，后来我们村里的人才渐渐觉悟，日本鬼对我们老百姓不会要好，但觉悟已经太迟了，全村壮丁，已经牺牲了，平日没有训练，当然没有抵抗能力，所以会被日本鬼杀得清清光光了，现在村里剩下来的，都是老大无能的农夫农妇。"

"前几天，有两个东北伪兵和三个日本鬼，到我家里来，要找花姑娘，我说这里没有花姑娘，后来把我的三岁孙儿抱去了，我问他你把这小孩子抱去做什么？日本鬼答把这小孩子带回日本去，准备做日本国民兵，将来或会回来打你们。"

他们非常痛心，觉得我们民众没有组织，没有训练。于是乘机在村中做些农民运动工作，大声说："日本鬼，对我们老百姓，不会要好的，什么亲善，和打什么什么，通通都是骗我们老百姓的，今后我们要团结起来，自卫乡梓，遇着我们的军队，要随时随地尽量协助，把敌人赶出去，这样，我们老百姓，才能安居乐业。"

这时，在他旁边的三个乡老，听得很兴奋，内心似乎被他激动了，很想马上和日本鬼拼一拼老命。

是晚，他仍在茅寮里寄宿。

时在夜半，万籁无声，同住的老大［太］婆忽然痛哭起来，他细声问老大［太］婆："你为什么这样的悲伤？"

老大［太］婆答："我的儿子，被日本鬼杀死了，现尸首仍在池塘中。明日请你把我的儿子的尸首打捞起来，安葬某地，如果你能和我做到，我永远都不会忘记你。"

他呆想了一刻，他对老大［太］婆说："明天再打算吧。"

十五日早晨，他还没有穿好衣服，老大［太］婆就要他去打捞尸首，后来，他拿几角钱给老大［太］婆，叫老大［太］婆另找工人打捞，这时，他乘机离开这茅寮，向附近乡老买了一套破烂的棉衣，并把自己棉衣换给乡老。

他穿起破烂棉衣，脸儿涂些黑泥，扮成十足像一个土人，然后依照乡人所指示的路径向〇〇地走，行了一日一夜，才到〇〇地。

十六日仍继续向〇〇路慢慢地行，在〇〇地遇见一妇人，携着两个小孩子，他就触动灵机，和那妇人商量，把两个小孩子交给他带，当作难民一齐向〇〇公路直行。妇人允许了，他又教两个小孩子，如果有日本鬼问你的时候，你要认我是你的爸爸，他以为这样，或者可以避免敌人的注意，结果，这个计划仍是失败，行出公路就遇着敌兵，把他身上搜查一过，所有的钱，被敌兵抢清光，并被敌兵掳去。

因为他化装化得好，敌兵当然不知道他是〇〇军军长。行了三四十步，敌兵就把自己背负的背囊、防毒面具、水壶……等等卸下，加上他的背上，要他跟着走。敌兵时常到各乡去找花姑娘，或东一枪，西一枪，打乡间牲畜。

他出仙鹤门时，两足曾经微伤，而且又一连跑了几日路，两腿不免有些疲倦，敌兵见他不能行，咕噜，咕噜，说了几句，并将刺刀架在他的颈上；敌兵的话，他虽然不懂，但他也知道敌兵想杀他，他把手指，指在足下，表示他是足痛不能行，同时他心里想乘机夺敌兵刺刀，拟与敌兵拼命一下，始终没有机会。

敌兵见他不能走，就照他肩上一拳，并踢他一脚，他被逼着，就一步一步的跟着他慢慢地走，但他仍表示足痛不能走快。行不多远，遇见一男子，敌兵把男子抓来代替他背负防毒面具……等等。他没有负担了，身上比较自然得多，他在敌兵之后，时时刻刻都想和敌拼命，后回想一下，自己手无寸铁，若果自己拼死了，而敌没有死，这是很不值得的；而且自己是一个军长，和一个敌兵，一命拼一命，这样牺牲，也太无谓了，不算得光荣的一件事。为了拥护蒋委员长持久抗战计划，希望能够脱险，将来杀多几个敌人，报国机会还很多，想起这一点就打破了他的念头。

大约是下午三点钟了，走在半山，一个说东北话的兵，望见山脚，有一个少年女子，就说花姑娘来了，花姑娘来了，敌兵一听花姑娘的名字，举目四望，赶快跑落山脚。做了半天俘虏的他，这时，乘这机会从歧途奔跑，跑了一点多钟，遇着一个土人，问问土人，才知道自己误入歧途，赶快回头，下了山，又上山，上了山，又下山，爬过一岭又一岭，天晚了，仍是一样走，在夜色苍茫的时候，大雪，大风，心寒，胆栗，最后决定主意，无论如何，今晚一定要走到拜经台。

十七日早，拜经台目的已经达到了，天色灰暗，气候寒冷，到处尽是寂静悲哀的灰色的景象！这悲惨的景象，仿佛有什么不祥的东西，满载着不能幸免的灾祸，围住了这可怜的村落。

他走了一夜，听得太疲倦了，就在拜经台石岩里睡了半天，醒来时，肚子很饿，脚又不能动，眼也昏花起来了。想来想去，几天不吃东西是不行的，主意决定了，就下山到小村乞食，村里土人，见他到来，以为是东北人，纷纷持铁耙，追赶他，他见势不佳，就摇摇手，他说："我是广东人，在南京做官的，因为逃难，几天都不吃东西了，请大哥给一点东西我吃，做做好事吧。"

许多人包围着他，检查以后，才相信他是广东人，送一碗半稀饭给他吃，并劝他向〇〇山去，那边有庵堂。

他吃了一碗稀饭后，在夜色沉沉里奔上前路，爬过一个山岭，从一条公路直奔。

十八日才到〇〇山，进入庵堂，见了一个和尚，他把沿途经过情形自始至终详细告诉和尚。那个和尚听了，就发大慈大悲救苦救难的心，做了些斋菜给他吃，他肚太饿了，遇到这么好的斋菜，大嚼特嚼，一连吃了几碗白饭。吃饱了，那个和尚还带他到〇〇地搭船过江，因为镇江不通，转转折折，在〇〇地停留了十天，然后雇了民船直向〇〇地走，其中经过的地方，最惨的是镇江，房屋差不多烧完了。

在〇〇地的时候，船老板见他不像一个平常的一个难民，就问问他：

"看你的相不像一个难民，你从那里来的？"

他带着微笑说："我姓张，是龙潭士敏土厂工人。"

船老板再问："你真是逃难的工人吗？"

他心里一点都不慌，仍带着微笑说："我是龙潭士敏土厂洋灰部的工头，我在厂里做工有一年多了，厂里工人，通通都叫我张大哥，你可问问龙潭的人，没有一个不识张大哥的……"

船老板点点头，细声说："呵！原来你是张大哥。"

渡船到了〇〇地，看见敌国轮船，载了许多东西向上海方面去，这许多东西都是敌人在镇江、丹徒等地抢掠的财物食品。

到了南通，转搭渡船，经过许多村落，一月十四日到上海，由上海搭轮到香港。他到了香港，马上打长途电话上省，许多人都喜出望外。

记者在〇〇地，曾询问他对于这次抗战的观感，他滔滔地说：

“我对于这次抗战的观感，大约有三点。第一点，我们做救国工作，要老老实实才对，有一百斤力量，应负一百斤重物，不好以五十斤力量说能够负担一百斤重物，并且要上下一致，相信政府必能抵抗到底。第二点，民众们应觉悟，敌人的口号，所谓中日亲善，打倒什么……等等，这是骗我们民众的。若是亲善，为什么我们壮丁会死在敌人的枪刀之下？少年妇女，那有一个可以幸免不被敌人奸淫的！甚至一鸡一鸭，敌人都要杀光为止，希望民众今后不好再存有苟且幸免的思想了。第三点，我发觉敌人弱点很多，毫不足畏，只要我们民众，有组织，有训练，再接再厉，不难打倒敌人。”

《抗敌（周刊）》第 1 卷第 3—4 期，1938 年。

无限伤心历战区——叶肇将军的谈话

姚潜修

会见了朴实、沉着、儒雅、头发苍白的叶将军，我们表示得着叶将军脱险到省消息的忻慰，和专来访问的意思之后，叶将军谦逊了一番，便开始滔滔地说："十二（去年十二月十二日），那天下午两点多钟，雨花台失陷，下午五点钟，我们开会，决定突出重围，便分散印就的命令，因为唐司令已奉到最高当局的撤退命令。"叶将军说到这里，补充说："在防守南京之前，我奉命守汤山阵地，只三千余人，守四十几里的战线。布防相当困难，有时奉到死守某处到某日某时，就严厉执行，部下常来说兵力单薄了，我就对他们说：'你们率领去拼死好了。弟兄们牺牲完了，我姓叶的不死，就算没有人格。'往往一两团人下来，只胜［剩］了一两个连排长，几个士兵。到了八号，奉命退下休息，先在燕子矶住两天，再开进南京城内。守城拼到十二，再下去，也没有多大作用了。"他再接着讲突围："我们散了会，决定以营为单位，立即冲出，约定在安徽某地会合。我先带着人，打头阵，一面撤除城门障碍物，一面向前进。将出太平门，就和敌人接触了。我们走的路上，迎面架有炮车，我纵身爬上翻过去，也有十几个跟着，可是脚被跌伤了。但是，忍着伤痛，只顾向前。转转折折，到了汤山附近的空山，天快亮了，怕敌人发现，便找一个有茅草的小坑躲下。我望一山顶，看见有一个人。看情形不对，我吩咐他们伏着，我自己向对面一个山去看看，也许有掩藏的地方。可是，一离空山，就被一个便衣队跟着了。我就飞快地走，不料向面前大路上望去，又有十几个敌兵走着，幸而他们并没有看见我。经过一个松林，出来两个人，远远地喊着：‘老乡！哪里去？’我不顾一切，只顾跑，他们也未追来。再向前去，有战壕，还望见敌马，折身又向田里跑。转头望去，向左向右，都有人，并且还有军官服装的，只有向正中奔去。可是，前面是一条河，我只有从河里渡过，过了河，衣服都湿了，仍想回到空山，那知走近了，又见山上有二个举枪的人，只好再转回头跑。跑了半天，又冷又饿，再加上头一夜的疲劳，到这时候，觉得有点不支了，便在前面一个松林里躲下晒太阳，任他生也罢死也罢。但是一抬头，向旁边一望，不得了，有二十多个人追了来，我就爬起拼命的跑。远些了，躲进敌人哨兵避风的坑里，他们过去了，居然未被发现。我又转个方向，一鼓气地疾跑，到了东流镇。这个镇是被烧过了的，我就停下了，心里揣想，敌人已经烧过了，该不会再来烧的，此时已近黄昏了。在一间屋里遇到当地土人，他们叫我不要停留，快些逃命。我要弄点开水喝再走，他们答应了。我烧了水，又烧火烤衣服，他们又来说，不要烧了水，东洋人看见不得了，四面都是的，只有西北面可走，快点走。”叶将军讲到这儿，他脸上漾着快慰的表情，忆起了战区苦难同胞当时所给他的厚待。“刚离开镇店，在昏黑里望见后面有个黑影子。紧走，紧追。我跑不过，伏在凹田里，仰卧着恰恰和地平齐。等到听不见动静了，我又摸回空山那个老地方茅屋里睡下，在冷冽寂静的夜里，远远地听到敌营里的点名和歌声。第二天，我怕敌人搜索，把屋主的东西搬动一下，躲到床下。等到主人回到屋里，男的说：‘走了。’女的说：‘还没有走吧，床底下东西都被搬开了。’但是他们也并不搜索。这是十四，又过了一夜。次日，到外面看看风势，有几个受伤的弟兄问路，我指给他们的方向，他们走了。回到住的屋里，不一会，远远望见有几个人扛着铁锹铁钩凶凶地走来，我不等他们进门，便闯出去想跑开。这么一来，他们反而被我惊散了。我那能容他们走，赶快招呼他们，并拿出钱来给他们看。他们有一个走近，我给他一点钱，说明我是从南京逃难出来的，希望他们容我住下。他们不肯，但给了我锅巴饭吃。我饿久了，不敢吞下，只喝些汤。他们又嘱我向东流方面去，我细看沿路上，死的人和牲畜尸骸，人和牲畜的屎溺，毁坏、烧剩的房屋，心里已很酸痛，而所遇着家里有人的，臂上都有太阳符号，问了一问，据说，老弱百姓或能偷生之外，壮丁是一定被敌兵打死的。我更加难过。”叶将军讲到这里，敛尽了他脸上儒雅的风仪，透露出了严厉的杀气，声音也跟着宏大了。

“我走进一个老太婆的家里”，叶将军又继续讲下去，“我给她点钱，要烧点水喝，她答应着自去了。我喝过开水，又看见旁边有些山芋，虽然知道它里面都冻坏了，但也想烧熟了啃点皮充充饥。正要动手，老太婆哭丧着跑回来了。她说：'我的儿子刚刚被东洋鬼打死，投到塘子里了，你快去替我把他捞起来。'我自念，实在干不了，要给她钱去另找人，她还不肯，我便把钱向她一掷溜出来了。谁知刚走了三四十步，就遇见三十个敌兵，正向我走来，一见我就用手招呼，无法避免，只好站着不动。有一个走到我跟前，我指着我自己的脚，装着痛，走不动的样子，他毫不理会。他把我的袋里的钱，都拿去塞进自己的袋子里，又将自己身上背的弹袋等件卸下，左一下右一下的套到我的身上，逼着我快走。我表示脚痛不能走快，他就照肩上一拳，我还是表示走不快，他拿出刺刀，向我颈子上一横，我还是表示不能快走。"叶将军讲到这里，便站起来，做出当时情形，把他的危难和敌兵的横暴活画了出来。"敌兵不再逼我了。我一步一步走着，那个野兽拿着枪便东一枪西一枪射击鸡狗猪羊。不多远，又遇着一男一女带着三个孩子，敌兵又把男的抓来代替了我。妇人孩子眼看着男子被敌兵拉去，都哭了。等它们走过，我便去安慰她们，叫孩子称我为他的爸爸，一同走。不多时，又遇到一队敌兵，里面还有东北的口音。我痛心极了——敌人是多么阴险狠毒呀。敌人远了，我又自己跑开。路上遇见一个和尚，我问他何处可去，他告诉我再过两条公路，可以到拜经台。我走到拜经台，睡了一天，肚子又饿，脚又不能走，眼也昏花起来了。我顿萌死的念头，但转念：我一死了，几所身经眼见的敌人的一切残暴行为和它们的弱劣之点，都不能向世人揭开了。为了鼓励同胞，消灭敌人，我不能死。但是，从十二到十七，几天不吃东西了，在山上也不行。打定主意，下山讨饭活下去。"叶将军讲到这里，从坚定的眼里，放射着希望的光辉。

"下了山，遇到一个土人，问他找得到绅士保长？他说都跑走了。我问他能留我住几天吗？他说不能。他给了我一碗半稀饭吃，劝我向宝华山去。我向他要得几把大豆，预备嚼着充饥，他又给我些熟的山芋，问明白他是姓夏。在夜色沉沉里，我又奔上前路，正在路上，忽闻嘈杂的声音，我以为是敌人，细辨起来，才知是土人在追赶我。他们摸索着把标枪插子去来，我大胆向他们说明，并让他们搜查，他们去了，复来两次。我深怕他们走露了风声，午夜又跑开了，夜深雪大，北风吹得很大，又迷了前路。我心里暗想，大概不会再'碰碑'的吧！我怀着前途热望，我爬过一个山岭，又爬过一个山岭，走了又走，一共经过三个山，天是亮了，看见路上很多马粪，知有敌兵在前，但横着胆，被躲过了。我看见面前宝华山林，只好绕道走过，恰巧遇着部属梁团的军需，才和梁团长会合。"我们含着眼泪提心吊胆地听叶将军讲到这里，才吐了一口长气，舒一舒胸口。

“雇了民船，先到镇江，再至瓜州。船被敌兵封了，停下一天。船老板替我们设法转回镇江住几天。到舟山受检查，也是船主打点通过的。又进至丹阳，知敌人天天拉伕，并且知道从丹阳到苏州，敌人烧、杀、劫掠最凶，无法通过。又据大港来人说，大港有所谓良民维持会，为敌兵征壮丁粮草等，敌人除了奸淫之外，暂不放火、杀人、拉伕等了，还可以通道——但自镇江到丹阳，一路所见：轮船，敌人天天装载所抢掠的财物食品到上海。火车，是供敌人运兵和粮米枪弹。而驻防的敌兵，不分日夜，常三五成群，到老百姓家搜找女人淫乐。我从大港到南通，再从南通到上海。一月十四日到了上海，我走进先施买点日用东西，被人监视着，怕我偷；上东亚去，茶房不准我乘电梯，可以想象我当日的一付［副］形容了。我怎么一［也］不能多留上海，便在一月十四南来了。”

记者叩问叶将军百战以来的感想，他慨叹地说：“敌人弱点很多，毫不足畏。但我们民众运动太不够，以前负责的都太官僚化，蒙受的损失很大。我转战京沪，又从敌人的锋镝下穿过来，目击身受的一切，真伤心极了！我们大家要内省。要说老实话，为了抗战到底，我是不恤虎口余生的。”

《十日文摘》第1卷第5期，1938年。

孙元良将军访问记

常

被人传说已经不在人世的孙元良将军，有一个很短暂的时间，他回到重庆来了，当我们想到八十八师以及死守闸北的八百孤军，对于这个领导者，不由令人生出一片真挚的敬爱心，怀着这样的心情，我会见了万人崇敬的孙将军。

孙将军是一个英俊的青年将官，眼睛特别有力的发着逼人的光辉，于是我开始向孙将军发问："以前，外面有很多关于先生可怕的传说，你知道吗？"

他笑了一笑，从容地说："你是不是说，我曾经在南京泅水死掉了！其实，这种传说太无稽了。一个军人那能这样不负责任！我们是奉高级长官的命令撤退的，当时，我们已经被敌人围困住了，我带着一千多弟兄，从敌人的炮火中冲出来的。"

随即我问到目前战况，孙将军说："这次战争，我们知道一定要打几次败仗，可是，正因为这样，才能达到消耗敌人的目的，所以，只要我们能够持久，最后的胜利自然不难取得，并且敌人愈深入，困难便愈多了，在扬州，敌人的军队不过一千多，假如把各处失守的大城市照此推算，可知敌人兵力在目前已感到无法分配，由此可知敌人要想整个鲸吞中国，简直不可能的，大城市既如此，小城市不问可知。所以可怕的不在此，而是在每一地方陷落之后，便有丧心病狂的汉奸出来组织活动，使敌人可减少很多顾虑。"

最后，我问着八十八师的情形，孙将军很雄壮的说："我们八十八师是打不完的，死了一批还有一批，退出南京之后，我的新式队伍又配备好了，而且所有受伤的将士，也都从医院里跳出来了，现在他们正在前敌报仇呢！"

孙将军说完了，我不好意思再坐下去，便告辞出来。

《抗战（汉口）》第1卷第23期，1938年。

孙元良将军访问记

杨家麟

上海三个月的战争，造成我军空前的光荣纪录。上海剧战的地点，虽然是吴淞大场和罗店，但支持这个战局的轴心，却是闸北。负责守卫这个闸北的，就是孙元良将军。后来，大场失守，国军西撤，奉命掩护退却而被困于闸北四行仓库的有八百孤军。他们高举中华民国的国旗，视死如归，从容应战。当时一种慨慷赴难的精神，真是惊天动地，敌友同钦。这忠勇的孤军，就是孙将军训练有素的部下。

可是在首都战役中，我们听见孙将军失踪的消息，当时一般崇拜抗敌英雄的人们，都关怀着他的安全，都希望他能早日脱险。最近孙将军真已脱险，并且到了汉口了，因此一般关怀着他的人们，多希望知道他脱险的情形，所以我们特地去访问了孙将军。

孙将军是四川华阳县人，现年三十四岁，日本士官学校和黄浦［埔］军校第一期的毕业生，现任某军军长。他身体修长，面貌英俊而秀丽，态度文雅，谈锋犀利。虽然他已经过着十年以上的戎马生涯，但是他依然是那么文质彬彬，和蔼可亲。

“孙将军这次一时的‘失踪’，许多人都关怀着，现在可否请你告诉我们一些脱险的经过，好让我们告慰于关怀着你的人们？”我首先问。

“可以的。”孙将军答，“十二月十二日的晚上，我们奉到命令，退出首都，当时我的部队还有一千多人，我们就于深夜冲出和平门，可是刚到了燕子矶，又与三四百敌人相遇，经激烈战斗后，始得通过。当时我假定京沪铁路交通已断绝，敌人不致在沿线驻有重兵，故把部队安排妥当后，星夜赶往龙潭，次夜抵下蜀，继又往高资。我此时已乔装农民，宿露餐风，昼伏夜行，历十余日始抵奔牛（常州附近）。

“抵奔牛后，传闻苏锡一带，通行很难。同时又听得泰兴口岸，尚有外轮往来，旋又昼伏夜行，转返龙潭，并设法渡江到瓜洲。那里的壮丁，都负枪实弹，以御土匪，见我们由上游而来，疑非善类，故盘查特严，幸沿途未遇敌军，乃得安全通过。

“抵瓜洲后，始悉往来上海与口岸间的外轮，业已封关。同时又获悉南通泰县仍为我军所有，故又设法雇民船到江都县属的三江营，再徒步往泰县。泰县有江苏省政府委派的县长，我乃电苏省府韩厅长接洽，次日乘小火轮抵阜宁，承韩君派车相迎，故即经淮阴赴徐州，再转车来汉。”

“将军脱险经过，幸已获闻其详。惟将军身经一·二八战役，此次又奉命守卫闸北，旧敌重逢，不识你对于他们，在前后两次战争的比较上，有何观感？”我继续的问。

“这是一个很有趣的问题。”孙将军很是高兴的说，“把一·二八和八一三战役来比较，敌人最显著的是军纪的退化，你看此次敌人到处烧杀奸淫和抢掳。他们烧杀无辜的民众，奸淫老弱的妇女，固为人道和国际公法所不许，但他们鸡犬不留的抢法，一般高级军官连红木家具都要搬到日本去，这种抢法，几乎使我们不能相信所谓‘皇军’也者竟糟到如此田地！

“其次是敌人的士兵，比较一·二八更不能吃苦，更不肯牺牲，因此他们的消耗也较大。这也许是因为敌人现在征调作战的，多是中年的预备役，所以他们不像青年那样的偏重理想，勇于牺牲。

“再其次是敌人作战还很呆板的守着陈旧的战术，譬如他们在阵地战中，常固定的先用炮轰，继用战车，最后用步兵冲锋。我们根据实际的经验，在他认为是主要阵地的地方，我们却不厚集兵力，使他的炮弹落空，在他认为可以乘虚袭击的地方，我们却筑有很巧妙的战壕，能够很快的进入阵地，予敌人以痛击。

“最后是敌人的空军较诸一·二八增加很多。空军的轰炸，虽未必有若何伟大的效果（敌人有几天在闸北投了两吨半的炸弹，我军死伤还不到三十人），但它的威力，却足以先声夺人，特别是在一般老百姓。”

“在抗战的过程中，我们也暴露了许多弱点，获得了许多宝贵的经验，现在我们似乎应该接受这些血的教训，修正过去的错误。关于这个问题，不识可否请孙将军略抒高见？”我再赓续的问。

“我们是军人”，孙将军很谦逊的回答：“关于政治，我们不应随便批评，且亦缺乏研究（但是孙将军是北平某大学的法科学生——记者注），不过关于军事方面，我想最高当局一定已根据实战的经验，修正我们的缺点，准备未来的战争。至于社会方面，我觉得：（一）知识分子都逃到后方，实在是最不好的办法。我们应该在战争中求进步，在失败中找对策。我们当兵的现在只能本能的忙于杀敌致果，负责指挥的人亦忙于调配军队，实无暇请求对策。因此有思想的人们应该重返前线，深入民间，应该在实际的困难中，去研究解决问题。（二）对于民众的宣传训练和组织，还觉做得不够。我们过去似乎不曾告诉民众，在战争时应如何工作，更不曾训练民众，在沦陷后应如何应付敌人，所以我认为快要变成战区的省区，应该赶快做这种工作。已沦陷了的地方，应该派人去领导民众，来破坏敌人的活动。据我在江南步行十数日的经验，我们现在还有在沦陷区域里做民众运动的可能。”

《血路》第 6 期，1938 年。

我军退出南京

永 勤

蒋委员长声明国军退出南京的宣言是在十三日晚发出的，所以我军的正式退出南京，应当算十三日。但是今天（十七日）听到南京传来的消息，说我们还有一小部分军队，停留在空了的南京城里，不肯撤退，不顾眼前的危险，坚据若干处壕堑，与敌人死战。

我军退出南京，不是被敌人打败退的，是我们的战略应该这样，正如蒋委员长所说："于敌军炮火过烈使我军作无谓牺牲过甚之时，将阵线向后移动。"这一次也像大场、闸北、浦东、南市的撤退一样，是有计划的撤退，不但不影响我政府始终一贯抵抗暴日侵略的国策，而且更是加强我们的将士和民众的长期抗战争取必胜的决心。我们的首都被敌人夺去了，我们首都里多少座代表国家二十余年来的奋斗史的公共建筑被敌人占据了，这是全中国人的莫大的耻辱，我们如果不甘心做亡国奴，我们如果不甘心做民族的罪人——汉奸，我们能忍受这耻辱吗？直到今天还孤守在南京与敌人巷战的勇士们，虽然知道统帅因为战略不得不移动阵线的苦心，但他们坚欲为国家作最后最英勇的牺牲，这不是违命，这是力的表现，中国不亡的象征，证明中国人为了自己的国家的生存与自由，是每个人可以用性命来争取的。

《大时代（汉口）》第 1 期，1937 年。

虐酷的报应——失陷后的南京来鸿

许一龙

××兄：

在人的意料中，以为我是不存在于这世间了，就是你，也会有这样一个感觉吧，真的，在这个危机四伏的周遭里，死的机会是不会间断于每一刹那的，尤其是我们这青年的一群。

我永远不会忘记的这一天——十二月十三——敌人是出现于我们之前了，那时，虽然我们抱着“明哲保身”不能救国只有救命（这是多么可耻的一种心理）的宗旨，而换上了便衣，但敌人的刺刀下是不饶恕我们这一群的，我的伙伴是半数以上的遭受那刺刀的戳进。

我没有死，我应归功于我的狡猾，在危难来到的时候，死，固然是应当，然徒然的死也可以不必，于是，我是狡猾地幸免了，同时，还以我的狡猾而保全了若干伙伴呢。

你可以想像［象］到，南京在目前是怎样的一个形态，你在传闻上或书报上所知道亡国奴的情形，你都可以应用到南京的人们头上去，不仅南京，失去的土地上的人民，都该是那样的。

谈到南京的失陷，这责任我不知道应该让谁去负，有的归罪于高级长官的逃亡，有的卸责于前线兵士守土的不力，有的诿过于民众不与军队合作，有的指斥为政治上的失算，我想，都会是的，这南京的沦陷，我就是应当负咎的一个。

说到失陷，真是一个笑话，当时南京的兵力，是相当雄厚的，粮秣也非常充足，而南京近郊的地势，又非常的险要。以险要的地势而且有雄厚的兵力，我们的首都竟不能和玛德里一般，致敌人是很迅速的夺到手里，我的天呵！

进城后的敌人，我没有法子形容它的残暴！掳掠、奸淫、焚烧，是他们的一贯主张，我不相信它们还有一些人性，它们较豺狼还更暴残了的。

每一个女人，只要被它们见到，贞操就立被破坏，数个甚至于十数个的轮奸，是常见的事，还有很多的，被奸后还不能保全生命，而毙于那刺刀下。

红卍字会南京分会，可说是汉奸的大本营了，维持会负责者，大半都是红卍字会的当事人，陶锡三、孙叔荣、张南梧、许澄之，他们都是红卍字会的会长或副会长，同时也就是自治会的委员或顾问，据他们自己说：他们的出来是奉“老祖训令”而维持地方的，汉奸也算善于词［辞］令了。

然他们的所谓维持地方，竟连自己的家庭也维持不住，他们在懊丧之余，也会怨恨“老祖”寻他们的开心不?

有这样的一件事实：陶锡三们在敌人进城的一晚，在红卍字会扶乩，老祖到坛，说南京人要受大劫，必须出去维持，则可减少生灵的涂炭。他们就以“救星”的姿态，而登上傀儡的舞台。

自治委员会成立了，陶锡三是委员长，卑躬屈膝于日本武官之前，他是极受抬举了的，日军营里常请他去吃饭，他也不时的请“长官”们到私宅来欢宴，于是，虐酷的报应是展开了。

已经是深晚，他的私宅里还发出断续的笑声，这当然，是“长官”们的欢宴未散，已有醉意的“长官”，正在向陶索年轻的姑娘。

陶正拟遣人到外面去搜索，但他们的卫兵报告，后面有三个年轻的美丽的女人，于是，“长官”们立时放下筷子向后面去，陶阻止着，卫兵的枪柄是横在他的胸前了好一会。几个“长官”提着了裤腰笑嘻嘻地走出来，不向他告辞而跳上汽车，里面的哭声也传了出来，他进去一看则他的小老婆和两个女儿都赤裸裸地倒在地上。他于是昏倒了那“老祖”的座前。

第二天，陶锡三就没有到自治会，而且以失踪闻了。

陶锡三失踪后，自治会的委员长是孙叔荣代理，而他的代理，是贡献了他的小老婆，出卖了他女儿贞操而得来的。

我不愿多说了，只这一点你可明了南京的现状，而且，我不知道这信能否到达你手。

写这信是不易的，要到和县才能寄，而到和县，要穿过敌军的防线，只有渔民沿着迂回曲折的小河才可到达，且不时要遵［遭］受严厉的搜检，这信，我就是托渔民带到和县去寄的，但他不知道里面说什么，如果他明了我是说“皇军”，则他是定要拒绝的，被检出，他的生命就会立刻灭亡。

我祷祝他平安！祷祝这信能到达你手！

许一龙

《狂潮旬刊》第1卷第5期，1938年。

飞将军南京脱险记

黄镇中　译

藏匿危城七十五天，历尽万险

贿赂伪吏二百花边，脱离虎口

我们的一位飞将军，在南京未沦陷几天以前，曾充驱逐机队的中队长，与敌机在南京的上空激战，不幸受伤，致未能与同僚同时撤退，在敌人占领下的危城，逗留七十五天之久，然后以奇计脱险。路透社记〈者〉特往访问，承飞将军讲述脱险经过甚详，兹记述如下。

渡江失败

去年十二月十二日下午，日军由中山总理陵园攻入中山门，向中山路行进，我们的飞将军和南京卫戍司令唐生智的一位副官，逃出□□门，跑到下关码头，拟由此渡江至浦口，但麇集江边的我军有五万之众，等候过渡，日本的飞机却在江面大肆轰炸，并以机枪扫射，阻止我军渡江。当日本军由我军后方进逼的时候，日机的轰炸和扫射更加猛烈，因此我军死伤甚多。

后来这位飞将军，和他的同伴，加入一队渡河的军队，准备打开一条血路，冲到京芜间的大胜关，于是他们先冲到下关上流的三汊河，准备利用冻结的江面由中国航空公司的长江浮站游泳强渡，但对岸已为日军占据，并布有机关枪据点，即以密集的机关枪向我军扫射，我军游泳至中途而坠江者不计其数。

渡江既已无望，冲到大胜关的计划也只好取消，我们的飞将军和他的同伴，遂折回下关，但当他泅至中途时，他的同伴不晓得是因为中了机枪，或者已经筋疲力尽，竟遭灭顶。

他到下关时，码头上已是一片荒凉之象，苍凉的月光闪耀着地下的死尸，倍加凄冷。南京的城门已经关了，渡江又不可能，他感到无限的疲困与失望，静静地坐在码头上，深思他一生的经历——自小孩的时代起到现在，以及他与日机空战被击伤的经过，这样的过了一夜。

冒险爬城

在黎明之前，他走到城门底下，想爬进城去，因为他晓得如果天亮了，日军出城搜查，他一定会被枪杀，爬上二百尺高的城墙，在他确是初次的尝试。恰好几百年来受了风雨剥蚀，内战摧残，城墙的砖有许多已经脱了眼，形成很好的立足点，帮助他完成爬墙的冒险。但是稍一失足，还有跌死的可能的，他这种冒险工作计历十五分钟才达到顶端，但这时他已筋疲力尽，而且冻得几乎僵了，赶忙把墙头死尸的外衣脱下了，披在自己的身上，直挺挺地躺了好一会，精神才渐渐恢复过来。

藏匿生活

他于是跑到一个朋友家里，脱下制服，换上便装。日夜不敢出门，这样躲了一个月。在这个期间，汉奸引领日本的特务机关人员，挨户搜查中国的军官和官吏，共有二批的军队，一批约有一千人，被日军带到下关，执行枪决，许多高级军官，也同罹于难，以身殉国，但这位飞将军却安然无恙。

他过了三十天不见天日的藏匿生活，也有点蠢然思动了，于是在一个晴天的早晨，走出他藏匿的地方，想散步一下，伸舒筋骨，呼吸些新鲜空气。很不幸地一出门口便到一个日兵推着一辆车，有声无气地走着，便拉他来代他推车。但飞将军已经受过伤还没有复元，而且过了三十天的禁闭生活，身体当然很软弱，不能胜任这种工作，那日兵看见这种情形，便放他走了，另外拉一个华人来代替。他于是赶快逃回，再过他的藏匿生活。

充汽车夫

几天后，因他的朋友与南京伪地方维持会的委员有点来往，飞将军遂被介绍充当他的汽车夫。这样一来，他就得了游历全城的机会，有一次他还经过中山陵园，到了紫霞山，暗中窥探在那里的驻防的日兵，他们是负戒备京沪铁路的任务，恐遭我方游击队攻击的。

据飞将军说，逃出南京，实有好多困难，第一也是最难办到的，就是每一个人要离开南京，须先到伪地方维持会，日本特务机关，或日本的南京领馆，请求发给特别通行证，方准通过各要隘。

同时由南京到上海，只有三条路可走，一是沿江而下的水路，二是京沪铁路，三是京沪国道。但由南京到上海的这一段长江除了日本军舰和外国的军舰而外，其他船只均不准通航。京沪铁路虽能通车，但在四月一日以前，不准搭客。至于京沪国道，乃日军与我方游击队争夺之地，每天都有激烈的战事在进行着，如果从这条路走到上海，要通过好几层的日军阵地与我方阵地，根本是不可能的。

贿买通行证

他因为帮助他逃出南京的朋友现住在南京，为了顾及他们的安全，关于当时脱险的方法及经过，不肯详述，只说他因友人的介绍得到一个门径，只要用一千二百元的贿赂，便可得到一纸通行证，后来经数度磋商的结果，终以二百元买到一纸特别通行证。现在他这张纪念文件他还保存着，时常拿出来向朋友夸示。他的通行证既得到，遂于二月二十二日离开南京，越三天即安抵上海，结束了他七十五天的冒险生活。

最后巡礼

当他离开南京的前一天晚上，他驾着汽车巡回废都一周，作最后的巡礼，在这满目凄凉的故都，他已经住了多年，而且在这里是死里逃生过的，这是多么值得他纪念的地方呀！

在南京主要的商店区，如太平路等，自大新[行]宫以下，全被焚毁，由中山门起，沿中山路一带的建筑，也破坏净尽。仅有励志社，中央医院，以及南京饭店还巍然独存，但远远看去却令人有一种凄凉的感觉。

中正路的中央戏院，乃南京最大的一家华丽影戏院，也给日本轰毁了，仅剩一个躯壳。在南市，原是最热闹的住宅区，现在已成一片废墟。沿秦淮河，夫子庙一带的建筑，以前是歌女游艇麇集之所，点缀着南京的不夜天已有好几世纪了，但现在却象征着南京悲惨的命运，塌成一片平地了。

我们的飞将军，最后还按捺不住要重往明故宫机场巡礼一回的念头，他终于冒险的去了，但当他走近机场时，一个日军，却拿着上了刺刀的步枪，对准他的胸膛，警告他说："识相点还是走开，否则送你回老家"，他只得悻悻地带着失望的情绪走开了。

——黄镇中译自《字林星期周刊》路透社通讯

《每周导报》第1卷第6期，1938年。

最后退出南京之高射炮手

记者今晨自汉渡江，往武昌访友，于轮渡上，遇见新由南京退出之高射炮手，询以守城与撤退的经过，炮手言之娓娓，亟录于下。

记者早习炮兵科，对于炮兵战术，尚非门外汉，是以所问答，皆系内行话，但关于军事秘密部分，恕记者不能详道之。

敌寇此次围攻南京，以中华门外之雨花台要塞战，最为激烈，得而复失者数次，守卫该要塞之团营长伤亡殆尽，始奉令退出。敌寇进攻雨花台，始用侦察机俯瞰阵地照相，既侦知全阵地之配置，天空则用轰炸机结队成群，向主阵地往来轰炸，同时升上汽［气］球为炮兵观测所，指点敌人炮兵集团，向主阵地集中射击，俟将我阵地工事毁坏至某种程度时，战车蠕蠕而动，掩护其步兵前进，此为敌人死版［板］之攻掣战术，野战如是，要塞战亦如是，我忠勇将士，奉令守城，抱定与城共存亡之决心，誓不返顾，是以由远距离之炮战，移动至近距离之白刃战，伤亡之重，笔难罄述。然我军犹再接再厉，打至团营长过半数壮烈牺牲之后，始向后移动，但南京城门，除通至下关之挹江门，未有填塞外，余皆以沙包堆塞城门，示有进无退意，中华门，当不能例外，惟工兵筑一越城之土梯，以为城内外补充给养弹药与传达命令之通路，初非以此为交通线也。雨花台之守兵，奉令撤退城边，城门犹紧闭未启，士兵循梯而上，但适为敌人机关枪之弹巢，我将士殉职于此者，高与城墙齐，死者已矣，生者越城之后，犹据城垣矮堞，誓死抵抗，将要塞战移于巷战，愈战愈酣，战至敌人炮兵据雨花台为阵地，向南京城内各通衢如新街口、挹江门等处，集中炮击，我城内之要塞亦以巨炮还击，炮弹纷飞，声震天地，而敌人所购之某国飞机，由某国驾驶员驾驶，肆虐天空，低掠屋脊而过，但高射炮之阵地，似已为所默识，鲜有经过高射炮之射界者。某炮手自承，与其城破之后，资敌以弹药，不如尽量速射发挥威力，多杀一敌人，便有一分代价，我敌炮火之激烈，为东战场开战以来，得未曾有。迨中华门既为敌人攻破，我军继续巷战，至奉令撤退之最后一秒钟，始将遗弃之高射平射等炮，加以炸毁，然后离开阵地，向挹江门移动，沿途车辆填塞，颇感行军不速，此时使有步兵掩护，犹可集结，向大胜关或其他山径，杀开一条血路，取得若干代价，但以长官伤亡过多，士兵失去联系中心。下关江边，人马云集，天堑长江，昔之所以限虏兵飞渡者，今则转成我军后移之障碍，重以敌人兵舰已越镇江封锁线，溯江而至，与某国人驾驶之飞机，及雨花台，紫金山之敌人炮兵，联合爆击，震耳欲聋。我忠勇将士先到者，乘帆船渡江，后到者，解去上衣跃入水中，折［拆］江上之木排，各抱一木，泅水而退，某炮手亦泅水北渡之一人，虽在严寒巨浸之中，而因杀敌情绪，超过沸点，不知所谓水深与寒者。某炮手渡江之后，深庆“吾身尚在”，犹可继续杀敌，并不因城破而自绥，壮哉某炮手，勇哉某炮手?

今某炮手已由某地行抵武汉，继续服务，行见本其所得经验，发挥神技，多杀几个敌人，以完成军人之职志，此为记者预致之颂辞也。

此外尚有城虽破而辙不乱与旗不靡之部队，本“困兽犹斗”之义，在敌人重重包围之中，予敌人以致命之打击，全胜而达新阵地，汉口某报纪之颇详，用附于下，使寇酋松井若在阵前，当亦铭之于袍袴而未敢逼视也。占领芜湖，包围南京，阻我南京守军退路之敌军第十八师团全部，昨日与我由南京退出之教导总队及叶肇、邓龙光两师大战于芜湖之东，敌势如骄横，我军怒愤，激战结果，敌全军已被击溃，遗弃枪械辎重甚多，伤之遍野，已不成军。此役为东战场空前大胜利，且将大大影响于津浦南段敌军之活动，刻我军已由宣城、泗安等三路出击，断敌归路，如今日战况顺利，敌全师团皆将被我彻底扫荡。

廿六，十二，十九

陈孝威著：《若定庐随笔》第1集，香港天文台半周评论社1939年发行。

南京陷落以后

译自俄文《斯罗沃报》

经过短促，但却是浴血的保卫战之后，中国的古代京都便被松井将军所指挥的日军占领了。

对于南京的总攻是十二月十一日的十点钟开始的。

京城三面都集中了有力的日本军，各种口径的大炮都开向这历代的古墙。海军和陆军的无数的空战队升在天空。最后，并有几只军舰冲破了封锁线逼近这京城。

赤红炮弹的地狱之火烧淋着这城市，军队从事着狂飙。

中国军队不顾炮弹的吼声，飞机掷下炸弹的如雷的爆炸声，死亡的鬼哭神号，仍是顽强的，英勇的抵挡着敌人的攻击。

十二月十二日《朝日》记者写道："十二月十二日夜，经过历史上空前的血战之后，占有南京的京城墙。"

十二月十三日上午六时两队日军夺得中山门，并在那里升起了太阳旗。

十三日日间战事转到京市的街上，"显着非常的残酷"，当日中午，经过流血的战斗之后，日本人占领了中山路上的国民政府。

在残酷的肉搏之后，又占领了中央军官学校。

几乎每一座房子，中国人都顽强的保卫，殉难在那房子的瓦砾堆中，据路透社说："为了保卫这城市，唐生智将军竟被称作'南京的疯子'。"

留在南京的军队，虽然很坚强，并且顽强的保卫，但是十二月十三日的黄昏，在上海发出第一枪的整整经过了四个月的时候，日本旗飘摇在城市的中央区，这中国的故都，在瓦砾中，堆满保卫者的尸体的，被中国人和日本人的血洒遍了的故都便躺在胜利者的脚旁了。

据华人消息，市内有几个地方战斗还继续着，但这已经是最后的痉挛，最后的不必要的牺牲了。

南京陷落了。

以后怎么样，和平呢还是战争——这几乎是每个人的急迫的问题。是由大炮沉默而让外交官说话呢，还是大炮将继续说话。

各方面已经对这个问题送来回答——战争要继续下去，蒋介石将军在致布鲁塞尔中国代表团的训令中便已经说——“中国主权一日被破坏，即一日不能谈和平。”

另一方面日本政府也提出“中国一日不改变政策，战争即继续一日”的决定。

日本国立银行行长 Youkky 表示：“南京的取得不即是战事结束。只有在中国表示愿意和日本合作的时候，‘纠纷’才能算作终了。”

中国官方和非官方报纸都充满着继续抗战的号召。

《大公报》云：“如果中国不做朝鲜第二的话，应当继续抗战下去。”

从双方负责人士和正式机关的一切声明中都很显明的吐出火的语句——继续战争。

可是我们从声明转到事实方面来看一下，中国能不能继续严重的抵抗并实行“一八一二年的俄人战略”，据一个英国报纸说，或者这将仅仅是外交的手腕，正如托洛次基在布列斯特世界面前所作的手腕相似——“既不和平，也不战争”。

据华方消息，留在南京作保卫战的仅仅是中国最良军队的一小部分。华军的主力集中在浙江、安徽省的边境，和长江的北岸，此外，新军的编练已经终了，这新军的武装和火药比在前次战役中作战过的中国最良军队还要现代。

南京、上海和北平失陷后，财政根据地转移到中央的省份，主要是在华南，对于这事已经采行了严重的措施。

“失了莫斯科，但没有失俄罗斯”——不错，这是那时有着皇帝的坚强的政权，但是在中国，中央政府在“纠纷”刚刚开始之前才集合了散漫的军队，在中国全土上巩固了政权。

这政权是否将坚强，现在南京陷落之后这政权能不能支配国家实际的力量？

在南京陷落之前所进行的政府从首都撤退的一事可以给我们做一个例证。

假使那时的撤退没有影响政权的坚强性，那末应该知道，南京的陷落也不会动摇这个政权。

我们知道很多个政府放弃首都的事实：法国政府放弃过巴黎，比利时政府曾退出过布鲁塞尔，还有塞尔维亚政府非但放弃了贝尔格拉特，并且随着军队退出过国境。

这些政府的政权分毫也没有动摇。

在上面所说的政府与青年的中国政府之间，当然是有着差别的，但是中国的爱国主义和他的民族觉悟是毋庸疑义的，所以应当很信任的预断，中国政府的精神力量还保有着，严重的抗战还将继续。

至于日本呢，那末她的决定也是用不着疑义的，在南京陷落之前南京战线的总司令松井将军便显明的说过了——战斗将继续下去。

关于这一点，帝国大本营的设立也说明着，还有，任命强硬坚决的末次信正大将代替马场做内务大臣更是一个非常的明证。

特别大使石井在伦敦表示，“南京陷落之后，日军不将追击蒋介石军队，因为这样会重蹈拿破仑在莫斯科惨败的覆辙。”日本外务省发言人宣布，“石井的个人意见和日本政府没有关系。”

所以战事将仍旧挟着从前那样的顽强性继续下去。

因此，更因扬子江上英美军舰的可悲事件，国际形势缓慢的进行着，但一定不是向好转的方面，而是向恶化的方面进行着，现在的形势比纠纷始开时要严重多了。

《战地通信》第12期，1938年。

从南京到武汉

钮先铭

在国家太平的时候，溯江而上，从南京到武汉，是多末愉快的旅行。可是这一次，冲过数十重的敌围，经过孤岛似的上海，绕过南国旧耻的香港，来到民族生命线的武汉，便使我带着悲哀羞耻而又兼着兴奋。

中华民国二十六年十二月十二日，是我国永久不可磨灭的记忆和耻辱的日子。一一，一七三，五五八平方公里国家的心脏，中华民国建国的摇篮地——首都——南京，在惨无人道、不顾信义、忘恩负义、穷兵黩武的日寇攻击下，竟因所持武器之不同，以及战略不可避免之转变，我国的防守军队，遂不得不忍痛退却了。我是忍辱退却者之一，关于退却时之战斗情形，以及战略之得失，在未得长官许可之前，不愿有所记述和批评。不过曾自号为东方玛德里之南京，在最短的时间，不能保卫，凡是带过卫戍两个字的黄布袖章的将士们，上自司令长官，下及伙夫马卒，是不能辞其罪，杀身以谢国人的。

胜败本军家常事，从整个的抗战上来说，南京的沦陷，决不影响到最后的胜利，也许正因为这一次挫败的刺激，更腾沸［沸腾］了每个人民的热血，反缩短了达成目的时间也未可知，可是，从一个执戈卫国的军人本身之立场上来说，失一寸国土，而未流出最后的一滴血，便是一个不可洗涤的耻辱和创痕。不能成功便应当成仁，历史的忠臣壮士，并不论其任务的成败，而每每责成个人的生死和人格。

换一句话说，便是在战争失败的时候，纵令不死于疆场，而能自刎以见志也不失为一个忠臣烈士，在南京失陷之夜，我不能统率所部安全退却，颇欲将大元帅所赐的刻有成功成仁字样的短剑，自行刺在我足以见于四万万五千万同胞的赤心上，便向同胞的将士们报告一个永久的长别，在客观者虽仅是成仁，而主观者也就是成功了。可是这是件多么自私的事呀！实际上，对于国家不但没有补益，反而失了一个复仇知耻的勇士。

军人在战争中，根本没有个人立场的存在。生死是属于国家的，行动是属于集团的，进退是属于命令的，在全民抗战中我自刎以求永息是无志，不能多杀一敌而反减少自己一分的力量是叛逆。想到这个地方，我便紧咬牙根，力握拳头，在可能的范围内只得苟活下去，以图将来报国于万一。

为了目的不择手段，决不是一种适合于任何情况下的办法，南京失陷后，我在乱军中逃避了敌人的惨杀。虽觉得活下去是有意义的，可是不能不规定一个范围的限制，限制的范围是：（1）不使敌发现我是一个国军的军官，（2）在任何威胁和利诱之下不能做一点不利于国的汉奸行为，假若越出这两个条件以外，我还是只有一死以报国，前者是维持国家的体面，后者是保重个人的人格，于是乎尽量利用个人的智能，在一个古刹里，化装僧人，以待脱走的机会。

初意在短时间隐避之后，即可渡江，希望赶回部队，以尽我对国家的责任，谁知祸不单行，在腿部伤势未好，退却时落水后所受的风寒，惹起痢疾和疟疾的病症一直迁延到今年的春天。在那时候敌人对于占领区域的警备以及压迫我民众的方法更行周密，连出入城门都要敌机关的安居证。费了数月之久，想尽了种种方法，才安全的到了上海，马上转到广州，遵粤汉路来到我所应到的武汉，最有意义的是我到武汉正是九一八七周纪念的前夕。

翌晨参加了九一八纪念周之后，回到队中去报告了经过，便顺便到学会报到，当我正写着自己的姓名的时候，会到编辑朱永邦和旧友余平两位先辈。他们握着我的手，兴奋得言语都说不出来，表示着无限的欣慰，并告诉我，我在南京殉国的谣言，以及预备开会追悼等消息。我对于各位先辈对我生前的期待和督率，而于我恶［噩］耗之后的哀悼，及后生还的欣快和勉励，我真万分的感激，同时也万分的惭愧。一个执戈御侮的军人，在战争中未能得到理想的胜利，败北时又不与守土共存亡，在全民并日而食的努力抗战中，虽然不是出于故意，在事实上却偷闲到八九月之久，我还有什么脸皮见诸位先辈，我实无理由以接受先辈的慰问。现在我唯一方法就是拼我虎口余生，对敌人迎头上去出一口气，以答谢诸先辈之盛意。

抗战已转入第三期了，我们在经历上得着许多经验和教训，从七对一的伤亡率而进步一对一，甚至于到一与二之比，我们以最少的代价，来消耗敌人十倍于我们的经济，我们从正规军的动员，而发动全国的壮丁，以及妇孺老弱的全民，以绝对的真理，唤起敌方民众的反省和自觉，最后的胜利，在不久的将来终属于我们的。

大武汉，中华民族的生命线，正如大元帅的训谕，武汉是一坟墓，不是埋灭我们的民族，便是葬埋还在张牙舞爪的敌军。在替敌人吹奏着葬仪曲的前夕，我们正应当人尽其才物尽其利来保卫我们的大武汉。从任何的观点上看来，敌方已走入日暮途穷的挣扎线上了，虽然在回光反［返］照时，还有小部份［分］的威力，但是在武汉大会战上将给与敌方的打击，使帝国主义的侵略战，和脆弱的玻璃一样，粉碎得不可收拾。

主张武力侵略的阵容，正多方借故吹燃欧洲再战的引线，第三国的同情，虽然是我全民族所共同的感谢，但是对第三国的援助希望，我们不能不有相当的觉悟，我们应当根据自力更生的主张，以达成我们的目的。

天时不如地利，地利不如人和，我们诱敌深入，延长敌人的运输后方联络线，发挥我民众所组织之游击队威力，以牵致并扰乱敌人兵力和后方，在地利的方面，我们已是在优势的地位了，现在所要加紧的是人和的团结。

从沦陷区域归来的我，带着沦陷区域民众呐喊的呼声，并回念着白头的老母，和以终身奉亲为志的大姊，还在敌围的牯岭，我将以我铁一般的身体，钢一般的信念，为民族效力，复我国仇家恨。

过份［分］的欣快和警惕之下，神经便不免紧张，从南京到武汉，当然逃不出这个列［例］外，此篇谨先向关怀我生死的诸先辈答谢，关于沦陷区域我同胞的苦况及敌方奸杀烧劫的兽行，在下期会刊将陆续向诸同学报道，最后还有一件附带的报告，便是留法同学谢承瑞的消息。

谢承瑞，字苍孙，江西南康人，留法十一年，毕业于法国陆军技术学校及炮兵专门学校，归国后复在教导总队军官教育队及中央军校高等教育班受过国内军事的教育，这次和我一样的遭遇，而且至今迄无下落。

我和苍孙的知遇，是九一八的前后，当时我们同服务于边区绥远军中，一·二八我们共同奉命参加沪战，以后又同服务于陆军炮兵学校，防守首都之役，我们又共同在教导总队，至南京退却的早晨止，我们还取着紧密的联络，我脱险经过香港，遇见其妹承美，才知道这位同学同乡同胞生死患难的朋友，在同一的命运下，迄今尚无下落，使我涕泪悲泣，恨不得以我之死，来交换他的生。

苍孙的学术技能，不仅在中国军人中所少有，而他个人的伟大人格，也是同胞中所望尘莫及的，他以必死的决心，担负着防守通济光华两门，在敌军攻击重点所指向之下，而始终未为敌人所击破，不能不说是苍孙指挥之得力，可是苍天嫉妒人才，设使国家永久丧失这样一个军人，真是我们整个民族的不幸。但是我祈祷他和我一样，忍耐着最大的痛苦，挣扎着个人的生命，在最短期间，回到国军里，参加最后胜利的一幕。

其夫人景荷孙女士现在重庆，忍受着艰苦的生活，抚养着不及两岁的孤女（？），并从事于后方妇女工作，两位弟弟都在兵工署服务，最幼的妹妹承美，以抗战而辍学，现在香港《大公报》工作，送我上粤汉车的时候，他对我说，在最近想辞去报馆工作，来到武汉，继续他哥匕杀敌的志愿而效劳邦国。贪夫廉，懦夫立，苍孙的抗战精神，由个人而推及到家庭手足，而推及到国家民族，即使万分不幸的话，壮士一去兮不回复还，可是苍孙的精神是永远不死的，并且这也就是复兴民族自信心的一个根据。携手出征，只身生还，我除了惭愧和悲泣以外，只有作最后的奋斗，以报国家与朋友于万一。

《中国留法比瑞同学会会刊》第1卷第5、6期合刊，1938年。

南京沦陷前夕抢救伤兵渡江

行 之

我们终于到了汉口，人数还是一样地存在：
三十七个童子军，一百七十四名伤兵。

“保卫首都！”

“保卫大南京！”

有力的呼喊贯彻到云霄，忠勇的将士们下了钢铁般的决心，全国的民众们抱着热烈的憧憬。

然而谁也不会预料到我军迅速的退却，竟使敌人一步一步迫近我们国都了。炮火连着天，硫磺味笼罩着金陵，难民充斥在路途，这里却还有我们一中队童子军看守着医院。我们要珍惜这抗战的力量，要保卫两个医院中一百七十四名受伤将士！热血沸腾的少年，有的是一颗忠勇的心，我们愿与国都共存亡，而不想离别了这些亲爱的士兵！

我们是一队战地服务经验相当丰富的童子军，有些在六年前就曾在一·二八炮火下奔驰过的，八一三的抗战烽火刚燃起，我们也就举起服务的旗子再出没于东战场上。是十月间从上海调遣到无锡和镇江分担两地的救护工作，可是战局突然一个转变，使我们在镇锡驻不到一个月便不得已撤退到紫金山麓。

我们到达南京的一天，却遇到了许多从前一同在前方工作的同伴，这是宝贵的欢叙，但时间是不长久的，因为我们留京看护伤兵，而其余的都奉到集中武汉待命的命令了。

“保卫首都。保卫伤兵！”三十七颗心结成新的长城，结成一座保卫受伤勇士的堡垒！是南京失陷的前夕，光华门的烟火像大雾般使人伸手不见五指，铁鸟不断地轰炸，机枪不停地扫射，混乱了的金陵，更形混乱了。就在千钧一发紧急关头，医院的院长不见了，剩下来的就是三十七个童子军和一个医务主任——一位中校医官。

一百七十四条宝贵的生命系在我们的手里了，这里需要的是勇敢镇静和敏捷。时间已不容延迟，每个人都运用最快的方法把士兵运出来。十多里长距离的搬运，那里再没有汽车可利用，但我们终于很平安的到达了下关。江边挤满了千万难民，火药味窒着每个人的呼吸，而船只又是那样不容易征发，这里便产生了一个更困难的问题。

可是童子军是不会屈服的，更不会束手待毙。我们会无办法中找办法，从死路中寻生路。两个钟头后十多条船给我们找到了，我们和伤兵离开了下关向浦口进发。

那不是民国二十年的长江水涨，可是情形却一样，千万个来不及渡船的老百姓浮沉在江中，木板木块是他们救命的工具，遍江充满呼声和挣扎的呐喊。然而童子军虽有心救这无辜难民，但为着他们重要的责任，他们忍痛地把船驶进了浦口的岸边。

南京埋伏在火光当中，黑夜加强了它的混乱，焚烧、抢掠、轰炸、逃亡、冲杀，造成了南京空前大恐怖。这时在津浦路上却正有最后的一中队童子军保护着最后一批受伤勇士平安地离开了浦口。

我们为着这一群伤兵找寻安全处所，我们到过徐州郑州信阳而至汉口。途中许多的困难我们没有伸［申］诉，士兵们许多的痛苦也没怨恨，童子军和伤兵的心已打成了一片，人数还是一样地存在着。三十七个童子军一百七十四名伤兵。

忠勇的斗士们终于获得了一个舒适的休养。我们又在另一局面之中重新来开拓他们工作了。（本团团员作品，转载于战时童子军）

《中国童子军第一七七团年刊》第2期，1947年。

南京失陷脱险经过

王肇龙

首都抗战之初，咸主坚守，嗣因战略关系，奉命退却，首都警察厅员警亦于去年十二月十二日奉令调驻下关浦口一带。予于下午二时，偕同李督察长蕃青，计队长斌，蔡督察章，王督察书田，张巡查晋，共乘汽车开始移动，后随大卡车一辆，载督察处同人及必需重要物品等，自最高法院出发，驶抵海军部前，枪声突起，因挹江门守军阻止队伍出城，不得已仍驶回最高法院，时已三钟余。兼代督察处长竺莘翘当即率巡查张晋赴萧厅长公馆，洽商调驻办法，五时许，张巡查通知，着开会同李督察长蕃青率督察处人员随保安总队部出城，七时三十分，保安总队集合队警，予等即附乘三轮卡车先行，嘱其余人员随后即至。抵海军部附近，队伍拥挤，车不能行，均舍车步行，抵挹江门守军步哨线，李督察长蕃青，保安第二大队长杨清植与守军交涉，先行出城，予因督察处同人未至，暂行守待。是时队伍愈集愈多，枪声越起越密，形势渐增严重，而督察处同人仍未至，退军潮拥而至，几不能立足，只得随同军队，向下关移动，抵挹江门内，遍处满挤队伍，另无隙地，予即被挤于队伍中。挹江门仅开西面一门，地上堆积沙袋，高低不一，稍一不慎，即有颠跌践踏之虞。出城后见下关各处市屋，正在燃烧中，热河路两旁分集许多队伍，江边各码头，亦有退军，秩序紊乱，枪声时起，经三北码头，见停有警厅汽车数辆，遂赴该码头趸船上，但趸船上大半被挤，不得通过，无法上船，此时趸船棚门尚未派有守兵，任由出入，仍返岸找寻督察处同人，果遇杨大队长及李督察长，遂商渡江办法，届时趸船棚门已派守兵不准进入，经杨大队长与守兵班长洽商，允待时机，开启棚门。当杨大队长进去时，附近聚集多数士兵，争欲进入，经守兵开枪制止，斯时李督察长与予均蹲伏棚门近旁，守兵之枪，系在吾等头上发射，观察当时情势，危险殊甚，急举手摇示不进，速闭棚门，停止射击，免自残杀。因下关江边无船可渡，遂转赴三汊河，寻觅船只，闻督察处蔡督察章王稽查帮玠鲁办事员甦出挹江门时受伤，尚幸伤势均轻，暂在附近房屋休养，当加以安慰，拟俟觅得渡船一同渡江。复赴惠民河找小船，结果毫无所得，仍回下关江边，途中遇警厅员警数人，予等倡议，复进城集合员警与敌人作殊死战，以酬素志。抵金川门，适有湖北一百〇三师之一团，由内退出，团长某询问下关江边情形如何，即举以告，并云本团奉令沿江退却，敌人已在后面，尔等万不可进入。是时由金川门出城之退军，亦如潮拥［涌］，势难入城，遂随同退军复返下关随团长同行，予因足艰于行，行动稍后，抵江边已深夜一时，警厅同伴之人，均各散失，予复挤入三北趸船上，停有伤病士兵颇多，无人管理，予即代为照料，劳顿多时，略事休息，不觉鼾然睡去。至十三日上午八九时许，枪炮各弹纷密向江边射击，并闻敌之铁甲车快要冲来，各趸船上士兵，纷纷奔跑上岸，避入海军医院内，予亦随之入内。斯时江边情况，实成为战不能战，退无从退之现象，如云作战，因所有士兵，军心涣散，且各部不同，无高级指挥之人，欲退却则无舟可渡，惟有各自抵抗或束手待俘耳。迄十时后，枪炮声稀，铁甲车亦未来，院内士兵，陆续外出，或扎门板渡江，或找木材渡江，听其语言，广东居多，想系第五十八师士兵，由中华门作战退下者。予斯时亦至江边巡视，见有保安队官长一人，队警二人，正在扎捆木筏，因材料缺乏，告以海军医院内门板颇多，堪作材料，否则恐为捷足先得，于是分派二人采集材料，余施捆扎，以收分工合作之效，而屡扎屡试，常遭失败，经过再度改善，另添材料，卒底于成，四人分坐一隅以求力量平均，浸入水内尚有尺余，虽不能即决为安全可渡，只得冒险而行。开始渡江，已在下午一时许，永性下流，四人努力支撑，犹不克敌，至二时余，渡过江面五分之四，庆幸所差者五分之一，经再努力，当可抵岸。距敌舰三艘，忽由镇江江面上冲，水浪翻腾，吾等所乘门板，随波逐流，几被淹覆，幸舰过浪小得以保全，敌舰向下关浦口开炮轰击，机枪四周扫射，江中木板上被机枪射死者，已屡有所见，呼号求救之声，惨不忍闻，予本坐在板上，所戴之帽忽被枪弹射去，随即仰卧板上，以减低目标，全身半浸水内。敌舰转驶三叉［汊］河，炮击多发，有数处着弹起火，敌舰过后，佥欲赶速设法上岸，适值附近江中，停泊木船一艘，缆系岸边，藉缆力将木板靠岸，岸边水浅，木筏不能近，距岸约四五尺，取用竹杠横支其间，缘杠而上，予最后上，半身已浸水多时，天寒水冷，虽抖擞精神，由板跃握竹杠，左手甫经握住，全身复浸水内，身上又穿呢大衣，水流激湍，几濒于危，幸右手随即执住，否则必与波臣为伍矣。岸高数尺，倾斜陡急，不易上，队警二人力拖而上，敌舰忽至，枪炮齐发，急伏于岸旁沟内，待其过去，再起前行约里许，假民居休息，烘烤湿衣，并购米煮粥充饥，经二小时后，到有士兵数人，云自镇江退来，觅求食物，即分粥共食。果腹后，穿着半湿之衣前进，时已钟鸣七下矣，经过居民，门多加锁，间有未锁，亦已闭户就睡，路中行人甚稀，行约三十余里，到一村庄。庄内驻有队伍一排，夜深天冷，衣又未干，各人均不能忍，只得觅寻居民，暂假栖止，所借之屋已住病兵数人，呻吟之声，不绝于耳。遂设法购办稻草，取暖烘衣，煮水止渴，并披衣就寝，见有剩饭，即泡食充饥，佐以咸菜，颇觉津津有味，谚云饥者易为食，此之谓也；食后不久，遂入睡乡。十四日天未晓纷纷而起，赶往前程，途中遇到各部队士兵颇多，因无指挥官长，形同溃散，殊可慨也。是日行八十余里，抵六合闻滁县公路，我方有施破坏之举，于是连夜兼程赶往滁县车站，经过各桥梁均备燃料，足见我方军队，已具抗战决心矣，予因两足起泡，触地痛心，步履稍慢，迨抵滁县车站附近，已十五日上午三时左右，即在该处空茅蓬［棚］内，略资休息，伴行之蒋警即喊起身，抵达滁县车站，天甫黎明。该站昨日经敌机轰炸，炸死者尚未掩埋，站内所有伤病士兵，均准备北去，因此站无车开行，须再向前一站，方有车开。向前再行抵达沙河集车站，在该站待车，约经二三时，车抵站，车内纯属士兵，拥挤不堪，几无站立余地，再度婉商，始得上车，下午九时抵蚌埠。蚌埠情形，紧张异常，因同伴之警，尚有叔居此，遂借宿一宵。据云此地居民，十迁八九，所未移者，困于经济耳。日间敌机曾来飞机场轰炸，无甚损伤，十六日上午出街观察，并拟往蚌埠军械库访友，因军械库他迁，未能会晤，街上商店，多数闭门，似入战时状态，知难久留，于下午二时，赴车站待车，迄四时余车抵站，亦已满载，几经交涉，才得上车。下午九时余，抵徐州车站，闻本厅人员寄寓金台旅馆，即赴该馆访询，始悉于前一日启程赴汉，是夜即寓徐州客栈，翌日下午三时，赴陇海路车站等待，五时难民车来，开往郑州，即趁是车赴郑，途中因让兵车，故行驶颇慢，十九日下午八时抵郑州，寄寓旅店，二十日下午转乘平汉路车赴汉，在站上遇见侦探队探员及水巡队赵录事文忠等数人，一起同行，所乘之车虽系客车，因难民较多，颇挤拥，予等即在头等车房外站坐，查票者来，告以系警厅人员赴汉集合，查票之人，颇和蔼，仅由予具条证明遂了。二十二日辰五时抵汉，径往禁烟督察处访问，据云已移中街八号，转赴该处询悉方副厅长任局长周科长均寓大华饭店办公，再赴大华谒晤方公并任周二君，得知萧厅长竺督察处长均未到汉，其余人员，亦下落不明。予经此一番跋涉幸抵汉皋，复与警厅同人聚居一处，回忆抗战经过，多数忠义同志，奋勇尽职为国牺牲，胜[剩]有此身，当再请缨杀敌，以期效忠党国，为首都被离同志，报仇雪恨耳。

《警察向导》第 1 卷创刊号，1938 年。